COLLECTION ESSAIS LITTÉRAIRES

Rebonds critiques I de Michel van Schendel
est le quinzième titre de cette collection
dirigée par Marie-Andrée Beaudet.

DU MÊME AUTEUR

Poèmes de l'Amérique étrangère, Montréal, l'Hexagone, 1958
Variations sur la pierre, Montréal, l'Hexagone, 1964
Veiller ne plus veiller, Saint-Lambert, Éditions du Noroît, 1979
De l'œil et de l'écoute, Montréal, l'Hexagone, 1980
Autres, autrement, Montréal, l'Hexagone, 1983
Extrême livre des voyages, Montréal, l'Hexagone, 1987

en collaboration:

La poésie et nous, Montréal, l'Hexagone, 1957
Sédiments 86, avec Georges Leroux, Montréal, HMH, 1986
Sédiments 89, avec Georges Leroux, Montréal, HMH, 1989

MICHEL VAN SCHENDEL

Rebonds critiques I

Questions de littérature

essais

l'HEXAGONE

Éditions de l'HEXAGONE
Une division du groupe
Ville-Marie Littérature
1000, rue Amherst, bureau 102
Montréal, Québec
H2L 3K5
Tél.: (514) 523-1182
Télécopieur: (514) 282-7530

Maquette de la couverture:
Éric L'Archevêque

Photo de l'auteur:
Josée Lambert

Distribution:
LES MESSAGERIES ADP
955, rue Amherst
Montréal, Québec
H2L 3K4
Tél.: (514) 523-1182
interurbain sans frais: 1 800 361-4806

Dépôt légal: 4e trimestre 1992
Bibliothèque nationale du Québec
Bibliothèque nationale du Canada

Présentation

La fée du logis

... je puis me demander si j'ai trouvé mieux qu'une formule — qui me permette sans doute de mesurer le vrai ou le faux de toute loi. Quant à aller plus loin et penser la loi (si elle est vraie) dans sa simplicité [...] comment cela se pourrait-il ?

JEAN PAULHAN[1]

J'aurais pu titrer cet ensemble *Recueil de l'œil bigle*.

Recueil: l'ensemble des trois volumes, dont voici le premier, réunit sous vingt-neuf titres des articles, propos, analyses, ouvrages d'étendue variable, pour plus d'un tiers inédits, parfois très récents. Ils sont choisis parmi bien d'autres de même inquiétude, de même passion pour le littéraire.

L'œil: c'est lui qui a reçu les premières images des textes lus. Et il a été l'auxiliaire d'un parcours dont les éléments forment un ensemble heurté mais continu. Une oreille était également requise: elle a aidé l'œil à commencer de voir en seconde vue l'autre inapparent des certitudes, leur trouble.

Bigle: dans ce parcours, d'autres trajectoires sont traversées, le texte littéraire n'est pas seul en cause, une idée d'autres traces est dessinée comme en convergence, aussi en divergence. Car, bien sûr, la notion et l'expérience de la rencontre des plans et champs d'activité impliquent la reconnaissance de lieux distincts pour chacun d'eux. Rappelons une évidence utile: le littéraire a sa propre économie, ses propres systèmes d'échange formés en réseaux internes; le littéraire n'est pas inféodé au politique (les politiciens, conservateurs, libéraux, voire socialistes, qui en pratiquent maladroitement les formes excédentaires, savent d'ailleurs clouer d'un gentil mépris grossier les «idées de poète»); il n'est pas davantage enclos dans l'idéologique, à la fois bien plus restreint et tellement plus envahissant. Mais le littéraire est traversé, informé de ces autres trajectoires. Et de même il s'étend sur leurs réseaux. Il en est constitué dans ses modifications de fonction et jusque dans ses airs de mode, autant qu'il aide à étayer la stabilité et la force constituante des règles idéologiques que, d'un même mouvement, il met en question. L'efficacité du concours apporté par le texte à la puissance, suractive mais faiblement rationnelle, des systèmes et pratiques d'opinion ou de croyance est *indissociable* de l'acuité critique exercée à leur endroit dans et par le travail littéraire, — surtout dans quelques grands textes, orgiaques et mesurés, ascétiques et expansifs, participant d'une rationalité étendue qui le donne à lire, ce travail, à le voir, à l'entendre. Après-coup comme avant-coup. Je désire souligner cette orientation multiple de mes parcours, ce nœud, ou plutôt ces *rebonds*. Des rebonds peuvent bien former un recueil, mais la notion de recueil n'aide pas à saisir leur mouvement.

La corporation des «critiques littéraires», communément appelés ainsi par facilité de langage, ne s'intéresse pas d'ordinaire à l'existence d'un tel lien paradoxal, presque monstrueux d'apparence, mais en dernière analyse structurel et nécessaire. Elle néglige la relation d'investissement mutuel entre au moins deux facteurs contradictoires du texte. D'une part, l'apport considérable des protocoles littéraires (sans lesquels il n'y a tout simplement pas de texte possible) à l'emprise de prime abord décourageante des canons religieux qui, réglant les lois de l'opinable, sont fondés sur des protocoles similaires. Et en un autre sens, ou plutôt à rebours et en lutte, le fin, dur et doux démontage perspicace de ces dictées de protocole dans les textes qui en organisent et déploient la connaissance, les répètent jusqu'à la manie, les travestissent, les imitent par ironie, les orientent vers leurs confins où, à terme plus long, loin des modes, elles deviennent obsolètes.

Notre corporation, — j'en fais partie, on le pressent à la faconde, — dresse au contraire, pour s'y enfermer, les frontières d'un hybride qualifié par elle de littéraire, sorte de canton zurichois de bon style devenu quelque chose comme une fédération canadienne emmitouflée, qui aurait sa parthénogénèse, son endogénie peu historisée, mise à l'intrigue, comme un roman, par les curiosités et influences d'auteurs, ces chères folles ou ces génies, tsars de l'énigme, bientôt ces stars délaissables. La caricature est parfois le préalable d'une description: ces gens-là subissent ce qu'ils ont décidé d'ignorer, le poids déterminant des appareils d'opinion dont ils sont des agents spécialisés et a-critiques.

Il existe, certes, une critique moins démunie. C'est dire bien peu qu'elle l'est moins. Elle est informée des métiers de l'art, des métiers de l'idéographie, des métiers de la pensée, de leur histoire. Elle sait détailler intelligemment les formes de l'invention, leur radicalité, leur irradiation. Je fais allusion, très particulièrement, à quelques intellectuels organisateurs et artisans qui, parmi plusieurs autres au moins aussi importants dans l'entre-deux-guerres et l'immédiate après-guerre, ont eu, eux, je souligne *eux,* la possibilité et la capacité pratique d'allier leur fonction de grands intellectuels, écrivains de précision et découvreurs, à celle de grands maîtres d'édition. (L'Allemand anti-nazi Walter Benjamin n'avait pas eu, lui, même le pouvoir d'en solliciter l'occasion dès avant le régime nazi, et guère davantage son ami Brecht, grand organisateur pourtant; les Allemands Adorno et Horkheimer s'intéressaient plus à la publication autonome des travaux de leur École qu'à l'ensemble du champ éditorial; en France, plus tard, Maurice Blanchot décidera de se tenir à l'écart de telles conjonctions de rôles, socialement si fécondes, parfois abusives.) Les intellectuels que j'évoque à présent ont marqué de leur détermination et de leur modestie, de leurs scrupules rusés de vigiles, plus qu'André Gide qui s'était prétentieusement trompé sur Proust, la grandeur, le poids international des Éditions Gallimard dans la période des années 1920 à 1940, et de nouveau après la guerre pour quelques-uns d'entre eux. Ils ont fait plus que «découvrir des talents», les accompagner dans un travail qui mène à la pensée formée, forte, c'est-à-dire à la pleine pensée artistique, au delà du bris des limites où le talent n'est plus qu'une incommodité. Ils ont fait plus qu'accueillir les précurseurs, Alexandre Kojève, plus tard Bataille et Sartre. Ils ont tracé et mis en gestes éditoriaux, avec une infinie délicatesse, les lignes de développement d'une nouvelle sensibilité intellectuelle qui s'est répandue dans de nombreuses parties du monde, y compris dans des régions massivement dominées, tout notamment l'Amérique dite latine, où — avatar inattendu — elle n'a pas peu contribué à l'intervention de nombreux intellectuels nationaux dans les combats d'émancipation.

Imprégnation mutuelle de l'art et de la science, confrontation de leurs méthodes à partir de la production de nouveaux objets intégrateurs, continuité mais coupure, sens de l'accident fécond et de la rupture dans les séries de décisions et de gestes qui font le savoir et l'invention discontinue du regard: cette nouveauté théorique déjà ancienne, on l'a appelée «modernité» dans les années soixante et soixante-dix, prudences de langage en moins. Elle est largement l'effet d'une pratique, non interdictrice quarante ans plus tôt, celle des mandarins obscurément puissants, mais alertes et ponctuels, de la grande action-édition de pensée des années vingt et trente.

Quelques noms de ces grands intellectuels, organisateurs du livre. C'est Brice Parain, philosophe d'une translinguistique du langage, que révère en 1946 un petit disciple moins habile aux méthodes, Albert Camus. C'est Bernard Groethuysen, phénoménologue marxiste de l'histoire, — tout un paradoxe, — penseur précis et inauguratif des formes de la répétition dans le discours. C'est Jean Paulhan qui redécouvre après Hölderlin, Baudelaire et Proust, que la critique, alors capable d'invention, est un métier d'écrivain. Il destine à cette invention, lui le tout premier, bien avant tous les autres, les fondements philosophiques d'une nouvelle rhétorique; il la vérifie sur une lecture aiguë des livres de poètes, sur l'attention aux œuvres de peintres et sculpteurs de son temps. C'est lui encore, Jean Paulhan, qui déclare dans un jugement robuste mais délicat de nuances, où sont déposés son art du paradoxe et sa puissante marque éditoriale: la poésie de son jeune ami Francis Ponge ordonne une fracture essentielle dans la langue écrite, il ne sera plus jamais possible d'écrire comme avant lui, il a bouleversé les codes irrémédiablement, et cependant le texte de Ponge, dit Paulhan, est rigoureusement classique[2]. Radicalité, invention, néanmoins lumière transcendante de la norme; mais séparation des tropismes comme s'il y avait une autre lumière brusquement surgie du texte qui incline à son propre soleil, et comme s'il recevait de cette photogénie dont il serait l'inspirateur le pouvoir de placer les autres effets, de les mettre à la réflexion. Ces images de l'œil sont de l'époque.

❑

Mon propos a moins d'éclat. Et il est différent. Certes, je retiens ceci: l'expansion du jugement critique relève d'un exercice qui dépend de son étroite conjonction avec l'appareil d'édition. Autre façon de le dire: les grands éditeurs, c'est-à-dire les organisateurs capables de trouver, ordonner, propager les moyens logistiques d'un accueil intelligent, domicilié, signé, rude peut-être et circonspect, mais respectueux et ouvert, pour des œuvres susceptibles d'un pouvoir d'interrogation, de négation critique circonstanciée, d'imaginaire durable, sont ces entrepreneurs du livre qui apprennent à confier les postes de maîtrise à des intellectuels formés à la pensée spéculative, organisateurs, autant qu'eux, de l'invention. La réussite d'un tel accord précise l'intérêt de l'expérience de Gaston Gallimard et, du même mouvement, la portée toujours actuelle des écrits de Jean Paulhan. D'où mon insistance sur leur exemple. Il prélève les conditions fondamentales de l'essor d'une grande littérature. Ces conditions valent aussi pour le Québec, tout spécialement pour la singulière qualité de sa poésie. J'ai donc ajouté à la liste un texte récent, non encore publié ailleurs, sur l'histoire de l'édition québécoise de poésie et son rapport mobile à l'action des revues qui en sont devenues le corollaire. Il s'agit presque d'un canevas. On le trouvera à la fin du troisième volume.

Toutefois, je n'ai qu'une expérience discontinue de l'édition. Secrétaire de rédaction d'une revue pendant six mois (*Liberté* à ses débuts, en 1959), puis directeur d'une autre pendant trois ans, *Socialisme* de 1968 à 1971, j'ai aussi été membre, brièvement, d'un trio éditorial qui m'unissait à Gaston Miron et Paul-Marie Lapointe, de 1963 à 1964, à la petite, sagace et tumultueuse tête de l'Hexagone, notre maison. Nous avions pris alors des décisions utiles et pacifiantes. Premièrement, indépendance à l'égard de *Liberté*: nous avions nos propres projets, traditions, contraintes, espérances autres. Mais deuxièmement, politique de bon voisinage: il n'y avait pas lieu de nous fermer devant les orientations encore incertaines d'un périodique qui, né d'un remuement de projets culturels dont l'Hexagone avait été l'un des maîtres d'œuvre, risquait à tout moment, on avait pu le soupçonner, de demander notre annexion ou l'association. Nous disions non, pas question, quand bien même ce n'était de notre part qu'une supputation plausible. Mais le constat était celui-ci: *Liberté* était alors la seule revue québécoise de type non universitaire qui fût entièrement «littéraire[3]», et quelque chose pouvait éventuellement en être sollicité à l'avantage de notre production déjà polymorphe. Nous avions en outre des amis anciens dans la rédaction de cette revue, et d'autres venaient s'y ajouter: Hubert Aquin, Michèle Lalonde, Yves Préfontaine. Et puis, nous avions le contact avec d'autres revues, par exemple avec *Parti pris* qui venait d'apparaître et dont les inclinations socio-culturelles nous attiraient par la franchise des débats qu'elles permettaient. Pas de porte fermée, il n'y avait pas à choisir entre les uns et les autres.

Pour ma part, pendant cette courte période, j'ai assumé la production de trois livres de poèmes. L'un d'eux, de peu de pages, *Factures acquittées* de Gertrude Lemoyne, me frappe encore par son actualité discrète, les rêves et le savouré, la force des gourmandises fières. J'ai quelque douleur à observer que les diverses orientations féministes en littérature québécoise n'ont jamais, en guise de salut rétrospectif, fait hommage à ce beau texte annonciateur. Peut-être l'affirmation littéraire est-elle accaparée par des aujourd'huis immédiats, incertains, durs et provocants, où l'on s'aime entre soi, sans traces, à la façon dont ne s'aiment pas les appareils de pouvoir imités (ils n'en ont d'ailleurs pas la fonction). Il y avait des traces pour des libératrices dans *Factures acquittées*. Et pareillement pour des libérateurs. Fortement exiguës, exactes, ces traces ne prodiguaient pas la provocation mais la fermeté. La fermeté est de pensée, corps au langage, droits requis et bien au delà, exercice de la réponse, accueil possible, alors histoire. Il y a eu une injustice à l'endroit de ces débits de compte, — ou une ignorance, c'est tout comme. L'occasion m'est donnée de l'évoquer. Il n'en est fait nulle autre mention dans mon livre. Cette absence en est l'une des faiblesses.

On le voit, une expérience relativement isolée ne contient que ce qu'elle apporte, une histoire disloquée. Mais son épellation désigne aussi autre chose. Triant et ordonnant la suite des travaux pour *Rebonds,* je me suis aperçu d'une constance, dont je n'avais peut-être pas eu une entière conscience lors de l'écriture des plus anciens. C'est la constance d'un dessein, devenu par la suite une nécessité clairement assignée. Informationnels et «critiques», souvent naïfs au début (mais je ne m'en déjuge pas), construits ensuite en direction de l'enquête théorique et de l'analyse étroitement circonstanciée par ses méthodes déclarées, ces labeurs désirants étaient chargés de questions dont l'objet, différemment approché de l'un à l'autre, participait toujours d'une même relance. D'où l'idée, précisément, de rebonds: à la fois reprise et déploiement. Transformation.

❏

Quelle relance? Et de quelles questions? D'abord celle-ci: qu'est-ce qu'un texte transforme, et dans quel sens ou plutôt *selon lesquels,* selon quelle pluralité de sens déjà agrégés, mais aussi réinventés, contrastés sur des séries non encore agrégatives, en voie de formation? Qu'est-ce qu'il transforme? Peut-être parvient-il à modifier quelques-unes des significations reçues, même en voie d'apparaître, dans leur entrain. Dans leur mutualité? S'il y a mutualité, il faut que le texte soit capable, pour l'être d'une telle modification, de la sienne propre. Et il faut en revanche ou par conséquent, — la capacité d'écrire étant au moins l'effet d'un savoir pratique de l'écoute duelle, — que l'ordre du convenu, inerte, dolent mais suractif ait été assez travaillé par d'autres, déchiré non pas, seulement fissuré, mais sans effacement possible des fentes, pour qu'il *commence* d'accueillir et d'assimiler les conditions critiques de son dépôt dans le texte. La question est liminaire.

J'ouvre les *Rebonds* sur les débords de ce problème, fondamental pour la saisie de notre objet cursif. L'exposé de quelques-unes des prémisses occupe la majeure partie du premier volume, dans un hommage à André Belleau, *Portrait intellectuel d'un chercheur,* qui aurait formé à lui seul un livre entier si la méthode d'ensemble des trois volumes n'avait pas conduit à le conforter, dès le premier, d'un texte d'analyse, *Paul-Marie Lapointe et la matérialité du poème.* Ce texte descriptif annote, dans l'amitié du poème lu, plusieurs registres d'une écriture de l'invention dont les volumes subséquents retiennent quelques autres aspects.

En trouée sur l'histoire, j'évoque d'abord dans le *Portrait* l'histoire singulière d'un chercheur qui a accentué plusieurs aspects de l'étude. L'entrejeu de la mémoire qui est la mienne et des écrits qui sont les siens laisse un espace à l'entretien qui est le nôtre. Celui-ci touche aux liens circonstanciés entre conjonctures et discours, entre discours et textes, à la place qu'y occupe le temps long du coutumier, des rites, de l'idéologique incoercible.

Dans l'ordre du coutumier, les commencements de l'accueil fait à la critique active sont lents, imperceptibles, conformément à la stabilité des préceptes habituels qui reçoivent et dictent le convenu. Les développements ultérieurs peuvent l'être aussi; puis soudain s'emballer. Ils s'emballent, ils vont très vite, sous la secousse des révolutions politiques du mode de production (1789 pour l'ancienne France, 1917 pour l'ancien empire russe, 1949 pour l'ancienne Chine) et au ras des larges et brèves révoltes de masse à conséquences durables (mai 1968). Ils affectent plus rapidement, en ces cas, les façons de parler, de s'habiller, de la rencontre et du vis-à-vis que les régies de travail et les façons programmées de fabriquer la marchandise, calculées pourtant sur la prévision courte des ventes. L'adaptation sociale des œuvrants de base, des ouvriers, aux changements techniques de production, tout le socio-technique est en repli, certainement pas en inertie, mais en refus. Ce refus exprime un désir de maintien des anciennes façons de travail, l'espoir d'un emploi plus durable en période de crise. C'est brusquement là qu'intervient la longue durée, sur un front social dont les commandants et régisseurs ordonnent habituellement la vitesse technique de mouvement, voulant croire qu'elle est tout le mouvement et y cachant profits et gains. Et tandis que la stabilité du sens commun se réfugie dans le refus de produire, la longue durée quitte soudain le domaine coutumier de l'interpellation et du regard social. Les rapports sont inversés. Mais l'un ne va pas sans l'autre. Dans ces époques dures et libérantes, le refus des conditions de travail, le refus de production jusqu'à la grève généralisée, désigne et accompagne, par une sensibilité active à la concomitance des durées historiques alors fusionnées, la parole débondée, suspendue à l'interrogation sans fin de ses respects ordinaires. L'ordre du convenu cesse d'être convenu. Expériences, observations et études le signalent pour ces époques. Et cette déconvenue littérale déborde pour un temps haletant, outre l'ordre des préceptes du temps long, l'imaginaire lettré qui a figé ses propres textes. Or, ces textes, l'imaginaire de la rue s'en est souvenu, bien qu'ils ne lui fussent parvenus qu'à l'état de citations lointainement fidèles. Il les a rassemblés aux dimensions du cri, du salut public, de l'apophtegme inscrit de lettres graves sur les murs devenus souriants et inquiets; il y a produit son propre espace et, de la sorte, a mis à respirer les murs, les textes. À sa manière, il les a agrandis. Surtout, l'imaginaire de la rue apprend que ces *œuvrages*[4], secrets publics parfois anciens déposés dans sa mémoire du changement, des écrivains les ont faits à façon pour un temps presque comparable de halètement. Que faire en de telles situations, sinon accueillir cet imaginaire? Le comprendre avant qu'il ne soit étouffé. Qu'il ne retombe dans le convenu. Retarder le plus longtemps possible le moment politique du règlement de comptes, afin que les promulgations et sursauts de la parole de rue, *essentiellement littéraire,* commencent à produire leurs effets critiques. Pour cela, *aussi,* mobiliser le texte qui n'est pas

mort, le conjoindre à ces forces. Avoir une stratégie du littéraire vif
dont les formes textuelles, par un paradoxe seulement apparent, ne
peuvent être communiquées que dans l'abord délicat, l'accès difficile
mais inéluctable. Le poète Wladimir Maïakovski pratiquait cette nécessité.

❑

Un texte, donc. Non pas d'abord le texte *de* critique, s'il assume
la distinction interrogative d'un texte. Mais celui de la pensée intégrative qui est presque toujours un texte d'inventeur, poète ou romancier,
— à supposer que, s'il y a invention, les marques d'appartenance au
préfixe des genres conservent un sens. Une œuvre, dès lors qu'elle en
devient une. Mais si elle en est une, alors un œuvrage, un entrain et
une mutualité, elle est amenée à inventer une triple grandeur. En voici
quelques traits réfutables:

1. La grandeur de l'entrain est de connaître que l'œuvre est tributaire de la δοξα, *doxa,* de l'opinion préceptuelle toujours garante des
dominations du moment, mais toujours ductile et transformable en raison de ses souplesses d'emploi, aussi de ses résistances.

2. La grandeur de l'entrain est de montrer que l'œuvre, par feinte, par fiction de situations et objets devenus pures formes littéraires,
vérifie qu'elle n'est pas la seule à cribler les paradoxes du sens commun, à faire bon ménage avec eux comme à faire leur ménage, à les
déplacer, à les changer; que d'autres pratiques, y compris des pratiques non artistiques, y concourent. Mais en même temps d'être elle-
même, de devenir la *fée du logis* ancillaire et fière, d'être d'une telle
sorte d'être que par elle est disposé le seul mode actuellement pratica-
ble de vérification de cette solidarité.

3. La grandeur de l'entrain est ainsi d'ordonner la disposition du
savoir matériel de l'œuvre et de le reverser sur les autres savoirs, de
participer à leurs infléchissements. Les sociologues, souvent, ne savent pas trop ce qu'ils doivent à cette contribution. En revanche, il est
fréquent que les grands inventeurs de la mathématique, de la physique
théorique, de la biologie la méditent. Leur capacité de rêve en a l'intelligence, ils apprennent à s'y investir comme de simples écrivains.
Le dire de la sorte est injuste, je le sais, à l'endroit des œuvrants dans

le champ des sciences dites humaines. Des œuvrants: de ceux qui œuvrent ou ont œuvré à rendre complémentaires l'invention du champ d'objets et la découverte inquiète du sujet en train d'écrire. J'essaie d'énoncer une vérité simple, donc trouble. L'œuvre sait? Non. L'œuvrant apprend à savoir. L'œuvre, si elle en est une, intègre la contribution qu'elle dispense, et elle intègre le savoir qu'elle reçoit. Rien d'autre ne le sait pour elle. Aucun savoir que celui des artistes ne dispose cette double entrée, et ne l'organise en une double dépense: savoir et sensualité de la forme, sa sinuosité dans la maîtrise, alors son irradiation jusqu'à ce que, s'épuisant en elle, elle demeure la force de contrôle de son propre échappement. Des artistes? En cette collection d'œuvrants, j'inclus beaucoup de gens et beaucoup de métiers, un historien toujours actuel comme Michelet, un anthropologue comme Marcel Mauss, l'historien Marc Bloch, des maîtres d'œuvre, des journalistes aussi (je me plais à la superbe rigueur bavarde de Jean Lacouture, aux nouveaux grincements analytiques et décapants de Claude Julien qui a la lucidité de bien vieillir, donc d'être efficace; au Québec, à la fulgurance glorieuse des anciens textes de Jean-V. Dufresne, à la sagesse maniaque des enquêtes menées naguères par Gilles Constantineau, journaliste et poète comme Gilles Hénault, celui-ci dont la bonté était revenue de tout, hormis le jugement et le jeu de mots pour la curiosité, le bond; aux craintives générosités d'une grande petite femme, Adèle Lauzon, stricte et brusquement enragée d'enthousiasme littéraire dans ses beaux écrits pour feu *Le Magazine Maclean's*; aux textes nombreux, souvent chargés d'un pouvoir de surmultiplication, de mes anciens camarades de journalisme; à tous ceux-là du *Nouveau Journal*, 1961-1962, qui continuent d'informer mon écriture). Je ne peux que dépenser ma bibliothèque, — avec les notes en marge des livres et les coupures de journaux —, les tableaux, les vieux meubles remplis de cette histoire. Il ne s'agit pas d'un catalogue, mais d'une orientation. Je ne peux oublier, non plus, les textes d'un grand linguiste et sémioticien disparu, Émile Benveniste, que je consulte et discute encore. Les annotations sont les miennes, mais le tremblement aigu de la phrase demeure le sien, suscitant les questions, les accueillant par exigence et sensibilité, droiture intellectuelle, pratique de la discrétion du discours dont il a été l'un des tout premiers à offrir la linguistique et la théorie, celle de l'énonciation. *La* théorie? Non: *une* théorie. Mais *une* énonciation: la sienne.

L'un des maîtres que je continue de respecter, Roland Barthes, m'a appris beaucoup de signes, notamment celui de la frontière entre le transitif et l'intransitif dans le langage. Le transitif suppose que le discours rejoint directement, sans médiation, l'objet dont il est parlé. Le terrorisme ambiant de l'audio-visuel établit leur osmose. Mais l'osmose est hiérarchisée: c'est l'objet qui parle, ce n'est pas le sujet parlant. L'objet-maître, non le sujet. Celui-ci est asservi jusque dans sa parole, parce que la composition signique de l'objet analysable n'est même pas prise en compte par l'analysant. Les fonctions poétiques du langage s'atténuent en conséquence, et avec elles les fonctions cognitives. Le langage imaginairement assujetti à un «objet» qui, donné pour brut, ne l'est pas, se laisse abrutir par la médiocrité de cet imaginaire-là. À la limite, le «destinataire» n'est plus que le simple réceptacle d'un «message» qui lui est imposé et dont il peut entendre l'objet référé, non pas le comprendre. L'intransitif assume à l'inverse la poéticité du langage, mieux encore sa poïéticité, son ποιειν, son «faire», l'acte qui transforme, outre le langage en train de se faire, la saisie cognitive de l'objet dont le sujet analysant commence à intégrer les signes.

Le dire autrement. Dans l'œuvrage, la pensée procède vite, mais demande des efforts lents et contrôlés dans la matière, sur la matière. Une matière langagière hors-conscience, comme des mots prononcés en rêve selon une cohérence préalablement instituée, devenue impensée, une matière déjà là. Une matière pourtant à défaire, à refaire, suivant le mouvement dont ses propres figements contiennent l'indication infinie. À refaire parce que d'autres développements y interviennent, la socialité mise en conjoncture et dont cette matière est le dépôt. Cela demande une conscience critique précise, à proportion des indications du matériau, de ses dépôts fragiles, agglomérats de sensibilité. Tel est le paradoxe de l'œuvre en train. Tel est son immense savoir pratique, sa capacité de diffusion, d'information, de modification. Il faut au moins que la «critique» soit au courant, et assez intelligente pour secouer l'inertie de ses propres appareils. C'est en ce point que son rôle advient. Elle peut faciliter l'échange des connaissances, leur intégration transformante. Le texte *de* critique devient utile, dès lors qu'il apprend à se faire texte.

Par le texte, réhabiliter l'œuvre. Non pas *un* œuvre terminé, bien que l'analyse puisse en montrer la présence ancienne encore active, mais *une* œuvre et, dans cette œuvre, le geste multiple de la faire, ses connaissances, ses accroissements, donc un œuvrage.

❏

Est-ce un constat que je puis faire? Tous ces labeurs critiques répandus au long des années, depuis trente ans et plus, je les aurais pensés dans leur continuité dès l'abord et les aurais unifiés dans un vaste projet? Non, sans doute pas. Le travail était modeste. Quelques pièces reproduites dans le deuxième volume du livre étaient en outre, durant les dix premières années, l'effet d'une commande explicite pour le compte de journaux ou de la radio. La systématicité analytique est venue plus tard, et je puis avancer un projet pour l'ensemble de la production de cette période-ci, dont je n'ai extrait de leurs cahiers et tirés-à-part que les éléments qui convenaient à l'architecture du livre. La continuité est rétroactive: celle des questions relatives à la prégnance de l'idéologique dans l'œuvre en train de se faire; celle de l'intégration à cet entrain de l'histoire sociale des «idées». Henri Lefebvre note, dans un beau livre réédité en 1983 sur le matérialisme de Diderot[5], qu'à l'histoire des «idées sociales», — expression pléonastique, une idée étant nécessairement sociale, — doit être substituée l'histoire sociale des idées. La perspective est alors renversée, et elle devient critique. Il n'y a plus d'un côté de grandes idées ou des idées pures, puis d'un autre, rejetées vers la question dite sociale où elles sont curieusement minorisées, des «idées sociales» adaptables au découpage de l'ancien Maxime Leroy. De même, l'espace de l'écoute est agrandi. Il serait censé l'être, en tout cas. Une «histoire sociale des idées», si le déplacement de l'adjectif litigieux a un sens, devrait comprendre au premier chef les pratiques ritualisées et préceptualisées, l'impensé ordonné des résidus discursifs qui informent passivement mais activement, par passion-action, par mainmorte, l'explicite des idées et des œuvres. J'avais appelé ça «institution», voici déjà quelque treize ans[*], n'admettant sous la désignation que l'action prescriptive des formes sentencielles dans le discours. Action impérative dont le prescrit coalise la prosodie des phrases simples et répétées. Le prescrit devient dès lors susceptible de changement. S'il ne l'était pas, que faire de la prosodie? Elle est littéralement la progression chantante et cérémonielle vers le chemin, dans le chemin, ultimement dans l'expression intonative qui modifie le sens de l'énoncé produit et cet énoncé lui-même, abolit la cérémonie du prescrit ou, du moins, commence à la dérider. Les œuvrants du texte connaissent ça. Ils le pratiquent.

---

[*] Référence à deux textes destinés au troisième volume, «Manuel, censure, privilège» et «Allégorie et proverbe».

Cette perspective poéticienne de l'institution s'accompagnait d'une sévère restriction. Elle récusait le sociologisme ambiant qui confondait et continue de confondre en sociologie, dans la critique et dans les médias, ces formes résiduelles et tout le discours, outre cela tout le discours et le pouvoir, comme aussi de ce côté-là les actes politiques exécutés par les agences du pouvoir, établissements ou services grossièrement dénommés institutions, et la décision politique éventuellement stratégique. Effets d'une surdité entretenue. Il faut s'inquiéter de telles indistinctions. Un sociologue illustre, bon analyste quantitativiste, Pierre Bourdieu, s'en est ébloui. Il est parvenu à les propager. La nombreuse sociologie américaine les autorisait, peut-être à l'insu de Bourdieu et d'autres sociologues, à celui de leurs collaborateurs, ou par suite d'une erreur de traduction qu'ils eussent dû éviter par souci lexical. *Institution,* en anglo-américain syncrétique, ne désigne pas la même chose que le mot latin *institutio,* ensemble et pratique des préceptes d'enseignement et des règles de droit, retenu comme tel par l'histoire du français. Ces indistinctions ou distractions impliquent la possibilité d'une propagande funeste, voire intéressée. Son destinataire préfabriqué pourrait en déduire ceci: «Si je parle, j'exerce un pouvoir. Mais si j'exerce un pouvoir par la parole, je dois m'en garder, donc me taire.» Non. Pas ce muselage.

Ne pas confondre parole et pouvoir. Nous en serions meurtris. Et ne pas diluer l'effet institué de discours qui n'est pas toute la parole, dans des actes d'appareil désignant un pouvoir plus étendu que ce qui en est confié à ces actes partiels, ponctuels et locaux. L'opposition, déjà évoquée, que Barthes construisait entre le transitif et l'intransitif est sur ce point éclairante. Elle est sans doute criticable: elle rappelle le débat des scholastes du XIIe siècle entre «vérité de substance» et «vérité de proposition», entre «réalisme» et «nominalisme»; elle accorde un privilège à l'«écriture», méconnaît l'étendue de la parole injustement rangée sous la modalité du transitif. Elle pointe, néanmoins, un certain type de parole, une parole où aucun sujet ne parle, sous les registres homéostatiques des propagandes qui ne sont pas toujours audibles comme telles, des publicités trompeuses et du sociologisme qui ne connaît ni la parole dont il lui arrive de parler, ni celle qu'il parle. La parole soustraite est identifiable, en ces cas, à l'occupation du pouvoir.

Dans un écrit encore récent, non reproduit en ces pages par manque d'immédiate compatibilité, je formais un aphorisme peut-être provocant mais assurément fiable: «Le pouvoir ne parle pas.» Certes, les politiciens parlent. Ils sont même bavards, surtout quand ils sont de droite, parce qu'ils ne font que singer la parole dont ils ignorent l'étendue et parce qu'ils n'ont pas de projet avouable. Il arrive que des hommes politiques ou d'État de droite sachent parler quand ils ont un dessein réalisable en un projet public et consensuel, et quand ils proportionnent leur parole à la certitude que l'essentiel du projet tient en peu de mots, le reste n'étant pas dit. Je pense à de Gaulle et à Churchill. Il arrive, aussi et surtout, que des dirigeants révolutionnaires pratiquent l'étendue de la parole, l'exemple de Fidel Castro jeune me vient, quand ils savent expliquer le réalisable et ses limites, le pourquoi et le comment des limites, néanmoins l'extension du réalisable, et le communiquer à de vastes multitudes qui apprennent leur intelligence, se souviennent de leurs métiers, font le lien.

Pourtant, le pouvoir ne parle pas; je continue de soutenir cette proposition. Le pouvoir qui apprend à se fermer sur ses organisations internes ou à les réformer pour l'usage public, en apprend le mutisme, la clôture administrative. Parce que dès l'abord il s'agit de maintenir l'ordre, ou parce qu'à la longue la question est de stabiliser les acquis, le plus souvent même de les orienter vers une uniformité mieux contrôlable. Certes encore, tous les pouvoirs ne se ressemblent pas; leur non-ressemblance ne dépend pas seulement d'eux, d'ailleurs. Elle dépend de bien autre chose que de la parole publique, mais aussi de la parole.

Les uns, mainteneurs ou rétablisseurs de l'ordre à conserver, ont appris à rogner les fragments de parole, ou quelques bribes de ces fragments. Ils les promulguent en discours officiels, prescrits monarchiques ou façons libérales. Ils les *font* parler, par appui sur l'institution préalable des fragments réputés suffisants. La parole ne comptant pas seule, la conjoncture de l'ensemble des forces contraint parfois les pouvoirs à laisser parler bien plus que les bribes. Cela leur plaît un temps, accompagne même leur ascension. (Exemple: la «Révolution tranquille» au Québec de 1960 à 1964, quand était sollicité, pour une durée révocable, le soutien des nouveaux inventeurs de parole jusque dans l'information quotidienne.) Mais la parole est dérangeante, elle déborde; et si les gens du pouvoir parviennent à le garder, ils trouvent mille moyens libéraux ou conservateurs de la restreindre, de la sangler, — ou de l'amplifier d'une mise à mode plutôt qu'à mort, c'est tout comme.

Les autres, révolutionnaires aguerris, ont besoin de l'invention de parole. Mais le plus souvent, ils rechignent à en apprécier l'extension, la forte capacité. Les plus intègres le reconnaissent. Ainsi Lénine parlant de Maïakovski dont il ne saisit pas la poésie et le théâtre; il s'efface néanmoins, n'est pas censeur, il admet modestement son ignorance. L'ignorance, même modeste, est dramatique pour la conduite de la révolution qui prétend instaurer une politique d'acceptation — seulement d'acceptation — de l'imagination culturelle. Il y aura une acceptation pour un temps, pas de connivence. Le dur et profond critique de l'empiriocriticisme qu'était Lénine n'a pas su échapper aux pièges politiques de l'empirisme dès qu'il s'agissait du langage. Il n'en avait pas les moyens de connaissance. Trotski, ponctuellement mieux informé, plus curieux de culture seconde, mais ancien social-démocrate positiviste, ne les avait pas davantage. Lounatcharski, pourtant commissaire à la Culture, et Boukharine, grand politique et théoricien du mondialisme impérialiste, n'avaient pas non plus le souci de la force matérielle expansive du langage et de ses prolongements dans l'écriture. Cette force les assistait, ils ne le savaient pas. Tous seront morts, poursuivis, exilés ou soumis lorsque Staline fera exécuter un écrivain révolutionnaire, Sergueï Tretiakov, ancien compagnon de lettres de Maïakovski qui s'était suicidé trois ans plus tôt. En cette rude et grande époque, un seul dirigeant politique révolutionnaire, il n'était pas russe, il était italien, Antonio Gramsci, s'applique sur des cahiers d'écolier à commencer d'épeler les rapports du pouvoir et du langage, dont la compréhension est nécessaire à une libération durable. Mais Gramsci était verrouillé dans une prison fasciste, on ne lui permettra d'en sortir que mourant, et il n'avait jamais exercé le pouvoir d'État. Ses propres camarades de l'internationale communiste avaient contribué, tout en intervenant pour lui, à le tenir à distance des combats où cette connaissance eût pu être bénéfique pour le long terme.

Surdité oppressive, exploiteuse et meurtrière à l'«Ouest»: les licenciements massifs, les grandes crises, les guerres mondiales et les guerres locales savamment entretenues, accompagnent le long étouffement des cultures et littératures dominées, la condamnation ou le bannissement sélectif de leurs écrivains et artistes et de leurs simples artisans, la peine de silence pour de nombreux travailleurs intellectuels. L'un ne va pas sans l'autre, malgré les décalages des systèmes d'exploitation, d'oppression et de répression. La mutualité décalée de l'exploitation économique et de l'oppression idéologique, celle de l'oppression et d'une répression politique particulièrement implacable dans les pays dominés, déterminent pour la suite une formidable entreprise de domestication des expressions et de l'invention culturelle dans les pays dominants: figement par effets de mode agglomératifs de masse, malgré la tolérance, dite contrôlée, des discordes symptômatiquement affichées en une sorte d'anglo-américain entre *skinheads* et *punks*. En est-on là? Sans doute pas. Il faut attendre le pire, encore à venir. Mais l'intelligence des artisans d'intelligence a pour elle la longue durée.

Surdité d'abord timide à l'«Est», presque accueillante un temps, puis terriblement meurtrière dans le prolongement d'une brutale consolidation des acquis révolutionnaires qui signalait, à travers la continuité maintenue, l'équivalent du passage à un régime intérieur très différent, systématiquement braqué sur la méfiance, le soupçon organisé, sur l'appel défensif et justifié aux masses (elles étaient effectivement menacées de l'extérieur) mais aussi, et comme en corollaire, sur la liquidation préventive. Déportations, exécutions parfois avant jugement, condamnations à l'exil intérieur, interdictions de publication, — donc de métier et d'art, — à Mikhaïl Boulgakov, à Anna Akhmatova, à tant d'autres dont l'annulation retombait en souvenirs de taches d'encre sur les doigts d'écrivains acceptés et consciencieux, souvent courageux, — et il y a eu bien d'autres *et cetera,* je le dis par tristesse, leur liste est peu dénombrable. L'avant, le durant et l'après de la guerre nazie, sourdement acceptée depuis l'«Ouest» contre l'«Est» (Churchill n'acceptant que tardivement l'ouverture du deuxième front à l'ouest) conditionnaient aussi, entretenaient et aggravaient la situation de ce que les gauchistes* repentis appelleront bien plus tard, dans la docilité à une droite jubilante qui avait

---

* Un bon écrivain, Jacques Godbout, dont la pusillanimité facétieuse me réjouit en de brefs instants, m'a un jour, dans les colonnes du journal *Le Devoir,* en 1984, qualifié de «gauchiste». Il ajoutait, par une ironie qui lui est propre (ce qualificatif est-il pertinent?) que ce «gauchiste», moi, avait trouvé logis à l'université et trouvait, somme toute, un certain confort à jouer sur plusieurs tableaux à la fois. Ce n'était pas dit ainsi, je n'ai pas cette forme d'ironie, mais le discrédit prononcé était bien celui-là. L'écrivain en question se trompait d'adresse. Il confondait le gauchiste et l'homme ou la femme de gauche, bien qu'il se fût dit lui-même de «gauche». Il reproduisait, à son insu j'espère, un syncrétisme intéressé dont le duplessisme avait eu la dilection. Pour l'ancien premier ministre Maurice Duplessis, même Pierre Elliott Trudeau était un «gauchiste». Est-ce tout rappeler d'une époque de chasse aux sorcières, P.E.T. étant alors épargné dans ses gains et sa réputation, d'autres ne l'étant pas? Je ne peux pas répondre à l'inculture lorsqu'elle n'est pas intéressée ou qu'elle ne participe pas, — je veux le croire, — d'une ignorance délibérée. Pour ce qui est de l'université actuelle et de ses logis, je me gausse: Jacques Godbout ne peut rien en inférer, car il ne connaît rien de cette usine.

eu très peur, l'Empire soviétique. Le rôle des gauchistes, ou des religieux, est après tout, après tous les événements, de se repentir; celui de la droite ordonnatrice, de triompher jusqu'au renversement, ou d'avoir peur, ou l'inverse; celui des victimes, de mourir, parfois de témoigner; celui des révolutionnaires, de ne pas toujours comprendre, surtout quand ils cessent d'être des révolutionnaires et qu'ils aident à tuer.

Pourquoi évoquer ici cette surdité d'ouest en est? Parce qu'elle concerne notre histoire, qu'on le veuille ou non, qu'on le sache ou non. Le Québec a été, lui aussi, comme tant d'autres pays qui ne pouvaient pas faire autrement que de l'apprendre mieux, profondément déterminé par l'histoire internationale des pouvoirs antagoniques, opposés les uns aux autres très radicalement jusque dans leur façon d'ignorer ou de réduire l'autonomie de la parole publique. Le Québec l'a été, même si la tendance des États qui le dominent était de le tenir à l'écart de cette histoire. De cette histoire, non de ses effets. En réalité, la mise à l'écart, réussie longtemps, partiellement tenue en échec par la suite, a été l'indice majeur d'une implantation locale des appareils intercontinentaux de la clôture politique. Une mise à l'écart, mais la crise, les crises. Puis la prospérité, mais le chômage. Une mise à l'écart, mais la guerre mondiale: imposée, interdite à la discussion, silence dans le rang, ordonnée au nom d'une fidélité à l'anglosaxonie hostile et méprisante, non pas au titre explicable d'une solidarité avec les victimes révolutionnaires ou modestement démocratiques du nazisme. Une mise à l'écart comme autrefois, mais ensuite le développement impérieux du capital qui entraînait, à travers la révision de l'ancien système politique intérieur («duplessisme»), une expansion critique modérée de l'information et de l'enseignement («révolution tranquille»). Cette histoire, elle est aussi celle de notre littérature qui l'a subie, contrastée ensuite, accompagnée mais aussi précédée. Car la littérature produite au Québec réagissait à l'ignorance internationale d'une parole libre, insatisfaite, coléreuse, lucide pourtant, telle qu'elle se donnait à qui savait écouter. Elle y réagissait avant même que la propagande médiatique, habituée à composer avec les divers gouvernements concurremment solidaires et avec les agglomérats d'entreprises, ne commençât d'accepter les débuts de l'invention. Invention de la reconnaissance. Reconnaissance de l'insatisfaction. Alors connaissance. Connaissance de l'ignorance politiquement instillée, et travail souvent serein au ras de l'ignorance. Pouvoir et littérature font parfois bon ménage. Mais pouvoir et parole publique revendicative, quand la littérature sait capter celle-ci, la réinventer ou plutôt l'inventer pour un ailleurs, un autre temps et pour elle-même, demeurent inconciliables, — le demeurent aussi longtemps qu'un pouvoir politique quelconque continue d'entretenir une ignorance de parole, de s'en satisfaire.

Ce rappel ponctue le déploiement de ma production critique. On s'en aperçoit, la perspective retenue est sensiblement différente des orientations surtout esthétiques qui instruisaient le travail du grand critique Jean Paulhan. Je lui rends hommage au fronton du livre, dans cette *Fée du logis*. Je ne crains pas d'en revendiquer ma part d'héritage. Mais Paulhan mettait l'accent sur la brisure intérieure du style qui pouvait abolir, non certes la rhétorique entretenue, mais la référence à l'historique, à la matière sociale du langage. Il se trouvait «banal», y mettait une coquetterie, aimait être épaté[6]. Il avait raison. Je n'ai, pour ma part, jamais séparé le souci esthétique, l'attention à l'esthétique, de l'envisagement de l'histoire. C'est banal aussi. La transformation des matériaux de langage, la production d'une efficacité esthétique ponctuelle mais non terminable, est liée à l'invention de l'histoire longue déposée en brèves sentences archaïques, comme aussi à la découverte des conjonctures, des jonctions et disjonctions culturelles, politiques, économiques qui ne cessent d'informer la possibilité du texte, ne l'encerclent pas. L'encerclement n'est d'ailleurs pas la fonction des conjonctures. La formation d'un nœud plutôt, entre les divers apports contradictoires en histoire courte; et la place d'un élan réalisable. La possibilité du texte y advient. Et tant pis pour les pouvoirs politiques qui n'ont pas le pouvoir de l'entendre.

Telle est l'offre discrète. Les enseignements de la sociocritique ont été, en fin de compte, très utiles. Je suggère de les élargir.

❏

Un autre volet aurait dû être mis au gond des fenêtres: celui des analyses de conjoncture. Il est renvoyé à un autre livre. Les nécessités de la composition y obligent. C'eût été interminable. Le respect des différences de registre y contraint aussi, puisque de telles différences existent. Des pistes, des dates et quelques déchiffrements de conjoncture sont seuls proposés dans le premier volume. Ils sont nécessaires à la compréhension des textes étudiés. Je ne puis conjoindre en cet ouvrage les analyses sur l'autonomie relative des classes ouvrières, sur les formes québécoises de la domination américaine, etc. Un autre temps viendra, peut-être, où la jonction sera faite. Je le souhaite. Il y faut d'autres conditions. Elles ne sont pas réunies.

Le recueil obéit à la chronologie de la continuité. Sauf indication contraire, les dates se suivent. Elles accompagnent la constance. Aussi les aléas de l'enquête. Ils seront sensibles à la lecture des deuxième et troisième volumes. Mais le premier échappe à la chronologie des travaux. Il reçoit les derniers résultats de l'enquête et leur humeur propre qui éclaire la méthode des antécédents. *Cher André — Portrait intellectuel d'un chercheur* ainsi que *Paul-Marie Lapointe et la matérialité du poème* et un *Eulalie ou le mal du tant-à-dire* jalonnent trois années d'écriture, de l'automne 1987 à l'automne 1990. Certains des textes produits au cours de cette période sont dévolus au troisième tome qui rassemble d'autres propos et analyses récents. On trouvera à la fin du présent volume, outre la table de celui-ci, celle des deux autres annoncés.

En ces pages, il n'est pas question seulement de littérature québécoise. Pas non plus, seulement, de littérature. Il n'est plus acceptable que la littérature québécoise, qui a sa distinction, soit réduite à elle-même, à son miroir de coquetterie. Dans *Rebonds critiques II*, «Honneur de poésie» fait voisiner le Grec Yannis Ritsos avec Paul-Marie Lapointe, Roland Giguère, Gilles Hénault. Les références à Diderot, à Stendhal, à Balzac, à Dostoïevski, à Joyce, à Musil, sont plus qu'incidentes. Les écrits de nos grands poètes, gens de culture et de lecture, — seraient-ils poètes, sinon? — entrent en contact avec les textes vivants de la mémoire nationale et internationale. Ils sont aussi en connivence avec d'autres productions. Roland Giguère est poète; il est de même peintre, graveur, imprimeur. Paul-Marie Lapointe, poète de la machine à écrire et de l'encre de Chine, est un très fin connaisseur du jazz. Gilles Hénault, curieux de tout, sait savourer les profondes ressources des parlers populaires, de leurs coutumes, de leurs sentences imagées, de leurs lapsus humoristiques, selon une gravité de voix, la sienne, la même qu'il a apportée à l'animation attentive des arts plastiques. Claude Gauvreau, d'une immense culture plasticienne, vocale et lettrée, était un homme de poésie-théâtre. Gilles Carle n'est pas poète au sens habituel du terme, bien qu'il mette la main, — la belle expression: «mettre la main à la pâte», — à la rédaction des scénarios et dialogues de ses beaux films; dessinateur de formation, ce grand cinéaste a été l'un des six fondateurs des Éditions de l'Hexagone. Il n'y a aucune autre trace de son nom dans mon livre; voici une autre erreur. Je parle néanmoins de cinéma. Aussi de peinture. Et des expressions courantes chargées de telles images multiples qu'aucune analyse ne saurait les épuiser. Ce n'est d'ailleurs pas la fonction d'une analyse. Quant aux écrits des plus jeunes qui seront vieux demain, il n'y en a ici que des traces, des ricochets, quelques rebonds. J'en parlerai la prochaine fois, avec affection.

Deux précisions, enfin. La poésie, comme «genre», ne reçoit aucun privilège. Elle est investie dans tous les textes intelligents de nos cultures. Et même dans des textes astucieux mais bornés à de sourdes rancœurs, dont le récit fait l'aveu à l'insu probable du conteur (*Agaguk,* d'Yves Thériault).

L'article savant n'est pas non plus l'objet d'une prédilection. Il a sa place mais il suit son cours, et celui-ci est instruit de travaux antérieurs. Il y a là de simples chroniques. Elles ont leur modestie, elles ont ce sens accru. Écrits journalistiques et écrits universitaires peuvent composer. Je le désire, malgré les préjugés mutuels des professions. La ténacité des préjugés n'est orientée que d'une division du travail intellectuel. L'organisation de ces divisés rapporte des profits, places, intérêts, prébendes d'images. Ils sont hostiles à la parole libre, bien que celle-ci soit amenée à en pratiquer la connaissance.

Bonne lecture. Je la souhaite bonne, en effet, âpre et délicate. L'orgueil du labeur est de mon côté. Il peut être partagé.

Rédigée en août 1987, cette présentation a été réécrite et terminée en novembre 1990. L'ampleur nouvelle de certains éléments du livre, quelques ajouts et la décision d'une répartition en trois volumes m'ont aimablement conduit à ce nouveau plaisir d'écrire.

Cher André

(Portrait intellectuel d'un chercheur)

J'écris dans l'amitié d'un mort*. Il m'en donne la note, le *la* critique de l'attaque orchestrale. Elle fait écho à la suggestion intelligente d'un autre ami, ancien étudiant devenu collègue, Javier García Méndez. Je le remercie de ce conseil. Il était opportun. Il faudrait, me disait-il après avoir lu la dédicace du livre, de ce livre, qu'un texte fût mis en connivence, devînt un chapitre. Oui, je suis d'accord. Il proposait aussi une orientation: parler d'André d'une façon telle que, parmi la quinzaine d'articles d'hommage publiés peu après sa mort, un ou deux d'entre eux qui bénéficiaient d'une autorité apparente soient jetés à l'oubli pour défaut de connaissance. Fernand Ouellette, qui en fit une homélie, se répandait sur Dieu à propos de lui, étonnante nouvelle. André était assez courageux et intègre, malgré sa vieille peur catholique toute mamelée d'enfance, pour être mécréant. Le même et quelqu'un d'autre, — je ne suis pas un scélérat, je tais son nom, — décidaient, par ignorance entretenue, de ne rien savoir du métier d'André, de n'en rien dire. En tout cas, leurs notices nécrologiques très soumises au style n'en faisaient aucune mention. Cela nous a choqués. Nous avions travaillé avec André Belleau. Leur onction nécrophile bafouait, outre sa mort, notre propre existence de collègues, d'étudiants. André Belleau était un grand professeur. Ils étaient incapables de le savoir, même de l'apprendre. Et ils prétendaient avoir travaillé avec lui.

André, donc. Pour le motif d'une activité qui continue d'être partagée. Il n'aurait pas été toujours d'accord avec les modes de la pour-

---

* Le tiers de ce texte a été écrit dans les trois mois qui ont suivi le premier anniversaire de la mort d'André Belleau survenue en septembre 1986. Les premières pages étaient destinées aux collègues, les siens, que venait éprouver la perte d'un autre collègue, Robert Saint-Amour. L'attention, la critique et l'amitié visent, au delà des disparus, le Département d'études littéraires de l'Université du Québec à Montréal. Ils en étaient membres, j'en suis membre. Il y avait chez eux une générosité d'accueil. Au départ, ce texte était la note d'une sollicitude envers les collègues, l'appel solidaire à une saisie d'intelligence. Il a pris, par la suite, comme cela arrivait chez mon vieil ami Diderot mort en 1784, une extension considérable qui interroge, tel est le désir, tous les passionnés du dialogue.

suite et de l'accompagnement. Il n'était pas un Monsieur Amen. Vive le désaccord, s'il est intelligent. Le motif, on l'a compris, n'est pas l'ornement d'une pierre tombale, — bien qu'elle puisse être belle, je l'espère pour tous. Bien que. Le concessif est ici beaucoup pratiqué. Il convient à la figure.

Ici, on le comprend, je ne discute pas avec Belleau. Il est mort, aucune réponse n'est possible. Seuls ses textes parlent. Ils sont convoqués, accompagnés de détours qui rendent intelligible l'interprétation de son cheminement. Ces détours sont les miens. J'assume au discours direct, et au discours indirect libre, l'énonciation de mes propres théories. Je ne me substitue pas au mort. J'accompagne les traces de sa pensée. Je les poursuis d'une inscription de la mienne. Elle est en connivence, mais en différence sur plusieurs points esentiels. Il est honnête de le dire. Il est honnête de procéder ainsi. La confrontation est l'hommage. Sur de longues plages du texte, la vague efface le nom et l'œuvre. On les redécouvre ensuite. Telle est la libre rigueur du propos.

Quand je l'ai connu, il n'utilisait encore que deux plumes: celle du chroniqueur, celle de l'administrateur. Chroniqueur, il le restera carrière durant, à la radio et dans la revue *Liberté* que nous avions fondée ensemble, que je quitterai tôt, où il demeurera imperturbable, fidèle à lui-même. Je ne parle pas de cet aspect de vie, bien qu'il ne puisse être séparé de l'écriture d'André, que tous ses textes d'analyse en aient porté la marque comme un effet de signature. Une troisième écriture y est conjointe, aboutée au deuxième plumet du fonctionnaire, celle de l'humaniste. Il apprendra plus tard à y accueillir une nouvelle respiration, à l'élargir, à la critiquer. Bientôt une quatrième. Au bout du compte, les diverses écritures ne se sont pas étagées en strates; elles ont ponctué le parcours d'un transhumant.

Administrateur, il l'avait été à l'Office national du film. Il assume derechef des tâches d'exécution pendant une brève période de deux ans, de 1980 à 1982, comme directeur élu des Études supérieures du Département d'études littéraires de l'Université du Québec à Montréal. Je me rappelle ses nombreux mémos de fonction. Ils me déplaisaient parfois. Deux ou trois phrases sèchement techniciennes oblitéraient les questions importantes qu'elles pointaient pourtant. Ces questions auraient dû être abordées moins latéralement, faire l'objet de débats pour le large et l'accentué des problèmes (programmes, recrutement étudiant, réformes et continuité, développement). André le savait bien. Il assurait ne pas vouloir confondre les collègues sous une prose extensive. Peut-être n'avait-il pas tort. Il ne refusait pas la discussion; il la souhaitait. Il était plus à l'aise dans l'oralité. Il avait une sacrée carrure de parole, drôle, ponctuelle, informée, passionnée souvent, faussement naïve. Il aimait faire parler l'interlocuteur, lui tirer indéfiniment les vers du nez pour se les mettre en bouche, par étalage d'une ignorance savamment érudite. Il essayait de découvrir ce dont l'autre avait le «vray sçavoir», par curiosité, aussi par défi, comme si la prise en défaut lexicographique ou bibliographique était utile à sa recherche d'entomologiste du langage et de la culture lettrée. Je n'appréciais pas la méthode, l'ingénuité très apprise. Mais il se rendait compte, à chaque manœuvre, que nous n'étions pas dupes; et il se contraignait à ne plus insister, avec quelque regret contrasté d'une mine ébaubie qui le faisait aimer. La madrerie culturelle de ce solide et douillet Québécois n'interdisait ni la copieuse gourmandise de langue, — celle du parler et celle du repas, — ni l'avis ferme et autorisé, arrêté, documenté, quand on lui demandait une consultation écrite sur la définition programmatique d'un cours, sur le contenu et la méthode des *syllabi*, etc. Cela se réglait en comité, et André daignait être un homme de comité. Je m'abstiens d'autres indications sur cette forme de choses, bien qu'elles fassent partie intégrante du métier d'intellectuel.

Belleau était un grand intellectuel. Cet intellectuel était un humaniste. Et l'humaniste avait eu la modestie de se transmuer, par l'enseignement et l'écoute attentive des étudiants, en quelqu'un d'autre, le même et différent, critique de lui-même. Il y trouvait l'occasion de se découvrir, se former, s'accomplir écrivain. Tel est l'enchaînement que son œuvre m'invite à dessiner.

Humanisme criticable.
Humanisme quand même

Un humaniste. Comment saisir ce trait? Le mot est aujourd'hui remis en vogue. Il est spécieux. Il désigne indifféremment l'historien littéraire, le philosophe traditionnel, le propagandiste des hiérarchies scolaires et le partisan des libertés publiques. Il arrivait autrefois que ces rôles fussent confondus. Ils ne devraient plus pouvoir l'être aujourd'hui, même si communistes, socialistes et conservateurs continuent, sur la scène politique internationale, de se réclamer tout uniment de l'humanisme.

Voici quelques autres indices d'une persistance qui ne devait pas échapper à l'ami Belleau. Le philosophe Pierre Boutang, pour le triste et opiniâtre exemple, a joué, vieux maurrassien fidèle à des autorités non électives, un rôle plus qu'équivoque pendant l'occupation nazie de la France; il se personnalise en humaniste, dans son vieil âge comme avant-hier dans sa jeunesse captieuse. L'honnête Raymond Picard, dans une attaque rendue célèbre par la réponse de Roland Barthes, revendiquait au nom de l'humanisme les prémisses d'une histoire «littéraire» que Barthes, affichant à l'époque la conception d'une histoire mi-brechtienne, mi-structuraliste, avait eu l'audace de critiquer. L'humaniste Picard était autoritaire. Il jugea la méthode de Barthes contraire aux règles de la discipline intangible. Elle l'était. En bon sorbonnard pourvu de tous les titres pérennes que l'autre n'avait pas, il la condamna du haut de la chaire comme un auguste. Il s'était trompé de conjoncture, les anciennes façons commençaient à être mises en question, aussi les anciens rôles du magistère professoral. S'il vivait encore par les insipides temps médiatiques qui ne cessent de courir et de sourire depuis lors, peut-être aurait-il une revanche. Tout serait enfin dit, dans le droit fil. Barthes lui-même, plus tard, aura le flair provocateur qui sied aux médias littéraires, à ce qu'on dénomme ainsi: il écrira, dans sa leçon inaugurale au Collège de France, que la langue est fasciste. Rien moins que la langue. Et elle serait fasciste? Il aurait dû pourtant savoir qu'on ne peut pas dire n'importe quoi, du fascisme par expérience, de la langue par connaissance. Il devenait condamnateur, lui aussi: non du fascisme ainsi naturalisé, anhistorisé, mais des peuples qui font les langues. Ce propos pervers, aguichant pour le temps d'une courte cible, tenait d'un humanisme méprisant: non, je ne parle pas *la* langue, elle est là pour la coutume et la coutume est fasciste (ô coutumiers, le seriez-vous vraiment? et l'auriez-vous, sans le savoir, toujours été?). L'impertinence du mépris rejoignait l'imposture: l'autojustification arbitraire procède par diktats violemment uniformisants, l'une des caractéristiques des fascismes historiques. Il est facile de se justifier d'une transgression par le «texte» et de laisser la «langue» au «fascisme» des autres, de tous les autres. Mais ce faisant, on colle à tous les autres un uniforme inchangeable; et l'on s'interdit, par un scandaleux caprice d'intellectuâtre (ce mot-valise entend désigner quelque début de despotisme dans l'inquiétant abandon des responsabilités d'intellectuel) de cribler la possibilité conjoncturelle du fascisme. Car elle est conjoncturelle, elle n'est pas naturalisable. Mânes de Jules Michelet, que Barthes avait révérés, est-ce ainsi et encore l'humanisme, cette forme de *pronunciamento* qui occulte le combat intellectuel pour les libertés, tout en prétendant l'afficher? Entre ces trois cas, Boutang, Picard, Barthes, — j'eusse préféré ne pas inclure ce dernier, même le dernier Barthes, — un trait commun, en effet: le recours final à l'argument d'autorité, à l'exclusion.

D'autres cas sont évocables. Tel celui de l'humaniste légitimement antistalinien Soljénitsyne qui n'a pas eu le moindre souci, — et ceci était illégitime, — de son apport aux courants européens et américains les plus réactionnaires. On est bien éloigné des horizons vers lesquels luttaient et écrivaient un certain nombre d'intellectuels dans la première moitié du siècle: Romain Rolland, Henri Barbusse, tendus contre la guerre, puis contre le fascisme, aussi Thomas Mann, dans le même temps et plus tard des philosophes comme Adorno et Horkheimer. Leur humanisme de haute culture intégrait un courage éthique qui n'avait pas besoin de se proclamer politique (Barbusse faisant exception) pour demeurer lucide et poursuivre les exigences de l'intellectualité. Arrive Brecht. Compagnon d'occasion des intellectuels allemands antifascistes émigrés, il a été le premier, dès le début des années trente dans ses *Carnets*, à marquer les limites. Plus précisément, à désigner une coupure: l'intellectuel traditionnel ne parvenait qu'à *dénoncer* l'horreur du nazisme; malgré tout son courage, il était impuissant à *lutter* efficacement contre elle, sans cesser d'être écrivain et chercheur. Le nazisme introduisait une cassure, au travers et au delà de laquelle il fallait découvrir les formes d'une intellectualité nouvelle: elle serait assumable si elle devenait à la fois une pragmatique et une esthétique de la «pensée intervenante». Dans le même temps, également dans des *Carnets*, non d'exil mais de prison, l'aimable et grand Gramsci dessinait le profil théorique de ce nouvel intellectuel nécessaire, déjà requis par l'organicité du travail à l'échelle internationale. Car les diverses variantes du fascisme, l'italienne, l'allemande, bientôt la française, ne concernaient pas seulement des conjonctures locales et spécifiques. Elles étaient en prise directe sur l'organisation internationale du travail et des marchés, dont elles militarisaient les enseignements techniques, trouvant alors à invertir la Grande Crise, à la transformer en un système de violence déclarée qui en était le double. C'est sur ce terrain de la connivence ou de la connexion qu'il fallait s'efforcer d'apprendre les ressorts structurels du fascisme, combattre la diffusion immédiate et à long terme de ses formes de pouvoir. Je dis bien *à long terme*: ces formes ont effectivement contribué à remodeler en de nombreux pays dits démocratiques les instruments de pouvoir, propagande, publicité, services d'action psychologique de l'armée, contrôle des opinions par le crédit, extension des corps policiers parallèles depuis la Deuxième guerre mondiale. Dans ce dessein, selon Gramsci, il fallait trouver, former dès l'école dont les programmes et les hiérarchies étaient entièrement à repenser pour la conquête d'une démocratie hégémonique, les nouveaux intellectuels de la culture civile et de la pragmatique sociale. L'humanisme traditionnel, ses références, voire sa protestation cessent dès lors d'être adéquats. Demeure sa caricature autoritaire.

Faut-il pourtant abandonner l'humanisme? André Belleau ne connaissait pas l'œuvre de Gramsci et guère davantage, me semble-t-il, celle de Brecht[1]. Je crois bien, de même, qu'il n'avait que de lointaines pensées pour la concrétude historique du fascisme à travers laquelle nous nous étions formés par opposition, moi bien sûr[*], lui aussi bien qu'il ne s'en doutât peut-être pas. Belleau nous interrogeait passionnément sur les ravages culturels induits par les nouvelles technologies sur lesquelles, scrupuleux, il s'informait. Elles venaient principalement des États-Unis, du monde «anglo»; et elles étaient proches, par voisinage et domination imposée, de sa propre expérience culturelle réactive, de sa ruse d'honneur qui venait de loin, — et il cherchait les ancêtres. C'était une autre façon de désigner les mêmes périls violents et sourds. Mais il oubliait de noter que le technologisme, non pas les technologies, est un produit politique et militaire. Il demeurait sourd, — les violences ne le sont pas seules, — à cela que je lui disais. Il savait, néanmoins, accomplir avec agrément et chansons ses devoirs acceptés de syndicaliste. Il s'efforçait parfois, péniblement, à déchiffrer cette partition-là. Il était du côté des libertés. En ces temps d'occultation, c'est de nouveau l'essentiel. Et ce n'est pas rien pour un ancien élève des collèges classiques québécois, naguère encore voués aux finalités théogoniques d'une certaine scholastique.

Cela dépasse de cent coudées (l'expression usuelle s'associe à un jeu de mots littéral: André avait le coude franc et formidablement rieur contre le coude, signe d'une belle santé intellectuelle) le simple appui aux libertés. J'évoque quelques noms, Ernst Robert Curtius, Lucien Febvre, Georg Lukács, Mikhaïl Bakhtine, pour signaler un cheminement critique, une remise en question, une rigueur et une attention. L'apprentissage des conditions intellectuelles de la découverte des lettres; et celui, pas toujours compatible, de la revendication des libertés. Deux autonomies accrues, celle de la découverte, celle de la revendication sociale et politique, se sont rencontrées pendant un laps de temps bref mais pléthorique, au cours des années vingt, les grandes années de ce siècle. Elles se sont appariées en contraste et en solidarité dans presque tous les pays

---

* Je fais référence à l'humiliation d'une enfance, à l'occupation nazie de mon pays d'origine. L'adverbial «bien sûr» est légèrement superflu: il n'y avait aucune corrélation automatique et immédiate entre l'oppession nazie et la révolte des sujets individuels. Sinon, l'organisation de la faim, du froid, du commandement et des rafles n'eussent pas été fonctionnelles. L'un de mes condisciples, aussi pauvre et humilié que moi, s'était enrôlé à l'âge de quatorze ans dans les *Waffen SS*. Je lui garde une certaine reconnaissance, par delà tant d'années, de m'avoir fait accéder à un autre degré d'horreur quand il entra en uniforme nazi dans la cour de l'école.

d'Europe, d'est en ouest. Belleau, né au début de la décennie suivante, était intellectuellement un homme de ces années-là. Ce n'est
pas l'indice d'un retard, sinon chronologique; bien plutôt, le signal
d'une aptitude à l'invention. Il hésitait politiquement à le savoir. Il
osait pourtant y mettre la main.

La Rabelaisie

Curtius. Mais avant l'œuvre monumentale de Curtius sur la rhétorique du Moyen Âge publiée en 1947, Rabelais. Pourquoi l'inventeur des pierres qui parlent et des mots gelés? C'était une prédilection d'André Belleau, une dévoration gouleyante où le boire, le manger et le savoir formaient une trinité païenne. Plus païenne que néo-platonicienne malgré l'Abbaye de Thélème qui avait d'autres secrets cabochards, pythagoriciennement mélodiques, libertaires aussi, et dérisifs. Pourquoi Rabelais?

Peut-être le hasard. Mais le hasard oriente ailleurs, plus sûrement vers la manie de langue, vers la langue festive cachottière d'angoisse. Le fait est qu'il avait voué son mémoire de maîtrise à l'étude de Rabelais. Il se servait d'un crible, la curiosité babélique, qui lui permettait de retenir la plus fine parcelle de l'immense bibliographie sédimentée dans les études rabelaisiennes. Orgueilleux, dénégatif et sincère, il déclamait ensuite, dans les couloirs dont il occupait la pleine largeur, la modestie de n'avoir pas tout lu. Hé, compère! Il n'avait pu lire tout, c'est sûr, la poussière tombe, il s'intéressait aux fragments résistants, décorticables. Mais il avait décrypté et annoté plus de cailloux ronds que tous ceux dont j'avais lu, moi-même, inventions et fariboles sur le même inépuisable sujet. Il m'était arrivé, soucieux de son appétit, désireux d'un concours, de lui suggérer un article ou un livre. Il se renversait alors dans le fauteuil qu'il cassait parfois, et partait d'un extrême discours modéré, il avait bien évidemment lu ce dont je lui parlais, il maniait la masse avec bonhomie et hochements, elle était critique, je me laisse conduire par les expressions justes quand elles sont redressées. Rabelais est le moment de référence, la veine cave de Belleau. Je ne sais si Rémy Belleau, qui eût pu par l'âge être le fils de Rabelais, était un ancêtre d'André qui cherchait les siens. Il y a tant de Belleau dans cette prodigieuse famille mythique et commune. Mais Rémy, bon ligueur de la Pléiade, était un peu affété. Rabelais ne l'était pas. André l'était parfois, mais avec retenue, quand il craignait de ne pas trouver convenable d'aller jusqu'au bout de sa pensée. Rabelais lui était une sorte de parangon et de guide. Il marquera toutes les étapes de sa recherche. Il lui servira, bien évidemment, à découvrir le livre de Bakhtine sur Rabelais dont la traduction française paraissait en 1970[1]; au delà, à devenir un bakhtinien sélectif, l'un des meilleurs.

Sélectif, subtilement discrétionnaire, mais par application et étude, il l'était aussi à l'endroit de Rabelais. De l'œuvre fictionnelle du bon chanoine commendataire il a retenu, non la mise en fable du politique (bien avant que cette instance commençât à être reconnue pour ses traits distinctifs) et les théodicées quelque peu subversives, mais dans la fable ou le conte la langue et le carnaval ménippéen. Non pas la langue des linguistes, bien qu'il ait su s'y intéresser pour mieux la redouter, mais celle du narrateur d'un polyèdre de contes sagaces, impertinents, outrant le lexique conduit pourtant à sa précision, convenus mais inventifs, peu obtempérants. Non pas la théorie sémiotique de la Ménippée. Il s'est méfié jusqu'à la fin de toute théorisation, quand bien même il en était séduit; quant à la sémiotique, il clamait qu'il était peut-être un Monsieur Jourdain, un sémioticien sans le savoir, et il partait d'un rire perfide. Non pas la théorie de la Ménippée selon l'ancienne version de Julia Kristeva, qui fut une jeune sainte laïque en 1969. Mais par un scrupule d'exégète, l'attention au fil du doigt dans le sens de la lecture, la poursuite des étrangetés dialogiques du carnavalesque à partir de la lecture que Bakhtine en avait faite. Lecture d'une lecture. Lecture restrictive: il ne retenait pas l'amplitude des antagonismes, leur place essentielle dans la pensée du dialogique chez Bakhtine. Lecture extensive: il jurait que le roman québécois moderne s'apparentait au carnavalesque. J'étais sceptique et le lui disais. Mais il apprenait à rêver. Vive l'infrangible originalité du rêve.

Il eût aimé que ces étrangetés ne fussent pas topiques, qu'elles ne fussent donc pas théorisables. Il était obligé de constater que, topiques, elles l'étaient. Pour la description, donc pour la théorie contraire à son obsession du festif, — description et théorie sont indissociables, — il était contraint de s'en arranger. Il le faisait avec beaucoup de rigueur principielle et méthodologique, pour le gain de l'analyse où il aimait se dire bricoleur. Il aimait aussi rejeter en quelques occasions, par magouille d'honnête homme, tout ce qui ne l'arrangeait pas. Cela, de fait, il l'écartait chaque fois que le conflit, — dont il abhorrait la notion mais pratiquait à sa façon les passions électives, — interférait avec le festif, avec sa conception assez particulière de la fête. Orchestration amplifiante du divers, embrassement sans lendemain du rire et du sérieux, du vice et de la vertu par une dérision souveraine envers l'un et l'autre, la fête, ainsi bakhtinisée, était également pour lui une harmonie. On peut entendre en ce terme une harmonique, voire une dissonance décelable à travers l'accord musical. Je suggérerais plutôt, dans le cas de Belleau, le sens courant d'une harmonieuse concorde, la recherche de l'unité malgré ses dérèglements, la folie pacifiée par ses modérateurs lucides et acceptants, la tolérance universelle qu'il n'était pas le seul à appeler liberté. Cette audition libérale de la fête ne cache pas qu'elle est informée d'un néo-platonisme de Renaissance revu et corrigé par les interprètes du rousseauisme politique. À l'insu de Belleau peut-être, mais ceci n'est pas sûr. Belleau, comme je m'en souviens pour le présent, a une exacte connaissance des textes étudiables; mais il est moins porté vers le XVIIIe siècle. Je l'ai peu entendu parler de Rousseau, encore moins de Diderot. L'a-t-il lu? Je soupçonne qu'il penche vers la grande fin du dix-huitième siècle allemand dont, pourtant, les écrivains, Schiller dès 1796, Goethe peu après, commencent à traduire et publier le radical romancier Diderot, pré-révolutionnaire méconnu en ce pays, la France, qui allait devenir après sa mort la joyeuse, exténuante, terrible et brève patrie des libertés. Belleau se confond en excuses quand il n'ose pas se réclamer de la Renaissance revendiquée, après plus de deux siècles, par l'Allemagne féodale de Kant qui était aussi celle de Goethe. Du radical et grand poète Hölderlin, il ne m'a jamais parlé; je n'en sais donc rien, malgré les doutes. Belleau était un homme de la Renaissance, plus de quatre siècles après. La chose est prodigieuse. Le Québec n'avait pas eu de longtemps, ou plutôt ses «élites» n'avaient pas pris, accès à la connaissance d'une époque marquée par un savoir à la fois revendicateur et docile. Docile, par obligation revêche. Ce savoir, s'il n'avait pas été censuré, aurait peut-être épargné l'expérience de «révolutions tranquilles» accommodantes, faciles, abnégatrices. Il aurait contribué, par la critique de toutes les sortes de docilité, à l'apprêt d'une autre révolution, y compris la révolution de quelques formes d'inculcation d'un tel savoir, — qui n'est aujourd'hui encore que partiellement reçu. Mais j'outrepasse le propos. Belleau en était aux apprêts. Il n'était autoritaire que dans la ruse de ne l'être pas. Il ourdissait dans la ruse dénégative une façon de construire la mémoire équanime. De la mettre en fête. Reste que le mixte néo-platonicien et libéral du festif, que ce versant-là de la fête n'est pas très bakhtinien, tandis que chez ce sacré bakhtiniste l'autre versant l'est, celui de la contradiction. Belleau était un homme de la contradiction. Il s'en défend.

La défense n'est pas abandonnée à la bonne fortune. Elle est armée d'une minutieuse méfiance envers le généralisme. Le malheur est qu'il ait confondu généralisme et théorie. Mais il nous voyait aller sur de grandes échasses, il n'en pensait pas moins et criait casse-cou. Lui, il s'installait confortablement au milieu d'un horizon de livres et s'ingéniait à pointiller le paysage. L'étude de la fête et des tours de fable, du savant mensonge dérisif, des jeux de langue, de la moquerie patronymique nombreuse et succulente, de l'invention anagrammatique innocente et perverse et de l'art de contrepèterie, de la mise en fiction d'un savoir pré-sociologique par enquêtes qui prenait, chez Rabelais, la forme d'un large dictionnaire unitaire de la nourriture, de l'anatomie, de la théogonie inutile et de la stratégie, — forme demeurée inventive grâce à une pratique rabelaisienne qui, à la fois, découvre le dictionnaire et en chahute l'ordonnancement, l'affirme et le nie pour le ressaut de la fiction, — cette étude aux articulations infinies exige une documentation stricte, paradoxalement fermée sur elle-même, méthodique, arrêtée. Et un examen pointu du terrain des lettres que Rabelais, informé, parodiait, celui du dernier «Moyen Âge». Belleau n'avait pas une formation de médiéviste. Il n'en était pas un à proprement parler. Belleau était d'abord un romaniste, au sens que cette spécialité avait pris dans l'ancienne Russie, puis en URSS, et dans l'ancienne Allemagne continuée aujourd'hui. Et les *Romanische Studien*, mélange de philologie de la langue et de philologie du texte, ont eu dans cette acception-là beaucoup à entendre de la culture lettrée du «Moyen Âge» (je continue de guillemetter l'expression, parce que plus personne ne sait ce qu'elle désigne encore). Alors Curtius, médiéviste et romaniste.

Curtius

Ernst Robert Curtius n'est qu'une référence. Une parmi bien d'autres, les unes plus anciennes, les autres plus récentes. Et à travers leur déploiement sur table, une série d'interrogations qui mènent de la rhétorique du texte à la narratologie, discipline nommée (très mal) par connexion d'un mot latin et d'un mot grec, attachée à la «forme du contenu» plus qu'à celle de l'«expression», néanmoins désireuse d'une pragmatique de l'acte de discours. Curtius, tout de même. La consultation en demeure indispensable. Avec lui, l'art des «*sermones*» (discours), la hiérarchisation grammaticale des «*voces*» (mots) qui n'était de fait qu'une hiérarchisation rhétorique soumise à ce que tous les scholastes avant Rabelais, «nominalistes» comme «réalistes», avaient appelé «*dialectica*», l'entier de cet art de la mise en preuve ou de la «*commentatio*» par glose commence à être systématiquement classé, catégorisé, situé sur le fond de son investissement dans l'art lettré de la fiction, — sur le fond d'une *exemplarisation* par l'allégorie de la fable, du lai, de la ballade ou du «roman». Pareille enquête n'était pas nouvelle à l'époque de Curtius. Des générations de romanistes allemands, de germanistes, de médiévistes y avaient épuisé leurs scrupules. Mais ici, pour la première fois, le *mouvement* de l'exemplarisation prend relief; la description lui donne préséance sur le rappel des «vérités» (religieuses) de signification exemplarisées.

Devient éminente, en effet, la matière du discours, celle des lettres qui en subsistent. Matière préformée, ritualisée. Sans doute toute matière sociale l'est-elle déjà, dès lors qu'elle tient à l'ordre inévitable du discours. Celle-ci l'est en plus, redoublant le rite, de sa référence explicite au canon de la loi reçue, rappelée en tous styles, même dans les «vulgaires» tissés sur la trame des «nobles», comme on disait il y a sept siècles, ou dans leur réciproque (Erich Auerbach, *Mimésis,* à propos de Dante). Canon: formulaire de la loi, plus exactement formulaire de la part intangible et censée non variable de la loi[1]. Mais l'important est l'exercice du formulaire. L'exercice est déposé dans des figures qui coïncident avec des rôles. Ceux-ci et celles-là sont classés ou classables. Les rôles sont enclos dans le répertoire constructible des *loci communes*, «lieux communs» emblématiques de discours qui servent de support à l'allégorie narrative. Les figures, bien qu'elles soient caractérisables comme assomptions ou résumés propositionnels distincts des rôles dévolus, demeurent associées à des *dramatis personae*, personnages des actions remises aux rôles, — littéralement: personnages qui le deviennent par les actions narrées et jouées.

Il se peut, pourtant, que dans ce tout unitaire de la matière du discours et de l'acte, l'exercice modifie la loi sans, de prime abord, modifier le canon. Intervient la *métaphore.* Condensé d'une allégorie qui subordonne la matière active de la parole à quelque Sens appelé Être ou Dieu ou Verbe, *mais* affirmation balbutiante et pourtant codée de vérités propositionnelles qui ne proposent pas nécessairement la vérité de ce sens, — sinon, comment exprimer le Diable, l'astrologie, les pierres parlantes, toutes «vérités»? — la métaphore respectueuse insinue l'hypothèse d'un trouble. Car elle signale les conditions d'exercice d'une parole usuelle, à la fois normée et anomique, qui retentit dans les lettres. Cette parole singulière et changeante obéit à ses propres lois, elles sont avant tout diachroniques, ce sont des lois de temporalité, de modification, d'altération, elles proposent une vérité de langage affidée à l'autre «Loi» mais distincte (les «nominalistes», tout notamment Abélard, l'avaient bien compris). Parole essentiellement informée d'usages convenus et de préceptes, mais tangentielle, poursuivant ses propres aléas de parcours, donc informante aussi. L'autre loi, le Canon, est obligée d'en tenir compte, de se modifier pour l'adaptation aux circonstances nouvelles induites dans la parole ductile. Vient un moment, beaucoup plus tard, par un infléchissement spectaculaire de la longue durée, où le canon lui-même est atteint, blessé, bien que non immédiatement révocable. La festivité rabelaisienne est un moment de cette atteinte biface, respectueuse et contournante, cruelle, sagace, rieuse.

Curtius, si la mémoire est bonne, ne le dit pas. Au reste, j'écris à côté d'une absence de livre. J'essaie moins d'annoter le souvenir de *La littérature latine et le Moyen Âge latin* que de méditer sur l'implicite d'un parcours, celui de Belleau à partir de Rabelais. Les mots et l'orient de la méditation sont les miens. André a trouvé des cailloux francs sur la route, j'apprécie les sinuosités du chemin, elles sont aussi les miennes. Sur le fond, par un détour vers Belleau, je pense être fidèle à la méthode de Curtius: instruisant le catalogue du classable, il lui trouvait la compatibilité de l'exercice transcendant qui l'amodiait, le mettait en louage au compte d'autres rigueurs, classables elles aussi mais infiniment imprévues.

Note personnelle complémentaire: l'imprévu n'est pas d'un «Dieu» quelconque, on connaît tout de ce non-être, seule une énigme en demeure, elle est imputable au connaissable, non pas à ce non-ça; l'imprévu tient au logarythme des actions connaissables. Donc, nécessité d'une attention extrême, maniaque même, au matériau signifiant et à sa pratique, on devrait dire: à son interprétance. Cette démarche conduite par pure empirie a été celle d'un sémioticien et d'un pragmaticien qui décidait d'ignorer ces titres. Belleau, il s'agit de sa démarche, eût préféré supposer qu'elle était celle d'un philologue d'ancienne école. Ce n'est pas si simple. L'ancienne philologie n'allait pas jusqu'à frôler l'exposition d'une théorie de la connaissance par le biais d'une méthodologie rigoureuse du classement. La nouvelle depuis Curtius, singulièrement celle des dernières années selon un article de belle venue de Louis Hay[2], est à l'aise en sémiotique et s'intéresse aux connexions qui peuvent y être suscitées dans le rapport à l'histoire du texte en train d'être écrit, alors à l'histoire du texte devenu lisible, quelquefois lu.

Le texte lu. C'est aussi le texte constructible et son intertexte, parfois apocryphe, alors un texte d'écrivain sachant pratiquer le plagiat et innovant. C'est la «lettre volée» très réelle de l'impossible Manuscrit de Saragosse inventé par Miguel Cervantes pour les besoins d'une narration dont le narrateur garde le secret transmissible, tout en le cousant fil à fil. C'est l'ouï-dire de Denis Diderot qui, plus d'un siècle et demi plus tard, attribue au *Don Quijote,* innommé dans *Jacques le fataliste* et par inversion apparente des rôles du maître et du valet, des sources méconnues dont l'attestation inflige de nombreuses légèretés orthographiques au patronyme des auteurs supposés, qui ont tous été publiés. C'est l'inversion de l'infinie Bibliothèque de Babel ou la copie exacte et trompeuse du manuscrit de Pierre Ménard qui n'est lui-même que la reproduction d'un fragment du *Don Quijote,* dans les *Ficciones* de Jorge Luís Borges. Il est intéressant de noter qu'en tous ces cas d'invention littéraire ou de copie supposée, l'édition intervient, matière à fiction, matière narrable mise en abîme. Le relais d'une transmission, d'une publication par le livre dans le livre.

Febvre

Ici encore est pris en charge un historien. Lucien Febvre. Un historien du livre, précisément. Sans doute André Belleau n'a-t-il pu consulter dans la période la plus active de ses recherches sur Rabelais, fin des années soxiante, début des années soixante-dix, *L'apparition du livre,* grand œuvre largement posthume de Febvre, revu et augmenté d'un chapitre par H.-J. Martin, son disciple et collaborateur qui l'a publié tardivement, vers le milieu des années soixante-dix. Mais Belleau avait lu, «inventé» comme on dit d'un trésor en droit, le beau *Rabelais et le problème de l'incroyance,* œuvre plus ancienne. L'essentiel y était. Non seulement sur le scepticisme de Rabelais, mais sur les modes d'instruction et de diffusion d'un savoir vérifiable quant aux sources textuelles, à toutes les sortes de sources alors réapparues, parmi lesquelles, sans privilège, les documents sacrés, — élan de questions parfois orgiaques à partir de la Renaissance. L'essentiel y était, par conséquent, en indications sur le livre, sur l'édition, sur les rapports de savoir et de pouvoir, de jouissance éthique, sur l'erreur sciemment construite par la fiction du livre proclamé dans l'imprimé du livre. Serait-ce là une parcelle du soupçon qui incitera plus tard Belleau à écrire *Le romancier fictif,* où l'écrivain lui-même est découvert comme fiction de *dramatis persona* dans les romans québécois étudiés? J'en parlerai à l'endroit venu, pour l'éloge critique.

Lucien Febvre. Cet homme, mort au milieu des années cinquante, qui avait été le jeune contemporain des grands chercheurs de l'histoire socio-économique, Marc Bloch, Ernest Labrousse, a eu à titre posthume une prodigieuse descendance. Il s'était placé au carrefour des courants anciens et nouveaux de l'historiographie. Il inventait donc. Nombreux étaient, avaient été les historiens intéressés à l'histoire des écrivains, ne serait-ce qu'aux effets politiques présumés de leurs textes. Cet intérêt remonte sans doute aux temps, le XIXᵉ siècle, où l'histoire n'était qu'un département de la littérature. Telle ne pouvait être et n'a été la préoccupation de Henri Pirenne, d'Albert Mattiez, de Marc Bloch ensuite. Le texte littéraire pouvait être mentionné, mais comme source documentaire non principale, et certainement moins que les registres conservés, actes notariaux, édits, statuts, privilèges, traites, billets, monnaies anciennes, instruments de production et de commerce, — ou seulement à titre d'épreuve comparative saisie dans le dessin d'une histoire socio-économique et politique des mouvements de masse. Lui, Lucien Febvre, historien de cette nouvelle histoire, a usé de la même méthode d'investigation. Mais il s'intéressait principalement à la civilisation du livre imprimé, donc à l'histoire — neuve à la Renaissance — de ses productions et de ses producteurs, de ses artisans des métiers de fabrication et de diffusion, de ses écrivains, de ses intellectuels. Donc aussi à l'histoire des mouvements de l'intellectualité. Sous ce dernier aspect qu'il savait relier à l'histoire des techniques, le chercheur autonome jouxtait l'histoire des lettres et celle de la philosophie, celle aussi de la pensée scientifique puissamment impulsée avant la guerre par Alexandre Koyré. À partir de là, depuis les positions occupées par Febvre ou dans leur large mouvance contrastive, deux courants vont se dessiner. L'un, celui des historiens du livre et de l'édition, Henri-Jean Martin déjà nommé, Roger Chartier, Geneviève Bollème, leurs correspondants internationaux, notamment nord-américains, mis à contribution pour la monumentale *Histoire de l'édition française*[1]. L'autre courant, plus profus encore et très divers, puisqu'il va de Georges Duby à Michel Vovelle, celui de l'«histoire des mentalités». Je mets l'expression entre guillemets, car on peut se demander si les publicitaires de l'appareil d'édition n'ont pas quelque peu syncrétisé en un slogan vendable des différences d'école. Qu'entendre par «mentalités»? On trouvera par la négative un point commun entre tous ces historiens: ils échappent à un économisme réducteur. Mais entre deux grands historiens de la mort, Philippe Ariès et Michel Vovelle, entre le ritualisme de l'un, Ariès, et la revendication nuancée de l'autre à l'égard du pouvoir matériel de l'idéologique et de son histoire, n'y a-t-il que des convergences mentalistes?

Je n'essaie pas de dire que Lucien Febvre a été le «père» de tous ces enfants assez grands pour se défendre eux-mêmes. Simplement, ses orientations ont correspondu, au bon moment, aux nécessités de la discipline. Je n'essaie pas non plus de supposer que Belleau, pour revenir à lui et puisque je tente de tracer à cailloux son parcours intellectuel de chercheur, a lu tous les historiens que j'évoque. La passion de l'histoire est la mienne, pas obligatoirement la sienne. La sienne est celle d'un occupant clouté au sol, besacé pour la chasse. La mienne est d'un migrant loucheur. Je n'ai pas à me prononcer sur les risques de l'une ou de l'autre. Bien qu'il crût profondément à l'historicité de la matière textuelle, — et là-dessus nous nous rejoignions, — André ne s'adressait aux travaux d'historiens que pour les seuls besoins de l'analyse du texte étudié. C'est de bonne méthode. Febvre, consulté dans le cours de cette étude, interrogeait le texte littéraire au titre d'une histoire de l'intellectualité et des passions (la lecture d'*Amour sacré, amour profane* est toujours actuelle); l'histoire apprenait à y hésiter, l'historien à affermir son métier dans les questions de méthode qu'il lui posait. L'angle de prise est converse, en quelque sorte. Quant à moi, qui ai loisir d'ajouter le grain de sel, je me rapprocherais plus de Lucien Febvre que de l'historien littéraire. La nuance de séparation est parfois délicate entre les deux. Elle est néanmoins radicale. J'aime la rigoureuse fissuration des certitudes closes, l'obliquité de l'écoute transtextuelle, transsérielle. Le métier d'écrivain traversé d'une formation en droit et en science économique m'a conduit à une sémiotique des séries. Ce n'est pas le lieu de la décrire, sauf à souligner qu'elle n'accorde aucun privilège aux séries littéraires.

Transtextualité, *civiltà*, Campanella, Bodin, encore Rabelais

On me permet de discuter avec le souvenir de l'ami. André, certes, est accoutumé à la transtextualité. Pour lui, le texte, s'il est ce tissage, va se débondant hors de lui, va à d'autres textes qui l'informent, refluent vers lui. Je suis d'accord. Mais central dans ce réseau de mouvements, apparaît à ses yeux de lecteur le texte dit «littéraire». Je ne le chicane pas de ne considérer parmi le littéraire que la fiction narrative[1], encore que celle-ci ait animé d'autres ensembles historiques, le journalistique, le délibératif, même l'exposé scientifique. Il pointerait, l'œil mi-clos, un doigt transversal vers les yeux de l'interlocuteur pour revendiquer, outre sa spécialisation de chercheur, — il a décidément raison, — les modes particuliers de l'invention narrative investie dans l'histoire du récit parodique: il a encore raison. Il proclamerait la variété, restreinte en d'autres séries, des exploits du narrationnel dans le littéraire. Je ne suis pas sûr qu'il ait tort. Mais je lui réponds sur le fond: la débondance et le reflux, la perméabilité à une information réciproque sont le fait de tout texte, quelle qu'en soit la série.

Par exemple, il n'y a pas de réciprocité entre Rabelais et Campanella, ils ne sont pas contemporains. Mais du Roi des Dipsodes à la *Cité du soleil,* de l'un vers l'autre il y a certainement une information médiate. La médiateté des matériaux d'information est, en l'occurrence, plus décisive que les influences directes d'auteur. Il se peut, c'est une hypothèse, que l'abbé italien Campanella n'ait pas lu, trois quarts de siècle plus tard, *La vie très horrificque.* Il n'est d'ailleurs pas important qu'il l'ait lue. Mais leur demeurait commune, à l'un mort, à l'autre vif, une *civiltà* européenne propre aux chercheurs et imaginateurs du temps, gardée sous la cendre pour une longue période par la lente formation des États nationaux, et que les principautés italiennes allaient conserver. Une *civiltà*: c'est dire beaucoup, mais peu décrire, — bien que le mot contienne l'indication précise, contrairement à «civilisation», d'un savoir de la société civile. C'est, au sommaire d'une information médiate entre les œuvres, une curiosité cartographique mise en fiction par dérive à partir du relevé systématique des terres et du ciel, la nouvelle mesure des unes accompagnant les débuts de l'inspection astronomique de l'autre. Accompagnement, connexion. La dérive fictionnelle elle-même est la forme d'un connectif comme on dit en syntaxe, ou d'une conjonction des connaissances. C'est, par même accompagnement, l'appoint de lecture des traités de mathématique et des précis ou carnets d'architecture. C'est encore l'étude des épellations grammaticales dont se répandent alors, sur plus d'un siècle, les applications aux langues non ecclésiales, communes aux lettres et à l'administration, aux langues qui commencent à être vernaculaires et seront appelées plus tard «nationales», le français, le toscan, le haut-allemand, le castillan. C'est aussi, toujours par connexion avec l'écriture lettrée de la langue, une accoutumance au texte des édits, comme aux minutes rituelles des tribunaux d'inquisition; ces dernières, il est vrai, sont en latin: mais Rabelais et Campanella sont des abbés, ils savent s'en débrouiller.

Toutes ces médiatetés et bien d'autres déposées en des textes «non littéraires» informent les connivences du texte dit littéraire. Elles les informent d'autant plus sûrement que chacune de ces textuations, des unes comme des autres, est de la main unifiante des lettrés, engeance alors universalisante, à proprement dire transsérielle. Belleau ne pense pas autrement, je m'en doute. Il a contribué à éduquer le respect sagace de ce temps violemment omniscient, des lettrés de ce temps. Mais dans le même sens, il faudrait analyser l'autre chose, l'autre phénomène interrelié, le rebours de connaissance dont les spécialistes en littérature se soucient habituellement peu. La fiction dans le langage fait rêver les savants, les artisans de science, parce qu'elle nourrit leur aptitude à construire des hypothèses. Et parce que l'abduction de ces hypothèses trouve appui sur le langage commun des préceptes qu'elles prennent à la lettre et en défaut, d'un «pourtant» ou d'un «mais», tout comme le fait la fiction.

L'analyse de ce versant-là de l'enquête de pensée est essentielle. Essentielle à la compréhension des forces motiles du texte, *notamment* du texte littéraire. Le jurisconsulte Jean Bodin, jeune contemporain de Rabelais, humaniste et lettré, penseur des rapports entre marché, prix et monnaie fluctuante, «économiste» — comme on dirait aujourd'hui — d'une rupture avec le «juste prix» aquinien qu'achevaient de rendre inopérant les crises marchandes, la hausse du prix des denrées, l'afflux de métal monétaire, les fantastiques inflations du XVIᵉ siècle ouest-européen, cet homme parcimonieusement répertorié dans les livres d'histoire ne pouvait qu'avoir accueilli en sa bibliothèque, à l'instar de tous notables de province, la littérature de colportage à laquelle les aventures de Gargantua et de Pantagruel avaient été confiées. Car cette littérature, outre qu'elle apportait les premières formules d'une Bibliothèque bleue advenue au siècle suivant, riches en histoires refaites et contrariées, distribuait l'ancêtre des almanachs. Les bulletins imprimés contenaient, sans ordre apparent, de longues listes de recettes et de médecine paysanne, des truculences et des bons mots de santé, des secrets de «bonne femme» ouverts à tous désirs, des recommandations pieuses, des indications de prix, des trésors imaginaires. Or, nous voici dans un temps d'afflux des trésors, grâce aux conquêtes de pillage dans les «Indes» amérindiennes, mais de cherté des denrées. La contradiction de l'opulence et de la disette, avant l'aggravation des crises à la fin du XVIᵉ, est prémonitoirement indexée et symboliquement assouvie par l'anarchie répertoriale des bulletins: l'abondance des listes éditées et la fréquence irrégulière de parution sont homologues au dérèglement économique, elles servent en même temps une réponse idéologique pacifiante au vide des marmites. Les bulletins, par surcroît, à côté des registres de baillis et prévôts dont le jurisconsulte a pu avoir la confidence, offrent une base à la réflexion économique. Elle n'est pas statistique, loin de là. Les registres ne le sont pas davantage. Mais la hotte des colporteurs vend une information pléthorique, elle tient lieu de statistique, et le lettré ne peut s'en passer quand il s'efforce à rationaliser, par observation seconde du fait mis en prisme, — non plus par clausule ajoutée à l'un des commentaires du dogme, — le mouvement inattendu des prix et des monnaies. Observation seconde: le nouvel économiste ne dispose pas d'instruments de mesure, il met à portée de bésicles le butin de seconde main, il prend le vrac et le détail, les aligne à la suite. En ce temps de débondance, les mesures sont — faussées? non pas, mais escomptées d'une hésitation entre les hiérarchies théologales anciennes et l'adéquation à un nouveau principe de réalité. Le travail intellectuel de l'observateur se situe à l'époque entre les deux. Les nombres eux-mêmes, saisis de rhétorique, obéissent à une symbolique trouble et simple, subtilement référée à des effets possibles de lecture publique, de théâtralisation. Quand Rabelais parle de cent mille hommes, il ne signifie pas le nombre 100 000, il désigne seulement quelque grand nombre *impressionnant,* qui fait impression sur la conviction chrétienne des lecteurs et de leurs auditeurs éventuels, lesquels apprennent à compter sur les dix doigts de leurs deux mains en dépit et à cause de la chrétienté (l'école et la dîme ecclésiastique). Le nombre «cent mille» fait image, simplement. Et cette image est augmentative. Elle séduit par accumulation. Mais elle dérange en situation. Elle dérange et séduit intensément. Pour des siècles.

Je poursuis sur l'exemple, l'argument sur le même exemple. L'exemple de Bodin. Dans les conditions décrites, où est le principe d'ordre ou de mesure, alors désiré? L'ordre est politique, mais il est sur la voie d'un considérable changement en peu de décennies, la féodalité apprenant à son dam, par la violence qu'elle impose, la fin prochaine de son exclusivité. Réforme et bientôt Contre-Réforme sont synonymes à cet égard. À la répression luthérienne et seigneuriale des paysans allemands et tchèques, succède plus tard, dans une autre conjoncture mais pour des préservations similaires, la Nuit de la Saint-Barthélémy contre des patriciens, marchands et compagnons huguenots français. Mais l'ordre intellectuel? Je dis et répète «mais», car c'est déjà un *mais,* plusieurs siècles et quelques décennies avant de ne l'être plus. Un «mais» critique. Le *mais* critique est lui-même débondé, s'échange volontiers en injures (en *contuméleries,* disait Rabelais) et afféteries. Mais il apprend quelque autre mesure, alors le seul nouveau modèle, la mesure optique, ou plutôt les premiers éléments d'optique qui viennent d'être découverts, plus par méthode picturale que par expérimentation ou dissection, et plus par expérience *in concreto* sur l'image que par élaboration de propositions scientifiques, — excepté Leonardo da Vinci et quelques autres, — mais tout de même par appui sur une technicité complexe: invention du verre grossissant, fabrication d'un instrument moulant la réception inversive de l'œil, permettant la reconstitution et l'analyse empirique de l'image perçue. En connexion avec cette instrumentalité optique, en interdépendance, se répand durant le siècle la vogue de l'image anamorphotique en peinture et dans les lettres: l'image miroir d'elle-même, l'image en abîme, l'image repliée sur elle-même et simultanément dépliée. Y trouve intérêt, certes, la gnose cabalistique revivifiée d'un œil qui commence à n'être plus théogonal et vide. Y trouve curiosité, surtout, une déclinaison probable des connaissances inquiètes. Elle couvre tout ce qui va des débuts de la mécanique à ceux de l'astronomie. La déclinaison enregistre le suspens de la fiction: pour probante qu'elle soit, la connaissance apprend à devenir la conscience de sa relativité non dogmatique, de sa propre ficticité ou artificialité nécessaire.

De ce point de *vue*, si je puis dire, le lettré Bodin n'a pu qu'apprécier le dépôt rabelaisien. Dans la hotte du colporteur, si riche d'informations pour le nouvel économiste, est rangée parmi le vrac et le détail l'œuvre fictionnelle de Rabelais. Celle-ci n'est qu'une partie de la richesse imprimée culbutée sur le dos. Mais cette partie est la reproduction oculaire du tout, du vrac, aussi du détail. Il est curieux que personne, me trompé-je? n'ait encore tenté de rapporter les cinq livres, — ou plutôt les quatre, le cinquième étant posthume et partiellement apocryphe, — à la découverte de l'optique, à l'œil chercheur parmi le fouillis ordonné de la hotte. Le plan compositionnel de l'œuvre y est proportionné. Proportionné à ce fatras, à cette démesure déballée de place en place. L'échange des menus énormes de repas et des listes de vêtements formant catalogue, leur soumission à l'instruction sententieuse et folâtre de Pantagruel, l'interruption par un long poème très codé dont le caractère interruptif prend en défaut le code même, la relance du récit méticuleusement fantasque coupé d'autres énoncés sententiels et encore de recettes mises en narration, tout cet étalage forain de démesure est en réalité la mesure d'un ordre. Une triple mesure d'exactitude optique: reproduction du point de vue du chaland, du lecteur des titres, du compulseur hâtif ou lent des imprimés, — il passe de l'un à l'autre; reproduction perspectiviste du désordre mis à plat, du contenu agglomérable des divers ramassis opusculaires offerts par le colporteur sur le présentoir de sa hotte; enfin, regard sur la composition auctorale de la reproduction du livre, du livre des livres, celui-ci miniaturisant et retissant ensemble tous les livres disponibles sur le marché. Il y va de la civilisation du livre-miroir, miroir de lui-même. Mais si le narrateur est bon enfant, l'auteur-observateur n'est pas la dupe d'un *mirage*. Il connaît la *visée* gnoséologique; il transforme l'implicite *obscur*; il le narre. Il va jusqu'à proposer dans la construction d'une abbaye, celle de Thélème, la minutieuse copie architecturale des anciennes règles de composition musicale ainsi données à *voir* (une étude pénétrante de Ronald Birmingham établit clairement ce fait[2]). Il y a de quoi rêver pour un chercheur des nouvelles mesures des prix et monnaies qui sont censés être le *reflet* des valeurs fluctuantes.

«Mirage», «visée», «obscur», «voir», «reflet». J'ai souligné à dessein ces termes. Ils appréhendent le contour lexical d'une connaissance scientifique très notamment diffusée, alors, depuis les progrès de l'optique vers le pictural et le littéraire qui en validaient, transfiguraient, déployaient les premiers abords. J'insiste sur la porosité des séries.

Voilà ce que j'aurais aimé dire à l'ami disparu. Il l'avait peut-être entendu déjà, ou lu. Écrit même quelque chose d'approchant. Il faut savoir être injuste à bon escient: je suis obligé de l'être pour les fins de la discussion sur le fond, la parole libre impliquant un contraste qui n'est jamais secondaire. Belleau, surtout dans la dernière période de sa vie, a évoqué une «poétique du social qui situerait les discours littéraires dans l'ensemble des discours sociaux[3]». Ceci est compatible, de prime abord. Est-ce une réponse entièrement adéquate? Nous en parlerons plus loin. Je note en tout cas qu'il ne m'a jamais parlé de Michel Foucault, du jeune Foucault de *Les mots et les choses* et de *L'archéologie du savoir* qui appréhendait dans les sciences et les arts des séries épistémiques. Je ne sache pas non plus qu'il en ait jamais écrit, il n'y était pas tenu, mais je n'ai pas épuisé la lecture de tous les textes de Belleau[4].

Un détour par Foucault. Déjà Bakhtine.
Une porosité

L'entreprise de Foucault était sans doute fragile, peut-être précaire: très structuraliste à l'époque de ces deux ouvrages, synchroniste et analogiste, cherchant les séries historiques du côté d'épistémès mises en paires contrastives, ou les établissant sur des correspondances terme à terme. Discontinuité des séries entre elles, et discontinuité des termes bipolaires. Laissé au hasard, le mode de transmission des épistémès, de leur continuité et de leur transformation, n'est pas analysé. Mais la méthode était heureusement contraire au but explicite, ou aux lacunes de l'explication. Les deux livres de 1966 et de 1969 se portent encore aujourd'hui un appui mutuel, ils sont inséparables. Ils sont écrits en intersection, en interférence, entretiennent un rapport dynamique dont la jeune doctrine se refuse à construire la théorie. Leur lecture accepte une confluence qui suspend en l'un et l'autre la tentation du figement, et cette confluence modifie la théorie. La méthode d'écriture est en symbiose avec le mode de lecture. Méthode et mode se fortifient d'une écoute réciproque. Cette méthode ainsi mobilisée d'une écriture écoutante, troublement inversive chez Foucault dans le rapport à l'objet cherché, il me paraît plausible qu'elle ait permis de penser cet objet même. Et que, malgré les bornes imposées à l'objet et contre celles-ci, elle ait accompagné l'audace du projet. Car le mérite de Foucault demeure, et c'est l'essentiel, d'avoir imaginé des correspondances entre séries de connaissances historiquement situées. Il s'interdisait l'acte de conjointure, d'intersection des connaissances, de rassemblement et d'analyse des unes par les autres, mais l'écriture opérait entre elles avec quelque perfidie la perfusion. Était-il le premier à concevoir cette imagination, qu'il produisait néanmoins? Certes non. Koyré et Kojève étaient passés par là, entre les deux guerres, les deux Alexandre, Lucien Febvre aussi. J'en reviens au point de départ, et c'est une autre histoire.

Cela aussi, je l'aurais dit à l'ami. J'aurais insisté sur le rêve méthodique du chercheur. J'aurais souligné, par égard, la vaste et pointilleuse métaphore de l'invention dans la pratique des connaissances développées entre l'écriture, les arts, les sciences, les techniques. Il aurait fait la moue pour signifier la banalité, ou il aurait posé des questions pour demander la précision de vérité. Car la métaphore de l'invention abonde en excédents, mais on ne peut pas lui faire dire n'importe quel excès. Rabelais n'est pas Bodin, Bodin n'est pas Rabelais. Il y a des «cantons» de connaissances, et les «frontières» sont à bien parcourir. L'excédent transmissible n'est pas produit sans ce doigt lecteur sur la «carte». Le rêve excédentaire et méthodique est historiquement situé, limitatif. Une autre histoire. Une histoire plus enveloppante mais plus cantonale, pour le dire ainsi, que celle qui nous était enseignée.

J'aurais alors pointé, interrogatif, quelques convergences entre cette intersection poreuse et ponctuelle des connaissances pratiquées en découverte et le sens du dialogique chez Bakhtine, le grand maître de Belleau, le dernier, celui dont la lecture lui a inspiré l'entrain d'écrire et publier son œuvre propre. La lecture de Bakhtine, aussi la hâte redoutée du temps laissé à vivre, plus encore la hâte («Il faut se hâter de faire œuvre», disait-il bien avant d'être atteint des premières anomies du corps). Il est vrai, le jeune Bakhtine avait opposé le dialogisme du discours indirect libre, offert en quelques textes de l'invention littéraire du monde, au monologisme, à l'unilatéralité prétendue du discours scientifique. Cette opposition était réductive; elle ne rendait pas justice à sa méthode. Par la suite Bakhtine, sous un nom qui n'était plus de supposition[1], ne s'était plus intéressé qu'au texte littéraire. Le dialogique était là, valorisé d'une modestie intelligente dans l'étude, mais enclos. Pour Belleau, aussi. Le littéraire, seul étudiable par l'analyste littéraire? Je marquerais, non pas un désaccord sourd, mais une nuance. Le moment de la construction de l'hypothèse risque d'être oublié. L'hypothèse du chercheur, non pas le résultat d'ailleurs provisoire de la recherche. L'hypothèse, bien qu'elle soit guidée vers d'autres assertions, est toute proche de l'affirmation tremblée du poète, voire de l'inquisition inquiète du romancier, — cette dernière seule étudiée par Bakhtine, et c'est dommage. Comment se fait-il que Bakhtine, après violence faite au texte scientifique, se soit replié sur le texte romanesque, au nom de la poéticité dialogique sans doute, mais sans accorder d'importance analytique au texte même du poème où, dans la littérature internationale, russe, française, allemande dont il avait connaissance, le dialogique informe la structure phonique formelle? Je n'ai pas de réponse à cette question, sauf à suggérer — provisoirement — que la raison continuée, mais oblitérée chez le Bakhtine mûrissant et vieillissant, s'en trouve dans le maintien tacite d'une opposition entre les lieux du dialogique et du monologique, dans l'ignorance de la mutualité exercée entre le scientifique et le poétique, dans l'ignorance des lieux mêmes de l'hypothèse, de l'abduction essaimée depuis la science et le poème vers le discours narratif fictionnel.

Mais la cible est peut-être manquée. Est-ce une cible, ou bien un argument? Belleau n'ignorait pas le texte scientifique. Il avait été l'un des tout premiers littéraires québécois à s'intéresser activement à la cybernétique. Il avait consacré l'un de ses premiers textes de professeur à l'Américain Wiener[2], interprète et technologue de cette science alors récente. Par la suite, il a professé une grande distance à l'endroit du développement des ordinateurs. Plus ils se développaient et se «sophistiquaient», — il se tenait informé de leurs mutations, — plus il redoutait une réduction de la recherche intellectuelle à l'instrumentalité. Comme si la cybernétique elle-même risquait d'être amenuisée, dans les conséquences techniques du savoir, par la dureté nivelante de la concurrence commerciale qui tend à le confisquer, fait loi pour les dominants et leurs protégés, y compris pour des intellectuels mous séduits de mode. Belleau avait le sens d'une tâche intellectuelle socialisée pour tous, produisant l'apprentissage du savoir libre, celui des modestes, des petits d'orgueil, des consciencieux malgré l'oppression ambiante. Il ne le disait pas en ces termes, et curieusement, contrastivement, il se méfiait pour lui-même, pour son propre travail, des machines qui aident à la production socialisée du savoir, il en abandonnait aux autres la pratique. Détail: je ne l'ai jamais vu écrire même à la machine à écrire; il écrivait tout à la main, d'une écriture écolière large. Il fallait bien pourtant que les pages fussent tapées pour une production normée, à d'autres était délégué ce soin. Méditait-il cette contradiction, indice de nombreuses autres, entre un pratico-inerte sartrien des habitudes hiérarchiques confortablement digérées et une revendication de l'apprentissage du savoir généralisé, entre l'ancien

mandarin subordonnant qu'il ne voulait pas être et le nouvel intellectuel socialisant, libre, libérant? Il eût invoqué pour réponse la division
du travail qui invite chacun à éviter de faire ce en quoi d'autres, en
l'occurrence les secrétaires, apprennent qualité ou excellence. Mais,
outre qu'il ne m'a jamais parlé de cet aspect technique de la socialité
du travail, je lui signifiais un autre aspect: la solidarité avec les secrétaires, qui ont bien d'autres tâches plus immédiates. Et encore un autre: la conscience qu'il en avait lui-même, donc la méditation qu'il
projetait, devait projeter, projetait vraiment, sur sa condition contradictoire de travailleur intellectuel. Sans cette conscience, il n'aurait
pas été un libérant. Elle est au cœur de l'intellectualité pratique. On ne
démocratise le savoir qu'en étendant sa réception, on ne l'étend que
par honnêteté et rigueur. Il est vrai, elle est malaisément communica-
ble, communiquée. La transmission n'est pas garantie, de surcroît, par
l'unanimité — à supposer qu'elle puisse être atteinte — des aptitudes
divises à se servir des instruments techniques de la communication.
Faire confiance à la solidarité, pas trop à la division du travail.

Contradiction n'est pas incohérence. Mon objection est le moyen
d'une discussion amicale, elle est là pour aviver la découverte de la
cohérence. Et Belleau, en réponse, multiplie les indices d'une adéquation pratique entre le chercheur voué à une écriture manuelle lente et
exclusive et une hostilité teintée de bienveillance ironique à l'égard
des connaissances arrêtées, des systèmes clos appelés quantitatifs, non
explicatifs. Il aurait préféré les principes d'incertitude de la grande
physique théorique; et c'est, me semble-t-il, ce qui l'avait séduit dans
l'invention cybernétique. Il apprenait, lui aussi, par connectivité. Celle
qui l'incitait à l'épellation de sa vaste bibliothèque paraissait empirique, elle était seulement inattendue. On ne savait pas trop ce qu'en
chemin il ferait de Wiener. Il s'efforçait d'ailleurs de masquer, dans sa
déambulation entre les livres, dans la salle de travail, toutes les traces
possibles d'un plan directeur de recherche. Mais je suis sûr qu'une
continuité théorique existe entre ses remarques cybernéticiennes et sa passion ultérieure pour le dialogisme. J'y fais plus loin quelques encoches.

Le professeur et la lecture parlée

Donc, sous l'application rusée à brouiller le jeu ou la position, une modestie non feinte. La modestie de celui qui écoute et qui épelle. Un portrait du chercheur Belleau serait une bévue s'il n'était orienté, on l'a compris, par la mémoire du professeur qu'il a su devenir. La compétence d'un bon professeur est d'apprendre des étudiants, de les écouter, de guider ainsi l'accueil des objections spontanées au détail de la recherche qu'il expose, de susciter cette spontanéité, de l'informer. La compétence et la stimulation d'une spontanéité intelligente sont en interrelation dans la pédagogie de l'exposition et dans la méthode de recherche que le détail exposé questionne. Je ne dis là rien de neuf. Les deux fonctions de professeur et de chercheur sont de fait inséparables, et c'est une erreur prétentieuse des administrations universitaires que de tendre à les disjoindre pour la commodité de gestion. Belleau et son enseignement, qu'est-ce? La *lecture parlée*. Il avait pris au pied de la lettre, et ainsi transformé, ce que la langue universitaire anglaise appelle *lecture*. Je ne sais s'il décidait de la référence à l'anglais, mais il faisait sûrement de la transformation une règle de conduite.

Il épluchait finement avec les étudiants les textes qu'il venait de relire, parfois même de lire une première fois pour la préparation du cours. Il les instruisait de sa version documentée sans référence ostensible aux notes manuscrites de lecture, elles-mêmes transformées par leur mise en voix, leur mémoire interrogeante et l'accueil des questions. Il hésitait d'un «je-ne-sais-si», déclinait quelques possibilités d'interprétation, s'interrompait par décision subtile, lançait à point nommé une question suffisamment générale mais assez précise pour appeler réponses et débats, renversé sur sa chaise derrière la petite table où il ne prenait pas de notes, enregistrait de l'oeil les incertitudes dissonantes, puis commentait l'ensemble des hésitations affirmées et non dites, finalement homologues à celles qu'il avait conduites, — car il avait su les recevoir. J'en témoigne pour avoir deux fois, à son invitation impromptue, assisté à son cours. J'occupais en quelques époques des postes électifs de direction, je ne pouvais savoir toujours à quels moments et où rejoindre, libéralement, les collègues nécessaires à l'instruction des dossiers qui m'étaient confiés, je savais qu'il donnait un cours X à telle heure, telle salle, je m'étais permis de l'interrompre trois secondes, — c'est antipédagogique, — pour lui demander un rendez-vous. Il me répondait: «Assieds-toi»; me présentait à ses étudiants. J'écoutais ensuite avec bonheur.

Cela n'est pas inhabituel peut-être, vous le dites ou le supposez. J'ai entendu et vu travailler un «lecteur» français détaché auprès de l'Université de Turin; sa méthode était moins loquace et paradoxalement moins silencieuse, il relevait à tout moment toute atteinte hors-signifiante au texte étudié, il le faisait en modestie. Le résultat était similaire: il amenait ses étudiants, — ou plutôt les étudiantes, l'enseignement des littératures francophones n'était pratiquement suivi que par des femmes, — à oser pointer, avec passion, le plus souvent avec intelligence, quelque détail structurant. L'épreuve était d'autant mieux réussie qu'aux difficultés inhérentes à l'exercice s'en ajoutaient deux autres, plus locales. Jean-Michel Carrié, je le nomme par reconnaissance, est historien de formation (mais le handicap, si c'en est un, est compensé d'un avantage: les historiens savent avoir recours à des façons méticuleuses et ingénieuses de déchiffrement qui les rendent souverainement habiles au texte littéraire quand ils décident de s'y adonner, tel est le cas de ce lecteur, tel était aussi celui de Lucien Febvre). En outre, les étudiantes étaient italiennes, mais la langue d'enseignement et d'expression dans les cours de ce secteur de l'Université de Turin est le français: il n'est pas facile d'inciter des gens qui sont chez eux, qui ne sont pas des allophones pour l'entregent de la vie sociale courante, à dire en une langue étrangère et dans un lieu universitaire décalé le souci d'une autre culture.

La méthode, en somme, est celle de l'«atelier de lecture» ou des «travaux pratiques». Belleau y prenait appui. Il y formait la matière de son enseignement, il ne l'y bornait pas. L'écoute libre et néanmoins orientée des étudiants l'inspirait à bâtir le cours magistral, elle en était le mode de progression. Ainsi, il parvenait tout uniment à mobiliser la curiosité intellectuelle et à exécuter le plan d'information et de découverte qu'il s'était tracé. Découverte de son propre savoir, découverte des gens transformés en collaborateurs, — avec discrétion.

J'insiste. Car cette modestie est la forme de l'apprentissage intellectuel, sa souplesse. L'extension d'une socialité, d'un désir d'égalité de parole, et l'accroissement d'un savoir. En voici un indice, à peine une anecdote. Dans les débuts de notre université, l'UQAM, à sa deuxième année d'existence, et pour coopérer à la germination de nos programmes encore incertains, Belleau avait accepté de donner un cours d'introduction à ce qu'on n'appelait pas déjà la sociocritique, — nous la désignions à grands traits lâches légèrement anglicisants «approche [sic] socio-historique». Je crois bien que, pas plus qu'aucun d'entre nous, il n'avait une orientation spécialisée vers cette vaste étude. Suspendons un moment le récit annoncé. De quoi s'occupe la sociocritique, et quel peut bien être le portrait en pied d'un André Belleau placé sur ce socle inachevable?

Certes, il concevait sa recherche sur Rabelais dans un sens original et voisin. Il citait de mémoire de nombreux fragments de cette écriture parodique, les dispersait ou les groupait avec à-propos dans la conversation ou l'enseignement, de la sorte les proverbialisait, étendait leur hors-texte sentenciel et historique jusqu'à sa propre intervention de lecteur mémorisant. Ce lui était une manière parabolique de serrer le texte de près, de l'embrasser si je puis dire, d'en prendre les démesures internes, de découvrir du même mouvement quelques-unes des liaisons externes tissées dans cette multifable, liaisons locales ou transitoires, néanmoins transhistorisées puisqu'il y arrimait l'invention d'une parole actuelle. Plusieurs années avant la communication des premières recherches en sociocritique, Belleau s'ingéniait à former une sorte de glissière entre l'intra-textuel et le hors-textuel, termes de la sociocritique de Claude Duchet qui pointera plus tard un «sociogramme». La maladroite barre d'écrou imposée par Sartre («Que vaut la littérature en face de la mort d'un enfant?», ou quelque chose du genre[1]) sautait déjà: André n'oubliait pas la socialité du texte, mais il s'appliquait à ne pas en faire une fausse question. Les analystes sociocritiques tenteront plus tard d'affiner, sur le texte français du XIXe siècle, cette exigence, ce refus du dualisme. André aussi, sur le texte québécois.

Belleau ne bénéficiait pas toutefois, à l'époque, de lumières spéciales. Il désirait, sans hypothèse particulière, soumettre à l'enquête

les termes en jeu. Il lisait Febvre, en quelques moments Henri Lefebvre aussi, il pratiquait Curtius, il était en train de relire le *Rabelais* de
Bakhtine, cette fois dans sa toute nouvelle traduction française[2]. Mais
il ne connaissait pas encore, si je ne m'abuse, les écrits allemands du
Hongrois Georg Lukács, à commencer par la fameuse *Théorie du roman* dans sa version française (publiée, il est vrai, bien tardivement,
près de cinquante ans après l'édition originale allemande). Il n'avait
vraisemblablement accordé qu'une attention distraite à *Pour une sociologie du roman* de Lucien Goldmann, bien qu'il aimât déjà se référer au remarquable *Dieu caché* de cet auteur naïf et attachant qui allait
bientôt mourir, plus philosophe qu'analyste, inventeur d'une tentative
de conciliation entre Lukács et Jean Piaget, adaptateur maladroit mais
original[3] du «structuralisme génétique» à la critique du texte littéraire.
De même, les exercices d'historien littéraire n'avaient pas conduit
Belleau à méditer et critiquer, prendre au sérieux *Pour une théorie de
la production littéraire* de Pierre Macherey, livre publié quelques années plus tôt. Il s'en saisira plus tard.

Sans doute avait-il eu à consulter les essais en question pour le
mémoire de maîtrise sur Rabelais qu'il venait de soutenir[4], mais ses
préoccupations n'étaient passées par là qu'accessoirement. Or, en
1970, ces ouvrages largement programmatiques étaient essentiels à
l'étude, alors toute neuve, des éléments ou premiers principes de la socialité historisée du texte. Essentiels, aussi, d'un autre point de vue, —
ou peut-être du même, considéré sous l'angle de la conjoncture intellectuelle du temps: sans verser dans un sociologisme vulgaire (Lucien
Goldmann ne faisant pas vraiment exception[5]), sans non plus instaurer
ou paraphraser une critique thématique, et pas davantage une arché-
typologie symboliste, toutes ces recherches et bien d'autres plus
récentes, — ou plus anciennes, mais nouvellement rééditées, —
contribuaient à une invention plus fine de la pensée de l'histoire. Je dirais: à l'invention d'une pensée matérialiste très distanciée du social-
démocratisme érudit mais aplatissant de l'ancien Plekhanov, de la propagande stalino-jdanovienne du «héros positif», de l'économisme intéressé du reflet devenu récurrent et paresseux. En somme, une pensée
soucieuse du texte, des formes de découverte de l'historicité par le
texte, non condamnatrice, ouverte — mais à partir de positions critiques articulées — sur la phénoménologie et la sémiotique du texte,
capable enfin de cribler le caractère limité des précisions obtenues par
les courants «formalistes» modernes, qu'il n'y avait pas à ostraciser.

Cette pensée en voie de formation ne cherchait pas davantage un alibi du côté d'une «histoire littéraire» conservatrice, dont quelques méthodes pouvaient néanmoins être utilisées et transformées dans l'avancement d'un autre plan d'étude. Par là, la nouvelle pensée matérialiste du texte donnait partiellement raison à Roland Barthes[6], tout en le contestant. Elle se désignait opportune au moment propice, elle offrait la possibilité d'une démarcation théorique informée à l'égard d'un «structuralisme» alors à son déclin.

Encore fallait-il désigner le plan d'étude, les méthodes, les orientations explicites. Et pour les indiquer, se mettre à la tâche. Belleau décidait de s'y mettre. Il n'était pas matérialiste; ce n'était pas exigé, encore moins exigible. Dans l'un des derniers textes de sa vie, il a déclaré l'être, ou le désirer. Était-ce bravade par clin d'œil, ou amour de la conversation lucide et provocante après un bon repas? Cela, et autre chose. Ce qu'il disait, s'appliquant de l'oeil mi-clos à ne pas y penser trop, était souvent l'indice d'une interrogation scrupuleuse sur lui-même et, solidairement, sur tant d'autres participants d'une culture dont il pratiquait le droit à l'existence, l'existence elle-même. De toute manière, le chemin parcouru depuis 1970 avait sinué selon maints détours et inquiétudes. Je n'évoque que celles dont je puis témoigner. Matérialiste, supposons qu'il ne l'était pas, sauf de biais et par malice. Mais il était sensible aux plus larges ouvertures de recherche, au chamboulement des acquis, aux interrogations de champ, dès l'instant qu'elles ne trichaient pas sur la méthode.

Exigence difficile à satisfaire. La recherche sur la socialité du texte était pourvue d'antécédents; elle n'en était pourtant qu'aux premières enquêtes. Balbutiante, elle tolérait de nombreux amalgames qui eussent été indéfendables à une étape plus avancée. Néanmoins, Belleau commençait à compulser et annoter les textes de cette nouvelle référence. Par curiosité, et — c'est tout un — par désir de correspondre aux nécessités de programme discutées, acceptées et assignées. Il réservait son quant-à-soi, jusqu'à plus ample informé. Mais il donnerait, il s'y engageait, un cours d'introduction à «l'approche socio-historique du texte littéraire» en 1970-1971. Il le répétera et le révisera, de nombreuses années durant. Il persévérait, affinant la curiosité et le quant-à-soi.

J'ai un souvenir précis de son intervention. En 1969-1970, première année de notre existence universitaire, j'avais produit un cours généreusement intitulé «Théorie de la littérature», avant l'apparition de nos premiers programmes. Il y était question des analyses de Marx en tant qu'analyses sémiotiques de la représentation, des théories du reflet avant et après Marx, de la perception constante chez Lukács d'un âge du roman centré sur le réalisme critique et l'ironie d'un héros problématique, témoin impuissant mais littérairement efficace des contradictions sociales. Ce cadre accueillait un long exposé et une évaluation — diagrammes à l'appui — des «homologies structurales génétiques» de Goldmann. Il n'y avait là qu'un élément d'une théorie de la littérature, premier défaut d'un cours ainsi dénommé qui décidait d'ignorer bien d'autres éléments, — j'en avais le droit, mais pas sous un tel générique. Cet élément était lui-même trop vaste pour un seul cours, deuxième défaut. Et troisième, il s'agissait d'un résumé de recherche mal adapté aux exigences pédagogiques d'un enseignement de premier cycle universitaire, — nouveau baccalauréat spécialisé ou ancienne licence, comme on voudra. Mais le cours avait au moins un double intérêt: celui d'introduire à une réflexion sur la socialité du texte, question alors vacante dans les départements spécialisés; celui, convergent en ces temps de ferveur, de susciter des travaux étudiants mieux informés.

Je n'avais pas caché à Goldmann, ami de longue date invité chez nous cette année-là, les réticences et les demandes que suscitaient ses analyses assez rebroussées du vaste plan théorique, le sien. Le plan lui-même faisait problème. Doute méthodique: quel problème? celui d'une «homologie» ravalée sur la seule histoire racontée, pas sur l'acte de discours; d'une équivalence du temps narré avec les contradictions du temps social. Et surtout, comment l'instruire, ce problème, lui donner son espace? À mesure que j'élaborais une description critique, j'en parlais à Belleau, on se voyait tous les jours. Les échanges intellectuels étaient intenses en cette époque de découverte sociale et universitaire, de conflits accordés à la découverte. André me proposa une série de rencontres avec un autre collègue, Yves Lacroix, que cela intéressait aussi. Il s'agissait de savoir si nous pourrions former équipe pour un ou plusieurs cours, ou pour l'exploration de lignes directrices, ou, que sais-je? pour toute recherche commune éprouvée sur l'analyse d'un texte de fiction. Il s'agissait vraiment de quelque chose d'exploratoire. Le test convenu était la lecture d'une liste restreinte d'ouvrages de Lukács et de Goldmann, simples cas pour l'entrée en discussion. Nous allions tenir deux ou trois séances. Chacun des trois, à chacune d'elles, aurait lu et annoté les ouvrages. Moi oui, puisque c'était déjà la matière d'un enseignement décidé par moi-même en cette période d'indétermination des programmes. Eux aussi, puisque c'était l'objet d'un projet éventuel à l'intérieur d'un dispositif d'études organisable. On saisit la différence entre une réalisation déjà effectuante, la mienne alors, et la possibilité d'un projet, le leur. On comprend à l'inverse la distinction entre, d'une part, un enseignement individuel dont la maîtrise est d'autant plus exigeante que ses effets prévisibles paraissent décevants, la générosité confuse et vague du contenu des études avant programme ne permettant pas encore d'imaginer une quelconque relation de ce cours avec d'autres enseignements singuliers, et d'autre part la précision des contraintes imposables au titre d'un programme futur, — celui-là même aux premières élaborations duquel nous étions, simultanément, en train de coopérer. Néanmoins, les deux collègues avaient lu, très bien lu, avec une attention à la fois critique et pédagogique, comme s'il se fût agi de la préparation d'un cours prochain. Lecture spécifique du bon intellectuel enseignant: il conduit la critique vers l'enseignement et celui-ci vers l'écoute plurielle, qu'il enregistre et recompose.

Nous en étions donc là, les uns, les autres. Déjà là. Comment dire autrement cette passion d'intelligence, fortement *bien tempérée*? L'expression musicale signifie, avant tout, une plurivocalité accordée à l'expansion de l'ensemble critique des «tempéraments» instrumentaux actifs, — c'est-à-dire aussi le *temps* qui convient à la maîtrise de leur expansion. Donc, une passion tempérée par l'écoute active des rapports sociaux parlants qui nous avaient mis là, en cette université, à ce moment-là. Une intelligence que nous tentions d'exercer par une quasi-musicalité d'accords et dissonances pratiqués avec les démunis, les non-reconnus socialement, les délaissés en d'autres universités et cercles, en un ou deux autres départements voués au même champ de l'étude littéraire, pas aux mêmes objets critiques. Nous le ferions d'un scrupule. Nous le faisions: à preuve, l'exercice prévisionnel et détaillé auquel les deux collègues se livraient devant moi, avec moi, leur comparse qui apprenait; nous apprenions. D'un scrupule, à savoir d'une double attention. Car les scrupules, ces infimes mesures des riens monétaires, — disait Mallarmé les rapportant à la musique, — se multiplient d'un contrôle. D'un contrôle des livres, étonnante expression juste, ouvert sur la place publique. Alors, un Mallarmé démocratisé? Peut-être. Ce n'est qu'une hypothèse rétrospective, elle ne doit pas contribuer à réduire l'œuvre, elle doit au contraire la mettre à *portée* d'écoute, j'emploie le mot à dessein. La portée étant une mesure de l'écriture musicale préparée pour la lecture orchestrante et exécutante, comme on dit «à portée de voix», s'exprime en convergence une double attention enseignante. L'attention à épeler ligne à ligne les fragments du texte en cours de relecture, sous le rapport à l'ensemble déjà lu, revisité, ainsi mesurable. Et l'attention à *prescrire* le texte jamais oublié, comme on dit en droit civil d'une prescription de propriété dont l'exercice laisse des traces dans la vie sociale pratique; l'attention à laisser investir ce texte par les récriminants et les alluviants, les étudiants qui affluent, qui parviennent parfois à le séduire, qui s'approprient des parcelles alluvionnées. À cet égard, pourtant, il faut être extrêmement vigilant, sans cesser d'entendre les générosités de lecture. La prescription contenue dans le programme de la double attention est sociale. Le texte épelé en pré-écoute et en écoute n'est l'objet d'une appropriation exclusive par quelque nouveau propriétaire que ce soit. Il est transhistorique, déjà ou depuis longtemps. S'il est parvenu à rester là, à être éveillé là, cela ne relève pas d'une subjectivité psychédélique ou narcissique qui tend à en annexer les marges, — bien que ce texte s'offre aussi à une telle lecture dérisoire mais après tout plausible puisqu'il est encore là, offert à tant de singularités présentes. Pour le dire autrement, l'exercice de la double attention est celui de l'épellation rigoureuse de l'objet-texte auquel on ne peut pas faire dire n'importe quoi et, simultanément, celui de l'accueil actif des interruptions tour à tour documentaires et angoissées. La grandeur du professorat est dans cet exercice. Elle est à la fois esthétique et politique. La beauté du métier participe d'une philosophie pratique de la lecture et de l'écoute fines. Et dans la pratique il y a beaucoup d'amour intelligent, distancié, stratégique, mais immédiatement réceptif quand il est documenté.

Nos discussions à trois n'allaient pas nous mener à la formation d'un petit cercle d'études et de conférences. C'eût été farfelu. Nous avions d'autres soucis, tout un débord de soucis organisationnels. Ces rencontres méthodiques y trouvaient place, simplement. Leur objectif, je le rappelle, était de confronter nos annotations de lecture en vue d'une écoute enseignante. Sur ce fil et par delà, il s'agissait d'accompagner de nos incertitudes les hésitations de la discipline, la future sociocritique, de la faire progresser, je dirais de la rectifier, au contact d'un milieu étudiant socialement abaissé et exploité, sans préparation intellectuelle mais passionné. Pour ma part, la tâche avait l'exactitude attentive et distante de quelque chose comme une intervention d'énonçant chez Brecht, avec en plus le brûlement, le paradoxe sensualisé de la proximité. Une poïésis de la pratique sociale spécialisée, par le moyen exigeant du langage commun à découvrir ensemble. Voilà une beauté solidaire, elle était concevable, elle a été conçue.

L'exercice ponctuel du trio de lecture était terminé; chacun ramassait les épluchures, nous nous quittions dans l'honnêteté. C'était donc un acquis. Belleau, de son côté, partait avec un astucieux projet qu'il avait commencé de mûrir: tenter de construire des voies de passage entre la délicate empirie d'Auerbach, la pensée des catégories textuelles historiques du jeune Lukács, le carnavalesque, l'interdiscursif et l'intertextuel de Bakhtine, entre *Mimésis, La théorie du roman* et *L'œuvre de Rabelais*[7], — ce dernier ouvrage étant aussitôt mis en paire avec *La poétique de Dostoïevski*[8] du même Bakhtine, dont la traduction française en 1970 était presque simultanée. Le passage était concevable. Il fallait inventer la compatibilité des voies. Belleau la trouvait à sa façon habituelle, indirecte et volontairement allusive dans la théorie, directe dans la pédagogie.

Était-il plus un pédagogue qu'un théoricien? Il aurait été flatté de la question, qu'il aurait en même temps reçue avec méfiance. Méfiance à l'endroit des théories, c'est le sens de la question. Méfiance à l'égard de la question elle-même, pour sa brutalité possible ou sa naïveté peu instruite. Certains grands pédagogues sont des théoriciens qui s'ingénient à ne pas l'être. Ils proclament ne pas s'appuyer sur la théorie, ils la qualifieraient de pelure, de fragile et prétentieuse inconsistance. Ils disent d'ailleurs: «*la*» théorie. Ils aiment confondre théorie et dogme, avec d'autant plus de vertu qu'il leur arrive d'avoir reçu une éducation cléricale qui, ne cessant de les borner, continue de les révolter, et c'est touchant. Belleau a eu le courage de défendre l'intellectualité dans un cercle de quelques intellectuels sarcastiquement honteux de leur statut. Mais il partageait sur ce point leur confusion, plus ou moins anodine dans son cas. Anodine pour l'essentiel. Car les grands pédagogues tissent, par et pour leur enseignement, le réseau des doutes documentés sur champ qui rejaillissent méthodiquement, ensuite, sur la description théorique. Les intellectuels pratiques, enseignants ou scientifiques, et de multiples autres, le savent: il n'y a pas de de théorie sans description pertinente. Toute théorie, dès lors qu'elle intègre cette difficile condition, est recevable, donc discutable, pour le développement. L'acte de dire, ou seulement de supposer, que la théorie est un dogme est le fait d'un catholique feutré ou courroucé de l'être encore, heureux de son travail effectif, mais acceptant avec surdité que ce travail s'effectue dans la théorie (dans une théorie quelconque) et qu'à ce titre il est radicalement distinct de la catholicité, de la puritanité ou de je ne sais quelles autres inculcations dogmatiques. Dans «radicalement» il y a «racines», et les racines peuvent être emmêlées. Elles le sont le plus souvent. L'un des objets stratégiques du travail distinct est précisément d'analyser les modes de l'inculcation dogmatique, ces formes de temps long qui risquent à tout moment d'inféoder le travail. Ces formes-là ne sont pas évitables, elles pèsent sur le chercheur; elles sont inhérentes à son histoire. Raison de plus pour les décrire. Il y va d'une rigueur intellectuelle. Sinon, on ne s'en sort pas, et l'analyse de l'objet immédiat d'étude est subrepticement déviée. Là, «on laboure le point», eût dit Belleau par dérision et complicité réservée. Il eût ajouté: «C'est ce qu'on dit à Ottawa.»

Auerbach. Un certain Lukács.
Bakhtine encore. Et Hjelmslev?

Alors, parlons du réseau indirect de Belleau. Bien des compatibilités sont instructibles. Certains parcours sont retenus.

Les figures de personnages, Auerbach les convoque en fragments qu'il sélectionne selon une double référence. Première référence: la signature auerbachienne de ces figures, leur rapport à l'ensemble des textes lus qui ont fait, en d'autres textes du commentateur, l'objet des analyses philologiques du romaniste qu'il était. Deuxième: l'indexation fonctionnelle de ces figures, en tant qu'elles sont les indices d'une capacité du texte étudié à démentir l'opposition conventionnelle et lettrée des «styles», le «noble» et l'«humble», contrastés et transformés de leur singulière dérision chez Dante, Shakespeare, Cervantes, chez d'autres parmi lesquels Diderot n'apparaît qu'au détour de quelques lignes inattentives. Il en résulte une condensation en cinq pages[1]: Auerbach, dans la conclusion de *Mimésis,* a la pudeur de faire allusion à la nouveauté de sa méthode. Il s'intéresse, sans trop le dire, au transfert des *dramatis personae,* conçues en tant que rôles, vers la scène d'une écriture qui pourrait, par supposition, être représentée comme une déconvenue des styles, la mise en échec de leur séparation. Le transfert est réciproque, celui des styles déconvenus vers les rôles fabulaires historisés et agglomératifs. Mais il faut le deviner. Il faut presque tout deviner à travers cette timidité de l'invention. La théorisation formelle est faible. Elle est puissante, mais incidente; et je comprends que Belleau en ait été séduit. Des définitions sont tout de même nécessaires, André s'y employait sans oser ou paraître y prétendre, avec une sorte de vanité dénégatrice. Il me conseillait, en toute amitié disait-il, de ne pas lire *Mimésis* puisque «ce n'est pas ton objet, à toi théoricien». Ah, ouiche!

Le voilà donc, André, qui file son bout de chemin. Après tout, la cristallisation des rôles, leur déclinaison probable chez Auerbach, leur connivence avec la désinstitutionalisation des styles reçus, tout l'objet de cette écoute, ce *bibendum* dégustatif des textes lus de mémoire (Auerbach, proscrit par les nazis, avait écrit le livre sous la mémoire de notes perdues dans l'exil) peut être mis en entreillage, comme on dit des bouteilles de champagne, avec les catégories de l'histoire des genres et les caractères du héros narratif chez le jeune Lukács. Entreillage: les bouteilles sont rangées en alternance, tête-bêche; leur ensemble associatif forme une masse précieuse. Entreillage encore: l'associativité promulgue l'ensemble, mais aussi la singularité des éléments opposés. Il y a une sorte d'achèvement de l'histoire dans *La théorie du roman*[2]. Il n'y a pas de finitude dans *Mimésis;* le dialogue des «styles» et celui des figures cristallisées en rôles se poursuivent sans s'identifier jamais à un terme historique commun, à une fusion irrévocable, il n'y a pas de *terminus ad quem*, il n'y a pas de fin au développement d'un modèle qui ne se risque pas à en être un ou hésite à le devenir, il y a toujours possibilité d'une relance imprévue du dialogue. Par contre, l'achèvement de l'histoire chez le jeune néo-kantien hégélianisant, le Lukács de 1916: une pyramide critique des âges de la fiction. La pyramide est construite en esprit, par un *Geist* catégorisant, je ne peux pas l'appeler autrement. Son étagement n'est pas rapporté à une histoire documentée, mais à une phénoménologie génétique, structurée de l'épopée à la tragédie médiatrice et de celle-ci jusqu'au déploiement du roman. Le roman serait un genre plus développé ou plus critique, mais profondément tragique, où le héros problématique tend à s'épuiser, impuissant; l'histoire s'abolit dans le moment de son triomphe, quand le littéraire coïncide avec ses spasmes et ses contradictions. Autre différence, — elle est déduite de la première, — entre le vieil Auerbach des années quarante et ce Lukács-là, quelque vingt-cinq ans plus tôt: Auerbach n'accorde aucun privilège au roman que *La théorie du roman* montait en gloire; il s'intéresse aussi, avec équanimité, à la dissémination du narratif dans la poésie ancienne, dans le texte dramatique et dans la formation du romanesque moderne. De même, il est sensible à l'accord de quelque chose comme la «forme de l'expression» et de quelque chose comme la «forme du contenu», contrairement au jeune Lukács très préoccupé d'une *substance* appelée «forme».

«Forme de l'expression» et «forme du contenu» sont des catégories d'analyse du grand linguiste danois Louis Hjelmslev. On ne peut pas dire que le maître de *Mimésis,* son contemporain, ait eu le souci méthodique de ces formes-là. Je les évoque tout de même, pour la métaphore que Belleau, annotateur d'Auerbach, a imaginée en leur lieu et place.

Une première observation: il y a peu de choses en commun entre le philologue et le linguiste. Le philologue ne connaît pas les différences de l'usage et de la langue dans le schéma sémiotique qui les rassemble. Le philologue étudie le texte réalisé dans la langue, et celle-ci est essentiellement considérée sous l'aspect des dépôts rhétoriques et stylistiques que le texte a accueillis et transformés. En d'autres termes, il étudie ce qu'on appelait autrefois la «langue» du texte. Tel n'est pas le souci du linguiste Hjelmslev. Le texte n'est pas son objet, mais le *système* différentiel de la langue, le double oppositif et contrastif des transformations qu'elle intègre en tant qu'elle est une langue. Une théorie linguistique, dès lors qu'elle vise à la scientificité et qu'elle promulgue les principes méthodologiques de sa généralité, se doit de décrire la diversité des phénomènes observés dans les langues dites «naturelles» selon des règles métalinguistiques de différenciation et d'homologation valables pour toutes. Le champ observé, primordial en une telle étude, ne peut contenir qu'accessoirement le texte littéraire dont le mouvement aléatoire de construction est paralinguistique.

Néanmoins, entre le philologue Auerbach et le linguiste Hjelmslev, une certaine communauté est décelable. Plutôt, une proximité intellectuelle. Chez tous deux, comme d'ailleurs chez Curtius, leur contemporain, une attention au matériau, aux registres de l'usage, à la situation de l'énoncé (connotative chez l'un, stylistique chez l'autre), à l'expression localisée. Aucune de ces orientations n'apparaît à l'œuvre chez le jeune Lukács, même pas l'orientation vers la situation, — bien que celle-ci soit hypothétiquement déductible de la catégorie de temps et de sa médiation. Dans *La théorie du roman,* nulle réflexion sur l'expression intégrative; la situation locale y demeure un pur hors-texte; elle est assomptive, déléguée à une arbitraire généralité abstraite; elle n'est embrayée d'aucun accent sur la forme des énoncés produits, encore moins sur le mélange des discours[3].

Alors, pourquoi Lukács? Il y avait quand même là quelque chose pour Belleau? Je ne réponds qu'indirectement à cette question, puisque j'ai fait intervenir Hjelmslev dans un débat sur les compatibi-

lités possibles entre Auerbach et Lukács. Belleau avait peut-être lu
Hjelmslev. Jusqu'à plus ample informé, il n'en a ni parlé (du moins
entre collègues) ni écrit. Pourquoi l'aurait-il fait? L'intéressait, passionnément, la linguistique des romanistes, — elle n'a pas le même
objet. L'intéressaient aussi, le «fascinaient», les germanistes et, par
delà, la culture romantique et post-romantique allemande, — j'interroge cette fascination plus loin, dans mes mots de conclusion. Lukács
n'était pas un germaniste. Philosophe hongrois, il devait écrire en allemand. Il le devait pour trois raisons solidaires: s'il voulait être publié
dans une langue politiquement voisine de sa culture dominée, s'il désirait que l'ouvrage connût un retentissement international, s'il répu-
gnait à déférer les précisions de sa pensée à un traducteur. Mais peut-
être était-ce l'écrivain de langue allemande mis en traduction française
qui séduisait Belleau. L'éveillait de même la sensibilité aux dominations culturelles. Il les connaissait par expérience, dans son histoire de
Québécois francophone. Y a-t-il là un paradoxe?

Autre réponse indirecte, puisque je continue de procéder par petites touches: André n'attendait pas qu'un autre attirât son attention
sur de multiples ouvrages ultérieurs de Lukács, *Histoire et conscience
de classe*[4] et *Signification présente du réalisme critique*[5], un *Thomas
Mann*[6], un *Balzac*[7], etc. Il les lisait, y réfléchissait, concevait le soupçon d'une théorie du reflet, revenait à *La théorie du roman*, s'accro-
chait à ce premier livre. Il lira d'un esprit plus fervent, plus tard, *Le
roman historique*[8] et *Problèmes du réalisme*[9]. Mais il revenait toujours
à *La théorie du roman*. Un texte assez polémique et de circonstance,
injuste, anguleux mais rigoureux, *Existentialisme ou marxisme?* dont
la traduction française n'est plus depuis longtemps disponible en librairie[10], parviendrait presque à circonscrire le rejet par Lukács de son
ancienne ontologie, les motifs pour lesquels il a renié *La théorie du
roman,* en a dédaigné les rééditions. Inquiet de l'effervescence française des existentialismes dans l'immédiate après-guerre, Lukács, en
1948, décidait de ferrailler contre le «subjectivisme idéaliste» de Sartre et son modèle abusivement qualifié de heideggerien, contre aussi la
pensée de Merleau-Ponty qu'il estimait insuffisamment distinctive
pour ne pas être l'objet des mêmes critiques. Je ne me rappelle pas si
Les aventures de la dialectique de Merleau-Ponty était antérieur à cette
polémique; Lukács aurait pu y voir des différences considérables, les
autres lui ayant échappé. Certes, il ne condamnait pas. Il n'était pas un
Joseph Revaï, son ancien disciple devenu l'émule hongrois de Jdanov,

qui venait de décréter le dogme et les blâmes contre lui, Lukács, ancien commissaire de l'éphémère République communiste de Béla Kun au tout début des années vingt. Il analysait. Et ce qu'il croyait constater chez ces philosophes français de l'après-deuxième-guerre, c'était une montée de l'irrationalisme et une régression par rapport aux maîtres classiques de l'idéalisme. La référence aux maîtres demeurait allemande, le rationalisme de Kant et de Hegel étant mis en opposition au post-romantisme «réactionnaire» de Heidegger. Jusque là, aucun problème avec *La théorie du roman*; aucune allusion n'y est d'ailleurs faite en cet ouvrage. *La théorie du roman* était post-hégélienne, certainement pas post-romantique. Mais Lukács critique le post-romantisme existentialiste au nom d'une conception marxiste de l'histoire. Là, tout l'idéalisme subit les rigueurs de la sévérité, implicitement aussi l'idéalisme de *La théorie du roman*. Les moments expressifs de l'existentialisme sont idéologiques et non explicatifs: loin de rendre compte des *formes expressives* de la pratique sociale que doit répercuter une théorie de l'histoire, ils désignent au contraire le primat d'une métaphysique anhistorique du sujet, de son «être-là» phénoménal et de son «pour-soi» immédiat, sur les conditions sociales historiques qui en font un sujet médiat. Primat? Non. Exclusion: *exit* le sujet médiat. Et c'est ce que, à bon droit, Lukács ne peut accepter. À bon droit, mais avec quelque violente légèreté envers ses propres théories. Si la question dialectique de la médiation est démarcative, si elle indique une zone de rupture avec les divers existentialismes, encore faut-il décrire les formes expressives de langage où la médiation est socialement déposée et instruite. Le philosophe Lukács n'a jamais compris cette nécessité.

Ici, trois remarques brèves: elles concernent rétrospectivement le jeune Lukács, le non-existentialiste, mais l'idéaliste.

Première remarque: la notion de médiation, déjà puissante dans *La théorie du roman*, n'échappe qu'en apparence à cet aspect de la critique ultérieure. Elle est située dans une transcendance ontologique; elle n'est pas située historiquement.

Deuxième remarque: ce qu'on appellerait aujourd'hui la socialité du texte informe la jeune construction théorique; mais elle y est seulement endogène, formée ou fermée sur elle-même; elle est une hypostase, hors toute confrontation à l'histoire des pratiques sociales effectives et divisées. Celles-ci sont méconnues du jeune philosophe de la médiation. Elles activent, pourtant, de multiples ensembles mobiles de signes discursifs et non discursifs interreliés, et les transforment en un réseau situationnel dont la fonction n'est pas négligeable dans l'avènement des signes construits de la fiction. Or, ce sont ces signes, considérés sous leur effet transcendental possible dans le roman, que le philosophe a continué d'étudier. La socialité du texte chez le jeune Lukács est projective et idéalisée. Pour l'instant, la médiation n'a donc pas encore la consistance qu'elle commencera d'acquérir, par un autre biais, en des ouvrages ultérieurs, notamment dans *La signification présente du réalisme critique.*

Mais voici une troisième remarque. Elle est la conséquence de la deuxième. Le souci des formes expressives de la pratique, de leur influx, celui de leur incidence sur les avatars de la forme-roman, ce souci est tardif et demeure peu méthodique, je dirais plutôt non sémiotique, nullement orienté, même dans *Problèmes du réalisme,* vers une quelconque considération pour les formes actives de l'énonciation des énonçants singuliers socialisés que Brecht et Bakhtine, à l'époque, s'efforçaient d'interroger. Brecht, pour cette raison, s'opposait au réalisme classique de Lukács, alors président de l'Institut Marx-Engels de Moscou qui ignorait Bakhtine. Les formes expressives entraient dans la ligne de tir de ces années de plomb, Lukács en était conscient, durement marqué. Il les déléguait, néanmoins, à une pure extériorité sociale, qu'il chargeait d'informer les contenus critiques d'un roman replié sur son âge classique. Il ne concevait pas autrement la praxis. Il entendait, certes, et désirait la réplique transformante du réalisme critique; il n'entendait pas le mouvement sourd du matériau des formes de fiction, laissées sans retentissement, en dehors du contenu critique, démunies d'une puissance d'information dont il accordait le privilège exclusif aux conflits de classe extérieurs. Il était donc insensible à la nouveauté formelle de l'expression, à l'invention des matérialités de discours comme réponse et *intervention* dans les situations nouvelles. Sans doute un rebond de la conflictualité était-il censé opérer d'une manière non mécanique dans l'art romanesque: les grands romans critiques savent inventer la médiation, sa distance chaque fois singulière et «totalisante». Voilà pourquoi le Lukács de la maturité s'est constamment opposé dans la théorie, — en politique, il a dû passer sous les fourches caudines, — aux tentatives d'imposition d'un reflet brut dans l'art, à ce qu'il a appelé tantôt, sur sa «droite», un expressionnisme acritique, tantôt sur sa «gauche» le «romantisme révolutionnaire». Mais que reste-t-il de la médiation, de cette médiation-là entendons-nous bien, si le roman est analysé sous l'angle d'une transcendance inexpressive dont la visée est de reproduire le mouvement du réel? Et comment décrire la productivité souhaitée du roman, et donc la médiation dès lors qu'elle *fait* le sens, si la quête obture les moyens matériels de l'invention, la scansion, le rythme, la prosodie, le tour formellement elliptique du texte étudié, la mobilisation d'un sens médiant dont ils sont les médiateurs?

Cette insensibilité plus encore que sa conséquence, la tendance à dresser en modèle canonique le roman balzacien, Brecht, très précisément, oreille et cigare pointés, la reprochait au Grand-Maître de l'Institut M.-E. Brecht, — Belleau devait le savoir, ou l'aurait dû pour sa propre méthode, — ne reconnaissait aucun «modèle», aucun exemple reproductible. Les exemples eux-mêmes étaient travaillables, cessaient dès le travail d'être des exemples. L'invention les innovait. Cela est à opposer au contenüisme de Lukács, du Lukács de la maturité. Le passage difficile, à la limite insoutenable, de l'expressivité sociale au contenu critique non expressif, ne pouvait que conduire à une censure frileuse et déphasée de la sensualité du travail d'écriture.

L'ami Javier García Méndez placerait ici le «hylique». *Hylè*, mot grec υλη, bois: bois des baguettes ou cailloux bientôt vocalisés, jouvence de l'ancienne répartition manuelle et vocale des phonèmes au long du travail de poème, du chemin poétique du Poucet. (Javier ne s'attache pas à cette répartition primordiale du poétique. Sautant le pas, le *passus* du vers, il propose une extension hardie: le hylique serait l'écoute transformante réalisée par l'écriture, toute la socialisation de celle-ci. Intuition excellente, malgré la légère promptitude du saut dans la totalité[11]). L'ami Belleau serait d'accord, peut-être pas avec le «hylique», mais avec ma critique du vieux Lukács contenüiste. Il ne s'en sortira pas à si bon compte, toutefois. Car, pour toute réponse, il revient encore et toujours à l'ancienne *Théorie du roman*. Pour ce qu'il en reste, et malgré l'immense influence exercée dans ce siècle, temps et distance sont là, je le lui dis. On ne peut y retourner, s'y appuyer encore, sans admettre que la socialité endogène qui y était construite, inverse de la socialité exogène des *Problèmes du réalisme* mais pareillement dualiste, participe, non d'une recherche sur la «forme de l'expression», — peu imaginable à l'époque dans le champ considéré, je crois qu'on est d'accord, lui et moi, — non d'une quête de la «forme du contenu», — on ne l'est probablement plus, — non pas même de la «substance de l'expression» indirectement travaillée dans l'œuvre ultérieure de Lukács, mais d'une mythique «substance du contenu» que le jeune théoricien de 1916 nommait «forme», forme «historique» pensait-il. Et l'on retrouve ces catégories-là de Hjelmslev, réclamées au détour pour l'expression des débats, ceux de Belleau enseignant, les nôtres aussi.

Hjelmslev, pour autant, n'est pas quitte, lui non plus. C'est lui qui nous impose cette introuvable «substance» scholastique[12]. On l'avait oubliée. Elle fait retour avec lui, dans une intense nébuleuse ressurgie de fins et longs palabres médiévaux théologiques et grammaticiens sur l'opposition du corps et de la substance, de la res et du signatum. Substance, qu'est-ce? Je peux comprendre la «substance organique», elle est celle du corps et de la terre, cela demeure d'usage courant, elle est celle du sang, des racines, du terreau, de tout ce qu'on voudra de nourricier qui y soit assimilable, même les détritus, la pourriture. Mais les grammairiens danois du XIIe siècle, ancêtres de Hjelmslev, n'eussent rien compris à cette acception très ultérieure du terme, pas davantage Maître Tomaso d'Acchino. Substance de l'âme? Qu'est-ce qu'une âme, cher André, sinon ce que nous en disons? Alors, du discours? Sans doute, oui. Et aussi l'histoire. L'âme canonique y est étrangère. Les scholastes, intellectuels du dogme et de la coutume consignée, n'avaient pas le moyen de connaître l'histoire, hormis l'argumentaire commentatif du Verbe sacré qui en tenait lieu. Les Romantiques allemands, Novalis, Achim von Arnim, la sublimeront ou la dédaigneront, revitalisant l'âme. L'âme canonique est une «substance» étrange. Elle se tient (stare, stans) en dessous (sub): par quel privilège exorbitant se tient-elle abyssale, elle qui est prétendue se tenir pareillement au dessus, inamovible, insondable, stupidement englobante? Mais si la substance, au contraire, c'est de l'histoire advenue dans nos paroles qui la traversent et l'informent, alors elle est un acte d'expression, et cet acte, cette âme, a une forme circonstanciée, ce n'est plus une «substance». Et l'on n'a plus rien à faire de celle-ci. Mais l'ingénieuse docilité scolaire du bon Hjelmslev l'amenait à opposer l'expression comme acte et usage à un «contenu» sémantique éloigné, en tant que tel, de ses aspects pragmatiques. À travers cette opposition réapparaissait en sourdine l'archaïque notion de substance, d'inamovibilité, de centre vide. Il était donc conduit, opiniâtre, à la doubler d'une paire pareillement oppositive et l'entrelaçant: forme et substance, tel était l'écho. La «substance» mystérieuse d'un «contenu» fixé dans une forme mobile, mais seulement prédicable, qui demeure régie par le contenu et néanmoins opposée au substantialisme maître de celui-ci, cela ne désigne rien, bien sûr, pour les substances organiques. Elles sont d'un autre ordre. En revanche, dans le schéma unissant l'usage et la langue, cela serait censé concerner la parole. Mais la parole est un acte de l'histoire épelée, de l'histoire transformante et transformée sur le socle massif, pourtant délicat, des paroles particulières qui la mettent au discours. Qu'est-ce que cela signifie pour elle, en ce sens-là de l'histoire?

Maître Louis Hjelmslev a une réponse, la connotation. Elle n'est pas satisfaisante. Elle précède la question que je me pose encore. La connotation, supposément, attire vers un nouveau «contenu» la relation d'expression à un *premier* contenu dénotatif de son objet. L'expression en est privée, «volée» disait Barthes. Elle est *déportée,* prisonnière. Elle n'existe plus, elle n'est plus qu'un contenu, et l'on s'aperçoit qu'elle n'était déjà que cela. La mer, toute la mer dénotée dans le mot, la phrase qui l'indexe, doit-elle être bue par une bouche déjà emplie de son secret maritime, toute voix singulière disparaissant faute d'écoute? Pardon, Maître, c'est vulgaire, j'ai l'air de revenir aux substances organiques, cela ne se fait pas et ce n'est pas ce que vous dites, je le sais. Tout de même, il y a des interrogations. Pourquoi faut-il un «premier» dénotatif? Il est mystérieux dès le principe, puisque le privilège accordé au contenu omniprésent, tout-puissant, renvoie à une substance sacralisée et refoule l'expression, ses formes. Qu'est-ce qui est premier dans la dynamique *sociale* des formes de l'expression? Je déplace évidemment le point d'écoute. Qu'est-ce qui n'y dénote pas immédiatement son objet, et médiatement, *à la fois* le temps froid ou chaud dont on parle et la situation d'interlocution changeante où il est parlé du froid, du chaud, où ce temps pour la parole n'est jamais le même? Qu'est-ce qui, par conséquent, n'y «connote» pas immédiatement, et de façon pareillement médiate, les propos déjà tenus ou à venir, en prise sur une histoire longue, sur une histoire courte et sur une action interlocutoire, toutes ensemble confondues dans les propos distinctifs en train de se tenir sur les modes du froid, sur les modes du chaud? Pour l'expression sociale quotidienne, tout est à l'identique dénotation et connotation, d'un même *motu proprio.* Tout simplement parce que la référence aux situations n'est l'objet d'aucune épargne, — d'aucune épargne autre que celle de l'économie de discours. Ou pour le dire autrement, parce qu'une théorie de la référence qui prend appui sur l'analyse de discours ne peut connaître *aucune origine* préfixée, donc aucun avant-coup dénotatif. En situation, toute expression est déjà «connotative»; mais si toutes le sont, de quelle utilité est la distinction? Situations de discours: elles sont chaque fois particulières, chaque fois appelantes. L'économie gestuelle et verbale souligne leur mouvement, leur action développante, leur *hypocritique,* elle-même informée des autres situations particulières et de situations plus larges, d'une histoire en train de se faire et qui enveloppe chacune de ces particularités, ou plutôt les transforme. Est-ce encore de la connotation? Non, ici opèrent immédiatement les signes médiats de l'action discursive qui n'annule pas son histoire. Ce n'est pas la même chose. Ne jamais oublier la référence, tissage des discours qui la changent en expression non pareille. Alors, les distinctions vénérables hors-discours? S'en servir à bon escient, pour la méthode et l'apprentissage, si l'apprentissage amène à comprendre la nécessité de leur révocation ultérieure. Elles ont une utilité pédagogique d'étape. Il convient bientôt de parler des discours. Et d'évoquer parmi eux les textes construits qui, mettant à distance critique la parole, ne cessent de muer sa vocalité active.

Belleau, lui, n'oubliait pas la référence, la diachronie et l'histoire. Était-ce la raison d'un certain silence? Il ne m'a jamais parlé, je le disais tout à l'heure, des nombreuses catégories de Hjelmslev. Je soupçonnais qu'elles n'allaient pas dans son sens. Il les souhaitait pourtant, pour l'imagination de la forme, non pour la substance. Elles le décevaient probablement dans la façon. Il en avait donc quelque connaissance. J'essaie encore de savoir exactement laquelle. Dans l'un de ses meilleurs textes de professeur panoramique et de chercheur, «Conditions d'une sociocritique[13]», il y fait allusion. Je n'y trouve qu'une dissonance théorique, elle trouble le jeu de mon accompagnement. Il insiste sur la «forme du contenu», sans rappeler la signature hjelmslévienne de la notion. Assez habile, il ne dit pas explicitement, d'entrée, que le jeune Lukács pratiquait une analyse de ce type. Il l'implique en déclarant sans transition, à la phrase suivante, que Goldmann, — qui allait se réclamer de Lukács dès le début des années soixante, — avait décrit remarquablement dans *Le Dieu caché*[14] cette forme-là. C'est possible, mais hautement improbable. Ce n'est pas la même forme, elle n'est pas linguistique. La «forme du contenu» de Hjelmslev est purement catégorielle, fonctionnelle et systémique; elle vise des différences et contrastes sémantiques saisis en synchronie dans le langage. Les dépôts textuels historisés de la «vision du monde» chère au jeune Goldmann de 1955 sont au contraire, curieusement, à la fois transcendentaux et diachroniques. S'ils ont une «fonction», celle-ci ne présente aucunement les traits du fonctif logique ou linguistique. Il ne s'agit donc pas du même concept. Le transfert de la notion est abusif. Il est redoublé d'un transfert de signatures: l'une, l'authentique, est effacée, bien que la patronymie des inventions doive en principe la respecter; l'autre, l'inauthentique et qui n'y peut mais, devient le parangon, presque l'éponyme de la notion puisqu'il est le seul nommé. Faisons en ce cas une supposition généreuse: il est peut-être souhaitable que les deux orientations soient rapprochées. Le rapprochement serait celui que procure un bonheur heuristique. Voilà ce qui est aimé, que dis-je? amouré de Belleau, paysan chercheur des humeurs de sa ville, de ses villes migratoires, de leurs délicats concepts poliment contestés, mais acceptés en bout de piste pour en faire autre chose. Le bonheur des trouvailles, il le confie au creux des sillons transformés en trajectoires aériennes.

Va pour Goldmann. Quant à Lukács, j'ai dit mon désaccord. Dans une belle envolée sur le «le luxe d'un manque» qu'il qualifie de «prophétiquement lacanien» (Georges Bataille, pourtant, je l'ajoute, avait scruté dans *La part maudite,* dès avant Lacan, l'économie générale de ce manque), Belleau, le chercheur, l'enseignant, a certainement raison de dire que, chez le jeune Lukács, «le roman est comme un *signe,* non comme un *produit**; il ne représente pas le réel, il le signifie», et que le «surplus de langage [mis en œuvre par le roman] désigne l'insuffisance du monde». Il n'a pas raison pour autant de supposer, ou de laisser entendre, que la forme du surplus de langage lié à l'insuffisance de réalité est homologable à la «forme du contenu» de Hjelmslev, ou de son fantôme. Est-ce que cette insuffisance est un contenu? un «contenu» du texte romanesque indexé, le surplus en étant la forme? Ou bien, est-ce que le «contenu» est ici la relation du surplus à l'insuffisance? Alors, qu'en est-il de la «forme»? Elle serait le roman lui-même? Mais le roman n'est pas une forme, c'est un multiple de formes composites. Dans la pensée du jeune Lukács, le roman est une mise en acte critique de l'éthique. L'éthique, ce n'est pas la sémantique, même pas la sémantique hjelmslévienne des «formes du contenu». Pour ce qui est de l'«insuffisance du monde», décidément non: elle est une «substance» référée, une substance désacralisée cette fois, mise depuis la transcendance à l'immanence, identifiable à la

---

* Les italiques sont de Belleau.

chose du monde, à la pauvre chose en état de manque, mais tout de même à une cause adjugée et dépréciée. Dépréciée, l'insuffisance ne l'est pas chez Lukács, maigre petit homme austère et de peu d'humour. Elle l'est chez Belleau, dont l'inépuisable voracité l'entraîne, par insatisfaction gourmande sans doute, à contrefaire le maître alors vénéré. Il dit excellemment que, pour le Lukács de la maturité, «si on le lit bien», ajoute-t-il avec majesté, «le contenu de l'œuvre, ce n'est pas la réalité sociale, c'est plutôt ce vers quoi elle tend». Voilà pour l'insuffisance du monde, on a la réponse, elle n'est pas un contenu, un contenu hjelmslévien synchronique. Et j'aime beaucoup l'accent mis sur la tendance, elle est l'essentiel, le travail des œuvrants. L'insuffisance n'est pas un contenu, certes. Elle ne le *serait* pas: le serait-elle *peut-être*? Car il ose écrire que, pour le Lukács de la maturité, le contenu de l'œuvre serait en quelque sorte («comme s'il s'agissait») de «*nier le monde pour mieux le dire**». Raccourci d'écrivain? Belleau savait donner à entendre, écrire en ce sens. Mais le monde n'est l'objet d'aucune négation possible. Ce n'est pas lui qui est niable, seulement ce qu'on en dit. Il est là, toujours présent, dans son économie autonome et transformable. Sans raccourci, Lukács, le jeune ou le vieux, n'a jamais dit qu'il s'agissait de «nier» le monde. Mais au contraire, de critiquer les propositions tenues sur le monde, sur sa socialité présumée par habitude ou solitairement niée. Il estimait que le roman classique, à la fois généralisant et particularisant, était un mode esthétiquement efficace de cette critique.

Il est vrai, Lukács était sensible à Thomas Mann, il ne l'était pas à Rabelais en amont, à Joyce en aval[15]. Et il ne reconnaissait pas davantage le métissage culturel, bien que son histoire de Hongrois multilingue eût dû l'y disposer. Telle était son économie, ou plutôt son avarice, son absence d'écoute. Belleau avait à s'en débrouiller. Ça ne pouvait pas le satisfaire. Ça ne le pouvait pas, ne le devait pas, bien qu'il fît sa révérence, dévotieusement. Mais cette révérence était un symptôme (déviant comme tous les symptômes le sont) de recherche autonome, plus qu'un aveu de soumission ou une reconnaissance de dette. Belleau s'était trompé radicalement sur le compte du jeune Lukács, il m'a fallu négocier des sentiers en aiguille pour l'indiquer. Il se trompait de même en écrivant, en 1974: «C'est par le jeune Lukács [...] que m'est parvenue principalement la conception marxiste de la littérature[16]». Il avait

---

* L'italique est de Belleau.

beau vanter les notions qu'elle était censée transporter vers lui, celles de «totalité, multiplicité, devenir, etc.[17]» et les rapporter à cet auteur (ainsi qu'à quelques autres notés dans la même phrase, Auerbach et Bakhtine, j'y reviens dans un instant), ce Lukács-là n'était tout simplement pas marxiste à l'époque signalée, en 1916. Jeu étonnant d'un chat qui boude la souris mais en savoure l'ombre: Belleau se méfiait du marxisme; il attribuait néanmoins à cette effigie, par un respect profond, des textes qui n'en étaient pas marqués, ou pas encore. Je me retiens de dire que cela, au fond, n'importe pas. Si, cela importe. Non pas tant l'erreur commise dans l'interprétation des doctrines tatonnantes, que le phénomène nécessaire de l'erreur dans la recherche d'un objet autre. L'erreur est avant tout le symptôme d'une question distincte.

La question de Belleau était celle du discours, même s'il en rejetait plusieurs aspects de socialité. La question du discours, négligée par tous les Lukács possibles. Pour Belleau, la question du *discours lettré expressif*. Il avait tendance à peu en examiner les formes transactives d'imprégnation, comment elles sont informées des antagonismes sociaux, comment aussi elles les informent. Ceci n'est pas entièrement exact: il avait le souci des formes transactives dans le langage maître, dans tous les langages, peut-être et surtout dans les langages populaires *a priori* non «joualisants» (le «joual» est une maladie de l'intellectuel honteux de l'être) resitués et transformés par le texte respectueux de leur mouvement. Souci du langage et de la dignité de la culture véhiculée. Non pas de prime abord de la langue, vieil objet nationaliste syncrétique adulé. La langue doit être démystifiée, elle est serve ou obédiente, c'est «une guidoune», disait-il[18]; mais elle doit être être universellement reconnue pour l'honneur du peuple qui la parle. Et de la langue on passe à la parole intrinsèquement noble. Souci du langage comme élément formateur d'une existence nationale qui doit arriver à se passer de quémandes ou d'aumônes. Souci, pourtant, d'une existence nationale perçue à l'écart de ses conflits sociaux internes. Le renversement opéré sur la question de la langue par rapport aux positions nationalistes québécoises traditionnelles est alors neutralisé: retour aux postulations essentielles de ce même nationalisme qui, promulgant le peuple, n'a jamais accepté les oppositions de classes. Les antagonismes sociaux, le vieux Lukács, quant à lui, en avait remarqué les transferts de «contenu» dans le roman, mais l'expression était laissée hors-texte, le roman n'y retentissait pas. L'histoire de Belleau lisant et enseignant Lukács est bien celle d'un quiproquo. Cela n'a que l'importance d'une nécessité, pour une altérité d'objet et un détour de méthode.

Le discours. Les fantômes.
L'expression en situation

Le discours, donc. Et le discours du texte lettré. Pour négocier cela dans la théorie inavouée, entre le fantôme d'Auerbach et celui de Lukács, il fallait l'intermédiaire d'un autre encore: Bakhtine. J'ai déjà fait plus que des allusions à ce troisième fantôme. Il était nécessaire à la ruse de Belleau, innocent plissant la paupière pour signifier qu'il n'était pas dupe, pour ne pas tricher, mais trichant un peu sans désirer le savoir, le sachant trop déjà. Je n'ai donc pas grand'chose à ajouter, seulement deux remarques à proposer. La première concerne l'histoire des fantômes. La seconde, la convocation des expressions de discours, les fantômes n'étant là que les pâles indices d'une histoire de recherche.

Non pas une histoire générale des fantômes. On ne remontera pas aux sorcières qui savaient les convier au collège des diables. Leur pouvoir était présumé jadis, il l'est encore aujourd'hui en tout recoin du corps ancestral parlant. Elles payaient sur le bûcher cette suscitation mal comprise, néanmoins désirée des plus humbles qui usent l'oubli de leur propre travail dans la festivité et la mort. Mon vieil ami Jules Michelet, grand imaginateur de l'historicité au XIXe siècle, continue d'en parler mieux que Bakhtine. J'indique en mineur quelque chose d'approchant: une histoire divinatrice des fantômes particuliers de Belleau. Non de tous. On n'en finirait pas plus avec les siens qu'avec ceux de tout vivant. De quelques-uns seulement: Auerbach, Lukács, Bakhtine, et à travers eux, collégialement, l'invention scripturale d'un maître-fantôme, Rabelais, — d'un maître qui n'est ignoré que par l'un de ces trois Belzébuth, le dénommé Lukács qu'il fallait bien accompagner. Ils sont les imaginations du romantique Belleau, d'un personnage de «roman gothique» qui les estompe à sa manière, par fluidité et par hantise. De roman gothique, à moins que ce ne soit une fidélité à un homme de lettres allemand du début de ce siècle, Hugo von Hofmannsthal. De roman gothique: les fantômes apparaissent, disparaissent d'un remords; les gourmandises interdites sont savourées en cachette avec les punitions, pour les revanches désirées encore obscures, mais dans un souverain plaisir qui défait l'attendu. J'en ai dit bien assez sur la lente défaite de Lukács entre les mains de Belleau, et sur son plaisir à mieux découdre Auerbach dont le parti pris de fluidité dans la méthode convenait à la sienne.

Je n'en ai pas assez dit, pourtant. Les fantômes persistent. Notre collègue évoque les *Geisteswissenschaften*[1]. Le terme est ancien, et pratiquement intraduisible. Littéralement: sciences de l'esprit, — mais ce n'est pas sûr pour le sens. Il désignerait, selon une déchirante révision en français moderne, quelque chose comme «sciences de l'homme», — mais c'est encore moins sûr. Le terme serait plus proche d'une acception étendue de la philosophie, celle des ombres disciplinées. La docte Université allemande, aveugle, sourde et complice, s'en accommodait encore sous le nazisme. Le mot *Geist* signifie en contexte «esprit», «génie» ou «fantôme», parfois les trois ensemble. Il rappelle une odeur de cendres. Tout ce qu'il y a d'obséquieusement militaire dans la tradition philistine des maîtres allemands de l'ancienne *Universität*, sans doute moins de l'actuelle, se trouve là, dans ce maître-mot qui révère les «sciences». Les révère? Oui, et avec méthode, mais sous une condition: si, et seulement si, ces «sciences» ou ces mesures vaporeuses parviennent à *asservir* la socialité prolifique et polylogique à quelque Esprit dominant, réducteur. Toujours déambulant parmi les livres, Belleau n'avait certainement pas conscience de l'histoire tragique du mot, poissée d'humiliation. Je ne peux le lui reprocher. L'erreur n'est pas la honte. Elle est seulement une ignorance des faits, de ces faits-là dont je souhaitais l'histoire mise en mémoire. Je me trompais, il n'y a pas de mémoire commune.

Belleau trouvait dans ces sciences intraduisibles, et par delà, un «sol commun» où eût «germé» un «stock d'idées» partagé par Lukács, Adorno, Auerbach et Bakhtine[2]. Non, collègue, je dis non. D'abord, la présomption de cette origine-là d'un «stock» commun ne donne justice à aucun des quatre gaillards qui en ont tous critiqué, à des titres divers et par façons multiples, les mêmes présupposés. Ensuite, et c'est la même raison continuée dans l'histoire, on doit constater qu'Adorno et Auerbach, résistants et exilés sous l'hitlérisme, s'étaient déjà distanciés de ce *Geist*, de ses avatars prévisibles. On doit constater, tout autant, que Lukács, communiste luxemburgiste[3] dès après la première guerre mondiale, pourchassé par la dictature de la droite monarchiste hongroise après la défaite de Béla Kun et contraint à la perte de patrie d'abord à Vienne, puis en Union soviétique, avait écrit entre 1919 et 1922 les textes de *Geschichte und Klassenbewußtsein*. Y sont recueillies, notamment, ces «Antinomies de la pensée bourgeoise» qui récusent toute affiliation de la «philosophie critique moderne» à «la problématique des philosophies antérieures[4]», — à une problématique aggravée, faut-il le rappeler? par des *Geisteswissenschaften* rémanentes. Quant à Bakhtine, aussi pauvre que les trois premiers nommés et peut-être moins fier, il allait faire connaître par le truchement de ses amis du Cercle[5], en 1928 et 1929, une opposition subtilement radicale aux instructions du *Geist* idéaliste dans les sciences modernes du langage alors en voie de formation. Par la suite, il allait se calfeutrer et continuer son œuvre personnelle à l'abri des terribles passions staliniennes qui n'avaient rien en commun, non plus, avec le *Geist* allemand nazifié, — c'était une autre histoire, une autre tradition du repli traqué et de la méfiance.

J'ajoute ceci, c'est l'histoire de Lukács *mais* de Bakhtine, d'Adorno *et* d'Auerbach, L. et B., A. et A., et de tant d'anonymes lecteurs intelligents sacrifiés en cette époque bottée: une critique convergente des présupposés de la terreur qui s'installe jusque dans l'université n'empêche pas, exalte au contraire la diversité des points d'écoute. Ils ne sont pas seulement théoriques, ils sont existentiels. On ne badine pas avec cela. La dialectique de Lukács n'est pas le dialogique de Bakhtine. Belleau fait du premier le précurseur du second[6]. Il a tort. C'est une légèreté livresque. Ils accomplissaient séparément un marxisme critique, une liberté matérialiste, leur seul «sol commun» (oh, comment encore, pour ces exilés, parler de sol en terre d'exil?) contre la misère obédiente de l'Esprit répressif. Mais l'austérité des formes substantives du «jeune Lukács» adoré ne rejoint pas la sensibilité du jeune ou du vieux Bakhtine qui écoute pour lui seul, derrière ses rideaux, la mémoire de l'interlocution expressive. L'histoire devient inversive: autant Bakhtine se cache, autant Lukács accepte ses responsabilités politiques d'intellectuel; mais autant, tapi sous les petits fagots, Bakhtine accueille les propos et le texte qui les transmue, autant Lukács, comblé d'honneurs puis de punitions, assourdit l'expression qu'il réclame. Je n'essaie pas de les opposer. Leur cheminement critique est parallèle. Simplement, ils ne vont pas du même pas. Par un œcuménisme enthousiaste, le néophyte André Belleau, qui a longtemps sous-évalué son propre projet oblique et autonome, leur a donné quoi, la communion? Fichtre, cher ami, je ne l'accepterais pas en leur nom, ni au mien. Les pas dans le même chemin ne désignent pas la fusion des âmes ou leur continuité. Belleau a eu tort contre lui-même. Il aurait dû être un ânier, un *asnieur* eût écrit Rabelais, un conducteur d'ânes, non d'âmes: les ânes sur la route ne confondent pas leurs traces.

Le dialogique bakhtinien et la dialectique lukácsienne sont adossés au même bornage du champ matérialiste. Mais il faut aller en sens opposé pour en mesurer l'étendue, l'empan de leur parcours.

Le *dialogique* de Bakhtine, même s'il est plus tard encombré d'un «chronotope», mesure rhétorique de temps non définie, concerne le discours, plus précisément la *situation* de discours. Le mouvement temporel de cette situation est observé sur certains textes littéraires où l'inattendu le réalise, par exemple chez Dostoïevski. Mais il intéresse en amont l'acte interlocutif d'écoute de tous ceux, nous, tant d'autres, peut-être tous, qui s'adressent la parole, établissent leur position changeante dans la parole, construisent ainsi une communauté d'évaluation pour le temps de parole, parviennent peut-être au polylogue. À un polylogue, à la fois prologue, catalogue et antilogue, qui est inhérent à la capacité mutuelle de modifier constamment la circonstance immédiate de la parole, parfois de la mettre en fête. La *dialectique* de Lukács ne s'intéresse pas à cette festivité occasionnelle de l'acte de parole, et par conséquent pas davantage à sa translation délirante et minutieuse dans l'écriture. Elle médite une situation sociale plus large, qui fait défaut à Bakhtine, celle de la «réification» des rapports sociaux informant toute parole actuelle, le plus souvent à l'insu de ceux qui l'énoncent. Réification, rapports marchands fétichisés jusque dans les «projets de carrière», — ainsi nomme-t-on les courbettes de l'avancement hiérarchique et tant d'autres grossièretés. Bakhtine, c'est regrettable, ne s'est soucié que distraitement de cette question dont il avait tout de même, avec ses amis du Cercle, quelque connaissance. Il avait de considérables intuitions, il n'avait pas l'envergure d'un théoricien capable de les déconstruire, de les déplacer, de les reformuler en plus étendu et en plus fin. S'il avait conçu le moment théorique de sa pragmatique effective, il aurait été amené à découvrir, par le biais de la réi-fication et de la fétichisation, une situation sociale d'énonciation im-manente à la circonstance de l'interlocution. On dit rarement ce que l'on veut, on dit toujours ce que l'on doit. Sauf les gaffeurs qui ne sa-vent ni vouloir dire, ni devoir dire; ils sont paradoxalement précieux pour l'écriture translatrice qui, dès lors qu'elle en est une, dit le non-dit inculqué dans le devoir et en dit bien plus. L'art est un savoir-gaffer.

Passionné des grands textes polylogiques, Bakhtine a saisi leur relation à l'interlocution active et à ses circonstances. Les circonstan-ces sont entièrement sémiotisées par l'*acte* de lier la parole et le texte, il s'agit en effet d'un acte, tout signe en est un, et elles en sont un inté-grant inséparable. La découverte est d'une considérable portée pour la sémiotique qui, après l'avoir longtemps ignorée, ne fait que commen-cer de l'admettre aujourd'hui. Mais Bakhtine n'a pas compris le rap-port à la *situation sociale d'énonciation,* à la fois plus compacte, diluée et traversante que la circonstance interlocutive dont elle est l'horizon de référence. La situation sociale d'énonciation, j'en ai fait la remarque ailleurs[7], n'est pas toute la situation sociale, encore moins la conjoncture. Elle concerne, mais c'en est déjà immense, l'aggrégation des propos atomiques échangés en circonstance par les uns *ou* les autres, les uns *et* les autres, dans des conditions temporelles théorique-ment localisables: nous parlons ici et maintenant; nous ne parlons pas là, en un autre temps. *Nous sommes parlés,* il est vrai, et nous le som-mes depuis un autre temps. La situation sociale d'énonciation concer-ne donc aussi, et c'en est la mesure étudiable, les préceptes, axiomes, règles, la *part instituée* communément et consensuellement pratiquée en circonstance par les divers énonçants référés à cette situation, réfé-rés aux modes et coutumes plus ou moins partagés dans la parole et dans le geste qui l'accompagne, la précède ou la suit, l'entoure et la traverse. Consensualité d'un protocole légué (la mode ne fait que le traduire) sans lequel aucune parole n'est possible. Georges Perec a su adapter cette hétérogénéité consensuelle à la facture de son roman, *La vie mode d'emploi.* Mais les divers énonçants qui partagent le proto-cole en toutes circonstances atomiques, sans nécessairement connaître l'autre de l'un qui parle à un autre, sont loin d'être d'accord entre eux et avec l'autre de l'autre. Ils sont ou peuvent être en *dissension.* Réflé-chir à la force du dissentiment. Il informe les situations sociales d'énonciation et désigne, à travers leur liberté conglomérative, d'au-tres entraves, contraintes, libertés possibles qui leur donnent sens.

On peut, par exemple, si l'on suit cette étape importante d'un raisonnement qui a échappé à Bakhtine (et je crois bien, à Belleau), différer d'avis sur le sens du prix du beurre ou du pain, des transports et du logement. C'est là généralement que ça commence, car c'est déjà une parole plus ou moins fantasmatique. Le fantasme soude quelques discrétions de l'imaginaire psychique, — notamment les restes du sevrage et ceux de l'autonomie de la faim, — sur l'expérience du réel socialisé. Tous, dans nos cultures, ont le même fantasme du beurre (ou de l'huile, dans les régions du pourtour méditerranéen et dans les pays du Cône-Sud latino-américain) et du pain. Mais tous ne consacrent pas la même part du budget disponible à l'achat de ces produits de base. Je le dis simplement pour rappeler que la parole, extensive aux bonheurs de la vulgarité riante, l'est aussi, d'un même pli de bouche, aux soucis de l'existence. Ils font également signe. Les spécialistes de littérature n'y accordent qu'un pet.

Tous les interlocuteurs, non plus, n'ont pas la même attitude interprétative, et c'est peu dire qu'elle n'est pas la même, elle est le plus souvent *conflictuelle*. Le prix du beurre ou de l'huile, etc., les uns en parlent de haut, ils ont les moyens. D'autres, même pauvres, *possèdent le moyen cultivé* d'en parler analytiquement, abstraitement, luxueusement; ils recèlent ou dispensent une sorte de richesse. D'autres, enfin, parlent au ras de leurs petits moyens; ils sont conduits à confondre dans le signe du prix les qualités ustensiles du beurre. Des solidarités virtuelles se dessinent entre interlocuteurs mis en situation sociale d'énonciation, mais elles signalent dès leur annonce un conflit latent avec d'autres solidarités, avec des solidarités opposées, avec aussi des solidarités intermédiaires déchirées entre l'opposition et le partage. *L'indice d'une scission est en train de se construire à l'intérieur des fantasmes partagés, commence à manifester leur césure constitutive.* L'expérience agglomérée par le réel socialisé *se dessoude* de l'imaginaire psychique que cristallisent, stendhaliennement mais à chaud, les fantasmes unitaires. Ceux-ci demeurent en tant que tels, mais ils sont socialement divisés. Une signification d'ensemble apparaît pour l'expérience, dans l'instant même où tous interlocuteurs en apprennent plus ou moins confusément la contradiction: que cette signification était déjà là, antérieure à leur parole et préceptuellement stable; et que, pourtant, sa mobilité actuelle qui avoue ce dépôt continue, paradoxalement, d'en désavouer la massivité reçue. Ou plutôt, ce qui apparaît, ce n'est pas *une* signification d'ensemble, mais *des* en-

sembles de significations différentielles unies par l'antagonisation sociale. Il n'est plus question d'unité ailleurs que dans la structure des
conflits. L'unité des fantasmes psycho-culturels reste prégnante, certes. Mais en tant qu'unité, elle n'est que la forme de leur propre scission et le symptôme de cette structure.

La situation sociale d'énonciation, active bien qu'assourdie dans
la conscience immédiate des interlocuteurs, ressort de l'ensemble de
ces traits. Les paroles sont voisines et divisées; leur aptitude moyenne
à la communication partagée en circonstance — sur le fond d'une
même tradition reçue, imposée ou autrement prolongée — est cela
même qui fait obstacle à l'acceptation de leur singularité et de leur
dissentiment. Mais la situation sociale d'énonciation ne permet pas à
elle seule de qualifier cette contradiction. Sa compréhension est déléguée à une autre référence, plus abstraite, très médiatisée, très présente
néanmoins, qui établit la socialité possible, je ne dirai pas le «*sens*»,
des significations agglomératives dont l'analyse commençait à découvrir l'unité scindée et antagonique. Il s'agit donc de la conjoncture.

Remarques sur la conjoncture

La conjoncture: conjonction, ajointement, frottement mutuel. On pourrait la qualifier ainsi. Elle ne serait en ce cas qu'une perception sensuelle effusive de la notion. Étymologiquement bien formée, elle oublierait la désinence /ure/ formée sur l'abstrait du futur inaugural du participe latin. Mais passés les augures, passées les conjectures, demeure présente la conjoncture. Elle est à saisir dans un mouvement d'imbrication par lequel des temporalités et des espaces variables tendent à s'unir, ou au contraire à accentuer leur division, dans un même temps et dans un même espace. Ce nouvel espace-temps est lui-même relatif, sans doute extensible, mais limité.

1. 1789

Pendant la Révolution française, le temps long des coutumes civiles et des rites consacrés culmine sous l'effigie de la Vertu républicaine civique, elle-même apposée sur le temps court du déferlement politique populaire. La fusion de ces deux temporalités dans l'espace de l'ancien royaume n'est pas générale, elle est néanmoins effective en quelques centres urbains où se matérialise la forme alors nouvelle de «nation». L'unité socio-éthico-politique de l'espace-temps ainsi produit est très brève, elle dure le temps de la révolution; au bout de quatre ans, elle est pratiquement achevée, réalisée, — mais sur un mode suspensif, car la masse des acteurs révolutionnaires qui avaient travaillé à cette unité élaboraient simultanément un nouveau type de conflictualité entre le social et le politique, entre l'inégalité des classes et l'égalité des citoyens. La conjoncture se rétracte. Elle fait bientôt place à une autre, qui est doublement scindée. À l'intérieur, en effet, l'ordre bonapartiste militaire sépare une fois de plus la société politique et la société civile; au nom d'une «unité nationale» qu'il rend aussi fictive que puissante, il rétablit les hiérarchies presque dissoutes. Mais à l'extérieur, en Europe, la conquête armée propage par ondes sourdes, — elles traverseront tout le XIXe siècle, — les restes civils d'une fusion révolutionnaire dont les nouveaux libéraux européens s'emparent prudemment, lentement et d'abord par alliance politique avec les conservateurs, contre la France, foyer de l'essaimage.

D'autres conjonctures suivent, plus ou moins locales, plus ou moins internationales. Les unes sont rétractiles, les autres expansives, elles aussi. Elles n'ont aucun rapport immédiat avec celles que je viens d'évoquer en lieu et place des mânes timides de Bakhtine, — qui, c'était son droit, n'en avait nul souci d'étude malgré la revendication d'historicité. La médiateté du rapport de la révolte de 1837 et des révolutions de 1848 à la Grande Révolution de 1789-1793 est intensément variable d'une conjoncture à l'autre.

2. 1837

La Rébellion de 1837-1838 dans le Bas-Canada, quelque peu aussi dans le Haut-Canada de l'époque, est un événement saillant, plus encore une conjoncture, mais seulement régionale, sans capacité de diffusion à l'extérieur. La révolte ne peut créer ni une nouvelle société civile, ni une nouvelle société politique. Elle ne réalise pas la fusion critique des sociétés civile et politique existantes en une nouvelle, condition d'une extensibilité spatio-temporelle durable. Ce n'était pas, d'ailleurs, son objet. Les Patriotes ne contestaient pas la société civile; ils fomentaient seulement un déplacement de pouvoir au sein de la société coloniale. Ils signaient de leur sang un protêt contre la grande propriété ecclésiastique adossée sur les biens de la Couronne anglaise. Croyants pratiquants, presque tous, ils ne questionnaient pas la propagation politico-idéologique de la religion protégée par le pouvoir colonial. Là-dessus, la comparaison du discours des révolutionnaires de 1792 avec celui des chefs de la révolte en 1837 serait éclairante. Leur mise en contraste doit évidemment tenir compte de conditions économiques, démographiques et linguistiques entièrement distinctes. *Économiques*: sous-développement colonialement dirigé au profit des nouveaux maîtres loyalistes ou anglais du Haut-Canada; pacte commercial avantageux sur le transport des blés du *Middle West* américain depuis 1815, au détriment des cultures céréalières du Bas-Canada; confiscation, monopolisation des trafics de fourrure qui alimentaient, avec la rente céréalière, le négoce des notaires et de leurs députés bas-canadiens. *Démographiques*: malgré un taux net de natalité très élevé, auquel s'ajoute un début d'immigration qui favorise (quelques fractions de l'immigration irlandaise exceptées) la régie des riches marchands anglais et de leurs commettants, la petite colonie du Bas-Canada, principalement formée de bourgs français, n'a pas la capacité de produire l'effet de masse nécessaire à l'expansion d'un mouvement qui ne serait pas autrement restreint. *Linguistiques*: maintien du français depuis le pacte passé avec l'Église catholique par les nouveaux dominants, mais stricte conservation; mise en «réserve», isolement culturel de l'habitat francophone, selon un schéma que l'Empire britannique déploie déjà, déploiera plus encore dans ses autres colonies; mise en «réserve», endiguement d'une culture et d'une langue, d'un peuple dont le seul regard admis sur le monde sera désormais soumis à l'évaluation anglaise, aux infiltrations des langages techniques de l'outil, du vêtement, de la cuisine, du travail, de la salutation, presque de l'amour, de tout ce qui par la production et le langage vient de la bourgeoisie anglo-saxonne ou de ses délayures de masse, imposées comme les seules acceptables, les seules universelles, les seules.

Le terrible étiolement culturel de ce petit peuple blessé d'un seul regard borgne, d'une seule dépendance ecclésialement partagée, a des effets sur le discours, sur les Lettres. Le discours officiel, celui des journaux, pastorales, prônes conservés, est prude, compassé mais hyperbolique, satisfait, sans acuité, bien que les 101 pétitions de la Révolte et la préface du petit livre d'Aubert de Gaspé le jeune aient fourni, en 1837, des indices contraires. Quant au discours parlé, ses traces attestables ne commenceront d'apparaître que plus tard, dans une conjoncture d'industrialisation-urbanisation différente: les premières archives syndicales, les premiers comptes rendus de séance des futures commissions d'enquête sur le travail salarié transcriront avant la fin du siècle des paroles déchirantes, mais aussi, dans ces paroles scrupuleusement copiées à la main, une lente fissuration de la structure lexicale et grammaticale de la langue ancienne au seul profit de l'anglais attractif, dominant, obligé: l'accroissement politiquement contrôlé du français vivant de l'ancien Bas-Canada est strictement régional et univoque. Fissuration de la langue, et scission des classes sociales dans la langue. Scission du parler populaire et de l'écrit convenu des notables. Scission, dans l'écrit, entre une rhétorique textuelle conservatrice et son oralité déportée, également impuissante. Le parlé et l'écrit, les classes populaires et les classes instruites? Leur écart ancien n'est pas une caractéristique locale. En revanche, voici un paradoxe très singulier: d'une part, le fossé s'élargit entre l'écriture sourde des élites locales et le parler populaire soumis aux infiltrations univoques d'un anglais dominant de seconde zone; d'autre part, ces élites sont incapables de s'approprier une oralité de classe distincte dans le quotidien de la parole non écrite.

Les élites professionnelles des métropoles dominantes du XIXe siècle savent déjà *mimer* le parler de leur peuple, le laisser accéder, par variations et discriminations, à leur propre langage distinct. Les élites locales colonisées ne peuvent au contraire que mimer, à l'occasion d'un voyage d'études en France, le langage des hautes classes de l'ancienne métropole. De retour au Québec, tout caméléonisme oublié ou seulement remplacé, elles replongent à pleine voix dans le parler local qu'elles n'ont pas davantage assumé. Ce *mimétisme inversé,* l'illusion politiquement entretenue d'un peuple unanimiste qui paraissait dissoudre l'existence même des conflits sociaux à l'intérieur de la «réserve», l'inaptitude à l'autonomie relative des niveaux de langue, à la franchise culturelle de classe, au marquage des hauteurs présomptives, n'a fait qu'accompagner la frilosité du discours élitiste.

J'insiste: le marquage des prétentions à la domination de classe dans la langue favorise par contrecoup la croissance, la prise de conscience et l'organisation des oppositions populaires incontournables, contribue à leur déploiement sur la scène culturelle où leur affirmation accélère les changements sociaux, — alors souvent avec l'aide de quelques lucides qui viennent des élites. Mais s'il n'y a pas de marquage, alors il y a unanimisme, peur de parler ou kitsch de la parole. Je le disais à André Belleau qui n'était pas dupe du mirage historique et ne le pratiquait que pour la dérision dont il avait l'expertise: l'inversion locale du mimétisme a, chez les «rois nègres» dominés, des effets jusque sur la prononciation des patronymes d'origine étrangère. Les noms germaniques sont particulièrement atteints. Pas les grecs, les italiens, les espagnols, les russes, c'est du folklore français et c'est jetable, ils sont massacrés. Les danois, norvégiens, suédois, néerlandais, allemands sont mis à l'anglais. En 1953, j'en ai la mémoire exacte,

115 ans après l'écrasement de la Rébellion, un intellectuel de la revue *Cité libre,* affichant sa personne, sa langue, ses connaissances, me parlait de Marx, à moi le nouveau-venu. Francophone libéral de progrès, mais de souche, ce notaire prononçait le nom comme un Anglo-Américain: léger rebroussement lingual, presque palatal sur le /a/ tirant sur un *o* ouvert dont l'élongation supprime le /r/ arrière-palatalisé du français, guttural de l'allemand. Un Marx rigolo ou gigolo, Beppo ou Groucho, ou le dernier des *Brothers.* Oh, je veux bien, cela m'amuse en rêve et c'est tant pis pour le père Marx. Mais l'indice de sujétion culturelle ne laisse pas de m'abîmer, encore aujourd'hui.

Étouffement, colmatage. Dans les Lettres, puisque l'on en vient aux formes particulières de discours chères à André, la révolte de 1837-1838 n'aura produit aucun sédiment appréciable avant longtemps. Je le lui dis encore, je le répète à ce propos: tentons d'analyser les formes de pénétration des conjonctures marquantes, même brèves, dans le mouvement plus long des orientations littéraires. Nous serons alors mieux à même d'enregistrer et situer l'amplitude inférentielle, le mixage aussi, des formes du travail d'écriture et de lecture, peut-être leur retentissement aspectuel sur les développements historiques ultérieurs. Le hors-texte est un élément du texte; mais il faut en montrer l'efficace, qui ne dépend pas seulement du texte.

J'enchaîne donc sur la répression. Les mesures policières d'isolement, le massacre militaire, le bannissement judiciaire des révoltés ont été politiquement circonscrits aux risques locaux de propagation. La conjoncture de la révolte a été celle de la répression plus que de la Rébellion elle-même. On a très bien nommé celle-ci, elle n'était pas une révolution et ne pouvait assumer les traits d'une conjoncture expansive. Dans les Lettres, la conjoncture de la répression et de l'Acte d'Union consécutif a effacé pour une longue période l'inventivité annoncée en 1837, ou l'a mise en creux. Un symptôme: le silence entretenu, malgré quelques cadrages purement narrationnels en début de récit comme on en trouve chez Aubert de Gaspé le vieux qui raconte autre chose. Un autre symptôme: Crémazie compose «le Drapeau de Carillon» qui ne peut surtout pas être considéré comme une allégorie des événements de 1837-1838; la référence extasiée aux morts de 1759 et à la défaite de la Nouvelle-France ne tolère aucune extension. Ici, pas d'économie de sens, pas d'ambivalence. Symptôme encore: aucune œuvre innovatrice, aucune œuvre bien ficelée même, — le propos est abrupt, à dessein, — avant *Angéline de Montbrun* de Laure Conan, à la fin du siècle. L'autonomie de cette œuvre dévotieuse à l'écriture forte n'empêche pas une connivence, je ne dis pas une complicité, avec l'ultramontanisme alors dominant. Le brouillage, l'effet implicite de censure est décidément profond.

Je continue d'évoquer le temps long de l'oubli qui frappe, spasmodiquement, une conjoncture rétractile et méconnue. À travers le brouillage de 1837, les traces mémorielles demeurent vives, mais mythiques et brèves, saccagées. Elles ressurgissent dans les années soixante et soixante-dix de notre siècle, en poésie, au théâtre et sur la place publique, à la faveur d'une tentative de revalorisation et de réorientation des revendications nationales. Ce néonationalisme généreux a, certes, épousé une tendance à la synthèse des arts qui lui préexistait depuis la fin de la deuxième guerre mondiale. Mais cela ne signifiait nullement une synthèse large de la société civile, encore moins une appréciation critique de ses ajointements et disjonctions avec une société politique, appelée Québec, dont la séparation souhaitée ou crainte était passionnément tabou.

Les formes de la remémoration sont un autre symptôme de l'effacement d'une ancienne conjoncture locale. Sur la Rébellion, le néonationalisme a réalisé deux opérations solidaires: un déplacement de signification et une continuation de l'oubli. Un déplacement, une occultation: tout en agitant le souvenir figé des Patriotes, les indépendantistes ont méconnu les caractères sociaux spécifiques d'un mouvement qui, en 1837, n'était pas, ne pouvait être nationaliste dans le sens moderne du mot. Mais une continuation, celle des traditions religieuses locales parmi les plus lourdes, les plus inconscientes ou opaques, génératrices de l'oubli qui efface la réalité et l'histoire des luttes anciennes. Je désigne, ce disant, moins un respect littéral de ces traditions, — bien des indépendantistes étaient ou sont des agnostiques distraits, — qu'un fidéisme unanimiste qui en est le résidu coriace. Curieusement, le polémiste Jacques Ferron lui-même, peu soupçonnable d'une crédulité catéchistique, a commis l'hypostase. Dans ses lettres journalistiques sur le sujet[1], l'hypostase, — ou l'hyperbole, c'est selon, — est soigneusement modérée d'un transfert au détail des événements relatés. Le récit est caustique; sa généreuse brièveté contient de multiples informations jusqu'alors peu communiquées. C'est sa qualité. Mais il demeure largement biographique. À la limite, il tient d'une biopsie, pas d'une sociographie. Cette économie est aussi son défaut: la narration des faits et gestes de quelques acteurs de 1837-1838 ne contredit pas la mode, la fluidité passagère d'une commémoration; l'étroit de l'histoire anecdotique racontée ne dément pas les ferveurs fidéistes, leur apporte au contraire l'appui solidaire d'une demi-vérité.

Je me souviens d'un spectacle présenté en 1979. Belleau l'a-t-il vu? J'en doute, il entrait en convalescence après une longue hospitalisation, il était déjà en sursis d'existence. Le décor était astucieux: échafaudage de barres métalliques dressées contre le fond de scène. En concordance, la mise en partition ou en scène des gestes imaginés par Michelle Rossignol: simulacres réussis d'une acrobatie le long des barres. Mais là-dessus un hurlement continu, sorte de *sono* du bruit inarticulé. La parole hurlée est parfois obligatoire. Ici, elle était dépourvue de son économie propre qui ne peut être que de stricte nécessité quand il ne reste que la ressource du cri. Est-ce le fait des comédiens? D'un continuum de voix trop haut portées, sans dissonance, sans distance tonale, sans pause et sans inculcation des contre-voix qui rendent audible l'invention de l'événement? Sans doute. Le fait du texte aussi, sorte de collage-montage de propos archivés que relayait l'intervention d'un récitant chargé de rapiécer les morceaux. Il m'étonnerait que Jacques Ferron y ait mis la main ou ait été consulté, encore que le livret du spectacle fût, comme le texte des lettres au *Devoir,* ployé sur l'anecdote. Ici, une nuance: le livret ou ce qui en était audible faisait de l'anecdote racontée, du menu diégétique, un symbole identitaire passe-partout, une carte d'identité normée et formatée. Je dirais plutôt que l'anecdote, massivement, donc lourdement allégorisée, devenait une fiche d'enregistrement sans accentuation. Mais l'absence d'une accentuation intonative de jeu ou d'expression ne signifie pas du tout l'oblitération de l'accent socio-culturel local. La fiche de mise en voix et la performance orale étaient si uniformément pourvues de cet accent-ci qu'elles le neutralisaient ou l'exaspéraient. Ici, pas de passe-muraille. Une acrobatie, oui. Le décor et la scénographie des gestes avaient donc leur raison d'être. Mais les voix et le texte insistaient sur le *péril* et la peur de l'acrobatie. Elles n'adoucissaient pas la prouesse, le délicat du courage, sa méditation stratégique. Donc, un hiatus. Et il est littéralement insoutenable: la parole ne soutient pas le geste accompli sur les barres. Faute d'une parole nécessaire, les acteurs-acrobates risquent de se casser les os. Le texte et les voix les cassent en effet: non pas eux, mais ce qu'ils disent dans le sono du bruit à raison d'un texte privé de sa dramaturgie. Pas de compréhension. L'événement n'est pas là, même si la fiche en retient l'archive. Le hiatus est celui de l'échec, du sacrifice, de la défaite. Je continue de penser que ce hiatus ou ce lapsus historique est inhérent à la tradition ultramontaine, dont le demi-effacement a laissé des traces jusque dans les productions littéraires de néo-nationalistes peu portés à la défense du clergé.

Tout l'effort mis à décrire les spasmes d'une remémoration est partial, je le veux bien, mais il procède d'une conception et d'une méthode de l'analyse. Belleau souriait de la partialité, il l'acceptait; il ne la mettait pas en paire, toutefois, avec l'«objectivité». Moi aussi, mais autrement. J'écris ce texte pour en offrir l'exercice à sa mémoire contrastée.

Revenons à la conjoncture. Le rappel de cette question ordinairement délaissée en analyse de discours est indispensable à la poursuite de la discussion avec l'ami disparu, qui ne s'en souciait que ponctuellement. Car la conjonction ou l'écart du temps long et du temps court de l'histoire comptent pour beaucoup dans la description des dépôts textuels. Il s'agit d'une tendance à la conjonction ou au contraire à la disjonction du temps long des rites, préceptes ou autres fragments discursifs ou gestuels normés et socialisés, et du temps court économico-politique du collectif d'actes où cela continue d'être exercé le plus souvent dans la méconnaissance, rarement dans la connaissance pratique des agents ou parlants de l'histoire. Je prends pour indice insistant une autre conjoncture, celle de 1848.

3. 1848

Les révolutions de cette grande et malheureuse année présentent les traits d'une conjoncture spatio-temporelle expansive. Elles ne sont pas une répétition de 1789. L'impulsion, cette fois, est tout de suite internationalisée. Berlin, Varsovie, Budapest ne sont pas en retard sur Paris. Ces quatre villes sont, dans les conditions de l'époque, les capitales stratégiques de l'Europe continentale. Les plaques tournantes de la revendication ne sont ni Bruxelles, ni Saint-Pétersbourg, ni Vienne. Pas la petite Bruxelles, commandée depuis la *City* bancaire de Londres qui, par petits coins belge, hollandais, voire portugais interposés, tente de régir latéralement la politique des États continentaux, de la conformer aux intérêts du marché dominant, mais ne parvient qu'à troubler en profondeur des sociétés non dominables. Pas davantage Saint-

Pétersbourg, dont le despotisme esclavagiste a relégué d'autant plus facilement les «lumières» volontaristes de l'ancienne Catherine II que celles-ci étaient également despotiques, et qui, refermée au milieu d'un cercle de boyards essentiellement grands-russes, n'a pas la moindre aptitude structurelle à comprendre (mais tous les moyens de mater, — dans le verbe français «mater» persiste le souvenir de l'espagnol *matar* qui signifie «tuer») les exigences socio-nationales de certaines régions plus développées du vaste empire. Enfin, Vienne non plus, pour des raisons similaires: cet empire comprend alors la majeure partie de l'Italie du nord, la Serbie, la Croatie et presque tout ce qu'on appellera la Yougoslavie, la Hongrie, une bonne part de la Bulgarie, de la Roumanie et de la Tchécoslovaquie actuelles, l'Autriche proprement dite et, par liens de suzeraineté, des titres de moins en moins certains sur la remuante Allemagne; la Vienne impériale, encore très féodale, ploie sous le fardeau de ces formidables disparités nationales, écarts de développement, mouvements centrifuges que son propre retard ne lui permet pas d'admettre.

En revanche, Paris est une plaque tournante. Elle est parvenue depuis un demi-siècle à centraliser une nouvelle entité nationale. Elle est alors dynamisée par un nouveau prolétariat urbain dont l'expansion, également nationale, est un des premiers facteurs de formation du marché intérieur. Les «coalitions» syndicales autonomes de métiers ont commencé de se battre pour une solidarité intersectorielle et interrégionale. Elles acceptent une certaine politisation, aussi une capacité organisationnelle et une direction intellectuelle que diffusent largement les ouvriers parisiens de l'imprimerie, les ouvriers lecteurs. Les «libéraux», que menace l'effusion socialiste naissante, prennent du temps à réagir, trois mois. En juin 1848, ils s'allient aux conservateurs, et c'est la fusillade des malcontents; mais ils entérinent formellement la nouvelle république, — pour quatre ans seulement, jusqu'à ce qu'à ce qu'ils soient eux-mêmes balayés politiquement par l'avènement d'un Second Empire qui les soutiendra économiquement.

Quant à Berlin, elle commence, comme Paris, à devenir une capitale internationale d'un type nouveau. Ouverte à tous les grands échanges marchands, administratifs, scientifiques, intellectuels en voie de modernisation, elle tend déjà, par appui sur les grands ports allemands de l'ancienne hanse baltique, à concurrencer l'Angleterre sur le plan de l'outillage scientifique de précision. Elle a absolument besoin d'un *Zollverein*, d'une union douanière allemande qui est l'une des conditions de base du marché intérieur unifié dont elle cherche à prendre autoritairement l'initiative. Dans ses murs commence à se rassembler un prolétariat de plus en plus spécialisé, instruit des nouvelles technologies. Ce prolétariat est donc éduqué; il s'est instruit sur le tas. Tout comme à Paris, les orientations socialistes, alors radicalement neuves, le travaillent. Mais Berlin offre le modèle réduit des contradictions et décalages du Royaume de Prusse. Cette ville en pleine croissance n'est pas vraiment un pôle de développement pour l'arrière-pays féodal. Et de même que les ouvriers berlinois sont durement clivés et surveillés par une bureaucratie moderne adossée sur la puissante armée royale, de même les seigneurs des campagnes, les hobereaux, tiennent solidairement le contrôle de l'armée et des paysans, empêchant ainsi toute propagation des idées révolutionnaires en dehors d'un mouvement ouvrier isolé. La révolution de 1848 sera atrocement réprimée, comme le sera ensuite chacune des autres à Berlin.

Massacre également à Varsovie et à Budapest, pour des raisons socio-militaires semblables mais très différemment articulées sur le plan idéologico-politique. L'armée impériale russe réussit la première grande extermination du peuple varsovien. D'innombrables documents en produisent la mémoire pour l'histoire actuelle du siècle écoulé; notamment, les poèmes largement popularisés de Mankiewicz et un grand chant révolutionnaire tragique, la *Varsovienne,* monument d'un art populaire lettré (les intellectuels ne devraient jamais négliger de penser la rencontre occasionnelle, chaque fois stratégique, du populaire et du lettré). L'armée impériale autrichienne obtient un résultat moins sanglant mais aussi efficace à Budapest. D'autres icones textuelles l'attestent pour aujourd'hui; notamment, de grands poèmes, ceux de Sándor Petöfi. Les deux armées impériales sont pareillement centralisées, bien qu'elles émanent toutes deux de féodalités décentralisatrices, — parfois violemment antagoniques dans l'Empire des Habsbourg. Sur ce point, une comparaison avec l'État prussien serait envisageable. Mais il n'y a, ni à Budapest ni à Varsovie, un prolétariat comparable à celui qui commence à se spécialiser à Berlin. Il n'y a pas, non plus, un isolat politique frappant une classe nouvelle reconnue et réprimée en tant que telle. Et pas davantage l'idée d'un État-Nation que la Prusse victorieuse propage jusque dans les cercles clandestins d'une classe ouvrière qui accuse en creux les traits de sa propre défaite; le socialisme de Friedrich Lassalle en portera les traces, dix à quinze ans plus tard. Ici, à Budapest, à Varsovie, il n'y a pas vraiment une classe ouvrière, il y a un «petit peuple» d'habiles compagnons de métier qui ont accédé au stade de la manufacture. Ici, il y a bien un État, mais cet État n'est pas une nation. Ou plutôt, la nation un moment coalisée par les artisans s'oppose à l'État monarchique extérieur. La revendication est nationale; elle ne vise la question de l'État que sous le rapport de la lutte contre une extériorité nationale imposée; enfin, elle contraste par coalescence l'expression indirecte des conflits sociaux internes. Les nobles magyars et polonais font, un bref instant, cause commune avec le «petit peuple».

Les révolutions européennes de 1848 ont donc des enjeux différenciés. Elles sont de même différemment réprimées. Pourtant, elles interviennent toutes la même année, à quelques semaines ou mois d'intervalle. Et elles ont toutes en commun un certain héritage intellectuel, déjà ancien, celui des Lumières ou de l'*Aufklärung*, et de la Déclaration des droits du siècle précédent. Cet héritage est diversement réparti selon les lieux de l'insurrection, plus ou moins critiqué ici ou là, — plus à Paris qu'à Budapest. Mais il agit partout comme une *épistémè pratique*[2], c'est-à-dire comme une unité de connaissance socialement intégrée à une structure de conflits, il est un passeport idéologique.

De plus, les unes et les autres opèrent une nouvelle rencontre entre l'intellectualité et le travail ouvrier ou artisanal, entre les intellectuels révolutionnaires et le peuple urbain du travail à la souche, à la pièce ou à l'heure. Cela s'était déjà produit en 1789. Mais une nouvelle organicité de cette rencontre les travaille plus ou moins toutes. De ce point de vue, un écart s'annonce avec 1789. Il n'y a plus de Condorcet, de Lavoisier, de Monge. Il y a certes un Michelet, un Royer-Collard, même un Lamartine, tant d'autres. Mais ce sont les ouvriers typographes de Paris qui font la jonction entre la lecture libre et le travail salarié. Ce sont des ouvriers typographes qui composent pour l'impression le *Manifeste du parti communiste*. Ce sont eux, pas des intellectuels reconnus, et pas même Marx et Engels, qui prennent la tête du mouvement. À Berlin, à Varsovie, à Budapest, ce sont également des prolétaires instruits ou des artisans lecteurs qui rassemblent les liens entre la revendication sur le tas insurrectionnel et l'intervention de lettrés nationalistes ou républicains.

Sur le tas et au delà, de nouveaux rapports se nouent par conséquent entre la contestation idéologique et la revendication politique. Ces rapports sont étroits, même fusionnels, bien qu'en plusieurs points de capiton le lapsus ou le trop-plein du manque soit apparent. La contestation idéologique n'est pas telle qu'elle n'accepte pas les caractères primitifs d'une générosité christianisante, relayée plus ou moins à leur insu par Fourier et le saint-simonisme; elle ne refuse pas davantage la Vertu républicaine également religieuse du fantôme de Robespierre. Cela signale la persistance d'une part assimilée de temps long, que la protestation modérée contre les tabous idéologiques familiaux et communautaires ne met pas en question. La revendication politique est de même trouée, le mot est tragiquement juste. Les sections ouvrières parisiennes et leurs alliés républicains se congratulent mutuellement du succès des barricades de février 48: la République est instaurée, bien qu'elle ne soit qu'un répit. Pour les uns, les républicains, l'instauration est l'essentiel, et l'essentiel fait foi du reste; ils s'en contentent. Pour les autres, les sections ouvrières, cela commence vite à ne pas suffire; mais elles ignorent les implications politiques réelles d'une république dont le statut juridique les inhibe, et elles tardent à prévenir la défection des républicains. En juin, elles sont pratiquement seules devant les troupes du Général Cavaignac qui déciment leur pouvoir de revendication politique. La république ouvrière meurt; la République reste pour un temps. Il y a eu tout de même un répit. Il n'y en a pas eu à Berlin, à Varsovie, à Budapest où la capacité d'alliance du «petit peuple» avec d'autres a été immédiatement contrôlée et fusillée par les pouvoirs en place que l'insurrection, contrairement à Paris, n'avait pas eu même le moyen de déloger provisoirement.

L'un des traits de ces révolutions de 1848 demeure, malgré tout, la rencontre du temps idéologique et du temps politique. Cette rencontre est originale, à nulle autre pareille, et le lexique en porte des traces. On peut les lire par contraste. Sur le plan du vocabulaire, la conjoncture révolutionnaire de 1789-1793 avait ajointé deux mots anciens, le «peuple», la «nation», et cette union avait conféré à l'un et à l'autre un sens nouveau. Le «peuple» était requis de n'être plus, ni la «populace» des marauds, ni le «peuple de Dieu» malgré la Vertu et l'Être suprême de l'ère nouvelle; le «peuple» devenait une pratique de la Raison. La «nation» n'était plus l'être rhétoriquement pudique, régi par le «droit des gens», lointainement apparenté à la *gens* latine, à une sorte de vassalité que Voltaire lui-même n'avait pas tenté de disputer à l'autorité du siècle de Louis XIV; la «nation» était, elle aussi, la Raison, une raison centralisatrice mais rassembleuse. Le peuple-nation conteste unitairement la société civile du petit peuple rituel et la société politique de la nation soumise. Il va se prêter, il est vrai, aux interprétations des dictionnaires libéraux rationalistes du XIXe siècle, avant que le bismarckisme politico-militaire et ses tragiques avatars ultérieurs n'en inversent le sens. Voilà pourtant 1848, les prémisses des dictionnaires ultérieurs sont suspendues à la ficelle par les typographes qui les composeront néanmoins. Cela peut attendre, et pour l'instant cela est durement constesté. Au peuple-nation est opposé le peuple-société. L'opposition demeure ténue en maints endroits. En France même, le libertarisme naissant la subordonne encore au respect des idéaux de 1789. Mais une subtile distinction commence à dissoudre la pratique du respect, à contredire d'apparentes identités propositionnelles: à /le peuple, c'est la nation/ est substitué /la nation, c'est le peuple/. Dans la première proposition, «nation» est le terme recteur; dans la seconde, «peuple». Il n'y avait qu'identité entre les termes de la première, avant que n'intervînt le renversement opéré dans la seconde. Et sur les nouvelles barricades qui réalisent la dissidence du raisonnement, s'ébrèchent les syllabes d'un mot neuf: «socialisme». D'un mot, d'un seul? Non. Une coalescence est mise à l'épreuve entre deux mots anciens et un autre presque inédit: coalition-solidarité-socialisme.

Coalition: le mot est doué d'existence depuis plus de trois siècles en 1848 (l'attestation lexicographique des premières occurrences est évidemment plus tardive); il y avait eu par exemple, au XVIIe siècle sous la Fronde, la «coalition des Princes». Le compagnonnage des collectifs artisanaux avait, lui aussi, intégré à sa pratique le sens de ce mot de lettré. Enfin, le mouvement ouvrier, dès les années 1830 en France, le revitalise[3]. André ne s'est jamais trop intéressé à la réinvention des mots dans l'histoire des conflits. Il n'y percevait pas l'élément d'une contradiction, bien que la double perfusion du lettré dans le populaire et du populaire dans le lettré provoquât chez lui la passion, comme s'il n'y avait là que l'indice violent d'un apaisement des oppositions sociales constatées à regret. Son acceptation disciplinée des revendications de travail, qui étaient aussi les siennes, eût dû apprendre à ce chercheur de l'histoire des textes la curiosité du sens hétérogène d'un mot conflictuel entre tous: «coalition». À l'orée de 1848, c'est encore un mot de passe, quasi clandestin, entre ouvriers unis sur les lieux de travail. Les lois éphémères de la IIe République française en reconnaissent la légitimité, n'en facilitent pas l'exercice dès avant Cavaignac. Elles en récusent le droit en décembre 1849, sous la présidence du paupériste Louis-Napoléon Bonaparte, le futur empereur. Bien d'autres efforts d'organisation sont entrepris avant que, à la sortie d'un long tunnel de près de quarante ans, en 1884, la jouissance du droit d'association ne soit validée, sous la dénomination de «syndicat», — autre mot ancien dont seule la désinence est nouvelle, puisqu'il y avait déjà le vieux «syndic», le gérant, l'administrateur, le maître des clés et des livres, apparenté à l'italien «*sindaco*», le maire, appellatif d'une puissance réelle. La maturation du mouvement ouvrier contraindra la loi, dans les mêmes circonstances, à officialiser l'existence d'un parti socialiste. Mais en l'absence de toute distinction pratique entre deux fonctions, celle d'un parti souhaité et celle d'une simple mutuelle ouvrière, la «coalition» est encore en 1848 l'occasion d'un débordement euphorique. Si la coalition tient les barricades et y suscite des alliances (dont elle ne perçoit pas l'éphémérité), c'est qu'elle peut prendre le pouvoir. En réalité, elle a très peur du pouvoir; elle l'a longtemps subi, traquée jusque dans les retranchements imposés. Mais elle imagine être capable de le conquérir, grâce à une conjugaison des forces: le plomb des alphabets et le plomb des balles qu'elle apprend à tirer. L'imaginaire d'un nouveau pouvoir socialisé, égalitaire, mis au pied de la lettre typographique, est l'un des traits puissants de 1848. En cela, cette révolution est radicalement distincte des deux autres conjonctures évoquées. Elle l'est de celle de1789-1793, où les dirigeants hésitaient à répandre les moyens scolaires de l'alphabétisation, — malgré l'effort centralisateur, et partiellement différent, de l'Abbé Grégoire, député à la Convention, en direction de la langue. Elle l'est aussi de la conjoncture de 1837, dont le localisme (et la non-diffusion des informations) ne pouvait que laisser dans l'ignorance les internationaux de 1848: les contraintes du colonialisme avaient empêché un petit peuple incertain d'apprendre et faire connaître toute autre forme de socialisation que celle d'un partage éventuel de pouvoir entre la puissance coloniale et les élites locales. Pouvoir et égalité des conditions ne font pas bon ménage. Tel a été pourtant le rêve prodigieux des quarante-huitards. L'égalité du peuple coalisé proclamait l'imposition d'un pouvoir sur tous, sur la nation. Plus ou moins fouriériste et au nom de l'égalité littérale, elle osait se déclarer susceptible de contester aux familles leur très ancienne supériorité idéologique, elle s'aventurait timidement jusqu'aux arcanes du droit civil contestable des contrats. Elle n'en avait pas les moyens politiques, mais elle prétendait les arracher par la pratique de l'un d'eux, le plus puissant, la solidarité, qui avait primauté sur la nation, la famille, la propriété.

Solidarité: Mot ancien lui aussi, mot de lettré, mot du droit. Le vieux latin juridique «*in solidum*», «pour le tout» des obligations et de la co-responsabilité des cautions, y trouve un dépôt. Je ne sais si le bakhtinisme vigilant de Belleau l'avait conduit à noter un double phénomène dialogique: l'influence du discours juridique sur la pratique populaire organisée; les transformations de sens opérées par cette pratique. Car l'influence des traditions juridiques lettrées les plus anciennes sur des coalitions ouvrières qui revendiquent un droit d'association cautionné de références au Droit romain de la responsabilité, se passe d'autres preuves. Mais le mot devient un acte qui en modifie le sens. Ce droit, en 1792, sous la Convention, la loi Le Chapellier l'avait annulé au nom de l'égalité: abolition des corporations, abolition des privilèges patronaux et, tous les citoyens étant censés être égaux, interdiction des grèves. Mais les nouveaux ouvriers coalisés vont trafiquer les corporations que la loi républicaine respectée avait interdites. Il ne s'agit plus du droit privé, mais du droit public. Il ne s'agit plus seulement du droit public, mais du droit international encore appelé «droit des gens». Il ne s'agit même pas de cela, ou d'un droit catalogué par les élites traditionnelles ou libérales, mais d'un autre droit non répertorié, celui d'une autre solidarité. Elle est nationale *et internationale*. Le «concert des nations» a, certes, une existence depuis la Sainte-Alliance européenne de 1815. L'harmonie pseudo-musicale des grands possédants et de leurs États nationaux est fragile ou tactique, durable en cas de danger commun. La coalition des peuples, le rêve dur et simple de leur fomentation, introduit une dissonance, plus encore un charivari illégal de casseroles, de marteaux, de meubles, de cris sur les barricades. La nouvelle coalition étendue n'est pas musicale. Elle n'est donc pas légitime, dans un temps où le *concerto* est l'un des symboles autorisés du *moderato* entre les classes. Elle serait légitime si elle ne s'en tenait qu'au livre révéré, proche du livret musical. Mais la nouvelle coalition préfère au livre la pratique de l'impression en atelier en dehors des heures payées et l'expédition des imprimés vers d'autres officines plus ou moins secrètes. La diffusion ne connaît pas de frontières. Et c'est ainsi que pamphlets, brochures, placards et feuillets trament un tissu textuel ouvrier à travers toute l'Europe. Ils tiennent lieu d'autres modes d'organisation, plus directement politiques mais non encore imaginés. Car si les coalitions sont mutuellement solidaires, elles sont aussi indépendantes les unes des autres, tout comme les nations qui apprennent à se former dans le sang, dans l'épreuve, — sur les épreuves de papier-journal. Elles tiennent jalousement à leur indépendance, qu'elles compensent dans le secret partagé, voire dans la conspiration. Les mots de passe de conspirateurs unis en sociétés secrètes sont, en Italie, en Allemagne, à Prague, à Budapest, bien plus qu'à Paris où cette tentation ne peut avoir la même consistance historique, les formes primitives et ambiguës d'une conjonction spasmodique entre le mouvement ouvrier en travail d'internationalisation et les mouvements nationalistes. Je dis bien une conjonction spasmodique. Elle n'est pas stable, elle est même contradictoire aux objectifs inavoués, au long terme alors seulement deviné par le mouvement ouvrier, au court terme immédiatement motivant des divers nationalismes. Elle n'est donc que très partiellement structurelle. Mais dès lors qu'elle l'est le moindrement, elle autorise par avance d'autres spasmes conjoncturels. Comment se fait-il, j'extrapole à peine, qu'après vingt-cinq ans d'appartenance à la IIe Internationale ouvrière, la puissante section social-démocrate allemande se rallie au nationalisme conquérant du IIe Reich en 1914? Qu'au même moment, après l'assassinat de Jean Jaurès, la Section française de l'internationale ouvrière s'empresse d'adopter une position défensive au nom de la patrie agressée et accepte de s'aveugler sur les plans, homologues à ceux de la «plus grande Allemagne», des vieux états-majors de la «plus grande France»? Il faudrait rappeler d'autres contre-coups tragiques de la même dérive nationaliste de conquête au sein d'un mouvement ouvrier impuissant à les contrecarrer sur le champ: l'ancien socialiste sorélien Mussolini deviendra le *Capo* du fascisme; le social-démocrate allemand Noske aura déjà fait massacrer Rosa Luxemburg et Karl Liebknecht, dirigeants du nouveau Parti communiste d'Allemagne, une partie de la classe ouvrière berlinoise insurgée et les marins révoltés de la Baltique; l'ancien sympathisant socialiste Goebbels apportera la caution active du «social» au nazisme, au *Nationalsozialismus*; l'ancien dirigeant communiste français Doriot fondera par la suite le Parti des forces françaises et sera l'un des principaux mandataires de la collaboration militante avec les nazis. Ces questions impliquent une réponse prudente. Mais la prudence n'explique pas l'excès, le coup de force adverse. Le nationalisme populiste autoritaire a toujours précédé, voire informé le mouvement ouvrier. La tentation était à portée de main. Les considérables exigences intellectuelles du socialisme ne l'étaient pas. Elles imposaient une lucidité minutieuse et harassante aux volontaires que le travail salarié laissait dans l'épuisement. Quoi de plus facile que de céder, de temps à autre, aux sollicitations expéditives, à un autoritarisme populaire intellectuellement plus léger? Le fantôme du social-étatisme de Lassalle travaille encore la social-démocratie allemande avant 1914. L'étatisme unitaire et «patriotique» du socialiste massacreur Noske ne peut qu'en être un rappel en 1919. Le jeune Goebbels, plus nationaliste de masse, étatiste et ouvriériste que socialisant, ne peut qu'avoir lieu de s'en souvenir. Je suis bien conscient que la dérive n'est pas le clivage, que l'occasion d'un dérapage hors contrôle (en dehors du contrôle ouvrier) n'explique pas la terrible opposition populiste anti-ouvrière et anti-peuple placée sous un autre contrôle. Mais la dérive insistante, suscitée de l'extérieur, comment l'est-elle aussi de l'intérieur du mouvement ouvrier qui ignore sa subordination à la part qu'il y prend? J'esquisse des explications claires. Elles sont incomplètes. Il faut chercher du côté de l'obscur, de l'en-deçà. *Eppur' si muove*. Nous sommes encore en 1848. Et le socialisme est généreux. Il est égalitaire. Sous certains aspects, c'est ici que le bât blesse.

Socialisme: La racine du mot est très ancienne, mais sa rencontre avec la désinence attribue à l'ensemble une dimension radicalement neuve qui n'est pas seulement d'ordre morphologique. Nous entrons dans l'ère des «ismes». Certes, l'appellatif des «schismes» était répandu depuis fort longtemps, et sans doute cela résonne-t-il sur les diverses peaux du «modernisme» amorcé au XIXe siècle. Mais au XVIIIe encore, il était plus constant d'évoquer la chrétienté que le «christianisme», la religion catholique ou la «sainte religion» que le «catholicisme», la religion réformée que le «protestantisme», bien que les «jansénistes» ainsi appelés eussent fait un retour en force en France au sein des Parlements ou cours de justice. Un événement politique détermine vraisemblablement l'extension de la désinence: l'institution de la république. On peut bien évoquer les anciennes républiques de Venise et de Genève, elles n'avaient toutefois pas les qualités requises: la première a une structure féodale, la seconde presque autant, et ces deux *Res publicae* ne prêtent qu'aux riches, seuls citoyens égaux. Tel n'est pas le cas de la Ire République française, du moins de 1792 à 1794. Aux républicains sont désormais opposés les «royalistes». Parle-t-on de «républicanisme»? Oui, c'est vrai, Robespierre avait employé le mot, mais dans une acception péjorative qui pourfend davantage le «royalisme» relégué, exécuté. Aucune péjoration n'est décelable chez les adeptes de plus en plus nombreux du «socialisme» depuis la fin des années 1820 jusqu'à 1848, et au delà comme on le sait bien: ils ne honnissent pas la désinence, ils ne sont pas les prédécesseurs républicains dont ils réclament néanmoins la caution. Le socialisme est déjà, bien avant 1848 et les premières interventions programmatiques de Marx dans le champ politique, un corps multiple de doctrines dont l'ensemble présente au moins quatre caractéristiques communes: 1) il suscite des adhésions conscientes, non plus seulement des fidéismes (Marx parlera néanmoins des «sectes» saint-simoniennes, oweniennes et fouriéristes); 2) les adhérents ne proclament que rarement une confession religieuse; quand elle est avouée, ils s'efforcent d'éviter toute interférence; leur «isme» est une fierté laïque; 3) ils réclament leur dû, celui des membres ouvriers; toutefois, leurs connaissances en matière économique sont médiocres, ou dépendent largement des vulgarisations de l'économie politique classique qui reconnaissent le «travail» mais le subsument sous une valeur d'échange égale; 4) les diverses orientations sont plus éthiques que politiques, elles prônent l'égalité, la communauté égalitaire des citoyens; l'État, s'il existe pour certaines d'entre elles, ne peut qu'être la sanction de ce vœu. Marx n'a donc pas inventé le socialisme. Il l'a trouvé tout fait, a collaboré aux moyens de sa propagation, en a été solidaire au point d'adjoindre à la fierté de cet «isme» une racine critique, aussi ancienne que le «social» mais héritière du communautarisme socialiste: *commun*-isme.

Marx, la marchandise (et la parole)

La question demeure celle de l'égalité. Elle n'est qu'un symptôme. Quels sont les rapports entre l'égalité proclamée et le pouvoir, le pouvoir éventuel des citoyens libres, mais aussi le pouvoir actuel des classes supérieures que l'égalité affichée est impuissante à supprimer et risque, au contraire, de traduire en inégalité renforcée? Il y va d'un ou plusieurs populismes possibles, d'une ou plusieurs tragédies potentielles; notre temps en est témoin. En réponse, je sollicitais l'obscur, l'en-deçà. Marx, quant à lui, ne s'y était pas trompé. Il s'en était déjà pris dans *Le 18 Brumaire* au «démocratisme» et à l'égalitarisme du mouvement ouvrier français de 1848, à son ignorance des fondements de l'exploitation, à sa relative inconsistance sur la question de l'État. Il revient à la charge en 1875, mais sur le fond d'une autre situation et sous un angle sans doute plus décisif. Ses *Gloses marginales au programme du Parti ouvrier allemand*[1], outre qu'elles portent l'attaque contre l'alliance des lassalliens avec les féodaux de Bismarck, contre l'étatisme de Lassalle, — décédé en 1867, mais les lassalliens demeurent présents malgré le souvenir trop hâtif du vieil Engels en 1891[2], — rappellent les éléments de la condition salariale contre la thèse du «partage équitable du produit intégral du travail» entre les membres de la «société». Quelle société? Quel produit? Quelle intégralité? Quelle équité? Cette thèse n'est pas socialiste. Elle rejoint à la limite les apophtegmes des «socialistes» catholiques français et de l'historien Buchez entre 1840 et 1850. Elle sépare la distribution de la production. En cela, elle continue de dépendre de l'économie politique «vulgaire». Marx observe avec causticité que, dans le mode de production capitaliste, compte tenu de l'histoire sociale antagonique de la production des surplus et de leur accumulation, les apports inégaux du capital approprié privément et de la force de travail collective conduisent à une distribution «équitable» des revenus entre capitalistes et travailleurs individuels. Si on ne traverse pas cette apparence, l'équité distributive revendiquée n'est que la copie du système en place, d'autant que les lassalliens s'en tiennent à la «société», à la société entière et inégale dont ils proclament l'égalité, tout en nourrissant contre les seuls capitalistes le leurre d'une alliance avec les grands propriétaires fonciers de l'Empire «prusso-allemand*».

Marx avait en outre parachevé, — et cela informait les *Gloses,* — l'écriture interminable de plusieurs livres du *Capital,* notamment des trois premiers dont la publication lui avait été arrachée. Dès le premier, il était question du fétichisme de la marchandise, de son interdit à caractère religieux. La force de travail est une marchandise. Elle ne l'est pas comme les autres, puisque le collectif vivant des travailleurs la réalise dans la production d'un surplus, chose qu'une simple marchandise produite, inerte en tant que telle, est incapable de faire. Mais la vente de cette force la transforme en marchandise. Elle est mobilisée sur le marché où elle apparaît égale à toutes les autres. Bien sûr, les quantums, — il vaudrait mieux dire les *quanta,* — sont distincts d'une marchandise à l'autre. Bien sûr aussi, le salaire n'est pas le prix d'une marchandise quelconque. Il tient compte de la force de travail mobilisée, nourriture, logement, vêtement, transport, éducation. Bien sûr enfin, le prix n'est pas la valeur d'échange, encore moins la valeur-travail. Il est l'expression d'un rapport de forces politique transféré sur une scène purement «économique»: seuls s'y présentent des «échangistes» que l'idéologie de la marchandise (*l'idéologie est une marchandise*) transforme en contractuels égaux. Mais le prix d'une marchandise ordinaire agrège la valeur unitaire moyenne du capital constant et du capital variable qui ont servi à la produire, donc aussi une part divise du coût de la reproduction de la force de travail. Ce prix agglomère en valeur, par conséquent, un rapport entre des forces nécessairement inégales en conjoncture sur le marché, entre une main-d'œuvre qui doit se vendre et un capital qui a la maîtrise du marché. Le salaire, qui ne fait que comptabiliser l'emploi de l'une de ces forces, la force de travail, n'est lui-même que le prix d'une marchandise. La puissance d'un tel rapport n'est donc pas déterminée par le seul ressort économique, elle est éminemment imprégnée d'antagonismes de classe dont

---

* L'expression est de Karl Marx.

le caractère latent est politique (ce que l'économie classique dite «politique» avait oublié: d'où la «*critique de l'économie politique*»). Il s'ensuit notamment que le taux de salaire est variable et que les conditions de sa négociation en conjoncture le sont de même. Elles dépendent de très nombreux facteurs situationnels, et par exemple d'un *rapport actif d'interlocution* traversé du mouvement conjoncturel de ces antagonismes: que l'on songe au choc verbal des vis-à-vis à une table de négociation qui réalise un tout autre type d'échange, aux mots d'une grève, voire à ceux des barricades, à tant d'autres conflits sociaux plus audibles ou parfois moins, où la chair des objecteurs inverse le moment du sacré: elle se fait verbe. Cela, ce rapport d'interlocution, je l'ajoute par esprit de rigueur. Marx n'en dit rien au sens strict, bien qu'il l'implique dès les premières pages de *L'Idéologie allemande* de 1845-1847. On se rappelle peut-être un membre de phrase:

> le langage *est* la conscience réelle, pratique, existant aussi
> pour d'autres hommes, existant donc alors seulement pour
> moi-même aussi et, tout comme la conscience, le langage
> n'apparaît qu'avec le besoin, la nécessité du commerce avec
> d'autres hommes [...][3].

Il s'agit bien d'un rapport d'interlocution latent. Le patient détour que je prends pour aller droit au but, — nous sommes dans la conjoncture, nous sommes dans la condition salariale, nous sommes aussi dans le rapport d'interlocution, — accepte le soulignement de deux mots dans ce texte: «nécessité» et «commerce». La «nécessité» est la modalité historique de l'être qui transforme la conscience dont le langage est la pratique. Le «commerce» serait un hiatus si l'emploi du mot n'était qu'une révérence à l'usage lettré des XVIIIe et XIXe siècles, et Marx était un lettré de ce temps. Le langage était encore un «commerce», une sociabilité convenue; Marx héritait de cette rhétorique. Mais d'autres développements de ce texte ratouilleur, incoercible, jamais publié en son entier introuvable, indiquent une orientation subversive: il ne s'agit pas d'un «commerce» entre des égaux, entre des identités subjectives idéalement paritaires; il s'agit d'un échange inégal, jusque dans la parole. Il ne s'agit même pas de la parole en tant que telle, dont le texte ne fait qu'induire l'enjeu potentiel dans la pratique des conflits publics; il ne s'agit encore que d'une parole spéciale mais omniprésente, celle du négoce, celle de la marchandise, dont le familier «tope-là» demeure l'icone à la fois verbale et gestuelle la plus stable.

C'est ici que pointe la question idéologique. Elle est double, me semble-t-il. En premier lieu, Marx ne s'attache délibérément qu'à la parole d'une équivalence portée par le signe monétaire de la marchandise. Cette équivalence est d'ordre idéologique, en ce qu'elle paraît à la fois contenir et engendrer toute la valeur exprimée au moment de la transaction, oblitérant ainsi la valeur de la force de travail qui a produit la marchandise ou la réduisant à l'état d'un simple «coût» (on parlera plus tard d'un «coût factoriel»). La marchandise affiche une égalité ou une «équité» dans un signifiant sémiotique qui n'est pas une «chose» mais prétend en être une, et elle soumet à cet emprunt de naturalité la condition même des échangistes. Sous cette écoute de la transaction idéologique marchande, l'auteur du *Capital* est pleinement justifié, dans ses *Gloses* ultérieures, de mettre en garde le mouvement ouvrier contre les sommations totalisantes, nous dirions aujourd'hui totalitaires, d'un égalitarisme qui ne peut ultimement que chercher la caution d'un État proclamé neutre, comme si l'État pouvait l'être, comme s'il n'était que l'équivalent politique de l'égalité marchande, comme s'il n'était pas nécessairement inégalitaire et oppressif. Pour bâtir une autre égalité, il faut démaquiller l'équité, contredire dans la pratique la séduction d'une «tête en bas» fondatrice. Sinon, le risque est grand d'aggraver l'inégalité socio-politique. Le danger est celui d'une absorption du corps par la tête, et politiquement d'un assouvissement ou d'une digestion du corps ouvrier par une tête autre, celle de dirigeants subrogés aux grands possédants. Voilà pour les égalitaristes ouvriers de février 1848 à Paris; voilà plus encore pour les lassalliens bismarckiens autoritaires qui, en 1875 encore, avalent allègrement la couleuvre de l'équité; voilà aussi, en filigrane, pour des subrogateurs ouvriers éventuels, pour tous ceux-là qui seraient tentés de figer, figeront, en une doctrine-couperet la formule alerte, cohérente mais naïve et provocante du *Manifeste* de 1848 sur la «dictature du prolétariat». Les formules manifestaires ne sont pas celles d'un traité.

En deuxième lieu, pourtant, nous quittons la *camera obscura*, la chambre noire de l'idéologie, la conscience trompeuse d'un *selb*, d'un «soi» subjectif assujettissant qui ne se reconnaît pas pour assujetti, d'un Stirner dans *L'Idéologie allemande,* d'une certaine inversion seulement optique, d'une seule tête en bas dans la réflexion de l'oeil, d'une marchandise égalitaire érigée en royauté, d'un déni fantasmatique de la réalité. La notion de «fausse conscience» pourrait s'y rapporter. À ma connaissance, elle n'est pas de Marx, sauf incidemment comme équivalent d'un contrat léonin. Elle n'a été systématisée que beaucoup plus tard par d'autres, et de manière assez unilatérale. L'idéologique est aussi une matière verbale et gestuelle, et cette matière est un *acte* ou sa traversée. Un acte conflictuel, et non plus équanime, équitaire ou égalitaire. Marx ne tient pas formellement cette proposition dans la *Critique de l'économie politique,* dans *Le Capital,* dans les *Gloses.* Mais les brèves propositions de *L'Idéologie allemande* sur le *langage comme conscience pratique* l'impliquaient déjà. À savoir que le langage, ce «commerce des hommes entre eux», ce commerce bivalent, exprime une idéologie pratique. En d'autres termes le langage ne dit plus seulement une conscience fantasmante, bien qu'il dise aussi cela qui est nécessairement préformé, mais il l'oriente différemment dans la pratique. En d'autres termes encore, l'idéologie se forme par le langage, par cette conscience pratique. Action de stabilisation des conflits, elle est aussi projetée par eux, et par le langage elle apprend à devenir une aptitude au changement. Car toute pratique sociale, — le langage qui forme l'expression idéologique en est une, — est historiquement conflictuelle et signifie la possibilité d'un changement. Marx n'en tire pas les conséquences théoriques pour ce qui est du discours, de l'interlocution en situation, bien que, polémiste, il en fasse l'exercice. Il ne parle pas de l'*énonciation* dans les situations sociales qui portent l'empreinte directe des conjonctures. On ne peut lui en faire grief; le terme d'énonciation, et même celui de situation sociale d'énonciation que sa théorie permet néanmoins de pressentir, ne pouvaient être les siens avant l'avènement des sciences du langage. Mais tout de même, pas un mot sur la parole de grève. Beaucoup sur les déterminations, à la fois causes et effets, du conflit salarial dans *Travail salarié et capital,* recueil de conférences et allocutions qui accompagnent la rédaction du *Capital.* L'interlocution de représentants ou de fractions entières de classes opposées n'entre apparemment pas au rang de ces déterminations. La parole des délégués aux négociations, celle des bras croisés ou des pieds sur le tas par larges groupes, celle des factionnaires ouvriers sur les barricades où les mots s'échangent avec les balles, ne sont prises en «compte» (la formule est malheureusement adéquate) que comme exemples. L'exposé de l'analyste Marx fait d'ailleurs habituellement l'économie de cette sorte de *Sprache.* Mais la parole n'est pas un exemple. Elle est un acte mobilisateur, singulier ou pluriel, qui ne peut être répété que par déport vers d'autres scènes où cette puissance n'est plus qu'un écho. Comment se fait-il que le grand matérialiste de la pratique sociale, lorsqu'il poursuit de ses attaques implacables Bauer ou Stirner, ne s'aperçoive pas qu'il reproduit le mouvement même, sinon les modalités, de la parole inventive, alerte, des conflits sociaux?

On dirait, c'est troublant, que l'idéologique n'est pas un intégrant de la parole et du geste, qu'il demeure scindé entre un langage universel, celui de la marchandise qui accueille mots et gestes mais pas au delà de ses limites, et le langage spécialisé des constructions «superstructurelles*» du droit et des doctrines non explicatives dont l'une des fonctions est d'oblitérer les sources constitutives de la marchandise *et* du gestuel parolier. C'est troublant pour la théorie: elle oublie explicitement ce qu'elle aide implicitement à comprendre. Elle ellipse la dynamique du langage. D'une certaine manière, la théorie et sa méthode se contrarient. La place annoncée de la «conscience pratique», son rapport à l'idéologique sont laissés hors jeu dans l'exposé d'une théorie qui est censée orienter leur description. Marx, oui, c'est vérifiable, souhaitait étudier ces questions. Elles lui paraissaient moins immédiatement stratégiques que celles qui le requéraient: l'organisation de l'internationale ouvrière et le labeur théorique d'accompagnement, de soudure. Dans cette fermentation, le lien de la parole courante et de l'idéologie pratique des conflits ne paraissait pas trouver un ancrage conjoncturel. Cela est immensément regrettable. Car l'étude du langage est dès lors mise en pourvoi devant des instances ultérieures. Leurs soucis théoriques seront entièrement distincts, voire opposés. Malgré l'ingénuité innocente — ou incongrue? — du Russe Nicolas Mahr, les sciences du langage ne seront pas matérialistes. Bakhtine, sur ce point, en 1928 et 1929, commence à poser les bonnes questions de champ et de méthode au nouveau «formalisme» linguistique, au futur structuralisme. Il le fait en deux ouvrages qui sont censés ne pas être de lui, qu'il négligera longtemps, qu'il laissera pourtant autoriser sous son nom[4]. Mais nous entrons déjà dans l'ère stalinienne qui n'accepte rien d'autre qu'un marxisme sévèrement censuré. Il est trop tard, ou encore trop tôt, tragiquement trop tard ou trop tôt, pour interroger les fables sacrées de l'idéologie et l'idéologique lui-même dans leur rapport à l'interlocution, à la parole actuelle et à son histoire. Par delà

---

* Le mot, si je ne m'abuse, est d'Engels.

la mise en question de versions restrictives du «marxisme» que Marx avait par avance abominées (les *mass-media* les accommodent à *la* «vulgate» du marxisme, alors que *ces* versions, parfois religieuses, en ont été la contrefaçon), une diffusion libre de ces interrogations capitales sur le discours aurait contribué plus vite à leur développement, peut-être aussi et surtout à un étouffement étatique moins pernicieux. À défaut d'une acceptation du caractère déterminant des discours, l'État, quelque État que ce soit, reste sourd. Il ne peut que l'être, il ne peut que réprimer ce qu'il n'entend pas. Et s'il se croit prolétarien, il ne tarde pas, sans cette compréhension politique, à se substituer au prolétariat, à en avaler les paroles, à les réduire, à le réduire, bientôt à le massacrer. La question du discours vaut contre le massacre. Mais il est encore trop tard ou trop tôt. L'histoire s'est faite autrement.

Belleau avait un profond respect pour l'œuvre de Marx, du moins pour ce qu'il en connaissait, les écrits de jeunesse appelés *Manuscrits de 1844* et vraisemblablement *L'Idéologie allemande*. Il ne m'aurait pas dit ce que de mignons intellectuels à la mode se hâteraient de glisser dans une conversation inaudible: «Tu en tiens encore pour cette vieille lune?» Je n'aurais donc pas eu à lui répondre que certaines vieilles lunes, même à travers l'échec, tiennent le coup. L'échec est imputable à de nombreux successeurs politiques de Marx. La méthode autoritaire, confiscatrice, aveugle, sanglante, celle de Staline, celle de Mao, celle de Deng, n'était pas la sienne. En s'en prenant à Lassalle et à ses épigones étatistes, il avait même, dans les *Gloses,* prévenu contre les risques de telles dérives. Un clivage est apparu entre la méthode politique, instaurée malgré les avertissements, et la méthode analytique, celle de Marx, demeurée rigoureuse et intellectuellement productive. Elle a notamment donné une place aux travaux du jeune Bakhtine, penseur du discours, et à ceux plus extensifs de Gramsci, penseur de la conjoncture. C'est beaucoup, ce n'est pas encore assez. La fécondité de l'action de Marx aura été d'inspirer de tels travaux et bien d'autres. Mais son erreur aura été d'une distraction: il s'est laissé distraire du discours. Un lien essentiel pour la pratique d'une pensée-action de la conjoncture, pour une analyse de la conjoncture et pour une action organisée sur celle-ci, manquait. Le risque d'une scission, contraire à la théorie, entre le politique et l'analytique s'est ainsi prononcé. Cela n'a pas facilité la tâche de Gramsci, passionné de langue et de langage dans l'étude des forces idéologiques, mais tenu dans l'ignorance des premiers essais de pragmatique discursive. Quant au philologue Bakhtine, la béance des rapports entre conjoncture, parole courante et parole lettrée lui a peut-être servi de prétexte à ne s'occuper que de cette dernière, à se réfugier dans ses chères études. Je pèse les mots, ils frôlent l'accusation, en supposant un prétexte. Car un intellectuel soviétique n'avait aucun autre moyen, dans les années vingt, d'esquiver la connaissance des durs problèmes pratiques, politiques et théoriques d'une conjoncture que Staline commençait à s'approprier, à rogner[5].

On l'entend sans doute: la discussion sur l'importance oubliée de la conjoncture est au cœur de l'entretien impossible avec l'ami disparu. La référence à Bakhtine m'y ramène. Il s'agit toujours du discours, notamment du discours lettré, cher à Belleau. Mais quelques petites choses me restent à dire sur l'histoire des conjonctures. Il y va d'une nouaison avec le discours. Nouaison: à la fois nœud et fructification.

Conjoncture et discours.
Une politique du discours?

Revenons un moment à 1789-1793, 1837-1838, 1848. J'ai dissé-miné les faits saillants de la Grande Révolution à travers les autres conjonctures, mais je l'ai peu marquée en tant que telle: des tonnes de livres et d'articles accompagneront bientôt les fêtes commémoratives du bicentenaire*, il n'était nul besoin d'ajouter ma part. J'ai dit beau-coup sur la rébellion de 1837-1838, pour le contraste et parce qu'elle est généralement méconnue. J'en ai dit bien plus sur les révolutions de 1848, parce qu'elles orientent une internationalité et l'essor du mouve-ment ouvrier qui déterminera une très large part de l'époque ultérieu-re. Un trait rassemble ces diverses conjonctures: leur brièveté. Ce trait signale l'entrée dans une nouvelle ère historique. Voici annoncées des temporalités politiques, idéologiques et économiques contrastives en-tre elles, mais unifiées en une composition radicalement distincte de celle des anciennes conjonctures longues.

La brièveté des moments conjoncturels ne vaut pas seulement, dorénavant, pour les mouvements de révolte ou de révolution à domi-nante politique. Elle vaut aussi pour le temps des secousses écono-miques de structure, mesure partielle des conjonctures nouvelles. Même pendant les rémissions de la paix civile, le capitalisme indus-triel enregistre des cycles courts, une crise tous les dix ans en moyen-ne au XIXᵉ siècle dans les économies de pointe qui la diffusent. L'étroitesse du cycle économique et la courte effusion révolutionnaire

---

* Cette partie du texte, écrite en 1989, est antérieure aux célébrations du bicentenaire de la révolution de 1789.

du populaire-politique (du populaire dans le politique) ne coïncident pas nécessairement. Les révolutions de 1848 viennent à maturité *entre* deux crises, deux engorgements de la rente foncière accompagnés de deux baisses du taux de profit industriel. Ce décalage signale l'apparition d'un écart entre le moment fusionnel du politique et de l'idéologique d'une part, l'économique de l'autre. Leur autonomie relative ne fera par la suite que croître dans le court terme, malgré et à travers leur imbrication à plus long terme. À plus long terme, qu'est-ce à dire? L'imbrication se réalise aujourd'hui dans des conjonctures de plus en plus serrées, de plus en plus brèves. La politique des États est directement reliée à l'économie internationale qui la module ou la contraint à l'assonance; et pour une part immédiatement idéologique, le discours de presse reçoit la fonction de rythmer, de psalmodier, voire de tonitruer télévisuellement cette assonance.

Décalage et brièveté, il faut aussi le souligner, contrastent fortement avec le temps hiérarchiquement unitaire de la féodalité, même avec celui du capitalisme marchand qui entrait autrefois en composition avec elle. Les conjonctures étaient longues, infiniment longues et répétitives. À quelle fracture décisive la Guerre de Cent Ans avait-elle donné lieu? À aucune, sauf à la redécouverte de la poudre et à l'invention de l'imprimerie qui scelle et signe la fin de cette longue guerre de truands couronnés. À aucune autre modification structurelle des conflits entre ces ancêtres des «parrains». La «loi» du maître ne s'était pas altérée, ou si peu, depuis au moins Henri II en Angleterre, Philippe Auguste en France. Henri VIII, puis Catherine de Médicis la répéteront, comme si rien ne s'était passé depuis la *vendetta* de leurs ancêtres ribauds. D'une certaine façon, malgré les débuts du capitalisme marchand, la découverte des Amériques, l'afflux de l'or, le bouleversement des prix et des monnaies, rien en effet n'avait changé. L'ancien tissu social demeurait résistant. La condition des «tenants», des manants, des paysans qui gardaient la tenure du sol seigneurial, ne s'était pas transformée depuis l'introduction du métayage et bientôt du fermage avant même la Guerre de Cent Ans. Enfin, en dépit de tout ce qu'on a écrit sur l'avènement de la monarchie absolue, la distribution des pouvoirs entre les patriciens marchands, les cours de justice qui les recrutent, les grands seigneurs, l'église également recruteuse et le roi qui prétend les diriger, n'est l'objet que d'oscillations de tendances, parfois de soubresauts. En témoignent les frondes de 1648 en France et, plus grièvement l'année suivante, la décapitation de la monarchie des Stuart en Angleterre.

Avec le capitalisme industriel, l'effigie familiale de propriété et le sceau successoral identifiant la famille patricienne et ses sujets aux droits réels sur les biens cessent d'être dominants. L'effigie et le sceau, ces emblèmes idéologiques, demeurent efficaces pour longtemps, certes, mais seulement parce que le capitalisme industriel et ses avatars ultérieurs en auront absorbé la perpétuation et modifié la signification. Le jeu alternatif des marchés boursiers et des alliances de gouvernement fait plus que bouleverser l'effigie conservée, la soumettre à un titre substitutif, la solidariser par intégration ou contrôle. Ce jeu, cette stratégie d'un pouvoir biface, supprime, là où ça se décide, c'est-à-dire au centre préservé, l'inamovibilité du temps. Il imite mais dissout la toute-puissante signature du monarque qui avait autrefois, en conjoncture très longue, séparé, ordonné, outre les métiers et activités, les moments stables de l'expression idéologique éparse dans les discours et les parlers régionalement variables. Cet inamovible-là, les nouveaux maîtres ont parfois intérêt à s'en accommoder, mais où et quand ils paraissent en décider ainsi, pour le provisoire d'un temps amendable, de lieux circonscrits. Le sous-développement, l'arriération aggravée, la division sont leur affaire tant et aussi longtemps que ces pratiques ne risquent pas de casser leur maîtrise. Les «décideurs» du grand capital, — le mot est technocratique, il est ici approprié, — ne contrôlent pas le temps long des rites dont ils bénéficient, le mettant en réserve pour d'autres usages, en d'autres lieux. Ils ne le comprennent pas; le temps court dont ils font l'exclusivité, celui de la prévision pour le gain, les en empêche. Aujourd'hui, le surendettement du Tiers-Monde, qu'ils ont eux-mêmes occasionné, leur crée un problème insurmontable. Mais pas seulement le surendettement: les blocages sont aussi culturels et politiques. Le retour au chauvinisme du pays profond, la tentation lancinante ou soudain ressurgie de la dictature dans les pays du Cône Sud et en Afrique causent aux maîtres internationaux une gêne insupportable. Ils feignent du moins de s'en révolter. Peut-être, du reste, n'est-ce pas une feinte. *Business is business*, disent-ils: ils ont eux-mêmes suscité et entretenu ces phénomènes dérangeants qu'ils tolèrent sans les admettre. La gêne la plus grande serait celle de toute description détaillée et englobante, en somme de toute théorie explicative qui avérerait à leur propre entendement, non pas une inintelligence, mais une incompréhension structurelle. Ils peuvent bien l'accepter quand elle survient et fait du bruit; toutefois, ils font en sorte qu'elle ne trouble rien; ils la passent par profits et pertes, la digèrent. Bientôt, les *mass media* n'en parlent plus.

On le constate, ces temps-ci: tout le système va à la casse. Il y a, certes, des freins. L'une des façons de freiner la tendance, ou de la prévenir, est l'acculturation. Mais elle est trompeuse. Pour chacun des dominés, l'acculturation ne signale les moyens renouvelés de sa propre culture que par leur acquisition de seconde main. À titre principal, elle désigne l'achat de la culture des dominants, moyen pour les maîtres locaux d'une subjugation renforcée des dominés. Partout, l'américanomanie, l'apprentissage massif de l'anglais chez les jeunes générations scolarisées, la diffusion internationale des séries télévisuelles américaines en doublage, navrantes de misère intellectuelle et pourtant accrocheuses, ou l'imitation de leurs stéréotypes de prêt-à-porter par les diverses chaînes nationales. La reproduction de ces violences gratuites mais inspirantes, faites à l'image de l'histoire des USA, l'affadissement de l'amour en fleurs bleues qui la dénotent pareillement sont moins tragiques que leurs effets. Le monde entier compte, pour l'heure, d'innombrables acculturés au modèle «américain». La culture américaine est, bien entendu, intensément vivante. Elle a produit, elle produit des œuvres fortes d'une immense portée critique en musique, en peinture, en poésie, dans l'art romanesque, en architecture, même au cinéma que les consortiums du scénario et de la caméra menacent en permanence d'enflure (il y a tout de même eu Griffith, Chaplin, Orson Welles, Huston, Scorsese), tout cela, cette intelligence pléthorique, sur le fond ou en dépit de la médiocrité du goût public, d'une propension entretenue à l'hystérie, des chichis grossièrement inesthétiques de la cuisine, du vêtement et de la coiffure. Je pense aux chapeaux à fleurs des dames de la *Fifth Avenue*, un dimanche de Pâques à la fin des années soixante, au début des années soixante-dix. Les portent-elles encore, ou préfèrent-elles les traîne-misère richement décorés d'agression? La question n'est pas là. Le contraste des grandes œuvres est sans doute surprenant, bien qu'elles enregistrent cette laideur et fassent de l'autosatisfaction une inquiétude. Mais elles ne sont pas «rentables» ou si peu, même quand elles feignent de se soumettre au despotisme des *managers*. La question est celle du déni de l'histoire, d'une histoire américaine que ces œuvres n'ignorent pas, d'un déni ou d'un mépris malgré la grandiloquence des divers présidents étatsuniens depuis la deuxième guerre mondiale qui aiment bien proclamer sous la garantie de leur Dieu, — «God bless you», — ou laisser dire que le moindre de leurs actes «makes history» (formule inlassablement identique que le président Reagan a particulièrement répétée). Que savent-ils de l'histoire sinon ce qu'ils en suppriment, chez eux et ailleurs, puisque tel est le pouvoir d'intervention dont ils réputent avoir obtenu d'un dieu coopératif la licence, pour le «peuple américain» qui est censé faire la loi, — ne la fait pas, — chez lui, donc à bon droit pour les autres? Les bombes, les banques et les bons sentiments acceptent ensemble, ou séparément mais par consortium, la décision de massacrer l'histoire. Sur le plan de la «culture», l'une des méthodes est celle de l'exportation de ses déchets industriels. Elle peut être nuancée dans leur imitation facilitée à l'étranger, si la politique des quota et des droits «culturels» nationaux aliènes, également commerciaux, n'interfère pas avec la souveraineté internationale des droits commerciaux de l'industrie «culturelle» américaine.

Telle est la politique de l'acculturation. Je m'adresse encore une fois au souvenir de Belleau. Il la décrivait sous «l'effet Derome[1]», en des termes différents et dans un circuit plus restreint qui avait la même portée. L'*ambitus* mélodique est comparable. André montrait que le présentateur de nouvelles Bernard Derome, au *Téléjournal* de Radio-Canada, insiste moins sur le sens des informations relatives au prix des denrées ou sur l'IRA, prononcée «Aille-âre-ré[2]», que sur le fait qu'il «sait l'anglais[3]». Le sens devient celui de l'acculturation qui insiste à devenir tout le savoir de la «communication». Mais Belleau venait d'écrire dans le même texte quelque chose qui en dit long sur les impérities de l'acculturation:

> C'est à ce point que ma mère, qui ignore l'anglais, manque chaque soir la moitié du *Téléjournal*. Soir après soir, en effet, nous sommes les témoins ahuris d'une bonne dizaine de changements du français à une autre langue, en l'occurrence l'anglais. Et justement, cela s'appelle changer de code au beau milieu d'un message[4].

Si la mère de Belleau ne pouvait suivre les informations télévisées en raison de ce changement de code, il y a fort à parier que bon nombre de Québécois francophones non bilingues sont dans un cas similaire. L'acculturation est, de fait, une déculturation: elle éloigne le sens du message, elle prive l'interlocuteur des moyens d'information dans sa propre culture, elle efface même l'interlocuteur. Elle nie avec arrogance la culture des autres, elle est une pratique de l'enfermement. Mais l'enfermement, c'en est l'autre aspect inséparable, joue aussi contre l'acculturation: elle reste enfermée sur elle-même. Plus exactement, elle enferme la culture des dominants, la frappe de surdité, contribue donc à en réduire l'efficacité impériale. Car voici le paradoxe, mieux la contradiction: l'interlocuteur effacé subsiste, et sa culture subsiste. Il apprend par le détour du *tiers*, par la culture de tiers menacés comme lui d'acculturation, le moyen d'activer sa capacité d'interlocution. Il découvre l'hétérogénéité des cultures et leur internationalité. Il épelle sa propre internationalité, celle de sa culture ainsi renforcée par l'apprentissage d'un dialogue avec le tiers exclu. J'emploie l'expression «tiers exclu» au sens littéral et par façon de débusquer une certaine logique qui croit encore pouvoir expulser la contradiction au nom du «vérifiable» ou du «falsifiable»: le tiers n'a plus à être expulsé, le tiers devient ce qu'il est, un autre pareillement ou plus gravement exclu, qui a appris à se battre et dont l'histoire est nourricière. Notre interlocuteur, notre interlocutrice commence à écouter cette tiertiarité lointaine que l'immigration venue de tous les continents parvient à rapprocher, malgré les confinements parallèles de l'accueillant qui n'en est pas encore un et de l'arrivant qui est obligé de se faire accueillir. L'écoute exerce l'interlocuteur à inquiéter sa propre culture, il la manie comme on dit d'une bonne sauce, il l'invente. Il apprend à se dépouiller de l'acculturation. Il réapprend une identité, ordonnée cette fois sur une différence et une convergence, non plus une exclusivité. Dans la dynamique des balbutiements interrogatifs initiaux, beaucoup d'autres cultures sont également questionnées, par choc en retour de l'apprentissage: écoutées, elles ne peuvent être qu'interrogées sur leur histoire, pour le sens de leurs formes interlocutives. Un apatriement devient possible, celui-là, celui de ces formes, et en définitive celui de l'interlocutrice, de l'interlocuteur qui n'a plus à se sentir l'objet chez soi d'une tolérance condescendante. Cette logique de l'intégration suppose évidemment les méthodes d'un *combat* intelligent. Il n'y a pas de tiers sans combat. Et le combat porte contre l'acculturant. Le tiers est l'allié, il contribue à la formation d'une tiertiarité plurielle qui modifie l'angle de prise. Le pluriel vaut pour toutes les cultures, y compris la culture acculturante des dominants. Celle-ci est enfin intégrée, à part entière, elle n'est plus subie, elle est comprise autrement: assumée de biais et librement. Disons, par une interprétation presque anagogique, que l'attaque latérale du cavalier peut intelligemment menacer les positions du roi. Je remonte ici à un modèle: la stratégie de la désacculturation est éminemment comparable à la progression des prises aux échecs. Le biais est en ce cas la condition de la liberté.

J'énonce les premiers principes d'une *politique* de la désacculturation. J'insiste sur le mot «politique». On n'a pas le choix, il faut en passer par là. J'y insiste pour le souvenir d'André Belleau, tout ceci n'étant pas sans conséquence dans l'ordre du discours précisément. Alors, une politique du discours? Et elle ne serait plus restreinte à la seule politique de la langue? Oui, sans doute. Oui, mais en un sens qu'il est impérieux de qualifier. En ces matières, tout débordement de signification équivaudrait à un vol, voire à un assassinat culturel. Sous quelque forme appréhendable, il alimenterait une tentation totalitaire toujours à portée de main et de voix. Car l'excès politique réduit le discours à une concoction de pouvoir, à son seul équivalent. La pratique discursive n'est que très partiellement un double du pouvoir. À plusieurs égards, elle en est l'exact opposé. *Le pouvoir,* voici l'axiome de base, *ne parle pas*[5]. En conjoncture, il laisse parler ou, au contraire, interdit toute parole non autorisée. Le discours est à la fois serf et libre. C'est un peu la quadrature du cercle. Il ne s'agit pas de réduire le discours au politique, mais de garantir politiquement la liberté et l'inventivité de son expansion. Tentons de dénouer cet écheveau.

Dans la plupart des conjonctures où on y a eu recours, les moyens d'une politique de la langue ont démontré leur insuffisance. Cela ne désigne évidemment pas leur absence d'efficacité en certaines situations historiques de conquête. L'Abbé Grégoire a été, avec Condorcet, sous la Constituante de 1790, puis sous la Convention, l'avocat de l'égalité républicaine, civile et politique pour les Juifs métropolitains et pour les Noirs antillais. Mais le même souci de l'égalité républicaine l'a conduit à pourchasser les usages dialectaux qui n'étaient pas moins que le français officiel pourvus de titres légitimes, à concevoir et faire adopter un projet d'uniformité linguistique. Il l'appuyait sur une idée de réforme scolaire. Elle ne sera transcrite et laïcisée que dans les débuts de la IIIᵉ République, par Jules Ferry, après les obstacles napoléoniens (Napoléon Bonaparte se souciait comme d'une gale de l'école primaire des citoyens), aristo-monarchistes bien évidemment, et petit-bonapartistes évidemment aussi sous le Second Empire. L'Abbé Grégoire a bénéficié *post mortem* des avatars du long terme. À quel prix, pourtant? Certes, le français républicain qui n'était qu'un certain français des hautes classes de l'Île-de-France est devenu progressivement, par l'école, le français de tous les Français, malgré les différences de niveaux de langue. On l'a appelé plus tard le «français international», au nom duquel les autres usages nationaux et internationaux du français étaient réputés non valides. Le bon abbé républicain aura donc eu gain de cause. Mais l'école laïque de Ferry et de ses successeurs est très soumise au rang, à la hiérarchie, à une discipline quasi militaire, curieusement napoléonienne dans l'ordonnancement de ses protocoles. Elle demeurera largement à l'image de la politique linguistique, même quand celle-ci finira par défaillir d'impuissance devant la nouvelle domination internationale de l'anglais.

Veut-on d'autres exemples d'une politique d'uniformisation linguistique? Le régime soviétique, au début, a légitimé les nombreuses langues de l'Union. Il a promu les grammaires, les dictionnaires, l'édition de journaux et d'ouvrages dans les langues nationales ou nationalitaires de la fédération; elles se voyaient reconnaître, après le grand mépris tsariste, le droit à l'enseignement. Il était néanmoins précisé que la langue officielle de l'Union et, par voie de conséquence, la langue de communication entre les divers peuples étaient toutes deux le russe. Par la suite, surtout depuis la deuxième guerre mondiale, le stalinisme et ses transformations ultérieures ont insisté sur le pouvoir du russe, rogné les droits linguistiques des nationalités. En quelque sorte, la puissance monolithique des appareils centralisateurs de parti et d'État, l'ampleur des contrôles ou des liquidations décrétées au nom d'une productivité sociale à marche forcée, — l'expression est tragiquement juste, — la déportation des Allemands de la Volga, de dizaines de milliers de Baltes, des Tatars de Crimée, ont conduit Staline à oblitérer quelques-unes des leçons d'un écrit de jeunesse, *La question nationale*[6], que la propagande du parti valorisait néanmoins sous son inspiration. Il est vrai, Staline avait peu écrit, malgré ses *Œuvres* pachydermiques publiées aux Éditions de Moscou. Ce texte était un baume pour la vanité de l'écrivain supposé. Il est vrai aussi, Staline n'avait fait que systématiser à gros traits la pensée stratégique de Lénine sur une question délicate dont dépendait l'essor de la révolution. Lénine n'était pas un nationaliste grand-russe; Staline non plus, bien qu'il eût vraisemblablement à faire oublier ses origines géorgiennes au nom de la mystique centrale de l'Union. Il est vrai enfin que l'ouvrage délégué ne faisait pas que légitimer la diversité des langues, des cultures et leurs droits; il tendait pareillement à renforcer la discipline culturelle (et linguistique) centrale de l'union socialiste. Par conséquent, Staline pouvait soutenir un paradoxe incontournable: mettre sous le boisseau les missions libératrices du texte, et simultanément s'en glorifier. L'«écrivain», le justificateur des assises de son pouvoir, y trouvait la dispense.

Encore un autre exemple, celui des États-Unis. À l'instar des *old British imperial boys* dans les colonies, les États fédérés ont toujours su entretenir les ghettos culturels sur leur propre territoire. Le jeu impair, inextricable, quasi-féodal de la distribution des pouvoirs, viande maigre par viande grasse, entre eux et l'État fédéral a entraîné l'application du double principe de la tolérance libérale des autres cultures et de leur étouffement commercial. Je vous concède le pouvoir de proscrire la liberté d'avortement, de condamner à mort et de passer à exécution, même contre les déficients mentaux*. Je partage avec vous la liberté d'enseignement et son contrôle, étant entendu que l'enseignement est d'abord privé. Je réserve l'accise et le passeport linguistiques. On a permis, au nom de la liberté de commerce, la parution de journaux italophones, germanophones, hispanophones, etc., à charge pour eux de céder aux pressions, prébendes, intérêts des élus locaux et fédéraux les plus affairistes des deux partis politiques. On a subi les *lobbies* que l'on encourageait, notamment celui des dirigeants conservateurs de la communauté juive américaine. On a ainsi facilité, pour une liberté de religion qui valait celle du commerce, l'enseignement de la Torah en hébreu dans des écoles talmudiques. Voilà qui est très bien, sans doute. On a laissé se multiplier l'enseignement des langues et cultures allophones dans la plupart des universités, proliférer les cercles d'amitié et les associations de professeurs de langues étrangères. Très bien, aussi. On a même accepté, — aux États-Unis comme au Canada, — le vieux et prestigieux *Goethe Haus*, longtemps refuge des anciens nazis. L'enseignement y était rigoureux, semble-t-il. Belleau y a appris sa compétence de lecteur en allemand. On n'a jamais reconnu les droits linguistiques des Amérindiens, des premiers occupants. On a préféré massacrer ceux qui se mettaient leur langue en bouche, et on a

---

* La notation de ce détail est tardive. La Cour suprême des États-Unis n'a entendu la recevabilité d'aucun obstacle juridique ou moral à l'exécution d'une peine de mort, au début de juillet 1989, contre la personne d'un déficient mental condamné pour meurtre à la chaise électrique. Les journaux ont noté que le râle final de l'exécuté sur la chaise avait exigé vingt-cinq minutes, montre en main, après la première décharge. Apparemment, la Cour avait invoqué la faiblesse du «capital génétique» du condamné pour justifier sa décision. Se souvient-on que les racistes nazis exerçaient le même genre de raisonnement pseudo-scientifique? Le *New York Times, Le Monde* et les chaînes de télévision, notamment *Antenne-2* en France, ont relaté cet incident. Est-ce un incident?

conquis leur territoire. On n'a jamais reconnu autre chose que le territoire privé de l'anglo-américain, et l'on a sanctionné d'un *melting pot* le pouvoir de cette langue minoritaire, commercialement omniprésente, sur le terrain vague des cultures assimilées, pas intégrées.

Alors, la politique linguistique? Elle semble efficace, à première écoute. Mais il ne faudrait pas oublier que dans chacun des cas retenus, le français, le soviétique, l'américain, elle est le produit d'une *capacité de conquête. D'une absorption de l'espace national ou étatique par les moyens économiques, administratifs et militaires appropriés.* Cela vaut pour bien d'autres cas, notamment l'anglais d'Écosse, du Pays de Galles et d'Irlande du Nord en Grande-Bretagne qui a continué de régner en République d'Irlande, le toscan officiel de toute l'Italie malgré les nombreux particularismes et dialectes encore en usage, même la lusophonie de l'immense Brésil où il semble bien que les relevés de Claude Lévi-Strauss dans *Tristes tropiques,* voici bientôt cinquante ans, ne sont plus pertinents: l'autonomie linguistique de groupements allemands, ukrainiens, croates installés en certains États du Sud serait aujourd'hui résorbée. Mais il faut avoir la puissance pour imposer la politique linguistique, qui n'en est que l'un des moyens délégués.

Là où la puissance manque, la politique linguistique ne peut pas en être le substitut. La loi 101 sur le français langue officielle au Québec, pays culturellement et économiquement dominé par l'américanomanie et l'anglo-canadianité de seconde zone, est utile et nécessaire. Mais elle ne remplace pas l'assise d'une liberté de choix, que celle-ci s'appelle indépendance, souveraineté, association, ou simplement autodétermination. Dès lors que cette liberté désirée n'est pas appuyée sur le consentement et dotée des capacités politiques et économiques adéquates, la loi a beau être votée, elle est sans force. Les conjonctures de dépendance économique, politique et culturelle, — dont le nationalisme québécois, qui en porte les stigmates, offre un exemple-limite, — démontrent clairement l'insuffisance, voire l'impuissance d'une politique linguistique réduite à ses seules ressources.

Cette assertion, on l'objectera, n'est pas entièrement vérifiable sur l'exemple. Depuis la «Révolution tranquille», le gouvernement québécois, sous le régime de Jean Lesage au début des années soixante, puis à nouveau sous le régime de René Lévesque de 1976 à 1985, a impulsé des initiatives économiques et culturelles qui étaient de nature à *pondérer* une éventuelle politique linguistique autonome. J'emploie dans un double sens le terme souligné: par référence à une *modération* presque synonyme, et par rappel des *métaux pondéreux* qui pèsent lourd. Modérée, cette politique l'a été, au point de s'effacer elle-même: elle n'a pas utilisé les forces qu'elle réclamait. Pondéreuse, elle l'a été aussi, elle a eu du poids à certains moments. Création du ministère de l'Éducation et uniformisation de l'enseignement secondaire et collégial, nationalisation de l'hydro-électricité et de sa distribution, initiative (reprise par Ottawa) au titre du régime des rentes de retraite, création sous régie d'État de la Caisse de dépôt et de placement devenue par la suite l'une des principales puissances financières du Canada, fondation de l'Office de la langue française et lancement réussi d'une «banque» de données terminologiques imaginatives correspondant à l'invention scientifique et technologique, établissement tardif par le cabinet Lévesque et le ministre Clément Richard d'une politique intelligente d'encouragement à la production cinématographique québécoise, tous ces signes d'une affirmation économique et culturelle adaptée à l'espace national et à son environnement, — il y en a eu d'autres moins efficaces ou trop décalés, l'aventure sidérurgique notamment, — n'ont pas eu que la beauté du vent qui passe dans les arbres. Ils ont compté. Pour eux-mêmes, pour leur ensemble cohérent. Ils ont déterminé la possibilité d'une politique linguistique plus audacieuse: la loi 101, plus de dix ans après la «Révolution tranquille», l'a emporté sur les emmitouflages pudibonds de la période intermédiaire. Elle n'a pas réussi, pour autant. Elle n'a pas réussi parce que la plupart des éléments déterminants n'ont pas été marqués d'une exigence première, celle de la démocratie. Certes, les procédures parlementaires ont été respectées. Chacune des initiatives que l'on vient de mentionner a été le résultat d'une loi votée en bonne et due forme. Je vise autre chose. Je donne au mot démocratie un sens beaucoup plus large, celui d'un *consentement populaire* éclairé, massif et durable. Il n'a été que sporadique, hésitant ou résigné. Une force constante aurait pu l'animer à deux conditions: si l'information avait correspondu aux attentes profondes des travailleurs, secteur dynamique, le plus nombreux et le mieux organisé de la société; et si l'avantage des mesures prises n'avait pas été confisqué par une nouvelle bourgeoisie dépendante qui les appelait et pour laquelle, on s'en apercevait plus tard, elles avaient été adoptées. Ces deux conditions sont solidaires. La première ne pouvait être satisfaite, dès lors que l'information était alimentée, entretenue, mise au courant par les sources confiscatrices.

Il y a bien eu confiscation. En voici deux cas manifestes: Hydro-Québec et Caisse de dépôt. La nationalisation de l'électricité n'a pas seulement permis, à la faveur des prix offerts aux grandes compagnies expropriées, un formidable coup de bourse, un recentrement et un renforcement de leur capital, la formation de nouvelles multinationales, leur orientation vers l'investissement dans les technologies de pointe à l'étranger, donc une sorte d'aliénation d'un capital productif que la mobilisation du capital nationalisé ne compensait pas entièrement. La gestion ultérieure d'Hydro-Québec, malgré les promesses initiales, a de même été confiscatrice à l'égard des simples usagers résidentiels: c'est à eux, ce n'est pas aux sociétés privées, que l'évolution des écarts de tarification entre catégories de consommation a fait payer le gros de l'effort de croissance, la mise en œuvre des gigantesques bassins de production de la Baie James sous le régime Bourassa, l'exportation prioritaire de courant vers les États-Unis à prix réduit. Quant à la Caisse de dépôt et de placement, instrument de gestion de première grandeur, elle sait pareillement détourner les fonds vers le profit. Conçue à l'origine pour capitaliser et placer dans des valeurs presque uniquement obligataires le produit des primes universelles des rentes publiques de retraite, elle ne s'en est pas moins comportée par la suite comme un *trust fund* privé ou comme une société de portefeuille: en diversifiant les placements, elle a accordé une importance croissante au rendement plus élevé mais plus instable du «capital de risque». Telle a été la politique de plusieurs ministres des Finances, entre autres sous le gouvernement Lévesque Jacques Parizeau (il avait été l'un des principaux concepteurs du projet de base, quinze ans plus tôt, époque à laquelle, conseiller écouté du ministre René Lévesque, il envisageait déjà ce genre d'amplification). Mais les rentes de retraite restent peu indexées, contrairement à ce qui se passe en de nombreux pays socialement plus avancés. Leur révision à la hausse est peu fréquente; elle n'obéit à aucune périodicité fixe; enfin, capricieuse, elle est chichement mesurée. Où va l'argent, le produit du rendement? Certainement pas dans la poche des retraités.

Note autocritique, destinée à éclairer la discussion. Je n'avais pas une telle sévérité lorsque, journaliste à *La Presse* entre 1962 et 1965, je décrivais et commentais les grands débats politico-économiques du moment. J'étais alors séduit par l'intelligence et la modernité des projets de réforme du ministre René Lévesque, de son sous-ministre Michel

Bélanger aux Richesses naturelles, du conseiller Jacques Parizeau, plus tard par les orientations de leur allié Éric Kierans. Je pratiquais, certes, le métier selon des méthodes d'analyse que le président du journal et ses bailleurs de fonds jugeaient menaçantes pour leurs intérêts. L'affaire dite du «Syndicat financier» a été cruciale à cet égard. Ce consortium de banques et de maisons de courtage était une puissance. Parce qu'il alimentait les besoins courants du gouvernement québécois sur le marché des obligations, il prétendait garder la haute main sur les finances publiques. Son omniprésence atteignait aussi *La Presse* qu'il avait pourvue de huit millions de dollars (somme importante à l'époque) et dont il surveillait la dette. La grande affaire sévissait depuis fort longtemps, en cachette. D'un point de vue journalistique, elle dura de décembre 1963 à avril 1964. Elle se termina juste avant un très long conflit de travail, effet partiel des pressions du consortium sur le journal[7]. Le ministre Éric Kierans combattait pour neutraliser les prétentions de ce «syndicat» des maîtres. Il me fournissait les données essentielles, je vérifiais, enquêtais latéralement, faisais parler qui de droit ou d'intérêt comme le veut le métier, j'amenais des représentants adventices du consortium à «se mettre à table», j'analysais. Et la découverte sur champ d'importantes fonctions politico-financières communément ignorées se transmuait en une stratégie du pilonnage. Il était quotidien, induisait un début de crise au sein d'un gouvernement où siégeaient aussi des collatéraux d'une puissance jusqu'alors innommée. Très bien, c'était une prouesse utile. J'y laissais une carrière de journaliste. Mais je n'observais pas encore toutes les distances critiques qu'il m'a fallu depuis parcourir. J'étais un observateur obligé, comme André Belleau d'une autre façon à la même époque, et je montrais le tambour: nous savions le battre.

J'entendais les témoins, les acteurs; il m'arrivait de ne pas les écouter. Mon objet était moins les divisions et les conflits que la réussite de projets politiques où ces divisions parlaient. Journaliste, saisit-on la différence entre l'attention aux turbulences épisodiques du pouvoir et l'écoute des conflictualités structurelles qui les instrumentent? Sous cet angle, le mélange d'entente et de désaccord entre René Lévesque et son premier ministre Jean Lesage était infiniment plus complexe qu'on ne pouvait l'imaginer. Modernité *vs* conservatisme, sans doute. Mais la modernité n'était pas d'un seul côté, et le conservatisme non plus. Sur la Caisse de dépôt, Lesage insistait à me dire que la règle du placement des primes en valeurs obligatoire (à hauteur de 95 %) était infrangible. Sans quoi, ajoutait-il, les futurs retraités qu'on obligeait dès maintenant à contribuer à la Régie des rentes seraient floués. Jean Lesage était un libéral d'ancienne école qui passait pour conservateur. Je consignais le propos et le répercutais, sans même discuter la force politiquement ambiguë d'un argument inattaquable. L'eussé-je discutée, j'aurais été amené à interroger les souhaits opposés, également ambigus, des principaux promoteurs de la Caisse de dépôt et de placement. Quant à la nationalisation de l'électricité, Daniel Johnson, alors chef de l'opposition conservatrice d'Union nationale, m'avait expliqué les raisons pour lesquelles il contestait le prix offert aux compagnies nationalisables. «Je ne suis pas opposé à la nationalisation», précisait-il, «mais cette prime de 10 % en sus des prix du marché est entièrement inacceptable. On présente un plateau d'argent aux compagnies. Elles sortent bénéficiaires de l'affaire. Les contribuables sont lourdement spoliés.» Je notais l'objection, continuais néanmoins de penser que les avantages de l'opération pour l'ensemble du Québec étaient à long terme bien supérieurs aux inconvénients momentanés du coût. En quoi je me trompais. La taxation irait en s'aggravant, et j'omettais de poser une question centrale: pour qui l'avantage? Les réserves du Père Jacques Cousineau, jésuite proche d'une certaine conception du syndicalisme catholique, étaient de même nature. Il avait beaucoup potassé la question depuis la création d'Hydro-Québec en 1944. Je répercutais l'information. Lesage et Johnson avaient en commun une conception ancienne et jamais vérifiée du capitalisme, celle de la «gestion de bon père de famille». Le paternalisme catholique inquiet du Père Cousineau les bénissait. Ces conjonctions feutrées paraissaient s'opposer aux orientations de la «modernité», dont je percevais clairement qu'elles étaient elles aussi capitalistes, mais dont je gommais le qualificatif. Surtout, je n'entendais pas que les critiques des «conservateurs», — qu'ils étaient en plus d'un sens, — rejoignaient sur les mêmes sujets, pour d'autres raisons, les inquiétudes d'un mouvement ouvrier syndical alors en pleine mutation et peu conservateur. L'écoute était partielle.

Mais en quoi tout ceci concerne-t-il une politique éventuelle du discours et son rapport à la langue? Nous sommes au cœur du sujet. Je rappelle les deux conditions solidaires que l'évocation de la «Révolution tranquille» québécoise m'a amené à énoncer: pas d'information correspondant aux attentes des travailleurs et à une quête intelligente du consentement social le plus large, si l'effort demandé par les dirigeants ne conduit qu'à l'avantage d'une minorité. La démocratie est alors en jeu. Elle l'est en tout lieu. En particulier, dans un pays économiquement et culturellement dépendant qui ne dispose que d'un pouvoir politique, législatif et administratif limité. Les représentants officiels d'un tel pays cèdent habituellement à la tentation de recourir aux pratiques en usage dans les économies à pleins pouvoirs qui le dominent. Ils y ont sans doute un puissant intérêt de classe, il faut bien «appeler les choses par leur nom», — comme on dit par un effet institué de discours qui ne parvient pas à cacher que les choses ne portent pas de nom. Ce recours est un leurre, à long terme un échec politique. Il s'agit au contraire d'empêcher que les «choses» portent le nom qui leur est imposé; mieux encore, de faire en sorte qu'elles correspondent à une autre pratique, adaptée aux nécessités. Échec des visées et méthodes courantes en conjoncture de dépendance: échec, dès lors que les représentants plus ou moins mandatés proclament la lutte contre la dépendance mais utilisent les moyens de leurs maîtres. Une politique adaptée à de telles conjonctures, s'il est question d'un combat efficace contre la domination, devrait être l'ouverture de la démocratie au peuple besogneux, à ses organisations, aux cultures allogènes, aux moyens de la transformation d'un peuple et d'une culture dont les calculs directoriaux usuels dévient l'intelligence.

C'est ici qu'entre en jeu une politique du discours. Absente des débats mimétiques entretenus par des dirigeants dominés qui n'ont qu'une conception étroite de la langue, elle s'articulerait sur une politique de l'information et de l'école. Remarque: *une politique de l'information existe bien dans les circonstances actuelles, et de même une politique scolaire plus ancienne du discours; elles coexistent sans doute, mais elles se contrecarrent. Advienne une orientation pondéreuse nouvelle, une liaison possible entre l'avantage recherché pour le grand nombre et la formation intellectuelle du consensus, un ancrage sur les conditions fines de la lutte contre le faisceau des dépendances politiques, économiques et culturelles qui précarisent ou dispersent l'effort du grand nombre, il deviendrait possible d'affranchir l'école et l'information de leurs entraves mutuelles.*

L'école a pratiqué une politique du discours. L'école des «bons pères», jésuites ou sulpiciens. Elle n'est pas entièrement disparue. Elle demeure en tant que telle, comme arrière-garde réactualisable; et elle continue d'entretenir le soupçon de ses traces dans l'exercice universitaire. L'apprentissage des méthodes de discours était largement fondé sur la *memoria*, l'*elocutio* et l'ὑποκρισις *(hypocrisis)*, hypocritique ou art rhétorique de l'action gestuelle qui recevait la fonction d'accompagner et d'interpréter les preuves mémorielles de la parole. L'*inventio*, la découverte des arguments, était le plus souvent réduite à la répétition de ces seules preuves, à leur sacralisation. La découverte était enchaînée à l'acte mémoriel, tribut et indice efficaces d'une parole sanctifiable en dernier recours. Et c'est uniquement à cet enchaînement littéral de la découverte qu'était dévolu un reste de *dispositio*, une certaine progression de discours qui pouvait tolérer les risques codifiés de la *disputatio*. Les restrictions génériques — rhétorico-religieuses ou apologétiques — ont été l'un des inconvénients d'une telle politique: l'émancipation des pratiques discursives et des savoir-faire la rendait obsolète, même au Québec, en dépit des persistances de la seule école qui fût reconnue en ce pays. L'écriture poétique et la révolution des arts entre les années trente et soixante sont des indices très sûrs, non les seuls, d'une désuétude des exercices scolaires alors exclusifs. À ce premier inconvénient s'en ajoute un autre, historiquement inséparable: l'école était réservée. Elle l'était pour les «élites» de la dépendance, assurées d'un savoir de seconde main et d'une domination imprimée de très haut sur les facsimilés de la puissance locale. Ça ne pouvait faire merveille; les «élites» québécoises francophones étaient le plus souvent cancres, obtuses, enfermées, — quelques hautes exceptions ne faisant pas la règle. Toutefois, la technicité subordonnée des avocats, des notaires, des médecins, des prêtres, des gérants déterminait un certain savoir-faire politique correspondant aux marges de négociation tolérées par les puissances délégatrices. Ça fonctionnait en somme, mais pour un temps révocable. La société civile était conçue comme société de production (l'habitat urbain de 1850 à 1950 en témoigne surabondamment à travers toute l'Amérique du Nord); et la production souffrait des lenteurs décalées de la société politique. Les avocats et les gérants de finances, agents civils que l'instruction traditionnelle préparait à l'exclusivité de la représentation politique, se plaignaient eux-mêmes des nouveaux «dysfonctionnements». Le point de rupture n'était pas éloigné, il n'était plus possible de poncer les lézardes. L'école du discours, celle des représentants désignés ou à vocation de l'être, a été la première cible des rajustements de productivité. Rajustements scolaires, non pas abolition. Mise entre parenthèses, donc relativement préservée, l'école des élites anciennes qui faisaient peau neuve a renoncé à sa politique du discours. Elle y était contrainte, mais on lui a permis de calculer les avantages de la renonciation. Le problème, c'est qu'aucune autre politique du discours n'a pris la place. Nous sommes en un lieu vide.

L'information, quant à elle, est traditionnellement soumise à une triple politique. Elle l'est, d'une part, aux débats, potins et affaires politiques qui rythment son assonance. Elle l'est, d'autre part ou par conséquent, au jeu des intérêts qui forment sa source, exercent de constantes pressions sur elle, lui font la discipline. Elle est enfin régie par une politique interne, homologable à l'ensemble de la profession, qui détermine le voisinage des rubriques, règle les procédures de rédaction et leur hiérarchie, les procédés de fabrication, l'extension du jeu politique à l'ensemble des articulets, quel qu'en soit l'objet apparent, sport ou culture, et les modalités particulières de composition. Cette troisième politique est de surveillance; elle assortit de normes techniques l'alliance et le retentissement des deux premières. Nul n'y échappe, sur le moment ou à l'usure. Elle a des dents; elle sait réduire, jusque dans la «conscience pratique» des agents journalistes, les tentations de la liberté d'informer.

La triple politique d'information s'est affinée, bien que dans son principe elle existe depuis fort longtemps. Elle n'a été que très rarement en accord avec les possibles d'une politique du discours. Les recrues du journalisme étaient assez souvent, non pas toujours, des produits de l'école classique. Mais elles en étaient des produits récalcitrants, de fortes têtes, des insoumis, voire des anticléricaux. Se souvient-on du journaliste Rodolphe Girard, auteur au début du siècle d'une facétie trivialement irrespectueuse, *Marie Calumet*? Les calembours de salle de rédaction ont gardé la tonalité parfois plus poétique du décapage, même chez les chroniqueurs de nouvelles religieuses. Je songe à un grand poète, Paul-Marie Lapointe, qui fut ce chroniqueur à *La Presse* dans les années cinquante. Un autre poète important s'était fait, dans les années quarante, le scaphandre d'une dérision tendre et meurtrière, celle du «*Je-vous-salue-Marie*»: Gilles Hénault, qui publie ce texte dans *Totem* aux Éditions Erta en 1953, a commencé une longue carrière de journaliste à l'âge de seize ans. Indépendant, souvent laissé pour compte, il s'est donné une immense culture, sans être passé, lui, par le collège classique. Les nombreux poètes qui fréquentent ou ont fréquenté les salles de rédaction, Clément Marchand, Olivier Marchand, Gilles Constantineau par exemple, pratiquent le métier avec une pareille indépendance. Elle est d'ailleurs le trait signalétique de la plupart des journalistes considérés individuellement. D'autres, les grands patrons de presse d'autrefois ou de naguère, Henri Bourassa et Gérard Filion, voire André Laurendeau ou Jean-Louis Gagnon, n'étaient sans doute pas des mange-curés; mais l'ancêtre du *Devoir*, Bourassa lui-même, n'a pas été en son temps un bénitier, pas plus que les trois autres depuis, malgré les sollicitations entretenues jusqu'au

seuil des années soixante, — quand l'écheveau des relations entre le
clergé et le gouvernement, entre les deux pouvoirs politiques de
l'Église et de l'État subordonné, a achevé *apparemment* de se dénouer.
Je souligne l'adverbe, les apparences ont presque disparu; mais le pouvoir politico-financier qui nouait l'intrigue des deux autres pouvoirs
apparents n'a jamais été durablement entamé.

L'indépendance d'esprit est l'honneur des praticiens du métier,
mais elle ne les a jamais empêchés de se faire élimer par les règles
étroites et intéressées de l'exercice. Séparation intangible de l'éditorial
et de la nouvelle centrifuge; application religieuse à cette dernière de
la fameuse règle américaine dominante des «*five W*» (*What, Who,
Where, When, Why*) où la question décisive du «pourquoi», du «*Why*»,
est obturée d'un «comment» approximatif qui rassemble les quatre autres «*W*» unidirectionnels; délégation du pourquoi à l'éditorial qui
conjugue et efface les réponses possibles dans une leçon de morale
également prescrite. Toutes ces règles d'un code «mass-médiatique»
participent sans nul doute d'une rhétorique. Mais d'une rhétorique appauvrie, plus appauvrie encore d'être la sous-traitante maladroite
d'usages journalistiques nord-américains qui lui surimposent une autre
tradition de pouvoir et de discours. Dans les conditions de la domination, une politique du discours est alors en manque. Elle supposerait la
conjonction des facteurs, de rubriques autrement ordonnées, une liberté critique non pas seulement tolérée mais stimulée, accueillie dans
toutes les pages. Des exemples existent d'une telle attitude: *Le Monde*
quotidien, surtout à l'époque d'Hubert Beuve-Méry, et plus encore *Le
Monde diplomatique* de Claude Julien, le quotidien italien *La Repub-
blica*, l'espagnol *Diez y seis*, le *Manchester Guardian* anglais, l'allemand *Die Welt*, le mensuel uruguayen *Brechas*, l'américain indépendant *The Nation*, bien d'autres. On aura compris, pourtant, que je ne
les propose pas en modèles. Pas d'information informante sans une
politique du discours. Pas de politique du discours sans incitation à la
critique. Et une critique lucide de la dépendance ne peut accepter
quelque modèle que ce soit. Si l'ensemble de ces traits n'est pas composé intelligemment, l'«information» courante n'est qu'une machine à
décerveler. Elle l'est singulièrement au Québec, où le localisme dirigé
le dispute à l'imitation imposée. Belleau l'avait bien compris dans
«L'effet Derome[8]».

Localisme et imitation n'ont pas toujours eu cours dans la presse
québécoise de langue française. Mais les tentatives de sens inverse ont

chaque fois été assez brèves. En voici trois exemples, je n'en fais pas davantage des modèles. L'hebdomadaire *L'Autorité du peuple* a duré de 1953 à 1954. Racheté par la gauche libérale à un petit groupe de Saint-Hyacinthe, cet obscur organe de la presse locale dont le titre primitif était *L'Autorité* est devenu pendant un an et demi un «éclaireur» d'opinion. Je guillemette le mot, car la feuille primitive dépendait d'une autre qui s'appelait *Le Clairon*, de la même localité. L'additif «*du peuple*» faisait toute la différence d'orientation[9]. Les collaborateurs comptaient parmi les plus compétents de l'époque, notamment Jean-Louis Gagnon et Noël Pérusse qui apportaient une aide bénévole. En six à huit pages denses, le journal engageait une critique informée, généreuse mais distante sur les fortes questions d'actualité politiques et artistiques. Le refus des tabous, leur décryptement, était un courage dans une époque appesantie, on ne l'oublie pas, sous le maccarthysme nord-américain et la «grande noirceur» duplessiste qui en faisait l'accent local. Dix-huit mois, c'est peu, mais très long en de telles circonstances. Animée par un journaliste hors du commun, Jean Vincent, l'expérience dut être interrompue, faute de moyens financiers et en raison des réticences ou omissions de bailleurs de fonds dont l'appartenance au Parti libéral entravait le soutien prolongé.

On se souvient mieux des exemples de *La Presse* de 1958 à 1965, et du *Nouveau Journal* d'août 1961 à juin 1962. Ces deux expériences sont certainement plus complètes et instructives que celles de *L'Autorité du peuple*. *La Presse* de Jean-Louis Gagnon puis de Gérard Pelletier, *Le Nouveau Journal* de Jean-Louis Gagnon* ont eu au moins deux traits en commun, malgré la différence des ambitions: l'orientation vers la grande entreprise de presse commerciale, l'expansion de la critique au delà des «formats» convenus et des rôles habituels de l'écriture journalistique. Ces deux traits tiennent d'un paradoxe que, dans la situation, il était important de soutenir. Comment concilier le commercialisme de la «grande presse» et une expansion des capacités d'analyse critique que le prêt-à-porter commercial a pour fonction de réduire? Mais en même temps, comment ne pas reconnaître qu'un développement efficace des singularités de l'information ne pouvait être

---

* La préposition déterminative «*de*» est, ici comme souvent, d'un usage idéologique commode. Elle a un caractère symbolique: elle désigne un moment, non pas une possession, pas davantage une exclusivité des rôles. Elle ne déclare pas, implique seulement par allusion aux situations encadrées de noms, l'initiative des équipes de travail qui transcendaient l'autorisation capricieuse des titulaires supposés.

envisagé que dans le cadre commercial établi, en l'absence d'une puissante organisation de gauche dotée d'un financement indépendant et suffisamment intelligente pour *animer* politiquement, plus que tolérer, l'exercice des libertés de presse? Une organisation de gauche, lorsqu'elle est puissante, s'ingénie à imiter les pouvoirs de la droite bourgeoise, avec plus de franchise dans la censure. Lorsqu'elle est faible, elle est généralement sectaire; ou bien intelligente et portée sur la stratégie, mais encore dépourvue des moyens qu'elle essaie d'atteindre. De toute façon, aucune organisation de gauche, forte ou même moyennement faible, n'existait; et la question de leur possible intelligence stratégique n'avait pas assez de poids au regard d'une information nécessairement ponctuelle. La droite avait réussi son matraquage idéologique depuis longtemps. Y avait-il même lieu de parler d'une «droite» dans un pays où tout était «démocratiquement» à droite, sauf bon nombre d'individualités singulières? En outre, la composition d'une salle de rédaction, les critères de recrutement et d'embauche, les modalités syndicales d'acquisition ou de protection de la permanence de fonction pour les plus anciens, ne pouvaient être modifiés par une politique de sélection à gauche. Le seul critère admissible était celui de la compétence attestée, et bien des journalistes conservateurs devaient pouvoir continuer de s'en réclamer. Il fallait passer par un biais, faire accepter une autre pratique de la «compétence». La référence obligée à l'*establishment* de presse et de finance supposait un compromis pour la négociation duquel les tentatives de lancement d'une nouvelle politique d'information disposaient d'un atout-maître: l'obligation absolue pour le régime, sous peine de disqualification, de réformer son fonctionnement et de s'ouvrir à une certaine «transparence», — on disait déjà ce mot dont la force, largement syncrétique, atteint aujourd'hui d'autres régimes. Cette obligation, les cercles financiers et les milieux qui dominaient les affaires de la province la ressentaient au même titre que le parti provisoirement au pouvoir. Il y allait de l'économie du Québec et, au delà, de l'économie canadienne toute entière, de sa modernisation, de sa compétitivité sur les marchés extérieurs, d'un rajustement des systèmes de domination propres à l'interrégionalisme fédéral canadien. Il était donc possible d'amener à composition les commettants locaux des dominants, d'aller jusqu'à obtenir leur caution pour une réforme de l'information, pour une transparence critique qui n'était pas *a priori* susceptible de les épargner. Mais, par même conséquence, l'atout des nouvelles équipes de presse était strictement limité à un simple *aggiornamento*. La réforme du régime ne serait qu'une mise à jour, un remodelage. Les équipes de presse étaient autorisées à modifier leurs «formats» informatifs, mesure ponctuelle — et ponctuellement jugée — d'une extension de la visée critique. La transparence ne devait pas excéder les limites du remodelage. Toute transgression serait sévèrement sanctionnée. Telles étaient les conditions implicitement posées par la partie adverse dans la négociation. Les sanctions seraient financières: retrait des bailleurs de fonds dans le cas du *Nouveau Journal* et suppression de cet inventif quotidien d'information. L'arsenal répressif des lois du travail servirait également: lock-out des journalistes de *La Presse* qui y répondaient par la grève, le 4 juin 1964, et décision patronale de faire durer le conflit pendant d'interminables mois. D'autres raisons ne manquaient pas; celles-là parlaient haut et fort, déguisaient en motifs techniques ou comptables entièrement justifiés les aspects punitifs de la sanction: *Le Nouveau Journal* avait accumulé en dix mois un déficit d'exploitation considérable; le lock-out légal de *La Presse* était motivé par la grève des typographes et des pressiers.

Eppur' si muove. Sous l'angle d'écoute qui est le nôtre, les trois expériences que je viens de résumer gardent au présent le dépôt d'une force intellectuelle susceptible de revenir à la «conscience pratique». Une politique nouvelle de l'information critique a tenté d'affirmer autrement une politique du discours. De renouer avec l'héritage des collèges classiques en le réformant, en le modifiant d'un souci actif pour les temporalités sociales que cet héritage méconnaissait, en déconstruisant l'achronisme de ses anciennes leçons de morale. Animée d'une passion pour la langue et l'écriture, cette déconstruction mettait au neuf les formes du discours, par investissement d'une réelle recherche artistique dans la précision documentaire. C'était l'époque, au *Nouveau Journal,* des grandes enquêtes méticuleuses du journaliste poète Gilles Constantineau, des éditoriaux hebdomadaires du romancier André Langevin, des commentaires de politique internationale du journaliste poète Gilles Hénault ou du journaliste Georges Galipault, des reportages rythmés, battants et denses du journaliste Jean-V. Dufresne. On n'avait jamais lu au Québec, ni dans le journalisme ni même en «littérature» une prose semblable, aussi diverse et pourtant homogène, humoristique, passionnément critique, lucidement folle et courageuse, minutieusement informée. Une culture était réapprise, elle était transformée, elle devenait une écriture. Elle faisait plus que renseigner, elle donnait à lire. Plus exactement, elle rendait au lecteur son beau titre et son action. Il s'agissait donc vraiment d'une dynamique du discours: du discours efficace, informant et enseignant, apte à saisir la conjoncture étendue, en sympathie avec de modestes lecteurs considérés comme citoyens à part entière, — malgré ou à travers les tabous de l'autorité qui les consigne à résidence, — pour la première fois avec une telle ampleur dans le domaine de l'information journalistique.

J'ai dit: une dynamique du discours, non pas une politique organisée. La brève existence du *Nouveau Journal* est l'indice d'une déficience à cet égard. Il faut une intelligence et des moyens infinis, bien au delà des moyens de presse, pour concevoir et pratiquer une politique démocratique du discours, toujours à revisiter. Les journalistes se rebellaient contre les conseils directoriaux d'amadouement envers les pouvoirs politiques. Mais ils étaient eux-mêmes coincés, sans pouvoir s'en rendre compte, dans le corset des informations qui venaient d'un pouvoir sourd au discours, à leur discours, à tous les discours qui ne fussent pas le masque du silence discrétionnaire. Parmi les hommes de gouvernement, seul ou presque seul René Lévesque échappait aux poncifs, à l'amalgame des lieux communs. Il avait une éloquence brouillonne mais convaincante de vulgarisateur qui éveillait immédiatement l'intelligence de son public. Dialogique bien que contradictoirement despotique, il participait lui aussi de la dynamique du discours. Seul ou presque seul, il séduisait intensément les nouveaux journalistes que, journaliste lui-même, il avait aidé à former ou à secouer. Mais la conscience sociale de René Lévesque avait tendance, comme je crois l'avoir démontré plus haut, à se résorber dans les projections autoritaires et confiscatrices de l'étatisme. Séduits, les nouveaux journalistes s'y laissaient prendre, avec d'autant plus de facilité que l'état des forces ne les persuadait pas qu'une politique socialement plus avancée fût alors possible.

En somme, dans les conjonctures de dépendance, et c'est la conclusion provisoire d'un très long détour nécessaire, une politique de la langue est impuissante si elle ne s'appuie pas sur une politique scolaire du discours qui implique, pareillement, une politique de l'information critique. De telles orientations sont inséparables. Elles s'épaulent, se surveillent, se transforment à leur contact mutuel. Le concours de l'État à leur élaboration est incontournable. Encore faut-il qu'il se donne les moyens d'une écoute extensive, qu'il apprenne tout bonnement à écouter le *langage,* celui de la «vie réelle».

Je ne suis pas très éloigné de la pensée de Gramsci en assurant que le langage et son écoute active sont au fondement d'une véritable capacité de direction, — qui faisait défaut à la bourgeoisie italienne préfasciste et au fascisme lui-même, tout comme elle continue de faire défaut au pouvoir des «élites» québécoises francophones. Écouter le langage, cela signifie: conquérir l'hégémonie démocratique la plus large sur la «société civile», celle du salariat, sur les temps court et long de son histoire, sur les conditions prépondérantes de travail et de langage dans la sorte de transnationalité imposée par les dominants. Cela signifie: connaître les moyens de cette transnationalité-là et lui en opposer une autre. Mais il n'est pas possible de lui en opposer une autre si la politique suivie n'est pas assignée à la réalité agglomérative du peuple local. Ce peuple n'est pas le seul «peuple de souche», qui ne peut se prévaloir d'aucun privilège d'origine: comment parler d'un droit d'origine ou de sang en présence des Amérindiens? On répondra qu'il ne s'agit pas d'un privilège, mais d'une histoire. C'est vrai, mais cette histoire s'est faite avec le concours de ceux des immigrants qui ont eu la périlleuse lucidité de s'intégrer à la culture locale, le plus souvent sans contrepartie dans l'accueil et les avantages. Il n'est pas utile de mettre en répertoire l'expérience quotidienne des patronymes irlandais, italiens, allemands (les Wagner qui ont fait «souche» et dont il était déjà question, — pour un autre rôle, il est vrai, — dans le roman *Charles Guérin* en 1854), français de France, belges wallons ou flamands, libanais, voire tchèques francisés, plus récemment haïtiens, sud-américains, maghrébins, qui jalonnent la culture québécoise francophone. La langue n'est pas le «sang», celui des syncrétismes de propagande. Le peuple local est le produit actif d'une histoire et de ses métissages, et ceux-ci ne peuvent être réduits par une économie mentale de refoulement qui retient et imprime l'acculturation dominante.

Toute politique d'immigration québécoise qui déciderait d'accorder la préséance d'accueil aux nouveaux venus dont la langue première ou deuxième est le français serait discriminatoire et ne ferait qu'imiter, par contrefaçon et sans les avantages, les systèmes dominants d'assimilation*. La règle de ces systèmes anglo-saxons octroie *de facto*, le plus

---

* Au moment de relire et de corriger l'ensemble de ce texte, j'apprends que le Parti québécois de feu René Lévesque, de l'actuel Jacques Parizeau, inscrit une telle politique à son programme pour les élections législatives du mois de septembre 1989. La justification qu'en donnent les porte-parole de ce parti est parfaitement contradictoire dans les termes. D'une part, la politique proposée déclare reconnaître l'apport immen-

souvent sans le stipuler expressément, un privilège d'entrée et d'emploi aux anglophones de culture première ou seconde, même lorsqu'ils ne sont pas des *Wasp*, — les *coloured people* étant consignés aux tâches ingrates, peu sécuritaires, génératrices de chômage chronique, rémunérées à leur sous-valeur marchande. Cela fonctionne bien, tragiquement bien. Un dessous-de-porte est en quelque sorte imposé aux nouveaux acculturables par les régimes acculturants de conquête, en sus du prix à payer pour le voyage des immigrants et leur perte culturelle. Assimilation et conquête vont de pair: si l'assimilable n'accepte pas la conformité, il est forclos. Le gâchis des forces profite à l'acculturation, à la stabilité provisoire du cimetière. Des nationalistes qui déclarent afficher (ils ne se contentent pas d'afficher, ils proclament l'affichage) une volonté de lutte contre la dépendance, — la volonté étant censée faire loi, et la loi dicter la réalité, — ont-ils conscience de se laisser aller à reproduire le calque de l'assimilation*? Avec un tel programme, la francophonie québécoise ne parviendrait pas à sortir du goulot d'étranglement, car les immigrants allophones que l'on dit souhaiter se feraient de plus en plus rares. Dans les conditions d'une conjoncture de dépendance, la politique à suivre ne peut être que d'intégration, non pas d'assimilation. L'intégration, l'écoute, l'inquiétude, l'accueil, l'intelligence des situations, la pédagogie du discours interlocutoire. Le français, au Québec, ne peut simultanément souhaiter la bienvenue et devenir une langue d'interdiction.

Ce que j'en dis ne revient pas à suggérer le repli sur le *statu quo ante* libéral. Le raisonnement va exactement à l'opposé. La légitimité

---

se des immigrants de toute provenance. En cela, elle rend — bien tardivement — hommage aux efforts d'ouverture et d'intégration de l'ancien ministre péquiste et poète Gérald Godin, elle tourne le dos à la xénophobie de l'ancien nationalisme provincial conservateur qui continuait la politique, léguée par le colonialisme britannique du XIXe siècle, de mise en «réserve» du Québec. Mais d'autre part, les *quota* préférentiels dont bénéficieraient les immigrants francophones leur accorderaient de fait l'exclusivité, compte tenu de la politique fédérale de l'emploi qui demeure dominante et ségrégative, du peu d'emplois disponibles dans un Québec nettement désavantagé, et par conséquent d'une interdiction indirectement signifiée aux postulants allophones. Car le programme du Parti québécois, s'il souhaite l'indépendance, ne propose rien en échange de la politique fédérale de l'emploi. Le taux net d'immigration serait infime, en dépit de l'annonce faite à Marie d'un accueil désiré, et la peau de chagrin redeviendrait celle de la «réserve».

* Cette phrase est ajoutée au texte après lecture des nouvelles concernant les intentions du Parti québécois et son programme électoral pour 1989. Référence à la note précédente.

historique et locale du français exige la pleine reconnaissance de son caractère souverain de langue nationale au Québec, qu'il devienne, plus que la langue de l'administration gouvernementale, celle de la communication sociale, notamment sur l'ensemble des lieux de travail. Mais pour le devenir, ce français doit recevoir l'arc-boutant d'une démocratie élargie, consensuelle mais inquiète, consensuelle donc inquiète, non disqualifiante envers les nouveaux-venus allophones, celle de la force économique construite sur l'avantage aux travailleurs de toutes cultures et de toutes orientations productives utiles. Il serait alors contre-indiqué de sélectionner les arrivants en fonction de leur connaissance du français. Ils l'apprendraient sur le tas si, et seulement si, ils avaient la double assurance complémentaire que leurs conditions de travail et d'existence ne seront pas reléguées, et que leur culture propre sera accueillie pour le bénéfice de l'ensemble. Une sélection à l'entrée est sans doute nécessaire. Elle ne l'est pas par la langue, subterfuge insidieux de la «race», mais par l'utilité sociale, — encore qu'une démocratie élargie force à interroger les usages reçus et obscènes de l'utilité. Est-ce qu'une femme de ménage est moins «utile» qu'un informaticien?

Accueil, donc nouvelle politique de l'emploi, surveillance démocratique de cette politique, donc réinvention d'une αγορα (agora) pour le palabre sur l'emploi, mise en cause et élargissement de la notion même de productivité qui deviendrait transférable entre emplois actuellement reconnus et non reconnus comme productifs, donc politique du discours axée sur l'information et l'enseignement des droits dérivés, donc ouverture intelligente des vannes sur l'éclusion de la parole, ses non-dits enfin proférables. Non pas tous les non-dits: leur grand nombre s'assimile à la scène du psychisme où ils ne sont qu'à peine prévisibles. Mais ceux, plus inventifs et libérables, qu'une conjoncture rétractile noie dans le magma de l'indicible. Les brèves conjonctures expansives de 1789-1793, de 1848 et de 1917-1923 avaient réussi à les en distraire, à les poétiser: à faire du ci-devant non-dit un lieu socialisé de conscience.

Le dialogique et un nouvel ordre économique sont inséparables. Aucune politique de désacculturation n'est possible sans la construction de leur entente.

Les réalistes du pratico-inerte objecteront que, dans la situation actuelle dont ils paraissent se satisfaire, ce programme tracé à grands traits tient de la chimère et que, même s'il était affiné, il relèverait d'un indé-

pendantisme pareillement chimérique. L'objection sera celle des libéraux, pratiquants intéressés du pratico-inerte, de la «réserve» et de ses
prébendes locales. Elle devrait être partagée par un certain nombre de nationalistes qui tentent de concilier le conservatisme des «avantages de situation», qu'ils ont aidé à instituer quand ils étaient au gouvernement, et
le souci d'une indépendance qui renforcerait ce type d'exclusion sociale
et culturelle. La dynamique, serve ou libre, de l'indépendance désirée
leur échappe. Serve, elle maintient l'obédience aux systèmes «libéraux»
de domination qui leur offrent la mesure des confiscations souhaitées:
alors, pourquoi l'indépendance? Libre, elle doit s'appuyer sur une démocratie extensive, à la fois écopolitique* et culturelle, à laquelle ils ne sont
pas préparés. La mise en œuvre d'une démocratie élargie n'est une chimère que pour ceux qui ont intérêt à la craindre, car les chimères sont
souvent des forces. Mais il faut comprendre le fonctionnement antagonique de la chimère: billevesée pour les maîtres, elle est une possibilité
de réalisation pour leurs adversaires. Elle se soutient d'une fine intelligence pratique: l'organisation de l'accueil est opposée à celle de l'exclusion. Et si l'accueil parvient à commencer de rencontrer les aspirations
latentes des salariés actuels ou qui vont le devenir, souchés comme im-
migrés, formant ensemble un grand nombre inchoatif, nulle puissance
dominante ne peut contenir le développement organique de cette force.

----

* Jeu de mots sur plusieurs désignations mutualisées: «écologie», «économie», «politique». Les universités enseignent aujourd'hui les «sciences économiques». Elles
m'enseignaient autrefois l'«économie politique», dont les contenus de programme
n'étaient pas très différents de ceux que l'on professe sous le titre de «sciences».
«Économie politique» est plus modeste, plus naïf, plus étymologique et plus ambi-
tieux tout à la fois. Un οικου νομος (*oikou nomos*), une loi de la «maison» commu-
nautaire productive, une règle de répartition des travaux en fonction de l'accumulation
d'un surplus possible, une loi qui s'étend à la πολις (*polis*), à la «cité», c'est-à-dire à
la société entière, au gouvernement, au politique. L'«économie politique» était bien
désignée, puisqu'elle nommait la place du pouvoir. Et celui-ci ne pouvait pas être totalement indifférent à l'οικου λογος (*oikou logos*), «raison» et «discours» de la «maison» qui sont complémentaires, dans cette culture historique, de la «loi» des régies
économiques. Οικου λογος (*oikou logos*): écologie. Les écologistes d'aujourd'hui,
insoucieux d'histoire, ont le droit, dans une autre conjoncture, de s'opposer à l'économie. Ils risquent de confondre celle-ci avec l'économisme réducteur des cadres d'entreprise et de nombreux chefs d'État qui prétendent l'être. Étudiants, nous nous de-
mandions mutuellement: «Quel cours d'Écopo suis-tu?» *Écopo* pour «Économie politique». Nos questions naïves enregistraient par réduction les astreintes du programme.
Mais elles conjoignaient à notre insu, sur un tissu sensibilisé depuis longtemps, l'écopolitique, l'éco-nomique et l'éco-logique.

Résumons. Sans quitter le plan historique, je reviens aux dimensions de théorie et de méthode qui orientent l'entretien expansif avec les textes de Belleau. La question, pour l'instant, demeure celle des conjonctures. Il s'agit de leurs effets sur le discours, et des types variables de médiation que les situations sociales d'énonciation, en fonction de cette efficace conjoncturelle, déterminent sur les actes interlocutifs singuliers. On pourrait imaginer divers classements ou déploiements de ces actes assortis aux situations médiatrices, selon la conjoncture retenue, — selon qu'elle est rétractile ou expansive, selon ce qu'elle retient des dépôts historiques et selon le mode de leur composition nouvelle, la combinaison spécifique de leurs temporalités distinctes dans un espace-temps remodelé, enfin selon la forme ou la durée plus ou moins spasmodique, plus ou moins discontinue, des orientations que cette conjoncture imprime ou laisse imprimées, parfois lointainement, sur les habitudes actuelles de discours. Impression *ou* effacement; mais aussi impression *et* effacement: l'impression agit par transformation, et les traces de l'effacement sont elles aussi précieuses. La question devient alors: comment conjuguer les rapports de la prégnance et de la dissolution, en analyser la mesure historique variable? Il est impossible d'y répondre avec ponctualité, les connaissances requises et les instruments appropriés faisant défaut sur ce point. La question ainsi reformulée relève d'une pure visée programmatique. La gommer serait pourtant se priver d'une bonne direction de recherche dans les sciences du discours, et spécialement en sociosémiotique. Pour celle-ci, je ne conçois aucun progrès dans le champ expérimental qui ne soit relié à l'enquête historique.

Connivences et divergences.
Un intellectuel ouvert

Personne n'est assuré de comprendre dans le droit fil les parcelles de ce qui est dit, car il n'y a pas de droit fil pour la parole. Celle-ci agit de biais, elle interprète. Mais une intellectualité rigoureuse, donc modeste, souhaite qu'elle connaisse les seuls biais nécessaires à l'interprétation, c'est-à-dire qu'elle soit honnête et à l'écoute. Honnête, comme on le dit dans le langage courant qui parvient à débusquer le non-dit des profits. Ici, pas de profit: honneur à la chimère pratique, si elle est informée.

J'ai dit mon propre parcours, tout en interprétant celui d'André Belleau. Ma «politique du discours» défend, selon des paramètres compatibles jusque dans les replis de l'histoire, sa politique de la langue. Car pour lui, le langage est bien plus que la langue; il n'est pas *dans* la langue, mais *selon* la langue et en *accompagnement*. Il est l'un des dépôts actifs de la culture intégrative et de l'environnement, — dont Belleau fait reproche aux linguistes de ne pas s'occuper*. C'est du langage qu'il s'agit dans «Pour un unilinguisme antinationaliste[1]», non de la langue au sens strict. Nous pourrions parler n'importe quelle langue, «*le bachi-bouzouk, le tagalog, le rhéto-roman ou une langue que nous serions les seuls à connaître, que nous devrions avoir en tant que peuple les mêmes droits*[2]». Il s'agit du discours. Celui-ci est-il tout

---

* L'accusation vaut contre les principes généraux de la linguistique structurale, encore que de nombreux travaux, notamment ceux de É. Benveniste et de R. Jakobson, n'aient pas édulcoré ces préoccupations. Elle ne vaut pas *a priori* contre les avatars de la linguistique générativiste, et contre la sociolinguistique malaisément dérivée qui tente de poser quelques-uns de ces problèmes. Mais c'est un autre débat.

le langage? Ou le langage est-il seulement «la capacité de s'exprimer par des signes verbaux»? Les questions sont dubitatives. Il reste que la politique de la langue, *telle* que l'entendait le collègue à l'opposé de la politique couramment pratiquée, est destinée à promulguer quelques-uns des principes d'une politique du discours. Voici quelques passages insistants:

> Qu'on me permette de rappeler une distinction classique sans laquelle on ne saurait penser la question linguistique. Le langage, comme faculté humaine fondamentale, capacité de s'exprimer par des signes verbaux, de dire le monde, de l'organiser — mais aussi constitutif de tout un environnement — voilà ce qui, en dernière analyse, est en cause. Bien sûr, le *langage* s'exerce toujours à travers une *langue* donnée, dans notre cas le français. Il passe obligatoirement par une langue. Le drame, donc, c'est que si l'on s'attaque à la langue d'un peuple en la refoulant, la dédaignant, on s'attaque à la faculté même du langage, on risque de diminuer la qualité humaine des individus de la communauté. Les hommes qui voient leur langue méprisée ne parlent tout simplement pas. Ce sont des silencieux. Le silence de l'humiliation. Voilà pourquoi ce n'est pas tellement le français comme langue qui est en cause — le français en lui-même n'est pas une personne, il ne connaît pas l'injure, etc. — c'est bien plutôt l'essentielle fonction langagière d'une communauté humaine. [...]

> Je résume ma première proposition: viser désormais non pas le français comme tel mais à travers le français le plein exercice de la faculté humaine du langage. Ne plus raconter d'histoires à nos enfants sur les prétendues qualités intrinsèques des langues. Finie l'idéologie de la célébration linguistique! Pour nous, ne pas parler français, cela veut dire ne pas parler du tout. Nous n'avons pas besoin de parler français, nous avons besoin du français pour parler. [...]

> J'estime, dans un deuxième temps, qu'il faut renoncer au plus vite à l'idéologie nationaliste de la conservation linguistique, qui consiste à pleurnicher: vous savez, il faut comprendre, dans la situation où nous sommes en Amérique du Nord, le français doit être protégé, aidé, entouré de barrières, etc. Ce type de discours est encore plus répandu que le précédent. Je me demande qui sont les débiles profonds qui ont convaincu les hommes poli-

tiques québécois depuis quinze ans de tenir pareil langage. Pen-
sez-vous que nos enfants vont accepter bien longtemps cette approche muséologique?... Notre langue vit-elle dans une réserve
comme certaines plantes ou certaines espèces animales menacées d'extinction? Mieux vaut disparaître que vivre ainsi. Mieux
vaut changer de langue et vivre en liberté que survivre dans une
sorte de «Parc national linguistique»[3].

Tout y est: refus de la «réserve», refus de la conservation, refus
des barrières, de toutes les barrières peut-on supposer, la généralité du
terme utilisé impliquant la possibilité de son extension aux barrières à
l'entrée des allophones qui n'ont pas de compétence en français. Cela
est dit dans la langue-Belleau. Le mot «langue», pris pour la métaphore d'une signature, est un juste hommage au collègue, la reconnaissance d'une écriture. Tout est là, ou presque. Les connivences de parcours
ne masquent pas les écarts. Je tiens à détailler le «presque», mesure
d'une appréciation pour le «tout» de l'ouverture.

Tout n'y est donc pas tout à fait. Je ne parle pas d'une totalité métaphysique. Celle du jeune Lukács cher à Belleau et celle du jeune Sartre
sont pareillement inatteignables, oppressantes. Elles participent encore
d'une référence au *totus* d'un monothéisme quelconque, même si l'une et
l'autre reversent la «totalité», l'une sur l'histoire des formes qui la divi-
sent, l'autre sur l'existant dissocié de son en-soi. Il n'y a pas de totalité
dans l'histoire, elle est inachevable; pas non plus, sur les mêmes objets,
dans l'étant de l'être qui n'est que l'être, trou de mémoire, dépôt constitué mais constitutif, fragment, alors capacité d'invention à raison de ses
béances solidaires et antagoniques. Indice de ce que j'énonce: Lukács et
Sartre ont aidé à penser, au delà de leurs oppositions déclarées, malgré
eux et souvent contre eux, la dynamique du fragment. Mon tout, mon
«presque tout» ne tient qu'en trois termes: discours, conjoncture, poétique, à leur liaison possible selon la progression délibérée de leur nomenclature. Et c'est déjà beaucoup. Le texte de Belleau est mis en objet,
en sujet et en circonstance de l'argument.

1. L'expression et la revenue du discours

Le discours revient. Il revient toujours. Il est inséparable de la
pensée qui n'existerait pas sans lui. Mais est-ce que le langage, cette

«capacité de s'exprimer par des signes verbaux[4]», s'il n'est que cela, s'identifie au discours? La question est «classique[5]», autant que celle de Belleau rappelant la distinction de la langue et du langage. Deuxième question: si le discours accapare tout le spectre du langage, n'est-il lui-même que l'exercice de cette capacité d'expression par les seuls signes verbaux? Une troisième question n'est pas incidente. Complémentaire des deux autres, elle est au cœur de la discussion: si le discours accapare l'espace du langage et s'il est l'exercice de cette capacité-là de «*s*'exprimer» par de tels signes, est-ce que le pronom réfléchi ne renvoie pas au *seul* sujet parlant et discourant individuel, ou au collectif des sujets *s*'exprimant au titre de leur *seule* initiative et de leur *seule* parole? Autrement dit, est-ce que cet emploi du pronom dans cette position n'implique pas que le parlant et discourant individuel est capable, en tant que «destinateur» singulier et quelles que soient les circonstances du discours qui n'est plus que «son» discours, de régir à lui *seul* la place du «destinataire», de lui assigner la fonction d'un simple réceptacle du «message»?

Il s'agissait vraisemblablement d'un lapsus. Belleau n'a pu vouloir signifier cette conséquence manifestement opposée aux enseignements de Bakhtine. On ne «s'exprime» que parce qu'on est exprimé à travers l'autre à qui on «s»'adresse ou à qui on est adressé, l'ensemble des circonstances de ces adresses réciproques formant la possibilité du dialogue. Je ne m'exprime pas plus que vous ne m'exprimez, à supposer que je vous exprime. Le recours aux pronoms d'objet direct est encore maladroit, même obscène: est-ce que je «vous» exprime ou vous assigne une place exclusive quand je vous parle? est-ce que vous «m»'exprimez lorsque vous me parlez? Vous et moi formons des lieux casuels d'expression, mais à la condition que la possibilité en existe et se réalise. C'est le dialogue qui est cette possibilité. Il est l'expression, ni vous ni moi ne le sommes. Nous y tenons évidemment un rôle actif, puisqu'il est lié à notre parole. Mais celle-ci n'est pas toujours «dialogique» ou expressive. Elle ne le devient que sous l'imposition des circonstances, et seulement si nous parvenons à intégrer à *notre* discours les exigences de leur mutualité qui devient notre conscience commune. L'objection du monologue intérieur, longuement étudié par Bakhtine, n'en est pas vraiment une. Ce n'est pas parce que l'on se parle à soi-même, silencieusement ou non, que l'on est en cet instant soustrait au dialogue. Nous sommes à tout moment traversés d'informations produites par autrui, et le monologue en constitue le dépôt ou la projection. De même, les images mentales non énoncées, ainsi que les images de la parole monologuée qui, leur donnant une forme, les font advenir à une existence constatable, profilent la réminiscence, sur le mode du fantasme, d'une multitude d'événements et d'une multitude de personnages à qui l'on parle par feinte de parole ou dont on se parle. Le fantasme lui-même n'est, pour une bonne part, que la production d'une parole imaginaire mais socialement possible qui reproduit un «nous» actuel ou ancien. Bakhtine et Volochinov, il est vrai, n'allaient pas jusqu'à dire cela, car ils ne reconnaissaient pas les forces de la psyché[6]. Et j'outrepasse, quant à moi, les leçons de la psychanalyse qui inverse le «nous» social dans l'inconscient du «moi». Les deux orientations de Bakhtine et de Freud sont cependant compatibles, au moins sur un point: le monologue est un transfert. Le transfert des fantasmes en paroles adressées en séance à l'analyste qui *écoute et note* est l'indice d'autres transferts possibles. C'est affaire de langage (hélas aussi de sous, car il est monnaie courante que le langage se paie). Affaire de langage aussi, différemment monnayée, celle du transfert du monologue au texte qui l'atteste en l'inventant. Aucun monologue n'est attestable s'il n'est pas noté en séance par l'analyste, ou s'il n'est pas raconté comme discours rapporté fictif par l'écrivain. Il devient dialogique quand le transfert réalise un *nous* latent.

Belleau n'a pas *voulu* dire ce qu'il disait, en parlant du langage comme capacité de «s'exprimer». Il parlait tout simplement, selon les modes courants du discours conversationnel qui rendent plus supportables les colloques; et il parlait lors d'un colloque. Il n'a pas voulu dire cela, *mais* il l'a dit. Le texte offert est criticable, sur ce point, pour un manque de poéticité. André Breton, quand un paisible naïf lui demandait ce qu'il avait voulu dire, répondait: «Je n'ai pas voulu le dire, je l'ai dit». Le /mais/ fait la différence. Breton se gardait d'une intention, contrôlait la littéralité lapsique de l'énoncé. Belleau n'a pas contrôlé le lapsus. Celui-ci est à prendre au sérieux, au pied de la lettre. Car il a la cohérence des impensés historiques d'une culture intellectuelle que le rationalisme d'un sujet-maître exclusif continue d'imprégner quand on se laisse aller à dire: «Je m'exprime». Paul Éluard avait la lucidité d'écrire que la poésie est impersonnelle: /je/ n'est pas «je» dans le poème. Il précisait la signification du *«je est un autre»* de Rimbaud.

C'est pourtant la même cohérence de l'impensé qui a conduit le poéticien structuraliste Roman Jakobson, dans un exposé de poétique daté de 1960 et devenu célèbre par la suite[7], à attribuer une fonction «expressive» ou «émotive» au «destinateur» du message, au «je» du discours. Jakobson commettait une maladresse, il ne «voulait» pas signifier cette interprétation, lui aussi faisait un lapsus qu'il ne contrôlait pas. Il insistait sur la différence des «fonctions» et des «facteurs», de la fonction expressive et du destinateur factoriel, sur la répartition de six fonctions linguistiques à travers six facteurs de la communication, le destinateur n'étant que l'un de ceux-ci. La «fonction poétique», par exemple, entrait en concours avec l'expressive en tant qu'attention à la forme du message, et il se pouvait que le locuteur-destinateur accordât une attention particulière à l'exercice de cette autre fonction. Cela se pouvait, mais seulement à titre de variable. Au contraire, en tous discours constatables ou éventuels, la prise de possession de l'expressivité par le locuteur-destinateur adressant un message au destinataire était un invariant, quelles que fussent les différences de degré d'appropriation et de sui-référentialité* entre destinateurs et entre genres de discours. C'était un lapsus théorique, un lapsus dans la théorie. Jakobson croyait parler du discours, mais il le confondait avec une communication binaire dont il proposait le schéma élémentaire. Le discours y perdait ses caractéristiques propres, dès lors que le «destinataire» était assigné à une «fonction conative» (du latin *conari*, «s'efforcer de»), à l'effort d'une compréhension ordonnée par le «destinateur». Il est vrai que dans les circonstances de l'allocution tout énoncé affirmatif, qu'il soit de l'ordre de l'assertion ou du constat, et même tout énoncé interrogatif, se transforme en impératif, devient un commandement d'écoute donné par l'allocuteur à l'allocutaire. Mais il n'est pas vrai que la capacité d'impération soit l'apanage d'un destinateur-allocuteur. Celui-ci, à tout moment de sa parole et avant même qu'il ne parle, est

---

* Appelons *sui-référentielles* les marques discursives d'une référence au sujet énonciateur singulier, à celui qui parle, à la signature disséminée de son propos. La notion devrait être distinguée de celle d'*autoréférentialité*, mieux connue dans les sciences du langage où elle désigne les marques d'une référence au discours lui-même, à la facture du propos, à l'histoire en train d'être contée, à la construction de l'argument interne, à son rappel, à sa répétition. Il vaudrait mieux l'appeler *intraréférentialité*. À la différence du discours polémique, voire du discours de l'essayiste, le discours scientifique est censé être peu sui-référentiel. Mais il est éminemment intraréférentiel. Ces distinctions demeurent approximatives. Elles ne tiennent pas compte, en effet, d'une *altrui-référentialité* marquant simultanément la position d'un autre ou d'autres dans l'adresse qui leur est faite et l'intervention de ces autres dans la facture de l'adresse.

informé des attentes de l'allocutaire. Ces attentes, ces optatifs silencieux, sont de fait des impératifs. L'allocutaire n'est que lui-même *in praesentia*, mais aussi un autre, presque toujours *in absentia*, le signe d'un autre ou de plusieurs autres. Il est le condensé d'un tiers, exclu par la logique et la linguistique. Ce tiers qui est lui-même et un autre, l'allocutaire le partage avec l'allocuteur; et il oriente le discours avec lui et l'autre de l'autre. Jakobson substituait le code à cet impératif latent partagé par les participants à l'acte de discours. La substitution est pleinement recevable si elle désigne la part des absents, d'un «il» ou d'un «eux», indices grammaticaux d'êtres dont les modalités historiques d'existence et de langage s'imposent aux locuteurs, déterminent les divers protocoles sédimentés de leur entretien. Le degré d'existence vérifiable, de fictivité, de ficticité ou d'abstraction de «eux» ou de «il» importe peu. Ils ne sont peut-être que des dépôts dans l'imaginaire actualisé par l'entretien, ou les agrégatifs normés des codes utilisés. Mais, outre que les êtres appelés «eux» ont leur histoire, l'imaginaire et les codes sont pareillement historisés. L'imaginaire et les codes: leur intersection ne peut plus être démentie lorsque, avec leurs dépôts mis en commun, ils commencent à parler par la voix de «il» à travers nous, lorsque *ça* parle. Ce «ça» de nous, ce sassement d'histoire, nulle analyse ne peut enfreindre la nécessité d'en apprécier l'imprégnation. Notre poéticien adaptait le code à une «fonction métalinguistique»: le locuteur-destinateur, toujours lui, le seul, introduisait explicitement dans la facture de son propos les normes du message adressé à l'allocutaire, les nommait, les verbalisait, en faisait un élément de la parole qui demeurait la sienne. Il n'y avait là que la marque insistante d'un emploi du ou des codes du locuteur. Quant à leur histoire et aux circonstances de leur emploi, elles n'étaient pas métalinguistiques, l'analyse devant demeurer celle d'une synchronie de système. Elles étaient délégables à ce «*dont on parle*», au facteur appelé «contexte» qui relève d'une «fonction référentielle» dominante[8]. Mais qui est ce «on» qui parle? Est-ce que ce n'est pas «nous»? Est-ce que ce n'est pas aussi «il» et «eux», sous leur aspect indéfini dont nous et on parlons aussi? Ce «on» agglomératif rassemblait tous les lapsi de la description. Car la bipartition destinateur/destinataire ne laissait aucune place à la coprésence d'un «nous» discursif, pas davantage à la présence-absence d'un «on» informant la diachronie du discours. Déléguées ou délégables depuis la fonction «métalinguistique», les circonstances d'emploi de ce pauvre «on» parlé selon les codes du locuteur ne trouvaient pas plus un accueil dans la fonction «référentielle» correspondant au «contexte» qui était censé les recevoir. Le «référent» était linguistique. À ce titre, l'analyse disciplinaire n'avait pas à s'occuper des circonstances d'emploi, elles étaient réservées à d'autres disciplines. Toutefois, l'exclusivité de la linguistique structurale continuait d'entretenir, à son insu, une confusion entre le *référé* (le «quelque chose» dont on parle») et le *référent* qui est un signe interne au discours, au propos, au texte. Le référé, en d'autres termes, est absorbé par le référent qui exclut ce tiers, ce *on*, ce *quelque chose* guillemeté par Jakobson. Quant au «contexte», il devient un fourre-tout. Il abrite à la fois *on*, *quelque chose*, *quelqu'un* et la *circonstance* du discours. Il eût été inanalysable si le terme même de «contexte» n'avait pas eu le privilège de renvoyer à celui de «texte», au texte du propos tenu par le locuteur. Le «il», le «eux», le «on», la circonstance existent bien, mais seulement en tant que délocutifs, seulement en tant que le texte en dispose les indices.

L'exposé de Jakobson ne manquait pas de cohérence. La position du destinateur-locuteur demeuré maître des ordres donnés au destinataire, celle du «je» locutif considéré en dernière analyse comme le seul expressif dans la production du message, impliquait l'exclusion du tiers, des circonstances, du référé, ou leur reconnaissance uniquement au titre de délocutifs appropriés par un locuteur singulier. La cohérence tenait aussi à l'adaptation linguistique d'un constat: l'émission de la parole se produit en chaîne, en séquences, en consécution, elle n'est pas simultanée; après que le destinateur a développé temporellement les séquences de son propos, le destinataire devient lui-même ou peut devenir le destinateur d'une réponse. Enfin, par une autre cohérence qui était plutôt à l'époque (1960) une forme de l'audace intellectuelle de l'un des anciens initiateurs de la linguistique structurale, le poéticien-linguiste réclamait une linguistique de la parole[9]. De la parole faite texte. En cela, il osait questionner la légitimité d'une leçon de Ferdinand de Saussure, érigée en dogme par les disciples transcripteurs de son *Cours*[10] et par plusieurs autres à la suite: la linguistique étudie le système de la langue, non la parole; celle-ci est imprévisible sur le plan du système. Jakobson introduisait une poétique linguistique de la parole par le biais de nouvelles théories dont les premiers schémas visaient à établir le caractère pareillement systémique de la communication. Ces théories, qu'il avait partiellement instrumentées, posaient l'autonomie de la communication tout en continuant de la déduire du binarisme saussurien fondateur, du *système* de la langue. Pour

le linguiste Jakobson, la communication était réductible à la parole, et
la parole au texte (essentiellement au texte des poètes); mais elle
n'était qu'une extension du système de la langue.

Des interrogations demeurent toutefois. Essentiellement celle-ci:
le fait que l'acte physique de parole ne puisse être que séquentiel, ré-
glé que par émissions successives, rend-il compte à lui seul de l'ampleur des procès cognitifs qui y sont investis? Jakobson, c'est évident,
n'était pas sourd à ces aspects, du moins sous l'angle des rapports de
la linguistique et de la poétique avec les autres sciences, — préoccupation à laquelle il consacrera une bonne partie des travaux de sa fin
de carrière[11]. Et il avait déjà étudié extensivement l'aphasie, pathologie du langage qui est en liaison étroite avec le fonctionnement des
systèmes de cognition[12]. En outre, il appuyait les tentatives d'Émile
Benveniste qui entendait fonder en une sorte de synergie les relations
de la structure sociale et de la structure linguistique; c'est sur cette
base solide, pensait le poéticien, qu'il fallait orienter les recherches sur
les formes de développement des procès cognitifs dans la communication. Le sens de ma question doit donc être précisé. Dans le texte de
1960, «*Linguistics and Poetics*» auquel je faisais référence, Jakobson
ne prêtait aucune attention à l'*évaluation de la situation d'interlocution* par les sujets de la communication discursive. Du reste, on le sait,
il ne s'intéressait pas à l'interlocution proprement dite, mais seulement
à l'alternance des rôles d'allocuteur et d'allocutaire tenus par un
même sujet placé en situation de communication parlée, c'est-à-dire à
la séquentialité du transfert de ces rôles entre au moins deux sujets x et
y, tour à tour *addressers* et *addressees*. La question est alors: de quelles différences conceptuelles et analytiques participent la situation
d'interlocution et la position d'allocuteur/allocutaire?

Pointons l'une des différences. L'interlocution met l'accent sur
l'interactivité du discours. C'est encore trop peu dire. Jakobson
n'ignorait pas l'interaction, mais il la profilait sur la successivité de la
parole. Le rapport d'interlocution implique, au contraire, une concomitance des perceptions cognitives entre les interlocuteurs. Cette
concomitance, — qui ne signifie pas une concordance de l'intellec-
tion, — étage des temporalités non linéaires et non séquentielles dans
leur parole partagée. Elles peuvent être simultanées, antérieures ou
postérieures, selon la position des interlocuteurs, leur niveau respectif
de compétence et les circonstances de l'interlocution. On supposera
leur simultanéité. Je ne parle pas seulement d'une perception simulta-

née, mais pas toujours probable, des images vues par les interlocuteurs et des bruits physiques extérieurs dont l'interférence accompagne leur discours, — encore que ce type de perception, signe d'une détermination par la circonstance, influe fortement sur l'intonation et la modalisation de leur parole. Je parle de l'évaluation que les interlocuteurs font de leurs écoutes et stratégies respectives, parfois mutuelles lorsqu'elles deviennent dialogiques. L'évaluation de la position de l'autre, plus exactement de son interposition et de sa compréhension, est en principe simultanée chez chacun des interlocuteurs. Elle est toutefois labile, elle peut se déplacer dans le temps de la communication et selon ses circonstances. L'évaluation faite par l'un des interlocuteurs, supposons le «destinataire» de Jakobson, peut être antérieure à l'énonciation du «destinateur». L'antériorité est assumée par le «destinataire» qui se fait le «destinateur» d'un énoncé interruptif tel que: /*Je savais ce que tu allais dire*/. L'évaluation serait postérieure si, par exemple, le «destinateur» tardait à intégrer à son propos l'*en-cours* des évaluations auxquelles se livrent l'autre ou les autres interlocuteurs, commodément appelés «destinataires». Il serait en manque d'écoute, donc de stratégie, il perdrait le sens. La dynamique du discours mobilise la multivalence des temporalités de l'évaluation; les catégories de «destinateur» et de «destinataire» induit y sont subverties. Il reste vrai que la situation de discours ne commence à être reconnue que dès l'intervention d'un premier parlant, et que par la suite d'autres interventions s'enchaînent chronologiquement. Mais dès ce premier acte de communication, les temporalités distinctes de l'évaluation sont mises en place et désignent le caractère aléatoire, ponctuel, non déterminant de la «première» prise de parole. Celle-ci est diachronique, chargée de paroles antérieures, tout comme l'est, dans le même temps du contact, l'intervention subséquente de l'autre interlocuteur informé de paroles identiques ou différentes.

Il faut décidément remplacer l'allocution par l'interlocution, et la position privilégiée de l'allocuteur-destinateur par celle, non privilégiée, des interlocuteurs qui assument à la fois leur «nous», leur «il», leur «tu», leur «je» et leur «on». En de très nombreux cas historiques, c'est vrai, un «je» qui se prend pour le seul «on» possible prend le pouvoir, fait taire toute parole distincte de celle dont il croit détenir la plénitude pour tous, obnubile l'interlocution. Mais à travers et malgré le «Vive l'Empereur!» ou le «*heil Hitler!*» imposé par le confiscateur qui croit parler, bien des évaluations critiques autonomes commencent à se distinguer dans la foule de ceux qui lèvent le bras pour le salut obligé. Des rictus, des crispations ténues marquent gestuellement chez les écoutants l'antériorité de l'évaluation, la forme physique d'un monologue intérieur qui peut se traduire ainsi: /*Je savais qu'il allait dire ça*/. Car on dit ou on pense «il» en ces occasions-là, l'interlocution étant interdite par le porte-voix de ceux qui se sont approprié tous les «il», les «on», le «peuple». Même les fanatiques de ce genre de harangue savent qu'«il» allait dire cela, sinon «il» ne l'aurait pas dit. Leur évaluation n'est évidemment pas critique, elle est rituelle, mais elle est antérieure à la harangue de force, sinon ces «ils» confisqués ne seraient pas venus. C'est de cela qu'il faut d'abord tenir compte.

Je reproche au schéma jakobsonien de la communication, et à quelques autres schémas dérivés, de s'appuyer sur la dictature historique d'un «Moi» pseudo-rationnel qui autorise depuis trois siècles les appropriations exclusives de langage et les totalisations intéressées de l'irrationalisme. Je reproche à ce et ces schémas d'avoir cautionné à leur insu cette tradition-là; de ne pas avoir indiqué la possibilité de sa mise à distance. Aussi, et c'est la même affaire, d'avoir éludé le discours et ses irrationalités apparentes. Elles existent, elles continuent d'exister dans les circonstances non maîtrisables. De fait, elles participent d'une autre forme de rationalité, celle-ci pragmatique. L'écoute analytique de la diachronie qui en est le fondement aurait évité le piège de l'occlusion, de la forclusion qu'un rationalisme habile à réduire l'étendue des rationalités continue de tendre au déferlement de l'irrationalisme. Mais, précisément, la sorte de positivisme qui est engagée dans l'étude privilégiée des synchronies de système conforte, malgré son utilité ponctuelle, une surdité à la diachronie. Jakobson faisait des efforts compensatoires. À la fin de sa vie, il se passionnait pour les changements linguistiques, les «altérations» de Hjelmslev, les échanges entre champs cognitifs, et même pour le dialogisme de Bakhtine dont il préfaçait, assez curieusement, l'une des éditions françaises[13]. Toutefois, le système des synchronies discrètes continuait de l'emporter, et persistait l'absence d'historicité d'un «Je» dominant, d'un destinateur que la perfusion des codes pareillement synchroniques laissait seul maître d'une expression largement sui-référentielle et non proprement discursive.

L'accouplement de la structure, entendue comme système, avec les attributs trop visibles du destinateur, — disons-le ainsi, — a provoqué par la suite un considérable malaise théorique. Ce sont vraisemblablement l'embarras et l'humour qui ont amené Umberto Eco, en

1968, à déclarer absente la structure et à camoufler d'un évanouissement le rôle du destinateur[14]. Celui-ci n'était plus qu'un «émetteur». Quant au destinataire, il demeurait reconnu. Il prendra même plus tard, par substitution de scène, la figure active du lecteur[15]. Deux remarques à ce sujet. Voici la première.

L'émetteur, d'après l'exemple des machines du barrage proposé en modèle, devenait la source agglomérative d'une communication mécanique et d'une «communication humaine», — celle-ci étant pourtant seule désignée dans le sous-titre des premiers schémas de Umberto Eco. L'humaine est-elle réductible à la mécanique? Eco pensait à la part du «destinataire» traditionnellement sous-estimé; il s'attachait déjà à décrire le rôle actif du lecteur qui accommode les informations reçues, par le biais de multiples canaux, depuis les appareils éditoriaux de la publicité, de la télévision, du journal, du livre à grande diffusion commerciale; ceux-ci, il le constatait, fonctionnent *comme* des machines. À cet égard, l'analogie, si elle en était une, était subrepticement humoristique: Eco paraissait diagnostiquer avec une implacable dilection les communications de masse qui étaient alors l'un de ses principaux objets d'étude. L'analogie, toutefois, ne vaut pas explication. Elle n'en est, dans le meilleur des cas, que l'un des maillons. Mais était-ce bien une analogie? Il semble que non. Dès le premier paragraphe de «L'univers du signal», premier chapitre de la section A de *La structure absente,* Eco écrivait:

> Si tout phénomène culturel est un phénomène de communication qui peut être expliqué à l'aide des schémas qui régissent n'importe quel fait de communication, *il faudra définir la structure élémentaire de la communication là où la communication est réduite, si l'on peut dire, à sa plus simple expression**. *C'est-à-dire au niveau où il y a passage d'information entre deux appareils mécaniques***. Bien entendu, on ne peut pas réduire les phénomènes de communication les plus complexes (y compris ceux de la communication esthétique) au passage d'un signal d'une machine à une autre, *mais il est utile de saisir le rapport communicatif dans sa dynamique essentielle, justement là où il se présente avec le plus d'évidence et de simplicité en nous permettant la construction d'un modèle élémentaire**[16].

---

* Je souligne.
** Le souligné en gras est de Umberto Eco.

Eco ne prétendait pas dire que tout phénomène culturel est un phénomène de communication. Il se hâtait de critiquer cette approximation grossière qui confond l'objet d'analyse et l'analyse elle-même. Il se contentait de supposer que les phénomènes culturels «sont les contenus d'une communication possible», que là intervient la signification développée, la *semiosis*, et que, sous l'angle du changement sémiotique, ces aléas de la commutation entre signes sémantiquement distincts «doivent être vus comme phénomènes de communication[17]». Mais il rabattait la communication sur le «modèle élémentaire» de la machine qui n'est pas expressive. Il le faisait à dessein et continue de le faire, l'expression étant liée à l'interprétation. *Exit* le «destinateur». Entre le «destinataire». Le renversement des apparences est considérable. L'expression n'est plus là où l'humanisme rationaliste de Jakobson l'attendait encore. La machine ne parle pas, elle ne fait qu'émettre des signaux en fonction d'instructions codées qu'il s'agit d'interpréter. Et c'est au moment de l'interprétation qu'apparaît la possibilité de la communication dont le «destinataire» est l'acteur expressif. Il est le siège de la communication, il est le siège de l'expression et du sens, non plus du signal.

S'ensuit une fausse question naïve, objet d'une deuxième remarque. Avec qui le destinataire communique-t-il? Avec lui-même, par le biais d'une machine ou d'un texte qu'il a seul le pouvoir d'interpréter? Autrement dit, quel est ici le statut de la communication? Deux implications sont possibles: ou bien le «je» expressif du destinateur est déporté vers un destinataire qui n'est plus tout à fait un «tu» ou qui devient le substitut de l'ancien «je» dans la forme hybride d'un nouveau «je-tu» dont il informe le dialogue; ou bien le destinataire «communique» avec la machine qui détermine sa position. Ces deux implications ne sont pas mutuellement exclusives. Bien au contraire. Si l'expression est inséparable du sens, si le destinataire communique avec une machine qui émet des signaux, si les signaux sont neutres, homologues à de simples effets de code et inexpressifs à ce titre, alors ce destinataire communicateur assume à lui seul l'intégralité du dialogue. Avec qui l'assume-t-il? Avec lui-même. On revient au point de départ, mais cette réponse est élusive. Dans les schémas de Eco, le sens est rabattu sur le signal, bien que l'expression du destinataire interprète soit tributaire de codes différents de ceux du signal. Il y a là comme une incohérence théorique. Eco le répète à satiété: le modèle mécanique élémentaire vaut pour toute communication; le développement du sens (du message-sens construit à partir du message informatif reçu de la machine) complexifie le modèle, il ne l'infirme pas. De ce point de vue, on doit supposer que l'«expression» ne recouvre plus l'expressivité émotionnelle de l'allocuteur jakobsonien. Le concept est plus sémiotique: l'expression correspond à une forme vide, et cette forme est déléguée à celle d'un sens qui l'actualise. Même le «bruit physique» qui accompagne l'émission des signaux mécaniques pourrait être reçu comme une expression. L'inconséquence théorique demeure. Elle est la suivante: si l'expression est neutre pour le récepteur, mécanique lui aussi, elle ne l'est pas pour le destinataire dont elle est censée être la seule source d'information. Comment expliquer le passage du message-machine à l'intervention délibérative du «destinataire»? Eco ne propose aucune médiation transformatrice. C'est là que le bât blesse. Je reproduis aux fins de vérification le schéma de 1968 intitulé «Le processus de communication entre êtres humains[18]» (*cf.* page suivante).

Dans ce schéma, les codes de l'émetteur correspondent terme à terme à ceux du destinataire diagrammatisés selon les mêmes positions relatives, alors que le modèle mécanique de base supposerait une correspondance entre les fonctions d'encodage et de décodage de l'émetteur et du récepteur. En outre, le «code» et les «sous-codes» du destinataire orientent le «message-source», tout comme le code et les sous-codes de l'émetteur orientent le «signal» émis. Le message-source a donc le même statut relatif que le signal, il participe des mêmes automatismes de l'immédiateté mécanique et ne peut, pas plus que le signal entre l'émetteur et le «canal», être interprété comme une médiation entre le récepteur et le destinataire. Ce dernier, en revanche, joue le rôle d'un médiateur dans le schéma, puisqu'il transforme le message-source en «message-sens». Est-il le seul à produire le «sens»? Sans doute reçoit-il l'information des déterminants mécaniques, mais ceux-ci n'ont qu'une fonction instrumentale: ils fabriquent un produit mécanisé, le message-source, n'interviennent pas dans la production du sens dont le destinataire serait à la fois le maître et le moyen unique. Le schéma, c'est vrai, accueille la «circonstance». Eco commet l'irrévérence de l'introduire, elle n'était pas la bienvenue à l'époque. Jakobson, en 1960, l'avait sous-déléguée à une «fonction référentielle», à un ce-dont-on-parle dont elle n'était que l'un des éléments possibles mais innommés. L'audace d'Eco ne brise pas la barrière des prudences reçues. Dans son schéma la circonstance est latéralisée, et l'auteur la considère comme un facteur extra-sémiotique «au même titre que

Le processus de communication entre deux êtres humains

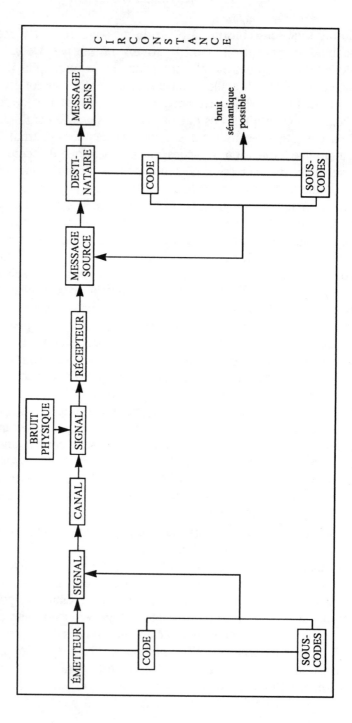

l'idéologie[19]». Sur le fond, il donne raison aux innommés de Jakobson: la circonstance ne serait pas un facteur sémiotique parce qu'elle n'est pas censée avoir une forme assignable. Peut-elle pourtant faire signe? Il le semblerait, mais seulement en tant qu'elle figure la possibilité aléatoire d'un lien entre une perte ou un brouillage de l'information reçue, — un «bruit sémantique», — et le message-sens construit par le destinataire. La circonstance paraît donc dépendre du destinataire, le schéma conférant à celui-ci la capacité d'instruire le sens de l'information qu'il décode. Eco avait-il réfléchi aux aspects radicalement idéalistes de cette proposition? Si le destinataire a de tels pouvoirs sur la circonstance du message, s'il est apparemment la seule instance capable de la sémiotiser, il faut en déduire que l'«expression» n'est plus dans son cas une forme vide, mais une forme «substantielle» ou une «substance du contenu» comme eût dit Hjelmslev. Le destinataire se représente dans son expression, il «s'exprime» et il est la seule figure du schéma à pouvoir le faire. Il *s*'exprime, car il fonde le sens; il fonde le sens, car il *s*'exprime. Ces deux arguments mutuellement échangeables se résolvent en une tautologie circulaire: je produis le sens car je suis le sens. Production et être, être et sujet individuel sont confondus.

Est-ce constater le solipsisme ou le solliciter? Eco considérait à l'époque que son modèle s'appliquait à la communication «entre êtres humains». Il précisait que l'émetteur pouvait être une personne et le destinataire une machine, ou encore que des personnes pouvaient occuper les positions respectives de ces deux facteurs[20]. J'ai supposé un émetteur mécanique et un destinataire humain. Je l'ai fait pour plusieurs raisons. Elles ne contreviennent pas à certaines adaptations possibles du modèle, elles infirment sa généralité. D'abord, pourquoi remplacer le «destinateur» par un «émetteur»? Est-ce parce que les versions de la théorie de l'information dont s'inspire Eco substituent à la première désignation la seconde? Mais alors pourquoi le font-elles? Et sur quelle base les accepter? Une première réponse à ces questions vient de la théorie elle-même. D'entrée de jeu, les théoriciens de la communication, Abraham Moles notamment, l'envisagent selon un modèle mécanique suffisamment général pour englober la communication humaine. L'émetteur est un appareil, ou l'analogue d'un appareil que l'on pourrait appeler radiophonique. Il émet des signaux plus ou moins développés en messages, et ce sont ces signaux-messages que reçoit le récepteur. L'émetteur intègre donc un destinateur dont les définitions schématiques ne requièrent plus la dénomination. Lui correspond un récepteur qui, le plus souvent, intègre pareillement le destinataire et en efface la rubrique. La théorie a ses limites. Elles en désignent les faux-semblants. C'est ainsi que Moles postulait la déviance du «message» esthétique dont le modèle de base n'offrait pas le moyen de compenser les bruits, les entropies, et les laissait hors jeu. Cela revenait à infirmer toute prétention à l'universalité, bien que Moles eût soutenu le contraire. Eco n'a cessé, pour sa part, de marquer le souci du message esthétique et d'en informer ses schémas successifs, jusque dans *Lector in fabula*[21]. Les fonctions assumées par un destinataire lui semblaient essentielles dans la mesure où elles infléchissaient la portée des signaux émis, relativisaient la part du «canal» matériel de leur transmission, orientaient la production du sens, étendaient le modèle à l'esthétique. Mais d'autres questions se présentent aussitôt. Les schémas des théoriciens de la communication[22] avaient une cohérence aveugle, tout de même une cohérence. L'esquisse d'Eco, du moins celle de 1968, en a-t-elle une, et est-elle aussi exhaustive qu'elle prétend? Est-ce qu'ici, par exemple, le destinataire ne fait pas double emploi avec le récepteur rémanent de la théorie? Eco répond par la négative: l'un se distingue de l'autre par l'aptitude du premier au décodage sémantique. Il faut alors comprendre que le récepteur conserve la fonction d'encodage et de décodage mécanique des signaux émis par l'émetteur et que ce dernier, de même, est prioritairement pensé comme mécanique. Il est vrai que l'esquisse d'Eco n'attribue pas de codes au récepteur, alors qu'elle en dote l'émetteur. Le récepteur en serait-il dépourvu? n'aurait-il que la transparence d'un négatif photographique ou la neutralité passive d'une simple voie de passage? Mais en ce cas, comment expliquer qu'un message, une source d'information que le récepteur est censé apporter, puisse se former sur la seule base des signaux et bruits physiques? On revient au point de départ. Le schéma d'Eco ressemble à un jeu de dominos: chacune des cases abat tous les autres rectangles. L'on ne sait trop comment le destinataire, qui n'a pas en vis-à-vis un destinateur, parvient à planer au dessus du désastre dont il devient l'abîme. Il est sui-référentiel. Il reçoit un «message» qui n'était qu'une «source», et lui seul a le pouvoir de le transformer en information. Il capte le sens, le prononce pour lui seul, l'étend à tout autre, fantasme la ruine, n'énonce rien.

❏

André Belleau se serait insurgé contre les conséquences. Il écrivait que le langage est *«une capacité de s'exprimer»*. Il le disait naïvement ou par habitude acquise, le langage étant socialement ce dont les locuteurs pratiquent en situation les épistémies implicites, l'arrière-plan historique et culturel. L'accord est aisé sur ce point. Il ajoutait que la capacité en question s'exerce *«par les signes verbaux»*. L'expression sui-référentielle, cette distraction commode en conversation, s'aggrave d'un autre privilège, d'une autre restriction, n'est plus tout à fait une distraction. On sait bien que Belleau s'intéressait principalement au texte littéraire, lisait en quelque sorte le langage dans le texte. Il avait la main large, puisqu'il ne négligeait pas *«l'effet Derome»* déjà mentionné, les *«anglicismes de* [Robert Guy] *Scully* [qui] *ont en fait une valeur thématique»*, les produits *«d'une expansivité molle et décentrée»*, un *«étalement de l'informe»*, une *«résignation flasque*[23]*»* et euphorique, les transcrits de non-pensée peu oralisables et mal scriptibles d'une *«Radio-sport-Canada»*, note quelque part Belleau, ou d'une certaine presse écrite qui compose avec ça. Il opposait une peau de chat écorché à l'usurpation des aspects démotiques de la parole, à l'ignorance intéressée des usages populaires que le populisme qui en fait pavane confisque. Mais la parole n'est pas tout le langage, Belleau le savait. Elle en pratique l'une des ouvertures, et la langue utilisée n'en est que l'un des serviteurs. La parole s'associe au geste: elle l'accompagne et il l'accompagne en tant que geste non verbal des mains, des yeux, du dos, des pieds en marche, du ventre; il parvient à la prédiquer de ses mouvements, et elle l'intègre en tant que geste intonatif de la voix.

Est-on encore dans le «signe verbal»? On peut traduire ainsi le geste, mais la traduction serait réductrice. Le pied traînant à terre ou haut levé, l'œil voyageur, fixe ou mi-clos, l'index pointé, les doigts déliés ou la main appesantie sur sa masse d'oiseau à ras de terre ou sur le bras, le rire de ventre ou de gorge, l'accent traînant, nasillard, diphtongué ou au contraire habile à marquer par économie accentuelle l'opposition des traits phoniques forment tous autant, par convergence, des signes de la circonstance de l'acte, de la culture produite et de la classe sociale d'appartenance. Un Italien du Nord, disons de classe moyenne, délie en parlant les dix doigts des deux mains qu'il agite si-

multanément à même hauteur avec vélocité. Un Montréalais francophone d'une classe apparentée a tendance à ponctuer sans hâte son
discours d'une seule main pas trop haut levée et dont la paume pas
vraiment ouverte laisse les doigts serrés. Si l'Italien se fâche dans une
circonstance donnée, il donne de la hauteur à la voix, détache davantage les syllabes, agite plus fréquemment encore les mains à même
hauteur. Le Montréalais en colère n'élève pas nécessairement la voix
mais en intensifie la force déjà éclatante; la main tend à se fermer
complètement et frappe l'air à coups plus rares d'une masse plus violente et rapide. Il y a là des *types* culturels. Leurs variables sont très
nombreuses. Il faudrait par exemple évaluer certaines positions intonatives comme indices sémiotiques de différences sociales entre les
sexes. Les hommes italiens parlent généralement, en certaines circonstances publiques, d'une voix d'arrière-gorge qu'on dirait éraillée; rarement les femmes italiennes en toutes circonstances. La pratique sociale de la parole n'est pas dissociable de celle du geste, la situation du
signe verbal de celle du signe non verbal. Le langage entrecroise le
gestus de la parole et l'expression du geste. C'est l'amoindrir, fût-ce
par quelque légèreté consentie aux propos fugaces de colloque ensuite
imprimés, que de le réduire au signe verbal. Et c'est aggraver l'amoin-
drissement, avec la même apesanteur de sens, que de restreindre
l'expression à celle de soi. J'imagine la réplique du collègue: l'on
s'exprime comme l'on *s*'explique; quand on s'explique en français, on
n'explique pas *soi*, on ne *s*'explique pas, on explique une proposition
que l'on vient d'énoncer. Narquois et bon-enfant, le grammaticien
Belleau eût pointé le statut ambigu des verbes pronominaux en français, vrais et faux amis, réfléchis tantôt et tantôt non. Certes, je *me* re-
garde et je *m*'exprime, mais je *me* doute bien, je *m*'interroge toutefois
et je *m*'y connais. D'accord. Mais il y a des verbes très sensibles, pris
en écharpe entre l'implicite de doctrines qui les protègent derrière des
schémas apparemment rationnels et des théories qui récusent cet implicite. Le pronominal réfléchi «s'exprimer» est particulièrement exposé. Il forme dans la langue un lieu de débats transhistoriques qui
continuent d'imprégner la quotidienneté pratique de nos cultures, entre
idéalisme et matérialisme, comme aussi entre l'exigence théorétique
de l'une ou l'autre sorte et l'habileté de certaines combinaisons figura-
tives à masquer leurs déficiences théoriques, à ne pas les interroger radicalement. Belleau a cédé sans le faire exprès. Il avait pourtant prononcé le diagnostic. Il parlait des théories molles:

Lorsque que quelqu'un écrit: «J'ai tenté tout au long de ces essais d'utiliser les mots de tous les jours [...] je ne prétends pas ici faire œuvre de théorie [...]», il convient de se méfier: quelque chose de mou s'annonce qui a partie liée avec une visée opprimante. La mollesse théorique n'est pas le contraire de la raideur oppressive: elle en est plutôt la figure. Le cas auquel je me réfère ici a retenu assez longuement l'attention de Robert Mélançon, l'été dernier, dans les pages du *Devoir*. Vous commencez par publier un livre muni d'un dispositif bibliographique important par lequel vous signalez votre «modernité» critique: caractère intransitif du texte, importance du signifiant, etc. Mais à l'abri sous cette couverture théorique, vous vous mettez à faire précisément le contraire de ce que vous annonciez. [...] «On paye cher, disait Cioran, le système dont on n'a pas voulu.»[24]

Dans un beau texte sur *La Sagouine* d'Antonine Maillet, Belleau note l'importance des dimensions extra-linguistiques des parlers populaires et leur «action plurielle[25]». Il précise: *«La langue de la Sagouine est devenue inséparable de sa condition, à l'instar des vêtements qu'elle porte, du logis qu'elle habite, et par voie de conséquence, de l'attitude des nantis à son endroit[26].»* Il s'agit donc bien du discours à travers la langue, des langages dans le discours, de l'inscrit des distinctions sociales dans l'ensemble des langages. Une théorie sociosémiotique qui ne viserait pas à décrire en réseau l'interrelation des différents langages dans le discours, et leurs formes diachroniques d'altération des diverses temporalités idéologiques, économiques et politiques, s'appuierait sur un projet restrictif; elle deviendrait molle ou abusive si elle prétendait à l'exhaustivité, comme il arrive souvent. Je le dis pour ma part. Le collègue se méfiait de la sémiotique, on l'a relevé. Analyste de terrain, il en venait néanmoins à des conclusions semblables. Je cite l'entier d'un paragraphe pour sa forte concision de détail et de synthèse:

> Mais la langue la plus vraie se trouve dévaluée et méprisée si elle est liée à un état d'infériorité sociale et économique. Le *chouse*, le *parsoune* de la Sagouine évoquent la noblesse que confère le passé et soulignent en même temps la dégradation qui est le produit de l'injustice présente. C'est que la prononciation (dont l'accent), plus sans doute que le choix des mots,

est un phénomène de classe. L'exemple le plus éclairant en est le fameux «*lousy french*» lancé dédaigneusement naguère par Pierre Elliot Trudeau. La langue de Trudeau abonde pourtant en incorrections grossières: «matières agricoles» (*i.e.* produits), «gouverner pour un petit passage» (*i.e.* pour un court laps de temps), «faire introduire une loi», «on a été élu sur un programme fédératif», «si ces conditions *seraient* remplies»... (ces exemples notés à l'occasion de quelques interviews à la télé). Mais Trudeau, voilà l'essentiel, n'a pas la prononciation du peuple, notamment des paysans. Cela suffit à inspirer un sentiment de supériorité. C'est le dédain du riche envers le pauvre, de celui qui s'habille chez les bons faiseurs envers ceux qui fréquentent le sous-sol de chez Eaton. La vérité, c'est que Trudeau, ô scandale, parle moins bien français que ne le faisait Duplessis qui, lui, avait l'accent paysan. Et il ne saura jamais le parler avec autant de vérité et de pureté que la Sagouine qu'il méprise, car elle le fait en «firfolettes» comme disait ma grand'mère[27].

Les quelques formulations naïves de ce passage, «*la langue la plus vraie*», la «*pureté*» et la «*vérité*» du parler de la Sagouine, ne modifient pas le sens. Le texte est déjà ancien. Il date de 1973. L'auteur semblait verser au compte de la langue ce qui est d'une parole, tout en attribuant inversement à celle-ci des traits lexicaux, donc linguistiques, qu'il estimait moins importants que leur prononciation, leur action parolière sur un lieu et un temps délimité. Quant à la pureté, tantôt de langue tantôt de parole, elle demeure indécidable. On demanderait brutalement comment un vague moralisme, un mot passe-partout, un *chewing-gum* de vieilles croyances collées de réduits esthético-religieux parvient à intervenir dans des questions de langage qui ne règlent pas la pensée pratique et critique sur le pur ou l'impur, mais sur l'intelligence en acte, — et c'est une tout autre histoire. Mais l'essentiel n'est pas là.

Le texte de Belleau affirme avec constance une démologie, j'invente à dessein le terme. Une démologie: une attention aux discours populaires et à leur histoire, une attention à des traditions publiques et aux transformations secrètes que les propagandes, publicités et *mass-media* sont impuissants à déceler, à desceller comme on fait pour la pierre et le bitume, — bien que les pouvoirs constitués y parviennent dans certaines conjonctures. Une démologie, un courage par conséquent: celui d'opposer aux absorptions nivelantes voulues d'en haut, une fierté dont le langage n'a rien à entendre de l'expression de soi, sauf par lapsus et contradiction. Le lapsus du sujet humaniste a la pesanteur d'une histoire réservée que démentent les formes d'une autre parlure. Le collègue disait: «*Si langage du peuple il y a, il ne peut souffrir le partage*[28].»

2. Une poétique du social

En 1972, Belleau lit un roman d'Amos Oz, l'accompagne d'une méditation forte, affine sa conception des rapports entre le littéraire et le social. Il écrit ces lignes:

> Il est clair que pour Amos Oz, l'expression romanesque de la solidarité avec le peuple (ici les paysans du kibboutz) passe par une certaine manière de poser et résoudre des problèmes de langage. Or ceci n'est pas uniquement une affaire de mots, c'est-à-dire de choix de termes, de graphies, etc. Les romanciers de la bourgeoisie semblent le croire. Ils cherchent à se réclamer du peuple et s'emploient tant bien que mal à produire ce qu'ils croient être son langage. Mais sauf exception, du fait même de leur appartenance sociale, il leur est indispensable d'intervenir constamment dans le texte prétendument dicté par la collectivité (précisions, narrations d'événements, commentaires, etc). On est en droit de parler d'interventions ou plutôt d'intrusions dans la mesure où, dédaignant alors le langage du peuple qu'il prétend exalter, l'auteur affiche un autre code, celui de sa classe. Or ce changement de code est nécessaire: les élégances discursives ont comme fonction d'assurer entre l'auteur et les lecteurs de son milieu le degré de connivence qui leur permettra d'admirer *ensemble* le peuple et son langage, mais à distance, avec toute la distance convenable, devrais-je dire. La structure de ce genre de roman où la collectivité prend supposément la parole est rigoureusement identique à ce qui se passe dans un salon bourgeois lorsque les gens se targuent de leur amour du peuple et que quelqu'un, pour ne pas paraître en reste, se croit obligé de parler grossièrement. À la lumière de cet exemple quelque peu théorique, on verra mieux l'effacement des distinctions de plans chez Amos Oz. Certes, nous avons là le résultat de certaines décisions qui ne sont opérantes

que pour *Ailleurs peut-être*. Mais quels que soient les choix
qu'on arrête et les procédés qui en découlent, on ne peut tenter
sérieusement de donner la parole au groupe sans que cela s'in-
scrive dans la structure même du texte, sinon celui-ci, comme
nous l'avons vu, ne fera que reproduire (parfois à l'insu de
l'auteur) les différences et les distances qu'on cherchait à supprimer[29].

Une poétique du social, donc. Le terme est de Belleau. Quelles
en sont les exigences? Nous revenions en 1985 d'un colloque à Québec, je propose d'abord cette anecdote. Le chercheur avait offert une
fine analyse des citations de langage «populaire» dans *Trente arpents*
de Ringuet. Il avait montré les distances prises par le narrateur, le statut allogène des citations, la structure allomorphe du récit. Mon ami
Javier García Méndez, qui préparait sur le même sujet deux articles
d'une autre façon mais de même sens[30], s'en fût réjoui si les articles
avaient déjà reçu publication et si on l'avait invité. Nous rentrions à
Montréal par la route respirable du nord, à quatre dans la voiture. Aux
abords de Trois-Rivières, le chemin se perdait. André le demanda à
une dame âgée qui allait aux provisions. La réponse était précise.
Chantal Gamache, Bernard Andrès et moi l'avions bien entendue. La
voie suivait un fil blanc et des points de croix. André retenait le langage de la réponse: «La belle façon de parler», disait-il en se renversant
sur le siège-avant dont le poids risquait de m'écraser les cuisses. Il
pensait à l'accent triflivien, au chant des phrases, à une intonation, à
une syntaxe rigoureuse, il pensait à une parole populaire qui n'a pas
fait rémission. Voilà le contraire du joual, soulignait-il avec appétit; le
joual est plaqué sur la langue comme une grossièreté de la mauvaise
conscience bourgeoise.

À plaisir gouleyant, garçon gourmand. La délectation de la note
juste chantée par le passant, la passante, dessine les fondements d'une
poétique du social. À tous les André Belleau que j'ai connus, au prati-
cien de l'esquive, au faux naïf, à l'homme sous influence, à l'esthète
épris de romantisme allemand, je préfère le courageux, le lucide, le
chaleureux. C'est au poéticien du social que s'adresse une amitié. Elle
demeure assez intense pour intégrer les écarts.

Il s'agit d'une poétique. Mais il s'agit aussi du social. La poétique s'intéresse aux formes du langage dans le discours verbal, examine l'attention portée à ces formes par les parlants ou écrivants, le

tour qu'ils leur donnent, l'orientation grammatique, lexicale, stylistique du tissu textuel ou oratoire, l'étendue du répertoire des images et inventions scripturales ou locutoires, leur place, leur fonction, la négociation des règles de discours. Le social accumule ces diversités qui confirment son emprise culturelle, parfois l'établissent. Mais s'il enregistre lui aussi les formes de discours, il ne les retient pas pour leurs différences de poéticité. Le tri s'opère sur la base des distinctions et oppositions de classe, aussi des échelons du salariat et des métiers techniques ou non-métiers, des coutumes et savoir-faire régionaux, toujours des circonstances conflictuelles ou associatives de la communication. On suppose la conformité des langages aux statuts sociaux, que la transe des discours amoureux traversent et déparent malgré leur déploiement social. On constate des entropies, des «bruits de communication». Le poétique et la pratique sociale ont en commun le discours, tout le discours, la parole, toutes les paroles. Là s'arrête apparemment leur communauté. Une écoute poéticienne n'est pas censée évaluer les distinctions de société. Elle peut les accepter comme des données de fait, sans plus. Elle peut aussi n'en tenir aucun compte, ainsi qu'en témoigne l'œuvre immense du poéticien Roman Jakobson. De la sorte, le projet d'une «poétique du social» semblerait aporétique. Comment une recherche dont ce n'est pas l'objet de principe pourrait-elle s'assigner l'enquête sur les formes de l'investissement social dans le discours? Si Belleau s'était avisé de mieux étayer ses connaissances en linguistique et poétique moderne, il aurait évité les pièges de la question.

Mais la question est mal posée, l'angle d'écoute autrement critique. Belleau disait: «... *laisser la parole à la communauté, c'est la lui laisser TOUT ENTIÈRE*[31].» Les majuscules à larges empattements empruntaient sa graphie, elles étaient de lui. La communauté, qu'est-ce? On ne le chicotte pas sur l'emploi ambigu d'un terme très discutable en situation. Est-ce que lui ou moi faisons partie de la même «communauté» que Brian Mulroney, ou Robert Bourassa, ou Pierre Elliott Trudeau, ou Paul Desmarais, ou tout autre seigneur-marchand du mépris politique? Il venait d'évoquer «*ce qui se passe dans un salon bourgeois lorsque les gens se targuent de leur amour pour le peuple et que quelqu'un, pour ne pas paraître en reste, se croit obligé de parler grossièrement*[32]». La «communauté», en ce sens, n'admet pas que les hiérarchies et ordres imposés puissent être dits communautaires. Ne pas confondre avec la *community* anglo-américaine. La com-

munauté, c'est un peuple distinct de ses maîtres. Il les subit ou se révolte selon les situations, ne se confond jamais avec eux. Il accepte en
maugréant qu'on exproprie sa peau, pas son langage. Il ne le donne
pas en partage. Le peuple de Belleau, ne l'oublions pas, a quelque
chose de carnavalesque. Il vit, s'assourdit, revit, rit encore, s'éteint, re-
naît dans l'universelle permission qu'il s'autorise. On objectera que ce
peuple est romantique plus qu'historique. Le carnaval n'a pas lieu tous
les jours, et son extension à l'ensemble de la vie populaire relève du
mythe plus encore que de l'idéologie. L'objection est à vérifier sous
plusieurs aspects.

Qu'en est-il des aspects mythiques? Leur présence n'est pas évi-
dente dans le texte de Belleau. Mais les aspérités de la caverne éclairent les vacillations, les siennes, les miennes.

Des différences structurelles existent entre le mythique et l'idéologique, je le soutiens parmi d'autres depuis longtemps. Le mythe forme
nécessairement un récit, l'idéologie pas toujours. La rationalité du mythe
ne peut historiquement se poser comme une connaissance scientifique,
tandis que le propos ou le geste idéologique investit la science et parvient
parfois à s'en donner l'allure. L'argumentaire du récit mythique est implicite, enfoui sous la référence hypostasiée à une nature anthropomor-
phique qui tient lieu d'histoire. Celui de l'idéologie peut être explicite et
même insistant, — au point que les théoriciens de tous bords ont souvent
confondu les escarpements visibles ou soupçonnables de l'iceberg avec
sa masse, avec la masse de l'idéologique. Enfin, les formations idéologiques commencent avec l'histoire de l'échange marchand, se répercu-
tent tardivement dans les religions monothéistes, se développent lentement, négocient longtemps les parts du mythe, viennent à maturité après
l'apparition du capitalisme commercial[33]. L'anthropologue Maurice Go-
delier contesterait cette dernière affirmation. Théoricien, analyste de terrain, il décèle une mutuelle imprégnation du mythique et de l'idéologique. Le lien s'établit selon lui par le fétichisme, notion qu'il emprunte à
Marx, retravaille à partir des épures freudiennes du fantasme, élargit à
l'enquête anthropologique. Le déplacement de l'accent trouble mon esquisse. L'étude devrait en effet repérer dans les postulations fantasma-
tiques de l'idéologie les latences du mythe, ses larges restes subsistants,
leur vérité multihistorique qui trouve doigt et voix au moindre geste, à la
moindre parole de commerce, de bienvenue, d'amitié ou de malveillance.
Le fantasme n'est pas une fausseté, il est réel. Il actionne de puissants
leviers de réalité.

Les brumes du petit jour invitent à la clarté le peuple de Belleau. Ce peuple serait-il mythique, donc fantasmatique? Le fantasme, proche du désir qu'il voile et dévoile à la fois, composerait-il chez Belleau le désir d'un peuple inexistant? Non, ce peuple existe. Celui de l'ami rejoint le nôtre, les nôtres. Il a sa langue, ses paroles, ses vivants, sa culture. On ne peut les soustraire. Mais ce peuple existe-t-il dans les termes où le suppose Belleau? Si l'on ne saisit que dans la langue les oppressions culturelles subies, si on ne scrute pas celles, au moins aussi graves, qu'engendrent les publicités, les propagandes martelantes, les entreprises de sous-intellectualisation, les moyens économiques et politiques multiples, souvent subtils, employés au travestissement de la parole populaire, à son assujettissement, ne court-on pas le risque d'accueillir une image mythique ou syncrétique? La question ainsi posée est doublement injuste. D'abord, le collègue percevait les diverses formes de la déculturation. Il évaluait les lésions, pesait l'alourdissement des menaces. Il avait conscience des «*réalités extra-langagiè-res*[34]». Bien qu'il ne fût pas homme de politique, il rêvait généreux à des remèdes politiques:

> J'écrivais [...] en 1964: «*Notre patois n'est point digne de mépris. Il est beau comme une blessure, un torse qui se cambre sous le fouet, un visage sali...*» Malgré leur ton que je juge aujourd'hui un peu naïf et déclamatoire et leur imprécision terminologique, ces lignes suggéraient une volonté de situer la question linguistique dans la seule perspective éclairante: celle d'une lutte sociale doublée d'une lutte de libération nationale. [...] C'est en français que le premier président du Québec proclamera l'indépendance et la république. C'est encore en français que nous verrons peut-être un jour la république démocratique et socialiste du Québec[35].

L'indépendance et la république ne sont pas nécessairement démocratiques. La démocratie est socialiste. Mais le cumul des luttes sociales et des combats pour la libération devraient y conduire. «*Nous verrons peut-être cela.*» André ne se fait pas d'illusions. Il sait que la démocratie n'est pas donnée, même et parfois surtout lorsque les apparences nominatives du protocole l'instituent. Il sait que, privée d'une stratégie intelligente et autonome des luttes sociales, la «libération» serait un leurre. Il devine un dynamisme historique dont, me semble-t-il encore, l'inculcation scolaire le tenait éloigné. Il a appris à connaître, malgré cela, les modes imposés du nivellement mass-médiatique. Le passage cité revient d'un texte, «*Ryan, Scully, Victor-Lévy Beaulieu: un même langage de l'immobilité*[36]», qui dit ce qu'il faut: la componction «*pendulaire*» d'un certain style journalistique, le décentrement anglicisé des références culturelles, l'affichage d'une fausse liberté littéraire montrent à l'identique les gestes de la déculturation. Ceux que décrit Belleau sont manifestes. Son analyse instruit l'intelligibilité des autres.

Et puis reparlons du mythe. L'emploi du terme est décidément abusif. Le peuple de Belleau cousine avec celui de Jules Michelet, il porte les indices d'une générosité historienne. Générosité n'est pas mythe. Le romantique Michelet soumettait à une enquête exigeante le peuple qui lui était cher, celui tout notamment de la révolution française. Il épluchait les documents disponibles, consultait les considérables bibliothèques laissées par la censure, vérifiait à la loupe les éléments de son récit historico-littéraire. Plus d'un siècle plus tard, la méthode de Belleau bénéficie d'un savoir plus étendu, plus strict, aussi plus dense et mieux vérifiable. Mais à supposer plausible que l'œuvre économe du second partage un certain «romantisme» avec le texte pléthorique du premier, je devrais encore accueillir avec méfiance les notions qui trament le parallèle. Nombre de romantismes idéologiquement et esthétiquement distincts ont reçu dans les premiers manuels de nos études une dénomination identique. Celui d'un Hölderlin révolutionnaire, en première période allemande, a peu en commun avec celui de Novalis. Celui de Shelley ne cède rien, sauf un amour peu anglais des nations naissantes que consent Lord Byron. Celui du quarantehuitard Victor Hugo de quarante-six ans respecte sans doute les livres de Lamartine, autre honorable quarantehuitard, mais ne souffre aucune comparaison. Le texte de Gérard de Nerval et celui de Charles Nodier ne se côtoyent pas, mais les rares aspects de leur rapprochement possible annoncent la munificence critique de Baudelaire qui, plus tard, commence à éloigner les romantismes.

De la même façon, toute parole sur une prétendue mythicité romantique relève d'une légèreté distraite. *L'ode à Diotima* de Hölderlin[37] ne récrit pas un mythe grec ancien, dont elle écarte à la fois le continu narratif et les pauses rythmiques. Plus encore que les *Odes*, les *Hymnes* inventent une tonalité «catastrophique[38]» qui prononce l'accord avec une stratégie de la fragmentation. Celle-ci reçoit des restes mythologiques, mais les confronte à un autre temps, à un temps historique. Les deux premiers vers de «*Ménon pleurant Diotima*» en livrent un indice: «*Chaque jour je m'en vais, cherchant toujours une autre voie, / Et j'ai sondé depuis longtemps tous les chemins.*[39]» L'accueil est critique et constamment agonique, lieu cérémoniel de la distance et du combat. Les dieux invoqués sont révoqués. L'éloge de leurs débris sert d'appui à une protestation qui affirme la primauté d'une terre existentielle. Au début du XIXe siècle allemand, ce courage du texte a une considérable valeur symbolique de libération, peu relayée par la suite. Presque seuls sur la scène littéraire, Heine et Kleist déploieront les potentialités. Le jeune et prémourant Novalis, contemporain de Hölderlin, vise d'une lumière distincte, partiellement opposée, la mort de l'existant et le ciel mystique. Même chez lui, pourtant, le recours différencié à une mythologie, chrétienne en l'occurrence pour l'essentiel, ne signifie aucune adhésion aux formes, protocoles et destinations du mythe. *Exit* la «mythologie romantique». Prétendre dès lors que Belleau, proche de plusieurs romantismes par certains aspects de la pensée, ait avalisé une conception «mythique» du peuple est encore moins légitime.

❑

D'où venait le soupçon qu'il en fût ainsi? De l'extension donnée au *carnavalesque*. André m'avait demandé de lire, en 1984 semble-t-il, le texte d'une communication qu'il allait présenter à un congrès international d'études bakhtiniennes, en Sicile. Elle réinterprétait le carnavalesque bakhtinien à la lumière de Rabelais. Je ne sais si le texte définitif a été édité depuis. N'ayant plus l'original sous la main, je me rappelle une impression forte: la savoureuse et savante description des lieux de discours, citations à l'appui, détaillait la multiple hybridation rabelaisienne du festif, mais celui-ci ne portait aucune trace d'une conflictualité quelconque. Et la guerre de Pichrocolle? André eût répondu d'un navrement des épaules que le récit de cette guerre est entièrement parodique. J'aurais répliqué d'un navrement de gorge que la parodie transforme en une polylogie l'empreinte des conflictualités sociales auxquelles elle doit l'existence générique. Il le savait aussi.

La réciprocité des deux savoirs laisse un doute. Bakhtine, qui sert de référence, ne négligeait pas la transcription des antagonismes de société dans le texte dialogique. Belleau souligne ailleurs la «*struc-*

ture dialogique du carnaval» et «*la connivence profonde, malgré les différences de code, entre le carnaval et le roman, du moins le roman tel que le souhaiterait l'esthétique bakhtinienne*[40]». Or, le vieux carnaval populaire, encore vivace en certaines cultures, tend à reproduire (jusque dans la violence au Brésil) les antagonismes de la vie courante. Il ne fait que paraître les dissoudre en un «rire sur le place publique». Ce rire est aussi l'indice d'une simulation et d'une inversion. La coutume veut qu'au moment du carnaval, en une certaine bourgade espagnole dont j'ai oublié le nom, les femmes relèguent les hommes à la cuisine et occupent, le temps d'un jour, l'espace de la parole politique, de la rue et des *bodegas*. Le carnaval accepte les avatars du calendrier. Au pays de Rabelais, en Touraine, lors des célébrations du 14 juillet, j'ai vu un ouvrier agricole recevoir le titre de marquis et conduire, fièrement empanaché sur une carriole ânière, le respect ironique des usages anciens. La fête met en gloire l'ambivalence des antagonismes, leur contradiction, les inverse, ne les abolit certainement pas.

Où en sommes-nous? Belleau déclare que la «vision carnavalesque» bakhtinienne signifie «*la vision globale du monde propre à la culture populaire*[41]». Il dit concevoir, sitôt après, «*la culture populaire comme vision complète du monde et non simplement la survivance textuelle de résidus carnavalesques*[42]». La globalité, le cercle obéit à un principe de clôture qui n'admet pas la contradiction, le conflit. Pas de lésion dans le cercle, pas de fission signalant l'écart ou la rupture, mais une totalité qui se suffit à elle-même. Est-ce à dire que le «rire» populaire, la culture du «*corps grotesque*[43]» ne s'oppose pas à d'autres contours? Non. Mais «*la culture et les langages sérieux d'une part, la culture et les langages populaires d'autre part, ne s'opposent pas entre eux à la façon des classes sociales dans la lutte des classes*[44]».

Le collègue n'est pas benêt, il est lucide. Il a raison de rappeler une évidence: l'autonomie des formes sociales de langage et de culture par rapport aux conflits de classes. Si elles ne s'en différenciaient pas, si elles s'y absorbaient, l'étude distinctive de la parole et du geste deviendrait superflue, et l'histoire même des conflits, notre histoire, avorterait au seuil d'un sens audible. Il reconnaît d'ailleurs la césure, la lésion des totalités de principe. La carnavalisation participe de moins en moins d'une culture populaire. Historiquement amenuisée, celle-ci voit ses effets transférés sur d'autres scènes du langage:

> [...] la carnavalisation est toujours un phénomène de littéra-
> ture dite «sérieuse» ou bourgeoise. Seule la littérature sérieuse
> est carnavalisée. La littérature populaire a disparu dans les so-
> ciétés industrielles dites «avancées». Elle a été refoulée et fol-
> klorisée par la bourgeoisie puis détournée et étouffée par la lit-
> térature industrielle de masse[45].

La culture populaire n'est donc plus une totalité. La «*vision complète du monde*» n'existe plus comme telle. Une production culturelle de masse politiquement, industriellement et financièrement dirigée vers d'autres fins l'a dissoute, ou presque. En reste-t-il quelque chose? Oui, vraisemblablement dans la mémoire longue. Une littérature «sérieuse» reçoit et transforme ces reliquats. Belleau écrivait pourtant que la culture populaire n'est pas simplement «*la survivance textuelle de résidus carnavalesques*», on l'a noté plus haut. Alors, résidus historiques ou vision complète? Ou les deux, mais comment les deux ensemble dans le même temps d'histoire? Peut-être ne s'agit-il pas du même temps? À première écoute, la réponse de notre auteur manque de clarté.

Tantôt, il semble considérer toujours vivante la culture populaire dont il propose une «vision globale» achronique et universelle. Elle serait encore vive aujourd'hui, carnavalisante ou joyeuse. L'observation suivante en fait foi:

> [...] la culture du peuple comme le remarquait Michel Butor
> n'a jamais rejeté le discours du savant; ce dont elle se moque,
> c'est du langage des salons, car la science est elle aussi univer-
> selle tandis que le salon est le lieu clos d'un seul groupe acca-
> pareur de langage[46].

Tantôt, au contraire, il réfléchit en historien des faits de société, cons-
tate l'érosion, la dislocation, d'une culture, de cette culture-là. Si elle disparaît pour laisser place à l'engrenage mass-médiatique, est-elle encore un universel? Comment soutenir deux positions mutuellement in-
compatibles?

Belleau, en réalité, campe sur un autre terrain, ouvre un tiers-œil. Il n'examine pas le caranaval en anthropologue, il détaille une conta-
mination exercée sur des séries littéraires qui le transforment en carna-
valesque. La fête populaire est une chose. L'histoire multiple de ses rites et déritualisations, moqueries, sarcasmes, vulgarités incisives, offre une abondance de documents. Le collègue ne les néglige pas, leur

ensemble tresse un fil conducteur pour l'étude du texte. La poétique du social est une poétique du texte. Du texte social, comme eût dit naguère Fredric Jameson? Ou du discours social, comme le soutiendrait à présent Marc Angenot? Je ne retiendrais pas ces différences d'accent, malgré l'argumentation savante, pour la simple raison que tout discours, tout texte, tout signe même est social en toute définition, et qu'une socialité agglomérée et généralisante ne sert pas de critère de distinction entre textes, entre discours, et entre textes et discours. Mais la réponse implicite de Belleau vaut distance et mesure. Il ne considère pas directement les aspects sociaux référentiels du discours, bien qu'il n'ait cessé de s'y intéresser. Il ne retient pas non plus d'entrée de jeu le hors-texte ou l'infra-texte, dont il est par ailleurs informé. Il l'écarte pour la méthode. Il s'attelle à la structure sémantique interne du texte, d'un texte *littéraire*. Au bout du parcours analytique, pense-t-il, l'orientation choisie est susceptible d'éclairer *aussi* les aspects référentiels singuliers d'une circonstance de parole et l'infiltration d'un hors-texte conjoncturel. En cela, il voisine avec Auerbach et le jeune Lukács. On a perçu mes différences. Une critique sociosémiotique a ses propres contraintes et inventions. Mais j'estime hautement une démarche qui respecte fil à fil une autre cohérence de méthode.

Le champ privilégié d'observation est le roman, et parmi les genres romanesques, le roman carnavalisé, sorte de non-genre au regard des logiques (pauvres) reçues en «histoire littéraire». Belleau part d'une forme sociale, le carnaval. Il semble l'étendre à l'ensemble de la culture populaire, et je confirme sur ce point mes réticences. Mais il répond aux objections attendues: je parle du texte carnavalesque, non du carnaval. La fête populaire demeure la référence première, certes, et détermine l'orientation de l'enquête: «*Il n'y a pas de point de vue extérieur à partir duquel on puisse observer le carnaval*[47].» Indice rémanent d'une globalité supposée. Seule éminence donc, l'intériorité de l'analyse dérive de l'événement festif initial qui, chaque fois unique, prohibe tout abord modélisant, toute généralité extérieure au cercle participatif de la liesse. L'anthropologie et la sémiotique sont renvoyées dos à dos. Ne restez pas en dehors, entrez dans la danse qui vous changera. Ce préconstruit idéologique de l'intériorité, que n'acceptent pas certains anthropologues et sémioticiens du refus d'une extériorité pareillement idéologique, est censé autoriser, à défaut de modèle, des prescriptions elles aussi généralisantes. Mais il s'agit dès lors d'étudier une brassée de textes:

[...] d'abord le carnavalesque dans les romans doit être décrit par la critique en termes d'*oppositions* (haut/bas, sérieux/comique) et non en termes de *substitution*. Ainsi dans la société fictive du roman carnavalisé, le caranavalesque ne vise pas à évacuer et remplacer le monde du sérieux. Au contraire, il le renferme. Les deux univers, le comique et le sérieux, doivent être donnés en même temps. Un exemple: dans *La guerre, yes Sir!* de Roch Carrier, les Anglais silencieux, imperturbables et méprisants qui restent au garde-à-vous pendant toute la durée du carnavalesque banquet funèbre... En deuxième lieu, l'exigence universelle de participation a aussi pour effet de rendre improbable toute ironie privatisante, singularisante et distanciante. Dans la société intratextuelle, même ceux dont on se moque participent au rire général. Toujours dans *La guerre, yes Sir!*, Arsène, battu comme plâtre par Bérubé, éclate soudain de rire[48].

Une «*fondamentale ambivalence*[49]» en résulte. Outre qu'il efface les «*distances entre les lieux sociaux et leurs occupants*[50]», le carnavalesque apparie le proche et le lointain, le contigu et le distant. Il fait plaisir à l'oxymore, ou oxymoron, figure de discours que le *Dictionnaire* de Henri Morrier résume en une phrase liminaire: «*Sorte d'antithèse dans laquelle on rapproche deux mots contradictoires, l'un paraissant exclure logiquement l'autre*[51].» L'aigre et le doux, le doux et l'amer n'entrent en connivence que par composition de l'aigre-doux et du doux-amer. Ainsi:

Le système d'images oxymoroniques à l'œuvre dans le roman carnavalisé comprend toujours les deux pôles ordinairement tenus éloignés: la naissance et la mort, l'ancien et le nouveau, la jeunesse et la vieillesse, le derrière et la tête, le comique et le sérieux. C'est cette image duelle qui confère aux textes leur redoutable ambivalence puisque les contraires y sont maintenus et rapprochés sans être abolis[52].

Ce rapprochement des opposés, cette opposition des contigus, l'oxymore en somme, entraîne la parodie, la profanation, le renversement, un αδυνατον — transcrit en *adynaton* —, une impossibilité logique. Belleau rencontre là «*un topos* [un lieu de discours] *de la littérature occidentale*[53]». J'ose une remarque incongrue: la cuisine chinoise pratique depuis tant de siècles l'oxymore de l'aigre-doux. Est-elle «occidentale»? Il est vrai que la cuisine, matricielle en toute culture, n'est pas «littéraire». Mais on pourrait montrer les affinités de l'art, de l'apprêt, de la touche finale, de la gourmandise, du lexique, de la parole.

Le «roman carnavalisé» procède par hybridation, comme les bonnes cuisines chinoise, vietnamienne, française, italienne, espagnole, peut-être comme tous les modes du mélange culinaire, même celui de la nord-américanité anglosaxonne déplorable au goût. Allons-y des poulets Kentucky parfois accommodés à une sauce innommable. Les peuples sont vulgaires avec finesse, tandis que certains mets privés d'intelligence demeurent grossiers. L'hybridation dans le roman travaille une autre matière, un langage. Non pas n'importe lequel. Une parole dialogique. Les paroles autres, des autres, de quelques autres, d'un autre, sont préécoutées, reçues, transformées d'un dialogue avec le texte hybride qui les accueille. Suivons Belleau:

> Donnons ici à *hybridation* son sens le plus large: tous les modes possibles de présence du discours des personnages dans les énoncés du narrateur ou l'inverse à quoi s'ajoute l'insertion des langages sociaux extérieurs tant des personnages que du narrateur, mais elle comprend aussi, bien sûr, les procédés du pastiche, de la parodie, de la stylisation. On peut dire que l'hybridation constitue la voie royale d'accès à l'étude de l'interaction dialogique dans le roman, d'autant plus qu'elle n'apparaît pas seulement dans les propres paroles du narrateur-auteur mais aussi et plus souvent dans les paroles qu'il cite, qu'il rapporte. La tension constante entre le discours «rapportant» et le discours «rapporté» constitue effectivement un des facteurs majeurs de l'interaction dialogique, tension d'autant plus perceptible que le discours rapportant s'accompagne souvent d'une intonation évaluative. Il n'y a pas de guillemets, d'italiques, de tirets qui cadastrent ici les langages et en indiquent les propriétaires. C'est une question d'oreille. Il s'agit moins au départ de comprendre le texte que de l'entendre, d'où la nécessité d'une nouvelle écoute[54].

Hybridation et dialogisme. Hybridation parce que dialogisme. Les paroles autres ou des autres, peu de romans les reçoivent en qualité de «voix». La plupart des récits demeurent monologiques, guillemettent les voix. Celles-ci sont multiples, hétérogènes, singulières.

Mais les mots qu'elles prononcent en chacune des occurrences rapportées ont doublement en commun d'avoir déjà été prononcés par d'autres dans une histoire récente ou ancienne, et de se prêter à l'accord d'un texte qui leur fait droit en réinventant leur extraordinaire variété, tonalité, sensualité, ductilité, plasticité. Le langage est un lieu majeur des transformations. Et ce sont les voix mises en dialogue, au pair et à l'impair, qui accomplissent rythmiquement la modification.

Dialogisme. Belleau rappelle le sens de la notion. Je cite un long passage du même article afin de marquer une différence d'appréciation sur un point, contingent pour lui en cette occasion, mais pour moi essentiel: la poésie et la distinction poésie/roman.

> Chez Bakhtine, comme chacun sait, le dialogisme est une propriété inhérente au langage. Qu'il s'agisse du discours intérieur ou «extérieur», chaque énoncé est structuré non seulement par ce qu'il anticipe de la réponse d'un interlocuteur mais aussi par le fait que les mots mêmes qui le constituent ont déjà été utilisés et appartiennent à autrui. L'énoncé devient ainsi le lieu d'une véritable interaction verbale ou mieux d'une interaction dialogique. Et il existe précisément un type de discours ou genre qui a pour objet non pas de représenter les mœurs ou les cœurs et les esprits, ou la vie sociale, mais seulement et uniquement la vie de l'énoncé. *C'est le roman, lequel ne crée pas le langage comme le fait la poésie, mais justement le représente*[*]. Cela est si vrai que dans un roman comme l'a souligné un critique, les mots ne sont pas là pour constituer des personnages ainsi que le croit une sémiologie naïve, au contraire les personnages existent précisément pour que les mots soient prononcés (Gary Saul Morson). Mais puisqu'il est dans la nature de l'énoncé d'être dialogique et que dans le roman, ainsi que l'affirme Bakhtine, «le langage devient objet de reproduction, de restructuration, de transfiguration esthétique», l'interaction dialogique dans toute sa force, sa complexité et sa richesse non seulement commande le contenu et l'expression du roman mais devient le premier niveau d'observation des phénomènes textuels[55].

Deux observations. La première est adventice, le collègue ayant par avance mesuré la réplique. Il note qu'un énoncé a une fonction né-

---

[*] Je souligne.

cessairement dialogique. À hauteur de langage, d'un langage articulé dans la vie générale des «mots» bakhtiniens, il a raison. Mais il arrive que de nombreux énoncés perdent cette fonction. Le jeune Bakhtine ne s'y était pas trompé. Il considérait que certains types de discours, en certaines situations, ont tendance à se rebrousser, à devenir monologiques, à cesser d'enregistrer, informer et former la pluralité des voix. Il rangeait dans cette catégorie les discours définitionnels, notamment les discours scientifiques. La remarque était abusive, inexacte même: le langage artificiel des sciences dispose en hypothèses, en algorithmes, en théorèmes, en équations, l'accueil de voix multiples, ainsi transformées, que les définitions inventées et problématiques n'oublient pas. Elle eût été adéquate si elle avait visé les discours pseudo-sociologiques, certains discours dits d'information, tous transitifs, peu soucieux de langage et de pensée, autoritaires ou faisant florès sur les places autorisées des *mass-media*. Mon Belleau n'aurait pas dit le contraire sur le fond. Il défendait le même argument. Il aurait pointé le doigt sur les questions de champ et de méthode: c'est dans l'espace du roman qu'il envisageait la fonction dialogique de l'énoncé, c'est là qu'elle est le mieux repérable, que l'hétérophonie parvient à se manifester avec le plus d'ambivalente clarté; cela n'empêche pas le dialogisme en d'autres genres de discours.

La deuxième observation s'appuie sur la première et contrarie les réponses. Pourquoi privilégier le roman? Parce que le dialogisme y est mieux repérable? Mais pourquoi d'abord opposer poésie et roman? La poésie «créerait» le langage verbal, le roman le reproduirait. Je concède que dans un roman, s'il est une œuvre d'art, les personnages existent pour la représentation des «mots» et discours, non l'inverse. Est-ce que l'énonciation poétique, lorsque le poème raconte une histoire comme c'est le cas chez Nazim Hikmet, chez Yannis Ritsos, chez Henri Michaux, chez tant d'autres poètes, n'offrirait pas des traits narratifs pareillement déterminés par la production de langage? Je ne comprends toujours pas l'opposition que d'anciennes épistémies de l'histoire littéraire continuent de fomenter entre la «création» poétique et la reproduction romanesque des paroles. Est-ce que *Ulysses* ou *Finnegans Wake* de Joyce «créent» moins le langage que *Qui je fus* de Michaux? Je n'aime pas, c'est vrai, le terme «création», d'emploi courant et commode, mais taraudé de connotations religieuses, anhistoriques. Nous produisons et reproduisons, nous produisons le langage parce que nous le reproduisons, nous ne le créons pas. Dès lors qu'un roman réussit à mettre en voix les paroles, il fait plus que les représenter, il les présente et les invente. Je préfère décidément la dynamique de l'invention au pratico-inerte de la création.

Tout ce débat savoure la luxuriance des fonctions poétiques. Elles ne sont pas moindres dans l'art romanesque que dans le poème. Elles ont une autre ponctuation. *«C'est une question d'oreille»*, disait le mélomane Belleau. Oui, d'oreille. Et de main en train d'écrire. De rythme. Une connaissance distincte alors se fait jour. Plutôt que d'une opposition entre création et représentation, parlons d'une *différence* des positions rythmiques entre roman et poème. C'est plus modeste, matériellement plus assonant. Une commune appartenance à la poéticité dissout les dualismes arbitraires. Que le poème soit narratif ou non, qu'il soit en prose, en vers «libres» ou «réguliers», sa prosodie brise d'une insistance sur l'accent de mot, de vers ou de période, fût-ce d'une virgule ou d'une absence de virgule, le sens normé, le sens convenu. Les blancs de page et les interruptions de phrase que le suspens de la graphie ordonne désorientent la syntaxe des énoncés, même quand le texte la respecte. La répétition alternative des bâtonnets poétiques altère radicalement la syntaxe et le sens dont elle accepte à distance la pratique habituelle. Il en irait de même pour un certain nombre de romans exerçant une invention prosodique comparable. Je pense à ceux de Henry Miller, de Blaise Cendrars, de Louis Aragon, d'un Loïs Masson constamment ignoré depuis sa mort, d'un Gabriel García Márquez, d'un Hubert Aquin. Mais en ces romans, la narrativité dicte le rythme, les séquences, les pauses, les syncopes, le hoquet stylistique de la voix narrante, le passage au discours indirect libre qui façonne l'hybridation des voix narrées, leur dialogue avec celle du narrateur. Dans les poèmes, parfois de même étendue (songeons au *Fou d'Elsa* ou au *Roman inachevé* d'Aragon), la séquence, la pause, l'abruption vocalique ou consonantique, le passage intransitif d'une forme de vers ou de prose à une autre dictent au contraire la narrativité occasionnelle. Y a-t-il là une opposition entre création et représentation, entre poème et roman? Non. Seulement un contraste des mouvements rythmiques. Leur prise en compte déplace l'angle des questions. Le collègue ne s'en est apparemment pas soucié, bien qu'elles autorisent une saisie plus précise de sa poétique. D'une poétique du social centrée sur le texte romanesque, avec délectation sur le «roman de la parole».

Nous y voici. Ce sera le point d'orgue. Toutefois, avant d'y mettre la main, je tiens à dissiper un léger malentendu que j'ai sans doute contribué à démesurer. Je notais plus haut qu'en une certaine occasion, celle d'une communication de congrès qu'il m'avait prié de lire, deux ans avant sa mort, Belleau ne paraissait pas entretenir une conscience claire des conflictualités qui traversent la fiction. Me corrigeant par la suite, j'observai qu'il ne négligeait jamais la référence, gardait en mire l'espace social. La préférence accordée à l'intériorité textuelle et la méthode qu'elle induisait lui permettraient au terme de l'analyse, pensait-il, d'éclairer et situer le hors-texte. Or, ce hors-texte social est conflictuel. L'homme d'étude et d'obligeance ne l'ignorait pas, et sa méthode a porté fruit. À la fin du texte qui m'a servi à illustrer et discuter sa poétique du social, il montre l'imbrication conjoncturelle de la pratique littéraire et de l'espace social:

> [...] après la seconde guerre mondiale, on a dû prendre conscience du caractère profondément «hétéroglotte» du Québec: plusieurs niveaux de langue sans compter le français de France et l'anglais auxquels s'ajoutent les débuts d'une institution littéraire idigène. Bien plus, la littérature québécoise se découvre elle-même doublement marginalisée: d'abord par rapport à la France éloignée, ensuite par rapport à l'Amérique du Nord anglo-saxonne. Tout cela mis ensemble fit que *la pratique littéraire à l'image même de l'espace social devint un lieu conflictuel d'interaction des langages et des codes*[*]. Le code littéraire français, loin d'occuper désormais toute la place, se trouva en position de concurrence envers les codes socio-culturels québécois. Cette situation carnavalisante ne pouvait que favoriser l'éclosion d'une littérature carnavalisée fondée sur la relativisation joyeuse ou parodique des langages[56].

3. Le roman de la parole

Désireux d'élargir le débat pour mieux conclure, je donne au «roman de la parole» un sens très général, celui poétique de la parole en train de se dire et s'échanger, celui dialogique de l'interaction verbale et de son mouvement rythmique imprévisible, celui de la poéticité d'une écriture qui la transforme en effet de connaissance. Belleau

---

[*] Je souligne.

confère à l'expression une portée plus restreinte. Il invente le terme à des fins techniques. Mais il imagine une autre désignation, «roman de l'écriture», qui rejoint l'orient de mon propos.

Le romancier fictif oppose deux types, le «roman du code» et le «roman de la parole». Sur quelle base, d'abord, cette distinction?

L'ouvrage, aujourd'hui classique, fait l'analyse d'une instance particulière, le personnage de l'écrivain que de très nombreuses fictions littéraires québécoises mettent en abîme ou en miroir dans le corps du texte. Écrivain lui-même et critique exigeant, le professeur a passé en revue tous les romans publiés entre 1940 et 1960 au Québec. Une forte récurrence l'a frappé: le personnage de l'écrivain insiste à travers une quarantaine d'œuvres. Le phénomène paraissait d'autant plus curieux que la plupart de ces fictions ne représentaient qu'avec mollesse ou parcimonie le métier prêté au personnage élu, comme si le romancier délégué dénotait un quelconque interdit d'écrire qui n'eût pas épargné le romancier écrivant. Ce fantôme d'écrivain a la qualité d'une figure allégorique, mais l'allégorie ne réussit pas à présenter l'écrivain autrement que comme un raté ou un distrait de l'écriture. Une illusion doit donc être dissipée:

> Une attente «naïve», sans doute influencée par le prestige de certains écrivains dans la société réelle, voudrait peut-être que l'écrivain-personnage détermine fortement les faits narrés, dont la succession logique (l'intrigue) saisie à travers les rapports avec les acteurs constitue proprement l'histoire du récit, ou comme on dit maintenant, sa diégèse[57].

Qu'arrive-t-il, en effet, si l'écrivain-personnage ne détermine pas les faits narrés, ou ne jouit pas en tant qu'écrivain d'un «*statut particulier dans l'histoire*[58]»? Et l'«auteur raconté» parvient-il même, comme figure de l'«auteur racontant» qui le morigène, à déterminer le «*discours du récit*[59]», à subordonner peu ou prou l'acte narré au discours qui le narre? Si le texte de la fiction ne décide pas de cette double consistance du narratif et du narré, du discours et de l'histoire, en quoi l'auteur raconté tient-il encore le rôle effectif d'un écrivain, d'un régisseur duel mis en miroir dans l'œuvre? N'est-ce qu'une effigie substituable? La prévalence d'une histoire supposée réaliste sur le discours s'accommoderait-elle, pour ce personnage, d'une autre médaille, d'un autre métier fabulatoire? La figure de l'écrivain pourrait devenir

celle de l'homme d'affaires ou de l'homme dit d'action, et Belleau repère avec finesse la disparition progressive de la première au profit de
la seconde à travers la courte série des romans de Roger Lemelin.
Mais la question ainsi posée, celle que je formule, oblitère deux aspects. Il faut revenir à l'«*attente naïve*», à l'illusion sur le rôle du per-
sonnage-écrivain. Elle a tout de même un certain poids. Le hors-texte
social, en l'occurrence «*le prestige de certains écrivains dans la société réelle*», est assez puissant pour que le romancier se laisse suggérer
l'inscription d'une figure fictive d'écrivain. Cela ne signifie pas qu'un
narrateur-maître interposant l'effigie d'un double entre lui et son écriture parvienne, en tous les cas, à en pratiquer ouvertement le sens.
D'où un second aspect, moins naïf: à propos de *Au pied de la pente
douce* et du personnage Denis Boucher, «écrivain», le critique pose la
bonne question:

> [...] pourquoi Denis Boucher est-il écrivain? Et se pourrait-il,
> en dernière analyse, que vue sous cet angle, la réitération de
> l'auteur dans son texte, à la manière d'une sorte de colophon,
> nous renvoie plus à l'institution littéraire préexistante qu'à
> l'œuvre elle-même[60]?

L'expression *institution littéraire préexistante* manquerait-elle de clarté? Je ne crois pas. L'ensemble de l'ouvrage montre que Belleau, à
l'époque où il le rédigeait, n'était pas ou n'était plus la dupe des mal-
versations courantes du sens de certains mots. La plupart de ses amis
de la revue *Liberté*, et la plupart des milieux de ce que l'on appellerait
le bien-penser littéraire si ce n'était pas en exagérer l'influence, conce-
vaient l'institution à leur image ambitieuse, celle de l'appareil éditorial qu'ils prétendaient à la fois admonester et gouverner. Image ambitieuse, image réduite. Ils confondaient par anglicisation de la pensée et
grapillement pseudo-sociologique l'institution et l'appareil, — une institution littéraire encore peu affirmative et un appareil d'édition et de
diffusion dont ils n'étaient que les fantômes. Le collègue ne concevait
pas ce mastodonte publicitaire, mis en peau de chagrin. Il considérait
comme moi que l'institution, suivant les leçons de l'ancien modèle
rhétorique, aspecte l'ensemble des dépôts discursifs légués par l'usage, ainsi que la forme quasi-architecturale de leur enseignement. Ces
conventions minimales de *discours*, — l'institution n'est qu'une règle
de parole, — concourent à l'efficace des divers pouvoirs d'appareil,

mais elles ne leur sont pas réductibles. Elle n'y concourraient pas si elles ne désignaient leur autonomie.

Un jour, à la fin de 1979 ou au début de 1980, il me fit une sainte colère. J'avais organisé à l'automne, avec l'ami Georges Leroux, un colloque international sur le texte et l'institution. Et lui, je ne l'avais pas invité à y participer? Il trouvait inexcusable l'oubli ou la légèreté. Il n'avait cessé depuis quelques années de travailler ces questions. Il tonitruait, de nouveau dispos après une longue convalescence. Il rejetait le souvenir d'une maladie grave qui l'avait retenu plusieurs semaines à l'hôpital, plusieurs mois à la maison. Je lui en fis la remarque. Comment aurais-je pu dans les circonstances lui demander une communication de colloque? Tout de même, tu aurais pu m'en parler; j'accepte peu que la maladie parle pour moi, encore moins qu'un collègue décide de ma réponse. Tels étaient à peu près les mots. Reproche inattaquable, anecdote saisissante. Elle confirme l'attention que l'ami courroucé portait à l'institution de discours et de texte. Je reviens à son livre. L'«*institution littéraire*» ferait moins de bruit à l'oreille si le qualificatif «*préexistante*» ne venait pas un moment la distraire. L'institution de discours, qu'elle soit ou non littéraire, existe parce qu'elle préexiste déjà. Alors, pourquoi cet adjectif? À vrai dire, il n'y a pas là de quoi fouetter un courant d'air. L'institution de discours préexiste dans sa généralité, mais son histoire la modifie sans cesse. Les règles se transforment sous la pression de l'usage, et le tri des dépôts sapientiels qui ponctuent l'ordre du discours et de l'écriture ne s'opère plus de la même façon, même au Québec durant la période étudiée, qu'au début du siècle. Belleau fait allusion à des normes importées. Venues surtout de France, elles induisent en début de période nombre de romanciers québécois (mais plus les poètes) à une timidité de la transcription, à un simulacre d'obéissance qui leur impose de reproduire les rections narratives autorisées par les grands noms de l'entre-deux-guerres, de faire ce qui se fait. D'autres romanciers gîtent dans les broussailles du régionalisme et n'ont pas les mêmes modèles, eux aussi plus ou moins français.

Ce jugement, le mien bien sûr, recoupe celui de Belleau. Notre critique signale une conjoncture au cours de laquelle une institution littéraire québécoise n'est qu'au début de sa gestation différenciée. Il ne dit pas expressément que cette institution et l'ambivalence de ses codes sont tardives au Québec. Son raisonnement l'implique. Je soutiens pour ma part qu'une institution des Lettres, antérieure à la littérature, a prévalu jusqu'au moins 1942-1943 faute de pouvoir s'appuyer sur un appareil d'édition plus développé. Institution et appareil sont autonomes mais complémentaires. Les poètes Émile Nelligan et Paul Morin, le romancier Albert Laberge au tournant du siècle, le poète et nouvelliste Jean-Aubert Loranger au début des années 1920, ne reçoivent pas en leur temps un accueil éditorial compatible. Leurs livres outrepassent l'ancienne institution des Lettres que le clergé surveille, mais elles ne sont que le signe avant-coureur d'une écriture dont les formes instituées tarderont à apparaître. Encore en 1931, le poète Alain Grandbois édite à ses frais la première version des *Îles de la nuit*, le bateau qui apporte les volumes imprimés à Hankéou fait naufrage; personne n'eût eu connaissance de ce grand œuvre si en 1944, bénéficiant d'une conjoncture favorable*, un éditeur d'un genre nouveau, Lucien Parizeau & Cie, n'avait assumé le risque de le publier. Belleau a eu raison d'écouter à travers le roman québécois de la période 1940-1960 les premiers balbutiements d'une institution littéraire nouvelle, d'étudier le développement des transactions du régime discursif alors opérées dans ce champ. C'est là que la longue négociation et transmutation des règles exogènes s'est manifestée avec le plus de clarté. La poésie s'était affranchie plus tôt, presque sans transition. Elle formait à l'époque un domaine séparé. L'examen de ses lieux aurait découvert autre chose. Ni Gilles Hénault, ni Claude Gauvreau, ni Paul-Marie Lapointe, ni Roland Giguère ne participaient à cette gestation difficile. L'humour est une liberté d'écriture; il affirme un temps distinct. Ce n'est qu'en 1965, avec *Prochain épisode* d'Hubert Aquin, que le roman commence à estomper les limites du genre, à accepter sa maturité poétique. Le disant, j'avoue l'arbitraire du choix. Le très beau livre aujourd'hui oublié du cinéaste-romancier Réal Benoît, *Quelqu'un pour m'écouter*, date de 1964; *La ville inhumaine* de Laurent Girouard, de 1965. La chronologie n'apporte pas les bons conseils en ce domaine. Elle omet *Neuf jours de haine* de Jean-Jules Richard, de nombreuses pages d'un grand roman pleinement narratif écrit comme un poème et publié en 1948. Il est vrai que l'ancien hobo, mort depuis longtemps comme Réal Benoît, écrivait et vivait en marge du succès. J'ai eu l'honneur de le connaître. Il est aussi vrai que les appareils qui avaient consenti à publier et répercuter (médiocrement) ses œuvres n'ont pas de mémoire. Telle demeure leur fonction.

---

* Je confie à *Rebonds critiques III* le soin de mes «Notes sur l'histoire de l'édition de poésie au Québec».

Je fends les eaux vite et large. Belleau a un projet plus ponctuel. Il s'astreint à l'inscription de l'écrivain-personnage dans le roman en voie d'institution. Quelles sont les règles en jeu? *Au pied de la pente douce* désignerait assez bien un *roman du code* qui ne représente de la littérature «*qu'une fonction sociale*[61]». Il y est peu question d'esthétique. «*Le code littéraire*», poursuit Belleau, «*tend à se subordonner au code social*». Et il note que dans ce genre de roman «*"bien écrire" = réussir*[62]». La remarque vaut notamment pour l'«écrivain» Denis Boucher, le texte de la fiction n'apprenant rien sur le bien-écrire du personnage dont il distrait le travail supposé d'écriture. D'accord, là-dessus.

La globalité *du* «code littéraire» et *du* «code social» laisse pourtant une insatisfaction. Même un roman obéissant accepte et mélange plusieurs codes littéraires, ceux des discours directs ou indirects, ceux des contes ou paraboles, ceux des commentaires incidents du Grand Narrateur[63], ceux de la gazette écrite ou parlée pour le détail du fait narré. Sinon ce ne serait pas un roman, un anti-genre, un agglomérat des codes. Y aurait-il un «code littéraire» souverain qui unifierait le tout, une sorte de «*ur-code*» au sens d'Umberto Eco, un code premier, une *Urschrift* ou un *Ursprung* allemand désignant une quelconque origine? Je ne connais pas la métaphysique des origines, je ne connais qu'une partie de l'histoire. Et cette histoire récente m'apprend que les romans s'ingénient chaque fois, en toute culture, à débrouiller le bric-à-brac des genres et codes littéraires de la correspondance privée ou publique, des mémoires, des chroniques, des sermons, des pamphlets, voire des poèmes. Quant au social, la diversité des pratiques du conflit et des stratégies de groupe ne peut se réduire à l'observance d'un code unique. Si le bien-écrire vaut réussite et si la réussite, l'arrivée aux échelons supérieurs de la société, est la marque de l'imprégnation littéraire et de la dominance du «code social», il reste que ce code unificateur paraît exclure tous autres codes et pratiques qui ne sont pas ceux et celles d'une réussite individuelle confondue avec le succès en affaires ou avec l'occupation d'un poste dirigeant.

Le code social nous renvoie à l'univers des idéologies bourgeoises du protestantisme et du libéralisme: *Art. 1*: L'individualité consciente est une exception de la nature; *Art. 2*: L'individualité se mesure à la capacité d'entreprendre, de faire fructifier l'argent et de conquérir le pouvoir; elle se reconnaît aussi à l'aptitude, chez certains artistes et scientifiques alors exceptionnels, à investir la réputation et le marché;

Art. 3: Le pouvoir est délégué majoritairement par des citoyens qui ne sont pas tous exceptionnels à des individualités; *Art. 4*: Les individus ainsi considérés et ainsi délégués font les lois pour tous et gouvernent; *Art. 5*: La *democracy* est inséparable de ces principes; elle est la seule démocratie légitime. L'explicitation narquoise de cette constitution latente ne résorbe pas le déficit d'un «code social» tricheur qui n'enregistre pas les laissés pour compte, la majorité des gens. La pratique et l'idéologisation du «succès», indices de l'accaparement individuel révocable d'un pouvoir d'appareil qui n'est qu'indirectement idéologique, ne parviennent pas à confisquer l'ensemble des autres pratiques sociales qui leur demeurent rédhibitoires. La revendication d'un mieux-être dans les transports en commun et l'habitat, celle d'un accès à l'égalité dans l'emploi et les salaires, celle de la dignité de vie et de mort, celle d'une représentation politique élargie des intérêts populaires contrarient l'existence d'un code social unique, non celle d'une dominance qui vise à l'unicité.

Je sais bien que l'analyste des fonctionnements internes du texte littéraire ne pouvait envisager le social autrement que comme un hors-texte dont, sauf notes incidentes et polémiques, il remettait l'étude à d'autres secteurs disciplinaires. Conséquence: le monolithe du code social, et par opposition celui du code littéraire. Je sais aussi que, sur le fond, nos positions se rejoignent. S'il avait écrit que les «romans du code» tendent à subordonner la pratique des usages narratifs au respect de certaines conduites des appareils de pouvoir, à s'y conformer comme si elles dictaient le code à suivre, la force critique de la formule «*"bien écrire"* = *réussir*» se fût amplifiée, et je n'aurais pas profité d'un vouloir-dire, d'une distraction de la pensée, pour suggérer le même et l'autre de la même réflexion.

Le «roman de la parole» s'oppose apparemment à celui du code. *Rue Deschambault* et *La route d'Altamont* de Gabrielle Roy proposent *«une antithèse exemplaire*[64]*»*. Le personnage Christine que les deux romans destinent à devenir écrivain, soustrait le projet d'écriture à toute référence au statut social. La littérature s'efface devant l'intériorité. Elle est une *«pure parole ou, mieux encore,* [une] *pure intention de parole*[65]*»*. Une intention, donc pas une parole. L'intention se réfugie dans les confidences du journal intime tenu par le personnage. La remarque s'applique également à la deuxième partie de *La fin des songes* de Robert Élie, que Belleau n'a pas bâillé à relire et analyser. Effacement même de la figure d'écrivain:

Les romans de la parole privilégient [...] le rapport de la littérature au sujet. L'écrivain y est assez faiblement dénoté (ainsi chez Gabrielle Roy où il n'est jamais question d'ouvrages publiés et seulement de l'intention d'écrire[66].

Belleau suppose que le roman de cette parole qui n'en est pas une est celui dont le narrateur parle en tant que «je», «me», «moi». À l'inverse, il classe comme romans du code tous ceux dont le narrateur est désigné d'un «il». Il applique à la lettre la distinction que Gérard Genette suggère entre l'«homodiégèse» et l'«hétérodiégèse[67]». La première vise les récits où le narrateur fictif assume en son nom propre, — et toujours à la première personne même s'il n'a pas de nom, — l'histoire que le roman ou la nouvelle lui fait raconter. La seconde concerne les récits où le narrateur occupe dans l'histoire racontée la position manifeste d'un délégué, son «il» renvoyant alors au «code social», à ce que Belleau appelle ainsi. Qu'arrive-t-il, toutefois, lorsque le même texte désigne le narrateur tantôt à la première personne, tantôt à la troisième? L'analyste a une réponse: la première partie, «hétérodiégétique», de *La fin des songes* relève du roman du code; la seconde, «homodiégétique», du roman de la parole. Mais les récits de Dostoïevski, voire ceux de Knut Hamsun, où le narrateur passe d'un «je» à un «il» ou à un «ils» équivalent d'un «nous» subtil exerçant le rôle de celui qui parle ou qui est censé parler, résistent à cette lecture de base. Qu'arrive-t-il aussi pour *L'homme sans qualités* de Musil? Ulrich est constamment indexé à la troisième personne. Ce grand livre «hétérodiégétique» ne trouve pas sa place parmi les «romans du code». L'ami en convient par avance, il n'a fait qu'étudier les romans québécois de la période et ne propose pas un modèle, un universel[68]. Pourquoi, tout de même, avoir proposé des définitions dont la généralité présupposée assimile à certains cas d'espèce beaucoup d'autres qui rechignent? Mais passons. Au fond et en pratique, ça n'a pas d'importance.

Le constat suivant en a beaucoup, en revanche: la «*substance narrative*» dont l'écrivain-personnage est un élément moteur «*permet de mieux voir comment le roman de la parole se dénoue et s'achève en un roman du code*[69]». L'intention de parole n'est pas la parole, celle d'écrire n'est pas l'écriture. Le projet inactif, l'illusion, rejoint l'échec des écrivains-personnages du code. «Je» devient décidément un autre, un «il». Le poème en a depuis longtemps l'expérience et la connaissance. Le défricheur de romans ne les juge pas immédiatement utiles à un débroussaillage ponctuel. Mais si la parole des écrivains fictifs n'a pas de consistance et si le code auquel ils souscrivent n'en est pas un, cette parole prétendue et ce code abusif se confondent. Reste une autre voie, celle dont *Le romancier fictif* emprunte les détours dès les premières pages, le «roman de l'écriture». Alors, Hubert Aquin? Alors, Nicole Brossard? Alors l'esquisse d'un désert à la fois aride et fertile.

Sur le très long chemin, l'écriture de la parole, celle du poème ou du roman comme on voudra, continue de s'associer à la découverte du manque, à l'invention. Loin du «*pipi de colombe*[70]» que l'écrivain Belleau renvoie d'une pichenette de l'ongle.

> *J'ai écrit plusieurs parties de ce texte au lieu-dit Les Roches Saint-Paul, en Touraine, à 25 mètres de l'immense Grange-aux-Dîmes qui dépendait autrefois d'un prieuré dont la légende raconte que la tante de François Rabelais a été l'abbesse. Honneur à François. Honneur à André.*

Paul-Marie Lapointe et la matérialité du poème

pluie des petits hommes
je te salue

comme la venue d'une cinquième
saison[1]

    La curiosité est une qualité inépuisable de l'intelligence et de l'humour*. Celle des artistes, intellectuels et lettrés italiens transcende l'inépuisable, car elle le rend accessible. Permettez-moi l'hommage, il n'est pas forcé, il est celui d'un poète et d'un chercheur, d'un amoureux lointain. Par jeu de mots, je dirai que ce premier *dé*-tour d'honneur me mène droit au sujet, selon une série d'autres détours imposés par le texte étudié.
    Je poursuis donc l'hommage. La curiosité informée des intellectuels et universitaires spécialisés d'Italie, bons artisans hiérarchiquement mais souplement organisés et pratiques, portés vers la traduction et l'édition dont ils font le complément actif et nécessaire de leur propre recherche, — et ils ont derrière eux toute l'histoire intellectuelle italienne de cet artisanat transnational indispensable, — leur curiosité a eu la modestie de recevoir, de comprendre, de traduire, de mettre en position d'*interlocutrice* la poésie de Paul-Marie Lapointe[2] que l'édition parisienne a pris bien du temps à accepter ou à reconnaître. Les Italiens ont une préséance plénière.
    Paul-Marie Lapointe: l'un des poètes majeurs de notre temps, bien qu'il soit venu, en français, des *remote, almost unknown and mythical lands of Canada*. Je le dis en anglais, ne puis le dire qu'en cette langue. Car la diglossie, l'hésitation, la rupture, la dyslexie presque silencieuse, et soudain l'abondance dans le langage ont conservé là-bas plusieurs ré-

---

* Texte révisé d'une communication donnée sous ce titre au *7ᵉ Convegno internazionale della Associazione italiana di Studi canadesi,* à Catane, en Sicile, le 18 mai 1988. Les ajouts, modifications et notes n'entament pas le plan et sa progression, intégralement respectée.

pondants traditionnels: l'autonomie linguistique idéologiquement proclamée, mais la soumission politiquement entretenue à l'économie des maîtres historiques, à leur culture assimilatrice jusque dans le vêtement et le *cooking*, à leur langue autre (entièrement désirable et qui le fût restée si elle n'était devenue sur place le symbole d'une discrimination), à leur tolérance discrète d'un bilinguisme officiel soigneusement inefficace. Je commence par la polémique pour en venir au plus utile. Cette histoire, quelles qu'en soient les interprétations, a déterminé un ensemble parolier diffus et contradictoire, contracté ou parataxique, volubile et silencieux, imagé des mots du pauvre, qui fragilise mais mobilise à foison la plupart des Québécois francophones, malgré les variétés sociolectales et les différences de niveaux de langue. Langage du contour; par métaphore, langage de la «diffraction» des parataxes: du contournement de l'obstacle et de sa traversée, comme une lumière. Langage qui émeut aussi, par conséquent, un poète écoutant.

Remote? Non, cette poésie ne l'est pas. Elle pratique l'opposé du désuet et de l'inatteignable. Elle est directe; mais elle l'est à sa façon, par ruptures reproduites ou plutôt instaurées. Elle reporte les ruptures sur la matérialité de l'écriture. Et cette matérialité-là, elle l'organise dans le livre, par les moyens du livre, trésor de toutes les traces inventées du langage rompu. Elle l'organise surtout dans l'exercice d'une *instrumentalité*, il faut insister sur ce point. L'instrumentalité, la poésie de Paul-Marie Lapointe la dicte, en copie tout autant le mouvement imaginé, respiré, exécuté, la traverse et l'excède. L'instrumentalité du livre devient alors *processuelle*. Elle l'était dès les débuts de son histoire, mais cette fois elle est reconnue et pratiquée à travers la palpation de l'écriture (je n'ai pas d'autre mot pour dire cela), à travers une palpation de l'intouchable dont elle propose la connaissance, — jusqu'à l'invention des «petits hommes» qu'elle ne *re*présente pas, qu'elle grandit de leur *présentation*. Processuelle, l'instrumentalité du livre saisit le poème, non pas dans son achèvement, encore moins dans une conscience intentionnelle rationalisée (poétiquement, l'intention n'existe pas), mais dans un travail qui en produit et en scande les spasmes, les projette sur la page imprimable qui sera imprimée, à intervalles normés* mais librement disposés.

---

* Les manuscrits ou «tapuscrits» de Paul-Marie Lapointe, du moins ceux que l'amitié m'a donné de lire, enregistrent une extrême attention au calcul et à la norme des espacements de mots: un système de barres de fraction, une, deux ou trois, à l'intention du typographe, selon la largeur du blanc syncopal qui doit être reproduit sur la page imprimée.

Telle est l'une des façons périlleuses, ici pleinement efficaces, de compenser la diglossie, de la retourner contre elle-même, d'y associer les formes d'une libération. Les Irlandais l'ont pratiquée, cela a donné Joyce et Yeats. L'aptitude des dominants à confiner une culture bute politiquement sur leur inaptitude à comprendre cette culture qu'ils menacent. Marginalisée et oppressée, une culture peut mourir ou, au contraire, découvrir sur d'autres plans les moyens de son invention. Cette disjonction de l'acte de mourir et de la découverte est peut-être hasardeuse. Car il se pourrait aussi, je n'ose en décider, qu'une culture parvenue au point d'oppression sociologique qui risque de la faire mourir, découvre la marge ultime de son expansion, son invention marginale. Découvrante, elle ne l'est que chez quelques-uns, qui en reçoivent la fonction instituante. Et les individus plus ou moins marginaux qui la reçoivent n'ont pas à avoir conscience des enjeux, ils n'en offrent pas nécessairement le thème dans leur écriture ou en d'autres lieux singuliers. Il suffit qu'ils tiennent au matériau; si le matériau échappe, qu'ils aient l'intelligence d'en connaître les restes ustensiles et d'exercer sur eux, avec eux, de nouvelles augmentations. Alors, cela se peut, l'invention fait tache et s'étend, lorsque les conditions sont réunies. Car il y a d'autres conditions, bien sûr, de nombreuses autres que les inventeurs, — Paul-Marie Lapointe n'est pas visé, — ont souvent le tort d'ignorer.

La rupture organisée, la continuité toutefois, la prolixité maîtrisée et néanmoins abandonnée par jouissance et ascèse, la surprise élémentaire mais la prodigalité lexicale, l'austérité des battements polymorphes de l'écoute jazzée prescrivent le moment du poème sans jamais inscrire sur la page une autre matérialité que celle du poème ainsi mis en mouvement. Il y a plus. L'ensemble quasi physiologique de ces traits indique une porosité des écoutes et des visualités, toutes compensatrices, et assure l'accession dans l'écrit à d'autres cultures, à d'autres littératures, à une nouvelle internationalité, à une sorte de transnationalité proprement nationale où respire le souci rémanent du «*petit homme*». Celui-ci, le petit homme, ne connaît pas les autres littératures, même pas la sienne. L'immédiat, le besoin et l'inculcation l'en éloignent. Il est conduit vers autre chose, — une quotidienneté obturée que les littératures, pourtant, prodiguent et masquent massivement, elles aussi. La transnationalité nationale de la poésie de Paul-Marie Lapointe permet, c'est une hypothèse plausible, de comprendre le début d'intérêt suscité en Italie par cette écriture de l'ouvert et du maîtrisé, qui rend hommage à l'ouvert en effet, à l'extensif comme à l'intensif. Les Éditions Bulzoni ont publié une remarquable traduction, réalisée par la *Professoressa* Paola Mossetto-Campra[3], d'un choix de poèmes qui retient exactement (les langues romanes ne sont pas seulement reliées entre elles par de «faux amis») l'intitulé français d'une édition rétrospective comprenant l'ensemble de l'œuvre publié jusqu'en 1965[4]. Une anthologie italienne parue dans la deuxième moitié des années soixante avait déjà rassemblé d'autres traductions, à l'initiative d'un autre traducteur[5]. Paola Mossetto-Campra a également publié, dans les Actes du Ve Congrès international de votre Association[6], une étude astucieuse, «*Nessi, sensi e suoni in «113» di Paul-Marie Lapointe*». Ma propre démarche, bien que méthodologiquement différente, conduit à une instruction similaire. Je crois savoir, enfin, que l'œuvre a fait l'objet de quelques thèses de *laurea*.

❏

Ma proposition est la suivante: la poésie de Paul-Marie Lapointe est une poésie de la mimésis, mais d'une mimésis assez particulière qui s'efface à l'instant même de son effectuation. Les termes de la représentation, de la mimésis, s'accompagnent sans doute d'un immense lexique, référé tout ensemble au végétal, au minéral, à la chimie organique, à la socialité. Toutefois, les éléments de ce lexique monumental ne sont pas des «représentants de la représentation[7]». Il est vrai qu'on ne peut échapper à la représentation. Il est vrai de même que cette poésie la désire et l'établit; mais uniquement aux conditions qu'elle pose, celles d'une profusion instrumentale étalée et distincte. J'en parlerai. Pour l'instant, il n'y a pas de représentants, encore moins une référentialité à des objets connus ou conventionnellement séparés que l'écriture indexerait. Il n'y a que des *présentants*. Ce sont des images de nulle part et d'ici. Le poème n'hésite pas alors à marquer ses aspects temporels: l'ici est lointain et reculé dans le temps. Ce sont aussi et simultanément, sur d'autres registres, par abolition de toute référence même allusive à un temps et à un lieu quelconques, des possibilités purement hypothétiques qui concernent lointainement le «*petit homme*» traduit en saumon, en arbre, en fluorescence. Lapointe parle saumon, parle arbre, parle mots. Il produit des présentants. Interrogeons ce pluriel. *Des* présentants? Oui, en très grand nombre et tous différents. Mais ils ne sont pas morcelés, comme ils le seraient si chacun d'eux ne recevait que la fonction de se présenter lui-même, monadiquement en quelque sorte, à l'exclusion des autres. Ils forment un tissu associatif, malgré les ruptures, l'écourtement ou l'inachèvement des syntagmes pourtant produits dans la complétude de l'image, malgré l'espacement blanc de dimensions variables entre groupes de mots sur la même ligne, malgré une interlinéation qui n'est arbitraire qu'en apparence.

«Hibernations» en offre un exemple:

je laisse en toi voler des oiseaux blancs

peu d'oiseaux sont blancs outre les colombes
sinon d'avoir vécu l'hiver
plantés comme des croix dans l'espace
un déploiement de sécheresse et de frissons
aussi étranges que la neige
a-t-elle autre souci que de se poser sur nous
                                            les villages
                                            les cages*

entre les brindilles sculptées par le vent

nos morts ne s'envolent pas
sinon en nous-mêmes
                        comme les enfants que nous avons*
et qui fraient leur chemin dans l'intérieur

oiseaux blancs // aériens ossements*[8]

La césure interlinéaire marquée à la droite de la page entre le groupe «*les villages / les cages*» et l'ensemble du texte justifié à gauche, la césure interlinéaire semblable qui introduit «*comme les enfants que nous avons*», la césure du double espacement typographique entre «*oiseaux blancs*» et «*aériens ossements*», ces interlinéations et espacements entrent rigoureusement en dessin dans le poème:

---

* Je souligne les interlinéations. Dans le troisième souligné, les deux barres de fraction indiquent deux espacements typographiques.

je dis bien en dessin, c'est-à-dire en accord avec l'instrumentalité intelligente de la main. Les *villages*, les *cages*, seuls mots mis en rime l'un en dessous de l'autre comme s'ils étaient les restes terminaux de deux vers effacés, sont posés juste à la césure intercalaire du vers auquel ils appartiennent: à la fois restes présomptifs du disparu et intégrants manifestes, à la fois disjonctifs exclusifs et conjonctifs inclusifs. Le geste de la main donne à voir cette multiple fracture et cette intégration. Il rend visible en même temps qu'audible une puissante inquiétude sémantique. La *neige* est censée *se poser sur nous*, plus exactement elle en a le *souci, et* nous sommes *les villages; mais* l'accord phonique des désinences ponctue la fracture qui prolonge le *nous*: nous sommes peut-être des villages, bien qu'il se puisse que les villages soient aussi des *cages*. Ou plutôt, aucun «peut-être» n'est inscrit, car il se peut également que les cages soient différentes des villages, elles sont simplement assertées, et il n'y a pas à décider de primesaut, — ce serait un coup de force contre le poème, — d'une ressemblance entre ces référés dont seule demeure une trace nominative. Mais si nous sommes les cages, ou si nous sommes dans les cages, ou s'il y a nous et les cages pour les oiseaux qui ne les habitent pas, quelles que soient les hypothèses considérées, toutes et chacune étant librement offertes, l'identité plénière de *nous*, exclusive ou dominatrice, est radicalement rompue. Le geste de la main *posée* sur la page, ou des doigts sur la machine à écrire, fait l'image picturale de la césure, de la scission.

Cet exemple accepte un complément de lecture. Le poème entre en dialogue avec lui-même, aussi et du même mouvement avec l'amorce d'autres poèmes qu'il intègre, avec d'autres flèches d'images, instantanés de connaissance qui en composent la suite. Le poème est une suite associative mais rompue. Rompue intégrativement pour la respiration physique du bonheur de lire, de laisser le livre, de le reprendre, de l'annoter, de prélever ces incisions marginales, de les reporter telles quelles dans l'idiôme d'un autre texte, celui de l'annotateur-inventeur, dans l'idiolecte communicatif de ce texte, ou encore d'un autre, de multiples autres, dont le saumon, l'arbre ou le *«melon rose»* sexuel de la femme aimée, l'ICBM, la terre et le corbeau sont les thèmes incidents, non indifférents, mais non pas les référents. Le poème allie ces incisions, les incorpore au nouveau texte en les modifiant légèrement d'une pulsation, d'un *beat*; un rien radicalement suffit. L'acte d'écrire

invente une curiosité sensuelle et responsable dont le tact est suspensif. Le saumon, le «petit homme», l'ICBM ne sont pas confondus, mais ils sont adjoints dans les pauses ou les ellipses qui écri-
vent leur relation. Il s'agit en tout ceci de l'ouverture poétique,
poïétique, pragmatique, de la connaissance à une autre logique:
l'abandon réfléchi au corps-esprit, au corps fait esprit, se fait tac-
tile et dactylique. La pensée de Diderot, par delà deux siècles,
n'est pas éloignée.

Cette poésie construit le corps-esprit, une nouvelle matérialité
pensante, aussi enveloppante et vaste que la matérialité référée ou indiquée dans le *passus* du texte. Il y va d'une corporéité de «l'âme», de
l'animal, voire du mouvement propre de «l'inerte» comme l'écrivait
Diderot dans les *Entretiens avec d'Alembert*. Elle organise, dans et par
le langage, son propre sursis sensuel et non mystique jusqu'à l'éternité
précaire. Une telle notation critique intégrée est l'ordre même du poème. Et elle est entièrement nouvelle dans les lettres québécoises de
l'époque. Une brisure fine, non judicative, généreuse, mais tout de
même une brisure nette, est opérée avec le mysticisme naïvement solitaire d'Hector de Saint-Denys Garneau, avec la pudique sensualité
mystique d'Alain Grandbois, avec l'émerveillement farouche du miroir d'Anne Hébert, avec même l'idée mystique d'une totalité pulsion-
nelle propre au mouvement automatiste que le très jeune automatiste
Lapointe, en 1948, avait eu l'angoisse et la sagesse de transcender
dans *Le vierge incendié*. Dix-sept ans plus tard, en 1965, dans *Pour les
âmes,* après deux longs silences interrompus une seule fois par *Choix
de poèmes*[9], Lapointe écrit:

> nous nous fîmes délégués du silence
>
> à regarder de façon perverse les aurores et les couchers
>   aussi loin que porte le message de la ligne
>   inter-mondes, comme les jambes les plus délicieuses
>
> et l'éternel
> nous le saluâmes

À remarquer le suspens, le spasme, le blanc étendu entre *«le
message de la ligne»* et — à la ligne — *«inter-mondes»*. C'est le message de la ligne inter-mondes. Mais c'est d'abord le message de la ligne écrite, de son décalement vers la suivante. Et ce message instru-

mental de l'écrit devient la figure plastique de l'inter-mondes alors offert à la lecture.

Le corps-esprit est équanimement distant de sa singularité et de
son universalité totalisante, bien que paradoxalement il intègre leur
partage. L'universalité, il la rompt: d'où le spasme périodique, le suspens du blanc entre les syntagmes, l'interlinéation librement nécessaire. La singularité, celle de l'association d'idées, de l'association des
images qui sont les siennes, le corps-esprit la tient tout autant à distance puisqu'il accepte d'autres faisceaux d'images, n'admet pas l'exclu-
sivisme. Il transcende l'une et l'autre, la singularité, l'universalité,
d'une socialité poétiquement critique qui accueille et produit l'étonne-
ment de la conflictualité. En voici, parmi d'autres, plusieurs manifes-
tations:

> les capitales piétinent leur peuple[10]

> chaque jour une terre assassinée ensevelit ses hommes[11]

> chaque jour étonné tu reprends terre
> cette nuit n'était pas la dernière

> mais le brontosaure
> mais César
> mais l'inca
> mais le Corbeau te guette[12]

Dans le dernier fragment choisi, le «mais» à l'initiale du vers, le
«mais» répété en même position à l'initiale des trois vers suivants, a, si je
puis dire, une formidable masse critique. Celle-ci est d'autant plus accentuée qu'à la répétition du même signe d'opposition s'ajoute une suspension de la phrase laissée sans verbe. «Mais», signe rhétorique de la
contestatio, de la disputatio, de l'objection soutenue, implique habituellement une proposition prédicative ou verbale complète; chacun des vers
mis en attaque par le même /mais/ implique donc une telle proposition,
distincte de chacune des autres même si elle n'en est que le commentaire
augmentatif. Or, il n'y a qu'un seul verbe dans cette séquence de quatre
vers, et il est au singulier: /te guette/ est le prédicat immédiat de /Cor-
beau/. Le /mais/ demeure, chargé d'une argumentation potentielle dont le
développement syntaxique est ellipsé dans les trois premières occurrences. Pourtant, le singulier du verbe a aussi l'effet de souder les quatre

termes /brontosaure/, /César/, /inca/ et /Corbeau/ en un seul paradigme, malgré leur hétérogénéité sémantique. Ces deux orientations de sens contraire sont également admissibles: la massivité substitutive du «mais» dans la phrase interrompue et séparative, et l'équivalence paradigmatique qui dissout la séparation. Le poème instaure leur complémentarité. Tel est l'un des traits de cette autre logique qui, loin d'exclure la contradiction, l'associe au contraire au mouvement de l'invention.

Cela va d'ailleurs plus loin. Car un petit détail indique que, si les deux postures argumentales sont concurremment admissibles, l'une et l'autre sont simultanément dépassables. Un tout petit détail. Il a du poids. À l'intérieur de la contradiction reçue, une autre contradiction la mine autant qu'elle la déploie. «Corbeau» prend un *C* majuscule, «inca» un *i* minuscule. «Corbeau» avec sa majuscule qui, postposé à «inca», signale peut-être une référence au mythe amérindien du dieu-tonnerre-et-serpent (mais bien d'autres interprétants sont envisageables), est mis sur le même plan que le patronyme de César, majusculé comme il se doit. César, le Jules, Giulio*, est-ce le vainqueur? Est-ce tous les César possibles, une image du pouvoir, avec sans doute une rémanence de l'antique, du très ancien signalé par le «brontosaure» antéposé? Un César majusculé, majusculant, écrase alors un «inca» minusculé et placé, dans la même position alternative, au rang du brontosaure pré-ancestral qui donne le ton à l'ensemble. Le César majuscule et l'inca minuscule sont opposés: logiquement et, surtout, conflictuellement. Comment expliquer dans ces conditions que César et l'inca soient les membres d'un même paradigme, les termes d'une équivalence? Le problème est résolu par la logique poétique, toujours économe. César est César, rien d'autre que son nom; le Corbeau est le Corbeau, sans autre ligne explicative et sans point; l'Inca n'est que l'inca[13]. Tous participent d'une sorte de transhistoricité. Néanmoins, la disposition scripturale et grammaticale des termes construit deux couples contrastifs: César-Corbeau et brontosaure-inca[14]. Et l'alternance contrastive des termes placés en même position est aussi un élément de la logique poétique. Cette logique-là, à la différence de l'autre, n'ignore pas le conflit, elle l'intègre. Elle n'ignore pas davantage l'égalité des identités éparses, elle les intègre aussi. Elle les accepte, mais surtout les *dispose* dans la mutualité du langage chaque fois réinventé. Pas de référentialité donc, mais une référence productrice qui fait *suite*.

---

* Je m'adressais, on ne l'oublie pas, à un public majoritairement italien. Présenté à un autre public, le texte remanié de la communication n'omet pas cette circonstance.

Je reviens à la «suite», je ne l'ai pas quittée, et par conséquent au *présentant*, — puisque la construction des séquences produit le présentant. Suite rompue mais intégrative, disais-je. Elle est rompue dans le mouvement de la scansion instrumentale propre à l'acte d'écrire la ligne, de la suspendre et de passer à la suivante. Le toucher des doigts sur la machine à écrire spécifie la scansion. Lapointe écrit directement ses textes à la machine, comme le journaliste qu'il est aussi. Je reviendrai sur ce point. Pour l'instant, je me contente d'indiquer que le phrasé interruptif, généralisé en cette poésie, — sauf peut-être dans *Tableaux de l'amoureuse*[15], — donne à lire, en le déployant, le moment instrumental. L'interruption spasmodique, le léger suspens de la main en train d'écrire guide la reprise de place en place du même mot, ses variations. Et l'écriture intègre délibérément ce moment instrumental, le transforme en un thème poétique. Le thème est repris tout au long du poème, à intervalles irréguliers, non pas comme un refrain, plutôt comme une surprise renouvelée chaque fois, comme un infini toujours identique à lui-même mais transmué en un autre infini. Celui-ci n'est pas un aboutissement, il forme un parcours ponctuel, sa relance inquiète, une sorte de *cue* pour le jazz ou la radiophonie, ou encore une clé musicale devenue lexicale, purement lexicale et scripturale, non plus musicale. Nous sommes dans le paradigme de l'inachevable, et la reprise en est le mouvement. Il faut bien entendre, toutefois, l'orientation du paradigme ici posé. Dans le poème «Arbres», le mot *arbres* est à la fois le titre pluriel et le thème singulier qui, repris pour la scansion, annonce le pluriel des espèces distinctes et singularisées en accord avec le *s* du titre. Un thème, c'est-à-dire une signification *in vivo* ou dialogique[16], un point de jonction dynamique, c'est-à-dire aussi un embrayeur associant tous les autres éléments du paradigme. «*Arbre*» est donc un mot-thème. Signifiant son cartouche titulaire pluriel, il enclenche l'écriture correspondante qui le déploie au singulier:

> j'écris arbre
> arbre pour l'arbre[17]

écrit Paul-Marie Lapointe. «*J'écris arbre*»: j'écris le mot /arbre/, mais j'écris aussi arbre comme j'écris et parle saumon. Toutefois, immédiatement ensuite, dans «*arbre pour l'arbre*», — ce n'est pas «arbre pour arbre» comme «dent pour dent», — l'incision de l'article défini établit la priorité non excluante du langage articulé, celui du poème. Entendons par là que, si l'article défini implique le nominal, la possibilité de l'insérer en position de sujet ou de complément dans une phrase, et simultanément la référence générale au réel inassouvissable, à l'autre du langage, seule est notée la concision de l'article qui assume pour le langage ces emplois, ces existants, ces possibilités et les indexe d'une singularité d'écriture, d'une rupture d'équilibre, d'un clivage: si «arbre pour *l'*arbre» n'est pas «arbre pour arbre», il n'est pas non plus «*l'*arbre pour l'arbre».

Tel est le premier suspens de ce très long, redoutable et fraternel poème construit en forme de catalogue. Le catalogue n'est qu'un premier effet de lecture. L'auteur avait soigneusement consulté un dictionnaire spécialisé. Il en respecte la *ratio ad definiendum*, la raison définissante, mais en bouleverse en même temps l'ordre qu'il transmue *ad infiniendum* par improvisations réglées selon les schémas polyphoniques du jazz, aussi jusqu'aux plus immédiates homophonies que ne livre pas ce genre de dictionnaires et qui frôlent presque, mais seulement presque, les calembours qui traînent dans les salles de rédaction, ici rapportés au tremblement de la justesse («*peuplier baumier embaumeur des larmes*»). L'ordre alphabétique du dictionnaire n'est évidemment pas respecté. Le «*genévrier qui tient le plomb des alphabets*» précède les épinettes; l'«*aubier entre chien et loup / aubier de l'aube aux fanaux*» suit le «*bouleau à l'écorce fendant l'eau des fleuves*» qui est aussi un «*albatros dormeur*». Les «*hêtres brous ouverts*» précèdent les «*cerisiers noirs cerisiers d'octobre à l'année longue*» et leur description intensive en quatre lignes précises et non définitionnelles, jusqu'à la catachrèse surprenante (à la fois métaphorique et métonymique) du corps multiplement érotisé: «*cerisiers bouche capiteuse et fruits bruns mamelons des amantes*». Entre hêtres et cerisiers, voici d'ailleurs un agglomératif:

> j'écris arbre
> arbre bois de loutre et d'ourson
> bois de femme et de renard[18]

Le catalogue ne défile donc pas seulement les espèces végétales. Il appelle, non par dérivation mais par association, les affections, les désirs et les métiers, tous ralliés au paradigme de l'arbre selon une scansion différentielle. Va-t-on comprendre ce paradoxe très clair, incompréhensible ailleurs que dans le texte en train de se faire et dont les résultats singuliers sont donnés à lire? La scansion est double. Elle est le lien blanc, le silence qui noue tous les éléments du paradigme, l'aubier, le chêne, les conifères, le «*sorbier des oiseaux*», les affects, les métiers, les instruments, l'érotisable. Elle est aussi, malgré l'ellipsation des verbes prédicatifs qui n'appartiennent pas à l'économie du texte, la forme d'un innombrable prédicat attributif qui fait une très longue phrase de sept pages. Le paradigme de l'arbre est cet immense prédicat sans verbes. *Ou presque sans verbes.* Deux occurrences de phrases verbales sont indicatives. Au début du poème, puis par rappels, une phrase complète: «*j'écris arbre*». À la toute fin, le mot *arbres*, pour la première fois accommodé sur le pluriel du titre, somme, mais de manière séparée à la façon même du titre, une dernière séquence: il rassemble conclusivement tous les éléments, tous les éléments syntagmatisés, ruptivement phrasés du paradigme associatif qui parle une écriture, qui tient ce discours-là; et ce rassemblement terminal accueille une phrase verbale pleine (ou plutôt trois, ou même cinq si on les décompose en éléments génératifs):

arbres

les arbres sont couronnés d'enfants
tiennent chauds leurs nids
sont chargés de farine

dans leur ombre la faim sommeille
et le sourire multiplie ses feuilles[19]

Phrasé verbal plein et terminal. Mais le verbe n'est pas une conclusion. Celle-ci n'est pas de l'ordre du singulier unique, achevé. Elle retentit du multiple, et le multiple ne peut s'achever.

❏

D'autres variations sont donc possibles. Et d'autres instrumentalités. Dans «Psaume pour une révolte de terre», l'un des textes le plus directs et pourtant les plus distants de *Pour les âmes,* la reprise «*ô psalmodies ô psaumes*» n'indique pas le thème, la signification déployée *in vivo*, mais la forme en quelque sorte protocolaire indexée dès le titre. Le parti d'écriture est apparemment scindé, si on le compare au poème «Arbres». Le mot «arbre» était à la fois le titre indexant et le thème formateur. Ici, le thème est donné dès l'attaque, mais il n'est pas l'élément de la reprise:

> nul amour n'a la terre qu'il embrasse
> et ses fleuves le fuient[20]

Le titre, il est vrai, est double: *Psaume* pour *une révolte de terre*. Les deux éléments soulignés ont des positions distinctes dans le corps du texte, malgré le «pour» qui les unit en titre. Le psaume est la forme reçue, la litanie traditionnelle dont le poème joue, qu'il répète et interprète *ad libitum*. La révolte de terre est le thème, dont l'énoncé n'est pas réitéré. La dualité de la forme reçue, réitérative, et de l'énonciation thématique non réitérative désignent pourtant, dans ce texte, toute autre chose que leur exclusion réciproque. Ici, pas de tiers exclus. Le rituel et le thème sont associatifs; ils se prêtent à des modulations distinctes mutuellement accompagnatrices. Dans ce dispositif textuel, la question est celle, en effet, de leur accord. Singulièrement celle de l'*ad libitum*, du traitement libre d'un rituel transformé par le passage non réitératif du thème[21].

«Ô *psalmodies ô psaumes*» est l'équivalent d'un point d'orgue, je préférerais dire d'un point de saxophone. Nous écoutions beaucoup John Coltrane à l'époque, nous avions tous ses disques, Coltrane venait aussi à Montréal. Paul-Marie Lapointe pratiquait aussi l'écoute de tous les autres musiciens de jazz. C'était l'époque du *modern jazz*, de la très grande invention harmonique du jazz, libre et savante. Dans les quintettes ou les quatuors, le thème initial étant donné par tous les instruments, développé ou fragmenté ensuite en réponse par chacun d'eux *ad libitum* jusqu'à l'enchaînement interruptif d'un autre qui le modulait différemment, intervenait le cri grave de la forme spasmodique: quelque action brève, non terminée, du saxo de Coltrane qui, selon la progression du dialogue établi, passait d'une couleur de saxo à une autre hauteur et changeait d'instrument, choisissant un autre format de la même famille des saxophones, pour la prononciation du cri. Il ordonnait la forme en acceptant et promulguant sa modification. Je n'essaie pas de dire que Lapointe écrivait du jazz ou qu'il était sous influence. Il ne pratiquait pas les influences, il exerçait l'influx. Et

l'influx donnait lieu à une écriture autonome. Il retenait cette instrumentalité transversale de la passion écoutante, proche et distante. Il la
transférait et l'inventait selon des moyens non musicaux, dynamiquement homologues, pareillement pragmatiques. Il s'en est expliqué lui-
même dans l'un de ses peu nombreux textes de réflexion théorique,
presque toujours aphoristiques, «Notes pour une poétique contempo-
raine». Cela date de 1962[22]. Il y est question, heureusement sans recettes, du «jazz du poème».

Je comptais, à partir de là, vous entretenir d'une très grande sémiotique, celle de Charles Sanders Peirce. Je ne le puis qu'à peine,
faute de temps[*]. Sauf à indiquer deux directions qui éclairent notre
objet. 1) La poésie de Paul-Marie Lapointe, du moins dans ses moments non mécaniques, les plus nombreux, est non pas une illustra-
tion de cette puissante pensée du signe, — je ne sais s'il la connaît,
— mais une effectuation de la même pensée ordonnée selon la seule
pratique autonome et distincte du poème en train de se faire même
quand il est terminé. 2) Si le signe n'existe qu'en tant qu'il réalise
son propre développement, les conditions de cette réalisation sont
toujours déterminées par la chaîne potentiellement infinie des interprétants (ce ne sont pas des interprètes, mais des intégrants du signe)
qui supposent la mise en place et en situation d'une *instrumentalité
pragmatique, indice de la situation du signe,* dans une série argu-
mentale rigoureuse mais assez souple pour intégrer et accentuer, sans
exclusion aucune, le moment émotif de l'argumental[23] correspondant
à l'hypothèse fictionnelle. Cet argumental fictionnel est l'une des
sortes possibles de l'abduction, terme emprunté à la terminologie de
Peirce. Les très grands textes de Lapointe, dans *Choix de poèmes,*
dans *Pour les âmes* et dans *Tableaux d'une amoureuse,* quelques-uns
giclés, — puis-je le dire ainsi? — mais déjà distanciés dans *Le
vierge incendié,* quelques-uns enfin dans *Écritures,* tel «113» analysé
par Paola Mossetto-Campra, réalisent la jonction de l'instrumental et
de la pensée d'objet en train de se construire dans les pauses
qu'opère le sujet historisé.

---

* J'ai conservé le ton de l'allocution directe, celui de la communication initiale dont la
durée était effectivement limitée. Pour ce qui est de la sémiotique peircienne, le lecteur est prié de se référer aux quelques indications partielles contenues dans les notes
précédentes, aux quelques autres indispensables qu'annonce la suite du texte principal, et au «Petit répertoire» qui conclut l'ouvrage.

Donc, la question du signe dans cette poésie. Le signe, parce qu'il *fait* signe. Le signe est une *action*. Cette action en chaîne noue une possibilité infinie d'autres chaînes. Seul, l'acte immédiat du signe l'arrête en circonstance, bien que la chaîne puisse être prolongée *ad libitum*. Le jazz est une image, une forme et une instrumentalité de ce mouvement; la poésie de Lapointe aussi. Telle est, de même, la dialectique paradoxale de Peirce.

Le signe, ou «*representamen*», n'est d'abord que sa qualité, ou sa seule relation potentielle à son propre signe-objet, un «*ground*», une capacité d'énergie[24]. Il n'est pas à ce titre une *re*présentation. Il ne commence à en fonder la possibilité que dans l'instant où un autre objet détermine son existence active de signe pour le sujet ultime de la représentation. L'objet existe, on ne peut en douter, Peirce n'est pas un idéaliste anglais du XVIIIe siècle, mais l'objet est un mouvement (Diderot disait déjà la même chose). Dans sa relation au signe, — dans cette relation qui présente le signe au sujet, l'essentiel est l'action de l'objet sur le signe, qu'elle soit appelée réaction, conflit ou expérience, et quand bien même l'objet serait un autre signe. C'est cette relation active qui commence à instituer la représentation, la *mimésis*. Le signe donc, par lui-même, ne fait que présenter une représentation éventuelle. Il la présente dès l'instant où, dans une situation et une action donnée, il est présenté à l'autre, événement ou personne ou quoi que ce soit. Mais pour que la représentation se construise, ou que l'on reconnaisse qu'elle était déjà instituée, et pour que le signe présentant soit validé d'une effectuation, il faut qu'un troisième terme intervienne. Ce n'est pas le «signifié»; le signifié n'existe pas dans la terminologie de Peirce. C'est l'*interprétant*. Celui-ci *présente* la relation du signe à l'objet. Il la présente pour le «*mind*», — que l'on aurait bien de la difficulté à traduire par «esprit», — pour l'«*âme*» au seul sens de Paul-Marie Lapointe, pour le *corps-esprit* intégré au signe dont j'ai parlé. Cet interprétant est lui aussi un présentant, en tant qu'il forme la condition ultime de réalisation du rapport actif du signe à l'objet. Il est la relation d'un troisième à la relation d'un premier (*ground*) avec un deuxième (objet). Mais cette relation d'une relation désigne la possibilité d'une autre relation. Le mouvement de la représentation, dont chaque signe est un présentant, ne peut être interrompu, sauf par la situation, — sauf par le signe saisi en situation. L'interprétant d'un signe est la possibilité d'engendrement d'un autre signe, également en situation. Et de cet autre signe à un autre, et ainsi de suite. Tout cela forme réseau. Je lis une réalisation de ces interprétants différentiels de réseau, de ces réseaux, dans «Arbres», dans «Psaume pour une révolte de terre», dans «ICBM».

Des présentants, donc. *Mais toujours une représentation*, dont ils sont l'ancrage. De ce point de vue, je ne puis totalement accepter la lecture brillante, savante même, quelque peu frileuse pourtant, de Robert Melançon dans son *Paul-Marie Lapointe* paru l'an dernier en France[25]. Il reste dans la dyade, dans la dualité, il n'accède pas à la triade du signe. Il néglige le fait que le poème de Lapointe ne nie pas la représentation. Il n'entend pas que le texte la construit, au contraire, sur la chaîne syntagmatisée des paradigmes de l'être en situation, en mouvement. La socialité de cette poésie devrait l'attester. Notamment la socialité fragmentée du «petit homme» thématique, accordée à une écriture elliptique mais plénière. Robert Melançon reconnaît la socialité. Mais il l'abandonne bien vite à un référentiel superflu, et il ne s'en occupe plus. La frilosité est cette forme de distraction.

La socialité ne se réduit pas au référentiel, s'y oppose même. La poésie de Lapointe la donne à lire comme une instrumentalité active qui se construit à mesure. Tel est l'objet de ma dernière remarque. Elle concerne le repiquage. Le terme, on le sait, vient de l'horticulture. Un nom d'écrivain est repiqué dans un poème, Raymond Roussel dans «113[26]». Ou encore, René Crevel est annoté, recopié, librement interrompu, recomposé, mis en digression dans *Tombeau de René Crevel*[27]. Ce repiquage est une *action,* homologue à celle de l'horticulture, mais dans le langage. Il n'est pas la greffe ou la nouvelle implantation d'un référent. Il en est la nouvelle inscription, et l'accent est mis sur les caractères de l'inscription. Il est la matière d'une nouvelle construction d'interprétants.

La socialité instrumentale concerne tout autant, et peut-être plus primitivement sous l'angle du traitement manuel de la matière à former, le métier de journaliste. En 1956, j'ai assisté à presque toutes les étapes de l'élaboration du poème «Arbres». Lapointe avait introduit dans le rouleau de la vieille machine à écrire un autre très long rouleau, celui-ci de papier, dont la qualité et le poids étaient ceux du papier vert et brut utilisé sur les téléscripteurs de salle de rédaction. Il avait l'habitude de ce matériau, dont il recevait, sous forme de dépêches, les fragments imprimés sur son pupitre de journaliste. La longueur du rouleau lui permettait de ne pas interrompre la page du poème, de se passer même de page, de prendre le rollet, d'y adapter la forme du poème, de n'accepter sur les deux rouleaux confondus que le moment suspensif du travail. Il le transformait en un rythme scriptural, en une marque esthétique du spasme de l'effort, en une liberté de l'imaginaire, en une socialité lectrice.

J'ai beaucoup regretté que l'*in octavo* du livre n'ait pas respecté cette disposition matérielle, celle de l'interprétant immédiat ou «affectif» réalisé. L'édition de *Choix de poèmes* dans une collection nécessairement normée, les coûts et le marché interdisaient toute autre forme de publication. Mais le vieux rollet, le rouleau ancestral, aurait mieux accueilli l'invention.

La première version de ce texte date de mai 1988, la deuxième du printemps 1989. J'ai composé la troisième, celle-ci, entre le 3 et le 9 janvier 1990. Je n'excluerais pas d'autres versions s'il ne fallait conclure.

Eulalie ou la malédiction du tant-à-dire

(À propos de Claude Gauvreau)

Je parlerai du non-poème, du surplus et du manque, de l'avène-ment*.

Un mot, d'abord, sur *Eulalie*. Bien qu'elle ne soit pas ma tante ou ma cousine à la mode d'Edgar Poe, et pas davantage cette sainte tributaire des premiers couplets de la francophonie lettrée au IXe siè-cle, Eulalie présente une figure intéressante. Je la crois appropriée à l'écriture de Claude Gauvreau. Il s'agit donc d'un jeu de mots, ou d'une invention terminologique. Celle-ci procède d'une déconstruc-tion de /glossolalie/. La glossolalie désigne, comme on le sait, une cer-taine propension, — qui peut être ultimement pathogène comme tous les autres engouements, — à produire des néologismes fréquents et à en ponctuer un énoncé qui obéit à une syntaxe autonome. /Glosso-/, c'est γλωσσα ou γλωττα (*glôssa* ou *glôtta*), à savoir diversement mais d'un seul mot confusif l'organe lingual, la langue naturelle, le grec par exemple, et la voix expressive ou la parole. Eulalie ne fait qu'apparemment l'économie de cette γλωσσα, que je retiens pour l'accord, marqué chez Gauvreau, de la glotte, de la voix intonative et de la parole expressive. Leur union entre pour beaucoup dans la forme des poèmes. Après /Glosso-/, voici /-lalie/. Le mot grec λαλια, selon la 23e édition du *Pessonneaux*, 1930, explore dans le dictionnaire qua-tre possibilités de signification parmi toutes celles que retenaient les antiques professeurs crétois et athéniens de grammatique et de rhéto-rique, artistes du langage. La première signification signale l'entretien et la causerie. La deuxième, la loquacité, voire le babil. Une troisième enregistre la rumeur, une rumeur bien évidemment rhétorique, c'est-à-dire la base matérielle et sociale d'une expression ou d'une informa-tion plus ou moins controuvée qui peut servir à la technique de la per-suasion, à la τεχνη (*technè*), à l'établissement discursif d'une preuve.

* Ce chapitre reprend et développe une communication donnée sous ce titre, en no-vembre 1988, au colloque *Textes et langages atypiques* organisé par Michèle Nevert à l'UQAM.

Enfin, «lalie» signifie «forme de langage». J'ajoute à cette caractérisation du langage le préfixe /Eu-/, en grec ευ, qui signifie «bien» et peut désigner, par extension préfixée, la *maîtrise de langue*. *Eulalie*, donc.

Laissons de côté les registres de la causerie. L'écriture de Gauvreau ne les convoque pas. Elle tient du monologue intérieur, même dans les passages dialogués; paradoxalement, ce monologue intérieur a la forme d'un cri long mais discontinu, qui n'a pas l'amabilité d'un entretien paisible, d'une causerie. Je conserve à quelque titre particularisant les trois autres possibilités de signification. Le paradoxe du monologue intérieur et du cri public travaille une loquacité qui fait dépendre un réel pouvoir de conviction de la maîtrise d'une forme autonome de langage.

La dramaturgie de Gauvreau appelle des intertextes, oriente des contrastes. Il sera beaucoup question de *Hamlet*, aussi d'Antonin Artaud pour une contiguïté contingente et une différence essentielle.

Le théâtre de la voix

D'abord une loquacité. Je n'ai pas dit «lalisme», encore moins «babil». Il ne s'agit pas de cela, mais d'une cohérence instrumentale et modale dans le traitement alterné des dissonances, des syncopes et des régularités rythmiques. La variété des formes de l'écriture est considérable. Le verset des premiers «objets dramatiques» de 1946, magnifiquement dactylé et spondéique («*Je vois la procession des ponts au bout des herbes marines qui lancent au lasso leurs trémolos et tout à l'heure le coq s'est tordu dans un caillot de sang*», dans *Les entrailles*), détermine une respiration ample, déjà très syncopée puisqu'elle embrasse d'un heurt la mondialité des objets épars dont l'expression rassemble la nécessaire incongruité. Le verset du jeune Gauvreau est quasi claudélien.

> *Remarque*: Le rapprochement avec Claudel n'est étonnant qu'à première entente. L'anticléricalisme militant de Gauvreau et, plus encore, son antichristianisme spectaculaire en feraient facilement leur deuil. Gauvreau était, néanmoins, une sorte de mystique. Il aimait la Beauté, en pratiquait l'idée néo-platonicienne, la révoquait violemment dans un renvoi à la matérialité du langage, à une socialité de la profération brute et de l'injure dont il inventait le *fin amor*, sublimait enfin cette socialité dans le panthéisme du Sur-Moi. En outre, Claude le détestable, l'injuste, le si attachant, avait reçu une formation d'humaniste comme on disait autrefois. Sur les bancs du collège classique, il avait bien évidemment étudié Claudel, l'une des seules proies non censurées, alors modernes, offertes à l'amour du texte. Je ne prétends pas analyser d'autres effets signifiants de la paronomase Claude/Claudel.

Je parlais d'une respiration. Le terme convient à une poésie de l'oralité. Non que le texte soit parlable, encore qu'il ait été «parlé» (par exemple dans *La charge de l'orignal épormyable*). Mais parce que l'expression transfuge correspond littéralement aux diverses modulations de la glotte, du palais et des dents. Elle est mise en bouche. Et dès la mise en bouche, elle est proférée. Le moment de la profération introduit une fracture, dont la syncope n'est qu'un indice. La syncope est physique; elle est le mode de la respiration, des poumons à la gorge et du larynx aux lèvres. Dès qu'il y a syncope, il y a pourtant socialisation. La matérialité de la langue et du langage confondus dans le rythme de la γλῶσσα devient une expression. Elle n'est plus un simple automatisme; elle est proférée vers un autre ou des autres, préécoutés toujours de quelque façon. Mais je disais que l'expression (faudrait-il dire: l'expression «gauvrellienne»?) est transfuge. En l'occurrence, le moment de la profération est un appel à l'autre, à quelqu'un d'autre, à quelques autres, à beaucoup d'autres. (Dans le cas de Gauvreau, la figure majuscule de l'Autre est sans doute la plus exacte, totalité représentée dans celle de *La* femme aimée, disparue, déjà peu atteignable et désormais inatteinte. Lire à ce sujet *Beauté baroque,* «roman moniste» qui date de 1952.) Cet appel à l'autre, à cette extériorité qui oriente l'expression, vient briser la sublimation du «Seul», de l'«*Unique*», l'identification de l'autre à moi réalisée dans la matérialité glossique. L'appel brise l'identification, autant qu'il se brise sur elle et se condamne, avec elle, à la mort vengeresse et rédemptrice.

La loquacité est là, dans cette brisure. Plus est accentuée la rupture, plus il faut parler, atteindre l'autre inatteignable et dénié, et en même temps, dans l'atteinte qui n'est pas un simulacre, *contrôler* la confrontation déchirante des automatismes glossiques avec leur déni social dans la langue. De là vient l'immense variété des registres de la voix et de la parole, la dispersion organisée de leurs éclats phonétiques et sémantiques. Dans «éclats», il y a l'action d'éclater, l'éclatement, la brisure. En témoigne un passage de *L'asile de la pureté,* «tragédie moderne en cinq actes» qui date de 1953. Un lettrisme expressif utilise pour le jeu, pour le déploiement scénique, toutes les possibilités de combinaison phonématique. Il consiste en un long cri savamment modulé. Celui-ci devient la caisse de résonance d'un unique théâtre de la voix, d'un «théâtre de la cruauté» comme eût dit Antonin Artaud. De ce fait, il amplifie le conflit avec le discours normé. Entendons par là qu'il rend expressifs, et le conflit, et la norme. Car le cri modulé et amplificateur de la voix dramatique, le cri à la fois para-linguistique et pleinement linguistique, se résoud dans le retour au discours du théâtre romantique qui, d'un même mouvement, assume le cri, le parachève, le résorbe, le liquide. Je lis ce passage. Les numéros annotés en marge annoncent l'analyse d'ensemble que tentera la dernière partie de l'étude. C'est Marcassilar qui parle:

(v. 1)   Un homme — mort. Il est.

(v. 2)   Deux fois. Tatttazzic-hic-zic. Grrriimm.

(v. 3)   Un homme — louc.

(v. 4)   Vertèbre — tibaza-baza-za.

(v. 5)   Un soupir.................... de mort.

(v. 6)   Il y a — hic-aboudzou. Un homme-tarabom — pata-blom — un homme

(v. 7)   bomm

(v. 8)   Trois.

(v. 9)   X. C'est final.

(v. 10) Un homme. Plom.

(v. 11) Mort. Il

(v. 12) Applomm. Un homme.

(v. 13) Il est.

(v. 14) Applomm. Pomm.

(v. 15) Il est.

(v. 16) Un homme.

(v. 17) Zic.

(v. 18) Ic.

(v. 19) Bic.

(v. 20) Un homme. Il est. Arrazzoum.

(v. 21) Un homme. Zoum-arra. Tippata.

(v. 22) Il est. Un homme. Il est. Lougk.

(v. 23) Un homme. Il est.

(v. 24) Mort.

(v. 25) Il est.

(v. 26) Zoum.

(v. 27) Trabbazza.

(v. 28) Ikkakkla. Vic. Trouppouc. Homme. Lik. Il est. Zoumpi.

(v. 29) Zic. Broutttt — thah!

(v. 30) Il est... Trois.

(v. 31) Il... Bic. Vlic.

(v. 32) Il est... Oupslâh!

(v. 33) Il est... Oungh.

(v. 34) Il est... Izz-la-ha.
(v. 35) Il est.
(v. 36) Un homme. Ippléla.
(v. 37) Un homme est mort.
(v. 38) Il est mort.
(v. 39) Traz-li-hé-gla-hit-zlip-hip-ronggggg.
(v. 40) ZZZZZZZZZ.
(v. 41) Toulllllll — lâ — hhhhhhhhh !»
(v. 42) C'est pour cela, Fabrice, c'est pour cela que je
         meurs... C'est pour défendre cela.

Litanie et ordre rituel vont de pair. Ici, certes, une subversion lexicale. Mais la récurrence et la fréquence des mêmes positions litaniques confirment en même temps, jusqu'au sacrifice ultime de l'Unique entre les hommes, l'ordre rituel.

Une autre question concerne plus directement notre objet. Il me semble qu'il faut prendre au pied de la lettre le contraste entre la disposition des objets laliques et le recours périodique au langage institué, entre la distribution sensiblement égale des phonémismes consonantiques dans le cri langagier (autant de fricatives sifflantes sonores et sourdes que de liquides latérales et vibrantes, autant de nasales labiales que d'occlusives labiales, autant d'occlusives palatales que d'occlusives dentales, — la variété du registre vocalique étant plus réduite) d'une part, et d'autre part l'intervention rythmique régulière des énoncés ou fragments d'énoncés normés. Il me semble utile, économique en tout cas pour l'analyse, de repérer en tout ceci la mise en place d'une stratégie, à travers ou malgré les marques éventuelles d'une pathologie sur laquelle je n'ai pas à me prononcer.

Donatien Marcassilar vient de lire un poème, le sien, dont il a déclaré, avant ma reprise citationnelle, qu'il n'était pas «composé encore». Après l'avoir lu, il ajoute aussitôt: «C'est pour cela, Fabrice, c'est pour cela, que je meurs... C'est pour défendre cela...» Si le texte lu n'était pas «composé», j'aurais tort d'évoquer une stratégie d'écriture. Mais si le «pas composé encore», au début de l'intervention de Marcassilar, est une antiphrase baroque, un leurre, si l'auteur supposé du poème s'apprête à mourir pour «défendre cela», ce poème, alors il s'agit d'un autre type de composition: plus exactement, d'une critique délibérée et organisée des modes reçus de la «composition».

Cela ne signifie pas que la stratégie en question n'ait pas un objet à la limite intenable.

«La passion ricoche sur les glands à épingles / et déchirée elle affirme en bruissant son immortalité»: ces deux vers terminaux de «Modestie de la dinde» dans les *Poèmes de détention,* je les reçois pour une allégorie des expressions de la loquacité. Le loquace détenu ou peu libre de parler est passionné. Il fait de la passion, qui devient sa seule ressource vitale, le sujet de tout énoncé possible. Ce sujet contamine le prédicat et tous ses éléments, intégrés au paradigme du sujet */passion/.* Tous verbes prédicants une fois assimilés, ainsi que tous syntagmes prépositionnels, se dessine une phrase entièrement substantivée: «*Passion*» < «*Ricochet*» < «*Glands*» < «*Épingles*» < «*Déchirement*» < «*Affirmation*» < «*Bruissement*» < «*Immortalité*» deviennent les équivalents d'un même sujet souverain. Mais les équivalents du paradigme sujet sont contrariés, opposés, brisés par les prédicats soustendus: la passion n'a pas le mouvement ascenssionnel continu qu'une théogonie christique supposerait, elle est seulement à ricochets; les «glands» de la passion (l'image est contextuellement sexuelle) reçoivent des épingles; l'affirmation de la passion est une déchirure. Que de sauts, de ruptures existentielles unies à une syncope rythmique qui en établit le sens et la référence, que d'obstacles à la souveraineté du sujet! Ces impossibilités, néanmoins, sont toutes compensées et neutralisées. Elles le sont dans ce qui est prédit paradoxalement comme leur condition même d'énonciation: le «bruissement» d'une «immortalité» qui les surplombe et les absout. Pour le dire autrement, la forme ultime ou peut-être primordiale de la substantivation n'est pas, dans la poésie de Gauvreau, très éloignée d'un substantialisme janséniste de la grâce qui accommode les clous, la macération, le sacrifice consenti. On peut en gloser. On ne peut guère, en revanche, nier tout ce qui s'y oppose dans le texte. Car si le sacrifice appelle les clous, les clous et l'injure sont aussi le moyen de la révolte, de la brisure.

La poétique lalique de Gauvreau occupe cet espace heurté. J'ai parlé autrefois[1] du «Système Gauvreau». Occultation, il vaudrait mieux dire clandestinisation, et pourtant expansion, mise à l'air libre de l'expression sur la place publique simultanément récusée par l'Unique. Je ne regrette pas cette analyse, malgré les saintes colères publiques qu'elle déclenchait chez Claude. Elles étaient compréhensibles, mais il n'admettait pas ma compréhension[2].

L'impossible espace d'une conciliation tout à la fois cherchée et refusée entre des opposés discursifs méticuleusement produits pour l'adoré et l'abominé détermine le temps singulier de cette parole figurative. Elle le détermine prosodiquement. Elle le détermine aussi, par accord, figurativement.

Prosodiquement: le long verset syncopique des *Entrailles* (1944-1946) devient, vingt-quatre ans plus tard, une immense prosopopée monologuée d'une seule phrase suspensive qui obéit au même module rythmique, aux mêmes hauteurs et intensités accentuelles. (C'est le cas pour la déclamation initiale d'Yvernig dans *Les oranges sont vertes,* «pièce de théâtre en quatre actes», 1958-1970.) Mais cette interminable suspension a la même valeur néo-baroque que le psychisme onomatopéique proféré dans la saccade d'un cri ou de trois, où il arrive que le verset soit mis à plat et rompu.

Figurativement aussi, puisque les *dramatis personae* de la voix sont elles-mêmes, dès l'imposition de leur nom, des éléments unificateurs de la prosodie fracturée. Entendons que les noms et les rôles attribués par la voix délégatrice sont les éléments-thèmes de la fracture. La figure est double, et elle est en même temps le double de ce double antagonique. Elle est antagonisée, mais identitaire. Dans *Les oranges sont vertes,* Yvernig, sauveur de la jouvence, est assassiné. À la fin de la pièce, Batlam, sauveur du souvenir de l'unique sauveur de jouvence, prononce: «*Les oranges sont vertes*» (alors, «*les huit mitraillettes mettent la salle en joue d'un geste précis et unanime*», indication de mise en scène), puis: «*Les oranges sont mûres*» (alors, «*les huit compagnons de Batlam font feu simultanément et mitraillent les assassins de Yvernig et toute la salle*», autre indication de mise en scène). Batlam n'a pas donné d'ordre. La magie des deux formules successives mises en acte par la voix et les mitraillettes qui en sont l'accompagnement scénographique, tient lieu de commandement. Ainsi, premièrement, la parole est identifiée par surimposition à l'acte non verbal. Mais cet acte non verbal est lui-même ordonné à la magie du verbe. Deuxièmement, Batlam et Yvernig sont identifiés par substitution: Batlam, le sacrificateur inconnu qui n'arrive qu'en fin d'acte dramatique (j'allais dire en tomber de rideau, mais il n'y a pas et ne peut y avoir de tomber de rideau, sinon le massacre de la salle ne serait pas vu ou ne recevrait aucun équivalent symbolique de la vision) est substitué à la figure du sacrifié Yvernig. Troisièmement, les rôles des assassins de scène sont confondus avec l'attente du public de théâtre qu'il faut tuer, ou qui est tué simultanément. Un syncrétisme étonnant est produit par agression. Le rôle du public et celui des assassins ne sont pas nécessairement confondables, encore qu'on puisse en discuter. Seule demeure la Voix judicative, son arrêt formulaire qui tient en une énigme, —

ou un mot de passe mis en titre, c'est tout comme, — immédiatement exécutoire et exécutée, à cent-vingt pages de distance du titre. Seul demeure le verbe de la voix, et le verbe se fait acte. L'acte est radical. La radicalité, identifiée en l'occurrence au massacre, est postulée souveraine, d'une souveraineté extasiée qui signifie l'exclusion de tous au profit de l'Unique. Elle signe la puissance de la voix, de la voix-acte, de l'énigme initiale interprétée dans les 120 pages du texte de la voix, jusqu'au massacre résolutif de l'énigme, donc des gens. Philosophiquement, ceci est aporétique, voire intenable: que désigne la souveraineté d'un seul si tous les autres sont éliminés? Où est encore le sujet, le sujet politique, aussi le sujet psychique — et allons-y de bonne main, le sujet logique? Mais dramaturgiquement, c'est efficace. Car il y a des lésions dans le modèle mis au jeu. La figure Yvernig n'était pas entièrement celle de l'Unique proclamé. Il aimait la figure Cégestelle. Celle-ci s'est pendue, il est vrai, et lui-même par la suite a été mis à mort. [*Ici, un rappel biographique: le suicide de la comédienne Muriel Guilbeault, indispensable à une analyse génétique du texte et de sa constitution mémorielle.*] L'Unique n'était pas le seul juste, puisqu'il aimait; il est donc tué pour cette contradiction à son système solipsiste. Il n'était pas l'unique, il était un solidaire, et il était mis à mort par d'autres solidaires. Mais le substitut Batlam, l'inconnu, au moment de la mise à mort finale de tous, demeure entouré de huit solidaires, les fusilleurs. Tout le monde, ainsi, n'est pas massacré. L'Unique n'est pas le seul, bien que le discours de l'énigme dont il est le substitut l'autorise encore, par geste vocal, à tuer sur scène l'assassin et à le confondre avec le public enfin mis en scène.

L'inconnu Fortinbras, en enterrant Hamlet à la scène finale, n'arquebusait ni ne mousquetait le public, malgré la polyvalence des ressources de la scène élisabéthaine. Ici, dans l'intertexte de Gauvreau, la figure de l'assassin de scène devient le double du public de salle. La salle est l'assassin. Elle est scénarisée dans le moment même de sa disparition physique, de son massacre symbolique.

Ce double de l'assassin est intériorisé dans un thème dont les contrastes prosodiques accentuent la sémantisation. La figure brisée, unitaire pourtant, du public et de l'assassin, à la fois sacrificateurs et objets du sacrifice, devient celle, double encore, de la générosité d'amour, masculine et désirée, et du sadisme. S'agit-il d'un érotisme? Oui, sans doute: mais dans une figure développée de la cruauté d'amour. Yvernig déclare ceci, dans le même prologue de *Les oranges sont vertes*, je cite deux extraits:

Ô clitoris, une hache symbolique fractionne tes titillations à
sueurs de sucre d'érable et l'effet de la guillotine seulement
rêvée est de faire se tordre les chairs dans l'imbroglio du stu-
pre géométrique.

Beauté, je lis ton destin dans les feuilles du thé beau et les ongles coupants serviront à canifer les initiales amoureuses dans
le flanc de la tigresse humaine.

«*Hache*», «*guillotine*», «*se tordre les chairs*», «*ongles coupants*»,
«*canifer*». Et je ne parle pas de la «*tigresse*». Chacun des termes du paradigme de la figure redoublante est surimposé au nom Yvernig, qui devient le symbole substitutif d'un châtiment-adoration dirigé vers et contre
le sexe féminin sublimé. La figure narrative redoublante, surimposée à
l'éponyme fictif de la figure dramatique, présente la rhétorique d'un quit-
te-ou-double: l'érotisme de l'infliction, des sévices, est l'*allegoria de
verbis* d'une parole qui postule une souveraineté extensive, la sienne, et
l'exclusion — l'excision? — de tous les autres protocoles, lors même
qu'ils sont intégrés à l'écriture de cette parole.

❏

Voilà, provisoirement, pour la loquacité de la λαλια, de la «lalie». Mais nous sommes déjà dans la rhétorique, et nous entrons dans
un réseau peut-être encore plus complexe, demeuré broussailleux malgré une longue tradition de réflexion. L'analyse tient compte de la
broussaille. Je dois apporter quelques précisions de méthode. Je procède pas à pas, j'épelle certaines instances du texte et de son intertexte à
mesure que se construit l'argument, je rebrousse aussi le chemin
quand la progression de l'argument le requiert, par une sorte d'alpinis-
me analytique. Je contraste constamment le parallélisme des textes sur
leur différence, souvent leur antithèse. Le chemin ne peut être que si-
nueux. Plusieurs concepts, cailloux du Petit Poucet, sont lancés, utilisés au moment opportun, expliqués, ou décrits dans le petit répertoire
à la fin de cet ouvrage. Si la broussaille est respectée, ils traceront le
chemin.

La rhétorique, Hamlet et la délégation

La rhétorique est, bien sûr, un art de la persuasion, plus encore de la conviction. Cela ne va pas de soi. On le sait, ce sont des jeux sophistiques anciens politiquement encore actifs, il n'est pas nécessaire d'être convaincu pour persuader, ni parallèlement de persuader pour convaincre. Dans la poétique de Gauvreau, les parallèles de la conviction et de la persuasion se touchent, s'entrecroisent même, puis s'écartent à travers la singularité de sémantismes lexicaux *a priori* non normés, se confondent enfin dans la poétique de l'injure qui rejoint, à l'occasion, la terminaison de l'acte dramaturgique. En voici une occurrence, à la fin de *La charge de l'orignal épormyable*. Mycroft Mixeudeim vient de mourir, une deuxième fois tué par l'épée de quatre de ses assaillants. Ce Mixeudeim était poète. Son cadavre demeure puissant. Laura Pa, Marie-Jeanne Commode, Lontil-Déparey et Becket-Bobo, les meurtriers (je n'ai pas interrogé la poétique des noms propres), le promènent à travers la salle, le ramènent au centre de la scène et se vautrent sur lui après l'avoir injurié à tour de rôle. Voici les injures:

Mycroft Mixeudeim, le salaud!
L'ânon suralimenté.
Le chameau hydropique!
L'amateur béat des lampes aux cous cassés!
La vermine ventrue!
Le premier communiant castré!
L'eunuque abominable!
Le rat faisandé!
La taupe ahurle![1]

La buse!
L'obnubilé pathétique!
Le veau repoussant!
La démangeaison énorme!
L'horreur!
L'innocent véreux!

Ces injures sont échangées à tour de répliques entre les quatre meurtriers et meurtrières qui occupent le rôle inverse des quatre capitaines de Fortinbras. Les quatre capitaines ne parlaient pas. Ils exécutaient l'ordre de porter le corps dans les coulisses. Les quatre meurtriers, sans commandement, ont porté le corps dans la salle, à l'opposé des coulisses. Et ils ont parlé. Ils ont parlé par injures. L'injure est ici l'icone d'un intertexte, mais aussi l'indice (*index* en anglais) d'un contre-texte. Je m'explique.

> La technicalité de l'analyse est inévitable, et utile le rappel des notions d'*icone*, de *diagramme,* de *graphe,* d'*index,* de *symbole,* de *rhème,* de *dicent* et d'*argument* qui pondèrent l'étude. Soucieux de ne pas ralentir le mouvement de mon texte, j'ai placé en annexe un «Petit répertoire» de ces définitions. Je les fais précéder, dans le même glossaire, de trois aspects du signe essentiels à leur compréhension, à celle de la sémiotique de Charles S. Peirce à laquelle je me réfère en ordre principal. J'annote au long du texte les termes dont le «Petit répertoire» propose la définition.

La figure des quatre meurtriers portant le corps de Mixeudeim iconise[2], par similarité diagrammatique[3], l'image des quatre capitaines portant le corps de Hamlet. Nous aurions alors ces deux graphes[4] élémentaires

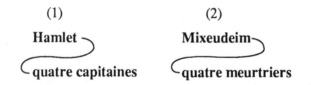

(1)   (2)

Hamlet — quatre capitaines

Mixeudeim — quatre meurtriers

Le graphe (2) iconise le graphe (1). La similarité des positions terme à terme entre les deux graphes modélise les qualités rhématiques[5] et possibilités quasi-propositionnelles[6] du premier dont le second est la reproduction active. Dès lors que la reproduction est active, elle se trouve à modifier l'image reproduite[7]. La similarité de l'acte de reproduction avec l'image reproduite enregistre deux facteurs de sens contraire: la non-identité des rhèmes ou figures du reproduisant (2) avec ceux du reproduit (1), mais l'identité des fonctions potentiellement syntaxiques et propositionnelles inscrites dans les deux graphes du reproduisant et du reproduit. Le caractère actif de la reproduction instaure un jeu entre les deux facteurs opposés, jeu dont l'injure est l'interprétant affectif[8], à la fois nœud et césure. Cette mise au jeu manifeste moins une analogie classique qu'une homologie génétique et contradictoire.

Quels sont les éléments du facteur de non-identité? Je les esquisse d'un seul trait, pour l'instant. Les quatre meurtriers ne sont pas les quatre capitaines, et Mixeudeim n'est pas Hamlet. Figurativement, ils en sont même les contraires. Les capitaines reçoivent l'ordre de s'opposer d'un geste symbolique (le port solennel de la dépouille) aux meurtriers de Hamlet, et Hamlet mort occupe un rang hiérarchique élevé que défie le cadavre du pauvre Mixeudeim sur lequel les assassins crachent les injures. La rhétorique de l'injure est ce lieu actif d'une opposition qui va faire glisser la similitude iconique de l'intertexte potentiellement contradictoire vers un contre-texte indiciaire réactif[9] chargé à la fois de dénier et reproduire, en quelque sorte capitaliser, l'intertexte shakespearien. J'évoque plus loin les implications contretextuelles.

Quant à l'identité des fonctions diagrammatiques très ouvertes, elle signale la possibilité de leur déplacement. C'est donc de ces fonctions et de leur jeu qu'il faut d'abord s'assurer.

Par une analogie apparente, les quatre meurtriers occupent, par rapport au corps de Mixeudeim, la même position diagrammatique[10] que les quatre capitaines vis-à-vis du corps de Hamlet. Mais déjà cette apparence est mise en question. L'analogie, dans la formule aristotélicienne retenue par la sémiotique structurale classique, suppose au moins deux orientations unidirectionnelles du sujet vers le prédicat, deux prédicats mutuellement indépendants, donc deux propositions dont le déterminant prédicatif exclut toute autre présomption que celle d'une certaine ressemblance entre elles: *A est à B /comme /C est à D.* Cela donne en l'occurrence, «*les quatre meurtriers sont au sujet Mixeudeim dans un rapport analogue à celui des quatre capitaines au sujet Hamlet*». Nous serions dans l'ordre du discret. Ici, au contraire, pas de discret*. La relation des rhèmes à l'intérieur de chacun des graphes n'établit aucun sujet, aucun prédicat, aucune autre proposition que seulement possible. Et par conséquent, s'il y a bien deux termes ou deux rhèmes de possibilité dans chacun, mais pas de sujet prédiqué, si la co-présence de deux rhèmes en chacun marque bien la possibilité d'un «dicent» ou d'une proposition[11], une quasi-proposition ou une anté-proposition potentielle, il ne peut être question de réduire la similarité des deux graphes et des positions qui y sont occupées à une quelconque ressemblance analogique. Ici, pas de «comme». On peut bien introduire le signe ≈ entre les deux graphes, mais il ne rend pas compte de la relation des facteurs internes. Le comme séparateur, le ≈ de l'équivalence, n'enregistre pas les relations d'intersection, provisoirement métaphoriques, entre facteurs et entre graphes. Le cher Aristote de notre culture avait pourtant construit la μεταφορα (métaphore) sur le modèle de l'analogie. Il ne pouvait connaître la notion dynamique de réseau. Les diagrammes et leurs graphes sont l'amorce d'une spirale de réseau, et le problème est celui de l'intersection homologique des réseaux. Voyons cela de plus près sur le texte, dans l'ordre des questions.

Les quatre capitaines sont-ils les éléments d'un prédicat déterminant un sujet Hamlet, ou sont-ils eux-mêmes le sujet? Ou l'un et l'autre? Ou ni l'un ni l'autre? Et de même, les meurtriers par rapport à Mixeudeim? Qui porte, qui est porté? On pourrait ainsi poser la question dans une «vulgaris eloquentia». Mais l'expression /porter/ n'est pas encore diagrammatique. Elle peut le devenir en d'autres graphes pareillement dyadiques[12], tels que

---

* La sémiotique de A. J. Greimas, systématiquement analogisante, construit la plupart des phénomènes sémiotiques sur le discret, sur le discontinu, notion dont la généralisation est largement mise en question par la plupart des sémioticiens actuels. C'est elle, cette sémiotique-là, qui rétablit l'idée de ressemblance, alors qu'elle la juge sémiotiquement non pertinente chez Peirce à qui elle croit pouvoir l'attribuer. Chez Greimas, la ressemblance découle d'un discret analogique ou oppositif entre signes et entre systèmes de signes, hors toute référence au monde «réel», — non que ce monde n'existe pas, mais parce qu'il est censé n'offrir aucune prise à l'analyse sémiotique de la «forme du contenu» qui est privilégiée (cf. le premier chapitre). Au contraire, la sémiotique peircienne est «réaliste»: la référence, étendue des «objets» (qui peuvent être de pensée) aux signes, transforme les objets en signes. Les sémioticiens du compromis, tel U. Eco, sont amenés eux-mêmes à resémiotiser la référence.

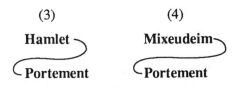

(3)

Hamlet

Portement

(4)

Mixeudeim

Portement

La question demeurerait à peu près la même: au vu de ces graphes (3) et (4), Hamlet, ou Mixeudeim, porte-t-il ou est-il porté? Nous n'avons que deux rhèmes internes, et il n'y a pas de prédicat assigné entre eux. Hamlet n'est pas plus un sujet que les quatre capitaines ne le sont. Il en va *de même* pour Mixeudeim et les quatre meurtriers. Et même si la relation prédicative parvenait à se réaliser (mais nous savons qu'elle s'est réalisée, du moins par fiction) en une formation dicisigne ou pro-positionnelle[13] telle que /Hamlet *(est, sera, a été) porté par quatre capitaines*/, il apparaîtrait que, à travers cette réalisation linguistique d'un sujet prédiqué ou d'un sujet/objet, d'un sujet complémenté et dé-terminé par son objet, deux sujets logiques sont mis en interdépendan-ce. Leurs figures nominales provisoires sont /Hamlet *(x)* / et /*quatre capitaines (y)* /. Diagrammatiquement, aucun prédicat entre elles, mais la possibilité d'une inférence, voire d'une double implication telle que [(x) <====> (y)] dès lors que les expressions (x) et (y) deviendraient les existants ou, mieux, les interprétants dynamiques d'une proposi-tion* vérifiable où ces expressions seraient des facteurs interchangea-bles du sujet d'une action et de l'action-sujet inverse.

Pas de prédicat, mais l'esquisse d'une certaine prédiction, ou d'une prédictibilité de l'action discursive. Des postures prédicatives y entreront nécessairement. L'énonciation de l'acte les dictera à l'énon-cé. L'action dramatique instaure le discours dramaturgique, le détermi-ne, en reçoit les modalités qu'elle installe et qui l'inquiètent d'un geste appelé par le texte.

---

* Le terme d'«existant» est emprunté à une logique, celle de Bertrand Russell, qui ap-paremment n'a aucune congruence avec celle de Peirce. Russell, on le sait, la rejetait radicalement. Il ne la comprenait pas. Et de prime abord, l'empiricisme logique n'était pas compatible avec un pragmaticisme alors très isolé. Mais dans la fiction dramatur-gique, Hamlet et les quatre capitaines sont bien des figures, et il est possible d'en dé-duire des existants. La reprise intertextuelle en est une confirmation. Selon la concep-tualisation peircienne, il vaudrait mieux les analyser comme interprétants dynamiques d'un dicent (*cf.* les rubriques *interprétant* et *dicent* du «Petit répertoire»). Ce ne serait pas si éloigné.

Le deuxième couple diagrammatique (3) et (4) intègre cette possibilité. Plus exactement, il aide à comprendre les possibilités intégratives du premier couple (1) et (2) dont il est le substitut. Le terme *portement*, icone de l'action dramatique, reçoit par substitution dans le deuxième l'identité de *quatre* réalisée dans le premier. Peu importe, pour le moment, que les *quatre* soient des meurtriers ou des capitaines (tueurs de métier qui assumeront un autre rôle, par rappel de celui-là, dans la dernière scène du dernier acte de *Hamlet*). L'identité emblématique, donc iconique, de *quatre* inscrit diagrammatiquement, donc provisoirement, un effet résolutoire qui suspend cette différence active d'un autre ordre. Elle permet la substitution en *portement*, également identique, qui pourrait être n'importe quel autre terme pourvu de la même condition d'identité si nous n'étions pas déjà requis par le schéma des deux textes. L'important, à ce stade, c'est le «*nexus*», le nœud formel de l'identité ou de la jonction[14]. L'important, c'est que dans le schéma intertextuel qui nous sollicite, il y ait «quatre» et «portement» et que, *éventuellement, /quatre portent/*. Que «quatre portent», en effet, quelles que soient les différences relatives aux traits psychophysiologiques sommaires des deux paires de «quatre», et aux aspects situationnels de l'action drammatique du «portement» dans les deux cas. Traits et aspects sont seulement potentiels, non encore pertinents. Nous sommes dans le provisoire de l'identité. La méthode du parcours l'impose.

Fixons-nous sur cette identité, dans l'attente d'une différence qu'elle réclame déjà. L'identité est à la fois contagieuse et révulsive. Retenons-en pour l'instant la contagion. Un double transfert est subjugué. L'identité interdiagrammatique de *quatre* entre (1) et (2) est transférée à celle de *portement* entre (3) et (4), et leur jumelage quasi-propositionnel dans la partie inférieure des graphes implique un transfert d'identité entre Mixeudeim et Hamlet demeurés inchangés dans la partie supérieure.

La question de la similarité fait donc entendre et voir celle de l'identité qui en est un élément partiel. Elle est théoriquement importante, c'est pourquoi j'y insiste. La position de l'identité, celle-là même dont la construction lalique est une pratique radicale, révoque les belles constructions post-aristotélisantes sur l'analogie. Elle institue, sur leurs décombres encore tenaces, une homologie génétique de transferts ou de réseaux qui se constituent par intersection. Voilà l'un des enseignements que postule le texte de Gauvreau.

On parle ici de plusieurs choses distinctes, encore confondues diagrammatiquement mais divisibles par induction ou abduction dans l'analyse propositionnelle. Mixeudeim est la métaphore de Hamlet, qu'il iconise à travers l'identité de «quatre» et de «portement». C'est la question de départ. Il faut la garder à l'esprit. Mais cette métaphore, peut-être toute métaphore (voire sa forme générale étendue à la conceptualisation des transferts de connaissance), est le lieu d'un impossible. Ou plutôt, d'un paradoxe bivalent du possible et de l'impossible. Le possible: la métaphore elle-même, puisqu'elle est réalisée et qu'elle a des effets. Mixeudeim est l'image d'un transfert de Hamlet, bien que l'on ne sache pas encore s'il est transféré à la figure de Hamlet, ou celle-ci à celle de Mixeudeim. Néanmoins, l'impossible. Dès que l'on tente, pour en éprouver la consistance, de calquer sur le texte la métaphore induite par les panneaux diagrammatiques, elle échappe à toute prise. Telle est sa fonction, elle n'est pas un calque. Concrètement, sa monstration exige que l'on entre dans l'histoire racontée, que l'on passe à l'acte, au jeu de scène, bref que l'on détaille les propositions dramatiques, le réseau propositionnel actif où la métaphore s'estompe à l'instant même de son accomplissement. L'icone, dont le diagramme et la métaphore sont des aspects momentuels[15], se transforme en effet, disparaît en tant que telle dans la réalisation théâtrale du dicisigne[16] qui n'en retient que les traces législatives, l'emblème dispersé dès que déployé.

Ici apparaît un glissement de sens. C'est d'abord une accentuation: le transfert commence à être moins celui de Mixeudeim vers Hamlet, davantage et par inversion celui de Hamlet à Mixeudeim. C'est aussi le début d'une antithèse: d'abord ennobli par le fantôme de Hamlet, le cadavre de Mixeudeim va en devenir, très brutalement, la dérision paroxystique où le fantôme se dissout.

Qu'en est-il en fin de scène? Revenons à Hamlet. Il est primordial. Fortinbras, *deus ex machina* de fin de pièce, arrive de la Norvège ennemie au royaume pourri de Danemark. Il fait une apparition furtive à l'Acte IV: Hamlet et d'autres personnages ont parlé de lui à intervalles irréguliers, il faut bien le faire voir, mettre en mémoire ne serait-ce que la silhouette de son rôle ultime, préparer la scène finale. Roi de Norvège, il n'est déjà qu'un délégué. De qui est-il le délégataire? Comme s'il avait été lui-même le spectateur d'une pièce que son rôle terminal n'est pas censé connaître mais seulement ponctuer d'une conclusion, il ordonne à quatre capitaines (norvégiens ou danois, peu importe pour le drame) de porter le corps du prince qui vient de succomber à ses blessures empoisonnées. Il vaut la peine de relire à voix haute ce passage:

Fortinbras: Let four captains[17]
Bear Hamlet like a *soldier* to the *stage;*
For he was likely, had he been put on,
To have prov'd most *royally;* and, for his passage,
The soldier's music and the *rites of war*
Speak loudly for him —
Take up the bodies. — Such a sight as this
Becomes the *field but here shows much amiss.*
Go, *bid* the soldiers *shoot.*

Dans le filé de ce qui va devenir ailleurs une métaphore, je relève un syncrétisme — *stage, royally* —, des récurrences — *captain, soldier, rites of war, field, bid, shoot* —, bientôt une antiphrase — *but here shows much amiss.* Le syncrétisme /*stage* / conjoint (par catachrèse) trois significations: l'«estrade[19]» du rhéteur, le «pavois» du roi, la scène théâtrale. Sur cette scène, ultimement ordonnatrice, Hamlet, le prince héritier, le roi possible mais falsifié, qui eût pu être mis sous la couronne et sur le pavois, avait à la fois associé et opposé la singularité de sa rhétorique à celle du rhéteur, son ami Horatio le bien nommé. (Il y avait eu, à l'initiale du nom, le *H* faussement italianisant qui n'existe pas en toscan en cette position, bien qu'il permît par dérision, sous le /*h*/ aspiré à l'anglaise, le rappel dramaturgique d'un latinisme révéré et simultanément moqué, — l'«*oratio*» donc, les règles du discours. Le nom du poète et rhéteur latin Horace, pareillement respecté et mis à distance, est lui aussi lisible.) Fortinbras vient. Il s'empare de la triple signification de «*stage*» comme si, spectateur de salle devenu acteur «*on the stage*», il avait assisté à toute la mise en *scène* de l'histoire qui s'achève et dont il devient, plus que le participant, l'ordonnateur actif. Il se dresse sur la scène périmée qu'il déploie dans le faste cérémoniel des funérailles. Il déclare que Hamlet eût pu ou dû être hissé sur le *pavois* royal à la place de l'oncle usurpateur («*For he was likely, had he been put on, / To have prov'd most royally*[19].») Mais cette déclaration est au conditionnel, et la condition ne s'est pas réalisée, Fortinbras le sait. Car si Hamlet a fait ses preuves («*prov'd*»), ce n'est pas à titre de roi mais dans le rôle de comédien: il aurait pu, par fraternité avec l'ami Horatio[20], occuper l'*estrade* de la rhétorique et y dicter la parole royale, s'il n'avait pas été précipité sur les planches du théâtre pour jouer les simulacres de la folie, exercer la dérision du discours normé ou déléguer cette action parodique à deux fossoyeurs qui déterrent le crâne d'un fou*. Tout cela oriente le conditionnel de «*the stage*».

On voit se dessiner une relation très complexe entre les scènes finales de *Hamlet* et de *La charge de l'orignal épormyable*. Fortinbras ne peut venir que de la salle, puisque d'un seul mot il parvient à résumer ce qui s'était passé sur scène avant son entrée en jeu, ou dès lors que le dramaturge qui le délègue (tout comme, en abîme, Hamlet instruit les comédiens et les délègue à la cour du château) s'est fondu dans le public de salle qui écoute son texte et que son texte écoute. Or, quatre meurtriers traînent le corps de Mixeudeim dans la salle, parmi le public dont ils se font les délégués lorsqu'ils ramènent sur scène la figure du cadavre. Dans les deux cas, nous avons à faire à un envahissement physique de l'acte théâtral par la salle voyeuse et auditrice, à une tentative de fusion entre la scène et le public. En outre, sur la scène déléguée, les quatre meurtriers vont «exécuter» (le verbe est approprié à leur office), comme les quatre capitaines, la cadence des rites de la mort. Les rites requièrent la parole: à cet égard, l'ordre lancé par Fortinbras aux musiciens d'armée utilisés au moment opportun et aux gardiens des «rites de la guerre» de «*speak loudly for him*» doit être pris au pied de la lettre**.

Mais là s'arrête la similarité. Pas encore tout à fait, cependant. Fortinbras a confondu les trois significations du théâtre, de la rhétorique et du pouvoir en une seule, celle de «*stage*». On proposerait, cette fois, une interprétation inverse ou concurrente, néanmoins liée à la

---

* Les fossoyeurs venaient deux scènes plus tôt, de passer à l'acte, de soumettre à la parodie les trois significations ultérieures du «*stage*» de Fortinbras. En travaillant la terre d'une tombe, ils avaient reproduit à coups de pelle et à coups de rire une *contestatio* rhétorique sur la signification à la fois distincte et conjointe de trois termes: «*to act*», «*to do*», «*to perform*».

** Là encore, le beau texte de Bonnefoy rend justice à Bonnefoy, pas à Shakespeare. Bonnefoy écrivait: «Sur son passage, / Que la musique et le rite des armes / Témoignent hautement de sa valeur». Il y aurait bien des discussions à propos de «sur son passage» («*on his passage*»). Mais l'essentiel est que le «haut témoignage» n'est qu'un effet partiel de la parole annoncée dans «*Speak loudly*». La musique et les rites sont ici censés parler.

première. La transformation du spectateur en un personnage qui tient le rôle d'un chef d'armée désigne la domination du pouvoir. Le pavois figural l'emporte, bien évidemment, sur l'estrade du rhéteur parodique mis à mort, et même sur la scène théâtrale que la figure de Fortinbras, — seule présente après le massacre général, — dissout d'un seul commandement: le «*bidding*» clôt le spectacle. Place aux armes, au «*shooting*», aux salves des soldats. Telles sont les récurrences. Pourtant, ce n'est pas si simple.

Le syncrétisme de «*stage*», sa confiscation par les symboles du pouvoir, se déplie en une contradiction qui noue la force brute des armes, des «*soldiers*», du «*field*», du champ de bataille, sur les protocoles de la dignité et du respect, sur l'institué et le sacré (de la mort), sur un ordre rituel qui n'est que médiatement compatible avec le pouvoir de la force exécutive. Cette contradiction est avouée. Elle l'est dans «*rites of war*»: les guerres n'obéissent pas à des rites mais à des stratégies, le rite est antérieur et postérieur au champ de bataille (l'expression est antithétique). Elle l'est plus explicitement dans l'antiphrase «*but here shows much amiss*»: le champ de bataille ne convient pas à ce lieu, à ce rite. La contradiction est avouée, mais elle est simultanément réduite ou contrefaite, puisque c'est aux hommes du champ de bataille qu'est commandée la tâche de ritualiser la mort.

L'attention s'est donc fixée sur les rites protocolaires de l'honneur rendu aux morts illustres, sur la grammaire d'accompagnement, sur la déclinaison des titres hiérarchiques, sur quelques-uns des traits de la norme et du devoir qui désignent une appartenance au langage institué. Alors commence à se faire jour une autre interprétation, encore une autre. Dans l'intertexte, la métaphore de Mixeudeim peut y être lue, bien qu'elle exfolie autrement le sens, le critique et le retourne comme un gant.

Considérons le nombre quatre. Fortinbras a ordonné à *quatre* capitaines, etc. «Quatre», ce n'est pas «trois», qui eût été le nombre des officiants principaux requis au service d'une grand'messe. «Quatre» pourrait bien désigner le principe de la formation de combat en carré ou en rectangle retenu depuis quelque temps déjà (depuis le XIVe siècle si je ne me trompe) par la stratégie militaire anglaise. Le protocole, en l'occurrence celui de ses symboles numériques, s'arrime sur la force armée: il s'y arrime ou s'y soumet. Gauvreau, antimilitariste autant qu'anticlérical, retient le nombre quatre (l'intertexte fuse ici, non la stratégie militaire dont l'histoire lui échappait peut-être, il est inutile de le demander à cette reprise ponctuelle). Mais le nombre n'apparaît en quelque sorte que par addition. Il n'est pas formellement marqué comme tel, même dans les indications de scène; sauf une fois, juste après la mort de Mycroft Mixeudeim, et seulement sous une forme lettrale qui laisse en contravention un *cinquième* résidu:

> *(Laura Pa prend la clé dans la poche de Letasse-Cromagnon. Elle se met à ouvrir toutes les portes: A, B, C, D, et aussi la porte qui est déjà ouverte.*[21]*)*

Les «quatre» de Gauvreau résultent d'une addition de *noms*. Les quatre hommes d'armes de Shakespeare ne portent aucun nom, seulement un titre. Les quatre de Gauvreau désignent un peu plus que quatre, et les noms, bien que laliques ou formés sur calembour, s'opposent à l'absence de nom. Il est vrai, les titres qui tiennent lieu d'identité (et le titre comptait plus que le nom) sont prestigieux. Les capitaines ne sont pas de simples soldats, ce sont des dirigeants d'armée. Le pluriel de «*soldiers*» est l'homonyme du «*soldier*» Hamlet, mais il est l'antonyme de ce statut singulier, signe de valeur, de courage, de dignité, de noblesse. Les capitaines vont commander aux soldats, à la piétaille, de tirer les salves de gloire et reçoivent simultanément l'ordre de faire dévotion au noble «soldat» Hamlet. Cette prosternation, cette soumission du titre élevé de capitaine devant l'honneur du seul, du prince mort, — les autres morts de la scène n'étant que des «*bodies*», — est de nature, si l'on se reporte au fonctionnement de la métaphore dans l'intertexte, à hausser Mixeudeim au rang de Hamlet, à l'emblématiser de Hamlet, d'autant que tous deux sont identiquement *poètes*.

Il faut insister ici sur le «poète», sur une similarité iconique que les deux contextes développent. Car la suprématie du pavois royal sur les autres significations du mot «*stage*» dans la *scène finale* n'invalide pas la première interprétation, concurrente mais complémentaire, qui relevait une distribution égale des trois significations à travers l'*ensemble d'une pièce* à laquelle Fortinbras, seul acteur ultime et seul représentant figural du public de salle, était bien évidemment censé avoir assisté puisque, dans le rôle conclusif que la dramaturgie lui attribue, il résumait d'un mot les avatars de l'action dramatique. Or, la pièce mettait en scène un prince, certes, mais un prince *déchu* qui, moquant la déchéance imposée, tournait en dérision la rhétorique de l'estrade, simulait du même mouvement la «folie», recevait en rôle de la pratiquer par monologue dans une poésie du doute et de l'action. L'homologie des deux rôles, des deux déchus, des deux «poètes» tenant monologue et faisant du texte monologué une «folie» de l'action suggère, par contagion, que Mixeudeim est symboliquement ennobli sous les gonfanons du prince-poète.

Mais voici un autre retournement. Il n'est pas le dernier. Mixeudeim n'est pas un prince. Juste avant de mourir sur scène, il va jusqu'à confisquer le rôle en lui faisant dire le contraire. Au milieu d'un monologue lettriste (il vaudrait mieux dire lalo-expressionniste), il lui est assigné d'épeler, normativement, la contre-lettre des paroles que Hamlet, même par dérision, n'aurait pu énoncer. Mixeudeim, millénariste, mais sachant lui aussi tuer (il a exécuté Letasse-Cromagnon, comme Hamlet avant de mourir son oncle royal) vient de proclamer la liberté certaine et future des «petits»:

> La liberté naîtra, corps adulte accouché par l'infiniment petit
> piétiné. Le grossier a des membres, le grotesque a des bras;
> réel sans lourdeur appréciable, réel inaperçu que l'on néglige.
> Ce qui n'a pas été vu, ce qui ne sera pas vu facilement grossira
> sous forme de soleil[22].

«La liberté naîtra» de *«l'infiniment petit piétiné»*. Hamlet avait laissé parler les petits comédiens en tournée, mais il les instruisait de sa direction. Il avait écouté les deux fossoyeurs, mais ceux-ci n'étaient que l'instrument de son rôle. Tout se jouait par délégation, sur cette scène qui mimait la contrefaçon de l'autorité prise en défaut. Si l'autorité était accusée de sa fêlure nommée Hamlet, si le château était soumis à la contrefaçon du hameau («*hamlet*» signifie «hameau»), elle demeurait tout de même centrale. Cette dramaturgie avait sa cohérence baroque: Hamlet, personnage de la fêlure et de la contrafaçon, était aussi la figure solaire autour de laquelle, après la révolution copernicienne, toutes les autres figures de la pièce étaient mises en giration. Hamlet le délégant, non le «petit piétiné» qui n'est même pas délégué. Délégation: autorité, commandement. De ce point de vue, l'on peut comprendre la suprématie finale du pavois.

Mais la voix n'est pas le pavois sous lequel Fortinbras ordonne le silence des exécutants. Les capitaines n'ont pas droit à la parole. Au contraire, le théâtre de la voix outrepasse la délégation de pouvoir, même s'il y en a des restes figuraux dans l'action dramatique et dans le langage, action et langage étant alors censés coïncider. Le «*petit piétiné*» est l'un de ces restes émiettés de la délégation, que la pratique de l'objet lalique est en train d'annuler. Le «petit piétiné» du langage *est*, pourtant, l'objet lalique. Faut-il insister sur les restes objectaux, ou bien sur l'émiettement, sur l'action d'émietter? Ou sur les deux? Pour une part, sans doute, l'objet lalique est subordonné dans son intonativité expressive, donc dans sa signification, à une couplaison avec le discours phonétiquement et syntaxiquement normé. Il en est le délégataire. Mais on entend que la délégation de pouvoir est déportée vers le langage où elle n'a plus la même fonction. Le discours de la pièce de Shakespeare mettait en dérision le politique, l'exécutant, l'appareil dont, finalement, par Fortinbras et public interposés, ce discours demeurait tributaire, auquel il faisait révérence: paix sur le compromis des âmes. Le théâtre de la voix détruit la révérence, institue la parole, dicte pour l'avenir présumé le politique, l'exécutoire. Les âmes agitent leur tumulte dans l'effacement final de l'oralité, tandis qu'enfin la voix soumet le politique. Retourné contre lui-même, fondu dans l'action de la voix, le règne du commandement est dissous. Il fait place à l'exclamation.

De même, en effet, que le «petit piétiné» émiette la figure princière du pouvoir dans un *antéisagoge* implicite[23], de même l'objet lalique ponctue ou souligne, selon des récurrences exclamatives placées à intervalles réguliers[24], le langage normé de la vociération dont cet objet est l'action rythmique. Une action par le langage, dévolue au langage, soudée au langage qui non seulement se fait geste, mais absorbe tout le geste, y compris le geste exécutoire (politique) dont l'impérialité est annoncée se dissoudre en elle. Annonciation et énonciation sont ici confondues.

Nous avons bien évidemment à faire à une exploitation rhétorique. C'est pourquoi, à dessein, j'utilise certains termes qui signalent une cartographie de discours aujourd'hui peu usitée. La rhétorique de Gauvreau est classique. Elle préserve la rhétorique classique jusque dans la façon de s'y opposer. Elle témoigne d'une maîtrise «classique», — pauvre de lui s'il eût entendu ce propos! On y reviendra. Pour l'instant, ceci: le paroxysme lalique est une amplification du discours de l'imprécation. Une amplification ou une fragmentation, c'est selon. Une amplification, comme une caisse de résonance. Aussi, une fragmentation parce que l'objet lalique déploie méthodiquement des restes phoniques diversifiés qu'il fait résonner sur cette caisse de la voix imprécative. Le rythme des considérables imprécations de

Shakespeare, de Marlowe, d'Agrippa d'Aubigné, voire de Corneille, y demeure audible.

Sous une telle écoute, les amplifications et fragmentations sonores n'ont en même temps rien à entendre d'une rhétorique classique de l'augmentation et de la diminution qu'elles dénient d'un fracas. La sonorisation amplifie la parole et parfois, pour une intelligence du paradoxe construit dans la parole, parvient à la fragmenter: je parle, je me tais, je coupe, je parle encore, *ad infinitum* dans les césures de la voix qui se reprend et qui, se reprenant, corrige son identification à l'acte discursif dont elle n'est que l'instrument bégayant. En quelques textes rares de l'inventivité, un ensemble culturel supposé stable est déstabilisé de sa mise en voix. Cette mise en voix actualise, rythme, soumet à la grave épreuve de la fiction les ensembles contemporains dispersés de la connaissance.

Le paradoxe de l'amplification et de la fragmentation des voix est alors matérialisé dans un nouvel ensemble non unitaire. Toute prétention à une anthropologie culturelle unifiante, ou à quelque semblant sociologique non contradictoire, est démaillottée. Un *ensemble,* non pas une unité. Un réseau, peut-être «catastrophique» au sens de René Thom[25]. Sûrement, un ensemble *aléatoire* dans le moment de la production actuelle de l'intertexte, et tout à la fois un ensemble historiquement *déterminé* de l'intertexte réalisé.

Il s'en fallait de très peu que le texte de Gauvreau parvînt à l'amplitude du paradoxe, à la réalisation de sa nécessité. Le très-peu lacunaire est tout un monde. La sorte de fidéisme qui délègue, dans et par le langage, la voix à la parole et celle-ci à l'action, à toute l'action, y compris hors-langage, imprime le fantasme sur le refus ou la dénégation de toute connaissance qui ne serait pas *immédiatement* plastique et poétique. La médiation est systématiquement récusée, — trop systématiquement, trop *automatistement* pour demeurer crédible. Cette récusation de l'ouverture gnoséologique et de l'histoire des pratiques réduit la portée de leur intégration effective dans l'œuvre de Gauvreau.

Il n'empêche que les pratiques et les connaissances sont inscrites, mais comme en creux, par dénégation. Gauvreau ne peut rien contre l'intertexte, il l'exerce. Il n'empêche également que la diffusion d'un contraste entre l'amplification vocale et la fragmentation des phonétismes portés par la voix n'est pas la même chose que l'utilisation des procédures rhétoriques d'augmentation et de diminution qui modalisent une phrase-thème et la déploient, en font le texte entier. Ces procédures-là sont anciennes. Elles signent et datent les premiers avènements du baroque au théâtre. Gauvreau les confirme canoniquement. Son texte rythme les traces de l'«*Unheimliche*», de l'«inquiétante étrangeté[26]» des connaissances nouvelles dont le baroque, pour la première fois systématiquement, avait accepté, marqué, intégré l'intrusion dérangeante. Le texte de *La charge de l'orignal épormyable* ou de *Les oranges sont vertes* pratique à plaisir l'augmentation et la diminution du thème phrastique, par exagération, jusqu'au trop-plein et jusqu'au manque. Il répercute et amplifie de la sorte l'un des exercices majeurs de l'esthétique baroque qui cherchait l'unité perdue sans aucun espoir de la trouver. L'esthétique baroque était culturellement proche de cette unité éthique et religieuse. Mais elle était sensible aux nouvelles connaissances qui en opéraient la fracture et qu'elle contribuait à instruire. Elle instaurait un compromis dramaturgique, poétique, musical, pictural, un équilibre entre l'*augmentatio* et la *diminutio*, entre le clair et l'obscur, entre les deux hémistiches de l'alexandrin français, bientôt dans le *ricercar* musical. Elle demandait à l'équilibre, indéfinissable même dans la vie courante, de modaliser le paradoxe de l'unité infiniment rompue. Gauvreau insiste sur l'effet de rupture.

Mais les connaissances nouvelles sont celles de Bohr, d'Einstein, de Fermi, de Joliot-Curie, d'Oppenheimer. Elles datent déjà de l'entre-deux-guerres. Le texte de Gauvreau ignore ce savoir. Il en recueille néanmoins les résidus très fragmentaires que les mass-media de l'après-guerre commencent à communiquer en désordre, dans la parcimonieuse profusion de système qui leur est propre, aveuglément, en vrac. Le texte intelligent de Gauvreau dépend de cette communication-écran. Les connaissances nouvelles, ainsi obnubilées ou morcelées médiatiquement, perdent par entropie leur puissante cohérence. Leur réception méconnaît leur corpus. Mais ni leur corpus ni leur réception ne participent d'une continuité avec les connaissances de Copernic, de Galilei, de Kepler, de Newton, de Buffon dont, tour à tour, compte tenu de la diffusion alors restrictive et élitaire des moyens de communication, Shakespeare, Cervantes, Honoré d'Urfé, Pascal sans nul doute, Sterne, enfin Diderot avaient, sinon un savoir plein et entier (plus évident dans le cas de Diderot), du moins une culture libre de tout écran sociologique: l'organisation multicorporative et homogène d'une intellectualité européenne transnationale facilitait l'apprentissage direct.

Il n'y a donc pas de quoi se surprendre. Le texte mixeudeimien amodie en le cassant, en le hurlant, ce qu'il reçoit, ce qu'il transmet. Tout le baroque de Gauvreau tient dans cette agitation paradoxale. Les procédures d'augmentation et de diminution, qui soumettaient le phrasé à une délégation de pouvoir extra-langagière, sont observées jusqu'à l'éclat. Elles sont simultanément déniées pour ce qui est de leur participation au pouvoir délégué. De même, le texte n'accueille que les restes usuels des connaissances nouvelles. Il les organise précisément en fragments moléculaires. En fragments du langage articulé, vocalement amplifiés. Du même coup *meurtrier*, — l'adjectif est langagièrement, scéniquement, narrativement exact, — l'augmentation et la diminution pratiquées sont récusées, mises à plat, détruites par l'amplification et la fragmentation sonores. Nous sommes décidément dans le théâtre de la voix, et il n'y a plus aucune autre délégation concevable.

❑

Ici, par conséquent, l'imprécation. Elle est, dans les scènes finales, le signe d'un clivage radical et le nœud rhétorique du paradoxe. Clivage par rapport à Hamlet: au silence des exécutants est opposée la parole active, à la révérence l'insulte, à la soumission l'égalité, au texte le contre-texte. Ce clivage que réalise la litanie des injures est lui-même le nœud d'un paradoxe. Il l'accomplit dans le texte de *La charge de l'orignal épormyable* dont l'injure est l'inversion, le résumé paroxystique, aussi la clôture.

Entendons par *clôture* non pas seulement une terminaison technique, — le quadrilogue des injures met un point final à la pièce, — mais une circularité du retour sur soi, une étanchéité du cercle, une fermeture. La parole ne peut plus dire ce qu'elle s'est efforcée de dire, qu'elle n'a pas dit tout à fait. Elle s'arrête au bord du tant-à-dire, dans le suspens de l'exclamation substitutive. Elle confirme de la sorte, en une formulation magique de l'incomplétude, le mouvement interminable de cette pièce qui tendait au tant-à-dire et le reportait, le répétait, l'inassouvissait. Elle donne rétrospectivement raison à la pièce, la clôt au seuil de l'avènement impossible, la referme sur elle-même.

Le mouvement et les thèmes expressifs de l'injure orientent l'examen, en effet. Toutes les répliques dialoguées de l'injure sont exclamatives[*];

---

[*] Sauf une: «l'*ânon suralimenté*» qui est ponctué d'un point. Là encore, un indécidable. La furie pressée de Gauvreau? Ou l'erreur du copiste ou du prote? Faute d'une marque de décision ou d'erreur dans l'un ou l'autre sens, je fais confiance à la récursivité d'un système d'écriture qui demeure exclamatif, — avec ou sans points d'exclamation.

elles allient la dérision anthropomorphisante à la déprédation blas-
phématoire de la religion et du sexe; enfin, elles sont suspensives et
substitutives.

Elles sont exclamatives. Comme l'est le juron ou le sacre québécois, la phrase est écourtée, purement nominale, syncrétique, trompeuse si l'on s'avise d'y rapporter une idée organisée. Tout y est dit, en
même temps rien ne l'est. Mais autre chose, qui tient plus de l'intonation expressive que du lexique utilisé. Non que le lexique ne compte
pas: simplement, la sélection qui en est proposée (*imposée* serait plus
adéquat) est soumise à la répétition des contrastes adjectivaux et à celle de l'exclamation qui les scande et les abrège à l'identique. Plusieurs
phénomènes sont donc à considérer: choix du lexique, contrastes, répétitions, uniformité de leur suspens.

D'abord, une régularité dans l'alternance des nominatifs. Le zoomorphisme de *«l'ânon»* < *«le chameau»* < *«la vermine»* < *«le rat»*
<*«la taupe»* < *«la buse»* < *«le veau»* s'intercale dans la série des ter-
mes censés désigner un homme singulier: *«Mycroft Mixeudeim»* < *«l'amateur»* < *«le premier communiant»* < *«l'eunuque»* < *«la démangeaison»* < *«l'horreur»* < *«l'innocent»*. Les deux séries obéissent à une
procédure identique d'augmentation rhétorique, l'injure acceptant la
référence alternée au plus petit et au plus grand (l'ânon plus petit que
le chameau qui est plus grand que la vermine qui est plus petite que le
rat et la taupe qui sont plus petits que la buse moins grande que le
veau). Si l'on observe que les deux séries sont mises en séquence, le
nominatif de chacune étant pareillement à l'initiale de chaque
réplique, de chaque juron échangé, leur intercalation fait apparaître
des augmentations parallèles. Notons en gras les termes de la seconde
série, à l'italique ceux de la première. Soit la distribution suivante:

Mycroft Mixeudeim / *l'ânon* — *le chameau*
L'amateur / *la vermine*
Le premier communiant — **l'eunuque** / *le rat* — *la taupe* —
la buse
L'obnubilé / *le veau*
La démangeaison — **l'horreur** — **l'innocent**

Soit encore:

1/2 — 1/1 — 2/3 — 1/1 — 3

Ces découpages peuvent sembler pusillanimes. Rien ne l'est à l'écoute analytique d'une culture qui enregistre la réciprocité traditionnelle du zoomorphisme et de l'anthropomorphisme. La régularité est marquée selon un rythme proprement baroque, celui des exercices du *ricercar* dont il faut accueillir la part manifeste. Pourtant, elle est un leurre. L'insistance du marquage est précisément le symptôme du leurre. En cela aussi, le baroque continue d'agir. Non tout l'art baroque, mais le maniérisme érudit des XVIIᵉ et XVIIIᵉ siècles qui faisait alterner irrégulièrement progressivité et dégressivité, tout en paraissant respecter l'équilibre dans l'échange régulier des voix et des thèmes. On en a ici la reproduction arithmétique. /2/ régresse en /1/ (2-1=1), progresse en /3/ (2+1=3), revient à la monade[27] initiale du /1/. Parallèlement, /1/ est confirmé en tant que /1/, progresse en /2/ (1+1=2), s'assure à nouveau de la monade fondatrice /1/ ([1+1]-1=1), est censé déterminer /3/ (1+1+1=3) comme si la triade n'était qu'une addition de monades pas encore singularisées d'une dyade.

> *Remarque*: Une dyade: une action. Ce pourrait être une action de discours, non plus la seule nomenclature que distribue l'arithmétique des augmentations et diminutions. Elle déterminerait «*nous*[28]» à constituer collectivement l'exercice singulier du «*je*» différentiel qui n'est pas, en cette activation, une pure possibilité monadique. La dyade compte en effet pour beaucoup chez le «moniste» Gauvreau, mais la recherche baroque de l'unité perdue l'oblitère. L'action dyadique psalmodie la monade de l'Unique perdu. Elle ne peut toutefois le faire que parce qu'elle est déjà légiférée par une norme triadique qui la collectivise. Une triade législative infère l'exercice de «*nous*» dans «*je*». Elle n'est pas arithmétique mais exponentielle, logarythmique. Gauvreau y parviendrait presque, mais il ne fait encore qu'inquiéter l'arithmétique additive de l'un.

Le parallélisme des deux séries s'accompagne d'une tendance à l'augmentation dans la déclinaison de la première (*1* tend vers *3*), d'une tendance symétrique à la diminution dans la seconde (*2* et *3* se rabattent sur *1*). Leur mouvement de sens contraire participe d'un entrecroisement apparenté au contrepoint de fugue. Il est de l'ordre d'une compensation, celle-ci confirme le parallélisme.

Il n'y a là, toutefois, qu'une apparence. Le texte latent dément doublement le parallélisme structural stable des opposés: une asymétrie ponctuelle des progressivités et dégressivités entre les deux séries (les aléas de la dégressivité numérique de la seconde sont en hiatus avec les hésitations progressives de la première) accompagne contradictoirement leur tendance à la fusion. En finale, elles sont soumises à l'identité rétrospective de leur parcours[29]. *«La démangeaison»* et *«L'horreur»* les conforment, valent pour l'une et pour l'autre.

La série contrastive des adjectifs assure la conformité. Elle n'est contrastive, parfois surprenante, que par rapport aux nominatifs. Par exemple, *«l'amateur»*, après avoir été dit *«béat»*, reçoit le déterminatif *«des lampes aux cous cassés»*; *«la vermine»*, ce minuscule zoomorphe, est dite *«ventrue»*; *«l'innocent»* est *«véreux»*. Mais elle présente une distribution régulière: *«suralimenté»*, *«hydropique»*, *«ventrue»*, *«énorme»* relaient le même paradigme; de même, *«abominable»*, *«faisandé»*, *«repoussant»*, *«véreux»* (si l'on songe au ver, à la vermine qui se repaît des pourritures) sont componentiellement homogènes. Restent quelques adjectifs qui ne sont pas *a priori* déclinables dans une même série: *«castré»*, *«ahurie»*, *«pathétique»*. Ils ont une fonction de concaténation et d'ancrage, de jonction et de reprise, par laquelle se dissolvent les contrastes, se prononce l'identité. L'adjectif *«castré»* est immédiatement repris, à l'attaque de la réplique suivante, par le nominal *«l'eunuque»*, et cette rection à l'identique désigne rétrospectivement l'homologie des *«lampes aux cous cassés»* (cou cassé, sexe coupé) qui sont celles de *«l'amateur béat»*. *«Béat»* et *«ahurie»* antécèdent les nomimaux *«l'obnubilé»* et *«l'innocent»* selon la même procédure de rection. L'innocent étant préinscrit dans le béat et l'ahuri, *«l'amateur»* (béat) devient un synonyme de l'innocent. Et ce réseau contagieux d'adjectifs et de noms, *béat-ahuri=> innocent-obnubilé-amateur*, admet par extension la figure du *«premier communiant»*, — lequel est castré, tout comme le béat aimait les lampes aux cous cassés. Sous l'ancrage de trois adjectifs apparemment non sériels, ces nouveaux paradigmes de l'identité sont distribués avec régularité à travers le texte-témoin. Leur diffusion, dès lors, n'épargne aucun autre élément, aucune série. Tous éléments et toutes séries sont gagnés à la proclamation de l'Unique, d'une loi de parole qui parle pour l'un, bien que la proclamation soit gouvernée par l'invective et que la figure antagonisée de l'Un se réduise à celle, dérisoire, de Mixeudeim. Dans le texte et dans sa mise en voix, l'adjectif *«castré»* antécède et régit le nominatif *«eunuque»*; l'eunuque est déclaré *«abominable»*; cet *«abominable»* est associé au *«faisandé»* du rat, au *«repoussant»* du veau. Les différences d'espèce ou de série entre l'eunuque, le rat, le veau, sont donc abolies. Elles le sont de même pour l'ânon, le chameau, la vermine, l'innocent, etc. Il en va autant pour les adjectifs «béat», «castré», «repoussant», «pathétique». Les séries ne résistent pas. Et pas davantage les contrastes.

Sans doute le savions-nous déjà. Il suffisait d'une lecture naïve, ou d'avoir entendu et vu les acteurs proférer le texte en 1970, année de la première représentation de la pièce: la régularité des répliques et celle des positions scéniques ont un *objet immédiat* identique, le corps de Mixeudeim. Le texte lui confère une centralité que la scène imageait. Tous les vocables, en ce sens, ne font qu'afficher ce corps référentiel. Ma lecture analytique serait inutile si elle conduisait à ce seul constat. Mais la nomination du corps ostentatoire affublé d'un veaurat-vermine laisse entendre un *objet dynamique* singulier[30]: au delà du corps, voire à son encontre, la parole est engagée. Et c'est au delà de la référence au corps que, par appui sur les contrastes de la voix, du lexique et de la grammaire, la parole abolit ses propres distinctions, réclame sa souveraineté. Là, précisément, est le paradoxe.

Là, aussi, une mystique. Une lésion activée par le langage.

La parole n'est pas vraiment souveraine. Si elle l'était, elle pourrait se complaire à tout dire du tant-à-dire, l'y absorber, l'achever. Elle serait claudélienne. Or, elle n'achève pas ce qu'elle profère. Elle est suspensive.

Suspensivité. À remarquer l'ellipse, bien sûr. L'ellipsation du verbe assertif remplacé par l'adjectif contrastif qui prépare l'exclamation. Cette procédure n'est pas innocente. Elle est conforme à la gesticulation vocale de l'invective. De plus, elle scande la montée vers les hoquets d'amour de l'injure finale: tout au long de la pièce, jusqu'à la scène antépénultième où les quatre commencent vocalement et par gestes les simulacres du meurtre, l'alternance des longs monologues expressifs et des courtes répliques exclamatives œcuménise l'initiation à l'insulte.

À remarquer aussi, l'*énaurmité*. Il y a un souvenir d'*Ubu Roi* dans ce texte, bien que le corps de Mixeudeim ne soit pas la pompe à phynances. Seulement le souvenir d'une parole. Et d'une parole tronquée. L'énormité est abondante, — ce pléonasme est justifié. Soulignée à répétition par les adjectifs «*suralimenté*», «*hydropique*», «*ventrue*», «*abominable*», «*faisandé*», «*repoussant*», «*énorme*», «*véreux*», elle commande dans le texte l'ostension du geste vocal; elle est en somme une indication de mise en voix qui détermine la mise en scène des autres gestes corporels et mouvements accompagnateurs. Mais cette énormité redondante est construite à raison même de l'abrège-ment phrastique, dont elle compense le manque à dire. Mixeudeim, d'une certaine façon, est mort pour rien, lui qui parlait tant, qui parlait le tout, la «totalité[31]» intégratrice du fragment. Et voilà que le souve-nir de son acte de parole trébuche sur l'incomplétude, sur le seul frag-ment, séparé et exclusif. Toutefois, la supposition inverse est égale-ment légitime: s'il n'est pas possible de terminer la parole, c'est parce qu'elle n'achève pas de s'épuiser. Sa portée transcende infiniment la capacité de ses exécutants d'aventure, ses acteurs, les quatre meur-triers par exemple. En ce cas, le suspens imprécatif et la visée lexicale de l'«énorme» qui le compense et l'accompagne (*énorme*: ce n'est pas l'*anormal* décrété plus ou moins pathologique, mais un *énormal*, un à-côté de la norme construit avec elle) soulignent par antiphrase, ornent donc, le souvenir de la parole de Mixeudeim, de la grande parole de l'Unique qui, seul, savait *mixer,* et *bien* mixer les *indices* de la parole*. Les deux suppositions sont compatibles, voire complémentaires. Elles le sont par rapport à un texte qui allie les opposés.

Enfin, revenons à la *persuasion* rhétorique. Dans le cas présent, elle s'appuie sur l'exploitation des rumeurs ou «lalies» disséminées, sur le tissage de leurs convergences. Ce qui vient d'être dit va dans ce sens. Les insultes alternées par les quatre voix sont l'effet d'un regrou-pement conclusif de toutes les lalies éparses dont la pièce a peu à peu organisé le contraste. Le contraste ou l'antinomie, mais par progres-sion et cohérence. Les pièces testimoniales de la rumeur vocale ont été minutieusement réparties, et finalement ont contraint l'événement.

Lalies ou rumeurs vocales forment un ensemble assez proche des anciens tissus anagrammatiques de la poésie saturnienne. Saussure re-pérait dans le texte manifeste du poème latin[32] des répartitions réguliè-res de diphones et de diaphones composant une invocation, une phra-se, un argument latents. Quant à elle, l'invention orale du dramaturge Gauvreau laisse entendre un plaidoyer. Je le traduis ainsi:

---

* Est-ce un jeu de mots? C'est au plus une facilité herméneutique assez hasardeuse que rendent possible, pas davantage, les détours lexicaux et syntaxiques familiers à Gauvreau. Soit: /*Mix*/ pour l'anglais «*mix*», /*eu*/ pour le grec «eu» (*bien*), /*deim*/ qui pourrait être une contraction du grec δειγμα (deigma), «indice» ou trace. Les ruses onomastiques de Gauvreau, sa connaissance étendue des lexiques et sa propre croyance dans les flux automatiques dirigés justifient *a priori* les hasards d'une conjecture.

Mesdames et Messieurs les jurés du public, telle est la puissance de la parole, vous ne pouvez pas la mettre en accusation, car elle n'est pas l'accusée, elle parle par ma voix. Mais où est donc l'accusé? qui est-il? Certes, Mixeudeim est un «*salaud*» dès lors qu'il est l'*objet* des injures de la bande des Quatre. Mais, Mesdames et Messieurs du public, bande de salauds vous-mêmes qui avez laissé se vautrer parmi vous le cadavre de Mixeudeim traîné par les Quatre (ou plutôt par trois d'entre eux, Laura Pa restant sur scène pour l'accueil du retour de parole, il ne faut pas que la scène reste vide), Mixeudeim est aussi le *sujet* noble ou unique de la parole, puisque les Quatre le décorent par antiphrase d'une parole agglomérative que, figure de poète, il avait lui-même répandue. Quant aux Quatre, sans doute sont-ils des assassins. Mais ils ne le sont que par un simulacre que vous avez pris pour une expression de vérité. Vous en êtes alors complices, et vous vous êtes trompés, vous vous êtes laissé prendre au piège qui vous était tendu, telle est votre faute. Vous avez pris le simulacre pour la parole. La parole ne meurt pas. Les Quatre ne peuvent donc être accusés. Agents délégués par la voix au piège du corps, ils ont eux-mêmes pris part à l'extase de la parole qui était le seul sujet de cette pièce. Leurs injures n'étaient que par feinte adressées au corps fictif, que vous preniez pour vrai. Ces injures annoncent la confusion («*les quatre se vautrent sur le cadavre*[33]») de la parole et du geste dicté, de la voix et du simulacre qu'elle commande. Pendant le «vautrement», un rire «éperdu» se fait entendre. Il est seulement exclamatif, il condense le suspens des injures en quelques dégorgements répétés. Et il est éperdu, infiniment, comme la parole ne cessait de l'être:

> LONGTIL-DÉPAREY (riant éperdument) — Ha! Ha! Ha! Ha! Ha! Ha! Ha! Ce n'était pas un masochiste! Ha! Ha! Ha! Ha! Ha! Ha! Ha! C'était un imbécile! Ha! Ha! Ha! Ha! Ha! Ha! Ha![34]

L'injure est rassemblée, condensée dans l'exclamation finale du cri. Elle n'est presque plus lexicale. Elle n'en est pas moins numériquement distribuée: la série des 7 «Ha!» du rire est 3 fois répétée à intervalles réguliers. La métrique normée, classiquement cabalistique ou théogonique, fait entendre un recours, une méthode. Dans les vieux traités de sciences occultes, que les traditions surréaliste et automatiste n'ont fait qu'à peine jalouser[35], comme aussi dans l'ascèse poétique des Provençaux et Toscans du XIIIe siècle, les nombres 7 et 3 se renvoient à l'infini (magique ou religieux) qu'ils sont mutuellement censés dénoter. La parole se donne pour sacrée. Elle est divine, ou inversivement diabolisée. Entre le sacré et le «sacre» québécois, la couture est étroite. Et le «sacre» initie à l'insulte. La parole devient vindicative. Elle finit de le devenir dans l'exhalaison exclamative qui, en scène terminale, *consacre* l'infini de son pouvoir proclamé, — trop proclamé pour n'être pas seulement supposé.

Je poursuis donc la traduction du plaidoyer proféré par injure. Nous sommes, non pas sur, mais dans le théâtre de la voix. Dans ce théâtre, il y a des accusations. Elles sont dites et commandées au geste sur scène. Mais elles ne visent pas ce qui s'y passe. Sur scène, ni la voix de l'un, ni celle des autres rôles n'acceptent, autrement que par une ostension très abondamment soulignée, l'accusation pour l'une d'être la victime, pour les autres d'être les meurtriers. Le soulignement est l'indice d'un contre-texte.

L'insistance de l'injure procède d'une nécessité dans le contre-texte de Gauvreau. Celui-ci se dédouble. Pour une part, *La charge de l'orignal épormyable* oppose la figure du pauvre Mixeudeim à celle du noble Hamlet, les petits émiettés au prince, la délégation de la voix à la délégation de pouvoir. Mais le texte de *Hamlet* marquait une progression du public vers les tréteaux. Le spectateur était mis sur scène, une première fois en abîme, dans une pantomime jouée devant les représentants théâtraux d'une cour royale spectatrice; une seconde fois, en scène finale, par le truchement d'une figure d'autorité, Fortinbras. Or, l'écriture de Gauvreau ne peut refuser ce dynamisme d'un dialogue entre la salle et la scène. Si elle le refusait, elle se nierait elle-même. Elle rejetterait en partie la «totalité» fusionnelle de voix et d'action qu'elle prône. Si elle n'acceptait pas le fragment de *Hamlet* comme indice de cette «totalité», elle prendrait en défaut la fusion proclamée. Elle accepte le fragment et l'indice, pas la faille, pas le défaut de totalité. La fusion est totalitaire, aboule, elle est pour ou contre, elle ne tolère aucune exception. Pour une autre part, au delà du *Hamlet* contrefait mais assumé, le texte de Gauvreau prononce la diatribe contre une dramaturgie conventionnelle qui, de Marivaux à Giraudoux, assigne au spectateur la place d'un simple observateur. Voilà le redoublement contradictoire des deux faces du contre-texte: le poème scénique contredit Shakespeare, mais dément une tradition qui dénie Shakespeare. Ce double déni est insoutenable. Seule l'injure peut le dénouer. Elle est un appel ou un souhait, la forme inchoative d'une dramaturgie entièrement distincte, aucune autre dynamique théâtrale de participation directe n'étant encore possible dans les conditions et à l'époque où le jeune auteur écrit *La charge de l'orignal épormyable*.

> *Remarque*: Gauvreau commence à écrire l'ouvrage dans les années cinquante. À l'époque, le théâtre québécois connaît un large éveil, sur la scène et aussi dans l'écriture. Je ne rappelle sur ce point que le souvenir du spectateur et de l'auditeur. Le Théâtre du Nouveau Monde est fondé en 1951. Sous la direction de Jean Gascon et de Jean-Louis Roux, anciens membres des Compagnons du Saint-Laurent des années quarante, il représentera un large répertoire international, notamment du Tchekhov et du Brecht, Synge aussi, Molière n'étant jamais oublié. Plus tard, le Théâtre du Rideau vert d'Yvette Brindamour paraît s'orienter vers le Boulevard et son ancêtre Labiche, mais sans exclusive. Dans la deuxième moitié des années cinquante, Monique Lepage et Jacques Létourneau fondent leur propre organisation. Ils représentent en plein air *La nuit des rois* de Shakespeare; ils donnent du Pirandello, ignoré sur scène jusqu'alors à Montréal, et parmi d'autres premières une petite pièce de Jacques Ferron. Au tout début des années soixante, une autre compagnie, l'Égrégore, que dirige Françoise Berd, opte résolument pour le théâtre moderne dit d'avant-garde, affiche Artaud, Beckett, notamment *Le roi se meurt* avec un admirable comédien dont c'est le premier et dernier grand rôle, Maurice Lagacé, il va se tuer peu après. (Je me navre encore de son intense gentillesse, nous avions fait côte à côte la grève de Radio-Canada en 1959.) Cette prodigieuse effervescence désigne dans l'ensemble une pratique du répertoire, le classique et le contemporain livrés à une semblable auscultation. Le répertoire est nécessaire, il est à découvrir, il faut l'épeler, on le fait avec vaillance. Et ce sont des équipes locales qui s'y exercent, cela a manqué trop longtemps. Le grand vide des applaudissements n'est plus confié aux seules troupes françaises de passage. La Nouvelle Compagnie Théâtrale de Gilles Pelletier va très intelligemment interpréter ce nouveau mandat, celui d'une prise de possession pédagogique et systématique du répertoire international. Mais c'est du répertoire, et pour l'essentiel il est international. Certes, on a commencé de faire une place, sur les planches, à l'imagination locale du texte. Outre la piécette insolente de Ferron, il y aura un texte d'André Langevin (monté par le TNM), bien plus tôt deux pièces de Marcel Dubé, et depuis les années quarante, du Gratien Gélinas toujours recommencé. Il y avait eu également ment le classique Paul Toupin. L'avant-gardisme n'est pas oublié, il est la part presque parisienne de Jacques Languirand. Ces pièces-là sont

tout de même peu nombreuses. En règle générale, qu'elles soient régionalistes, classiques ou modernistes, leur facture et leur représentation demeurent soumises à la mobilisation centrale du répertoire international, à ses schémas. Toutefois, les coulisses du théâtre acceptent leur déport en d'autres lieux. Le Centre d'essai de Nathan Karschmar accueille avec équanimité les essais dramaturgiques, les vocalisations poétiques, les réflexions. Les ondes radiophoniques animent l'invention locale depuis plus longtemps encore. Guy Beaulne travaillait en solitaire, ce n'était pas possible autrement; il avait su convaincre Radio-Canada d'inscrire au programme-radio pendant de nombreuses années une demi-heure hebdomadaire qu'il donnait à l'invention dramaturgique locale. Gauvreau, dont c'était l'un des seuls lieux de production rémunérée, y a été reçu. Les artisans de théâtre partageaient l'effort du geste et de la voix sur la scène et à la radio. Les mêmes comédiens lisaient des textes d'avant-garde et jouaient le répertoire classique. Cela n'empêchait pas les divergences de s'approfondir entre le théâtre normé, fût-il moderniste, et les tentatives marginales ou anomiques de l'invention locale. Un rideau de bonnes manières les séparait. La conjoncture ne permettait pas la synthèse productive du «baroque» et du «bourgeois», du spectateur mis sur scène et du spectateur laissé en salle. La révolte est toujours un indice du vide. Il y avait un vide, un entre-deux non défini. L'injure en est une figure assouvissante.

L'injure réalise un transfert sur le tiers qu'elle active par la voix. Ici, la voix a déporté le geste vers le public. Les acteurs sont allés dans la salle. Ils ont fait le contraire du théâtre élisabéthain. Dans la salle, ils n'ont pas fait le détail, ils n'ont pas choisi un délégué du public. Ils ont sommé le public tout entier de se nouer en un corps culturel unique et de prendre une part physique au jeu, ils l'ont forcé à s'y *vautrer* en promenant le corps matériel de la victime symbolique dans la travée centrale et dans les travées latérales qui ensèrent la salle. Mais par opposition aux «bourgeois», à l'autre tradition, et sous les contremarches de travée, ils ont crié au public d'en finir avec l'observation, avec le statut de l'observateur éclectique et délicat. Ils l'ont crié par invective au corps du symbole, mais *dans* le corps matériel de la salle. Car c'est là que débute, à trois voix, la répétition du cérémonial de l'injure (les quatre en avaient annoncé le thème deux séquences plus tôt). La salle devient le lieu d'une consécration du sacrifice. Par immersion, l'injure se transforme en un sacrilège, en un rite collectif de *messe noire*. La messe est dite. Puis les trois officiants, délégués vers la salle pour créer la complicité du rite, reviennent sur scène. Ils reviennent avec le corps qu'ils ont *communié,* je ne trouve pas un mot plus adéquat. Sur la scène enfin unie à la salle, ils retrouvent la quatrième meurtrière. Ensemble, ils redisent l'injure, la troisième série de l'injure, et reproduisent le «vautrement» déjà imposé au public.

Si cette lecture est suffisamment pertinente pour tolérer l'oubli d'autres indices convergents, le plaidoyer, celui du contre-texte et de la contre-scène par l'injure, achève ainsi de se traduire:

Mesdames et Messieurs, vous tous et toutes, puisqu'il n'y a pas eu vraiment d'accusation proférée sur scène autrement que par une fiction délibérée du geste, puisqu'il y a tout de même des accusés et puisqu'il y a la voix, puisque depuis la voix le geste a mis la scène en salle, puisque la commanderie de la voix vous a forcés au vautrement sur le corps tué qui pourrait devenir le vôtre, prenez-y garde, puisque la voix définitive prononce l'accusation, vous êtes les accusés. Le *«masochiste»* et l'*«imbécile»,* c'est vous, collectivement.

Retournement considérable. Dans une autre conjoncture, la possibilité eût existé que Gauvreau devînt fasciste ou dictatorial. Les assassins organisés, meurtriers d'une victime, accusent du meurtre leurs autres victimes. La méthode est encore plus frappante à la finale de *Les oranges sont vertes* où les quatre capitaines silencieux de *Hamlet* se transmuent en huit spadassins bruyants, ceux de Batlam, qui font feu sur la salle. Un anarchisme latent (Gauvreau avait une passion pour les classiques de l'anarchie) est aussi à prendre en compte.

Retournement considérable. Mais retournement seulement rhétorique. L'événement n'est pas politique ou militaire, il n'y a pas de victimes, il n'est pas exécutoire sur une autre scène que celle-ci, il n'y a pas à mélanger les genres. Cet événement demeure symbolique. En tant que tel, il fait loi certes[36], mais il est fictif; il participe d'une fiction de vérité, de l'autre moitié du symbolique*. L'événement porte les traces d'un argumentaire qui a d'importants effets esthétiques, mais ils ne sont qu'esthétiques. C'en est le triomphe et la limite. Voire la faiblesse, pour une dramaturgie qui prétendait à la totalité immédiate et fusionnelle de toutes les scènes.

---

* Le mot grec συμβολον désigne deux moitiés ou deux disques qu'il s'agit de mettre en contact pour que le symbole opère. L'un de ces disques n'est pas toujours apparent. La fiction est la moitié visible de la paire. Elle devient audible lorsqu'elle frappe le disque caché. Elle résonne alors d'un éclat de cymbales, ce presque-homonyme.

Un triomphe, un accomplissement: celui de l'efficacité rhétorique. L'argumentaire de l'injure vocalisée a fait table rase simultanément de deux esthétiques théâtrales opposées. Il les a frappées,
broyées l'une contre l'autre, leur a substitué une troisième, l'a imposée. Mais le diktat a ses propres limites: d'une certaine manière, la
voix est empêchée. Fusionnelle et syncrétique, elle reproduit ce
qu'elle récuse: toute délégation n'est pas abolie. Elle ne peut l'être.
La voix a commandé au geste. Elle n'est plus la voix *du* comman-
dant, du roi, du prince ou de son substitut. Ce type ordinairement politique de délégation est contesté, dissous au moins sur scène. Elle est
la voix *commandante,* elle érige le verbe en statue du Grand Com-
mandeur, en fantôme; une hiérarchie réapparaît. Cette commanderie,
en effet, est celle d'un texte qui, octroyant à la vocalisation de l'oralité un privilège dominant, ne parvient pas à le soutenir. Un écheveau
de délégations contradictoires est mis en jeu. La pièce délègue au silence une actrice tenue de rester sur scène; le silence figural de Laura
Pa est à ce moment-là l'icone[37] de la scène déniée. Le texte compense
d'une autre délégation, inverse, le silence imposé: trois des quatre acteurs sont envoyés à travers la salle, où leur voix se fait chair et commande au geste, au portement du corps. Mais la scène demeure. Elle
est occupée, l'intransigeance de Gauvreau ne va pas jusqu'à la laisser
vide. Il l'a provisoirement déniée, la dénégation vaut confirmation[38].
La scène continue d'être animée d'une présence, d'un regard, d'une
gesticulation, celle de Laura Pa. Et c'est le geste silencieux de la scène qui commande à la voix des acteurs délégués de régir le geste en
salle. La parole supposée souveraine est prise en défaut par le geste
qui l'inféode.

Il est sans doute possible de vaincre les restes de deux esthétiques concurrentes. Celle de Gauvreau déclare leur liquidation. Il
n'est pas possible, pourtant, de défaire la chaîne des épistémès de la
délégation qu'elles narrent toutes, la nouvelle esthétique éradicante
comme les anciennes éradiquées, chacune à sa manière.

La chaîne de ces épistémès, de ces formes agglomératives de
pensée, est transhistorique et relativement stable. À travers les changements conjoncturels, elle continue de traduire l'unité prétendue du
corps politique dans la diversité des voix rhétoriques, toutes singulières mais toutes assomptives, chacune proférant l'alignement de la parole particulière sur l'argument de la généralité. La tendance du discours de vraisemblance fictive à l'apodictisme, — dont l'injure serait

le cas syncrétique manifeste, — à un jugement exemplaire* qui allégorise *de verbis*** une loi d'évidence posée comme pérenne et générale, ne peut que conforter l'homogénéité prétendument lisse et non conflictuelle de l'autorité politique. D'une autorité politique silencieuse, reconnue par discours, instituée de ce fait, dont les appareils dirigeants, — qu'ils soient légitimes ou imposés, et qu'ils soient d'Église ou d'État, — ont pour tâche d'assurer, sous leur contrôle, la plus longue survivance possible. On peut bien bannir du construit esthétique le politique, ses étages hiérarchiques, ses commandements, ses exécutions. L'exclusion ou la mise à distance de ce type étroit de référence est d'ailleurs l'une des constantes de l'art moderne depuis plus de cent ans. En revanche, on ne peut pas congédier les restes épistémiques, les δοξαι, les opinables de la délégation qui unissent rhétoriquement l'efficacité transitive du pouvoir et l'intransitivité de l'esthétique.

Je n'essaie pas de dire que l'écriture de *La charge de l'orignal épormyable* ou de *Les oranges sont vertes* est, par quelque délibération secrète, un désaveu de ce qu'elle annonce, un refus de la solidarité fusionnelle qu'elle exige. Je dis seulement que la réussite d'une rhétorique autoproclamatrice n'est que l'épargne de ses propres limites. Et que l'assassinat symbolique requis à exécution par le cri et l'injure, qui profèrent paradoxalement le solidarisme de la voix, est la forme inversive de cette épargne.

Une épargne: les limites ne sont pas abolies, elles sont déniées. Elles ne constituent pas l'enjeu d'une épreuve dans le mouvement de l'ouvrage, qui les attaque sans les interroger. Leur déni est une façon de les avaliser, un gain pour elles; ou une formation de compromis s'il est vrai qu'elles sont à la fois rejetées et intégrées.

---

* Le jugement apodictique se passe de preuves. L'exemple, l'*exemplum* rhétorique, est censé à lui seul le justifier.

** Augustin, le grand saint Augustin berbère, distinguait les allégories de *verbis* et les allégories de *factis,* le récit de la parole consignée et celui du fait ponctuel ou éventuel. Dans l'un et l'autre cas, le récit symbolisant est censé manifester la partie latente du symbolisé. Pour Augustin, la parole est d'abord celle que consignent la Bible et les Évangiles. L'*allegoria de verbis* s'y rapporte explicitement. Cette référence de la parole à Dieu est historiquement circonscrite. Elle ne fait plus loi depuis longtemps pour tous les membres d'une même communauté culturelle. Mais la distinction augustinienne demeure importante. Outre qu'elle permet d'opposer la parole à la chose, la vérité de proposition à la «vérité de substance», elle autorise une généralisation: tout récit est allégorique, qu'il soit fictionnel (*de verbis*) ou informationnel (*de factis*).

Allons plus loin. Il y va d'une archaïsme. Certaines esthétiques antérieures à celle de Gauvreau étaient construites sur le mode de l'inquiétude. Notamment l'esthétique de *Hamlet,* où le sujet dissocié de lui-même interroge d'une ironie nouvelle le doute qui le pose, son propre doute. La rupture était annoncée: scission irréversible du sujet au creux de l'être qui commence à être questionné sur sa propre existence, blessure infligée à soi-même et reçue pour indice existentiel d'un «Moi» possible en dépit mais sous la gouverne du *fantôme* du père, de tous les pères historiques, substituts du Père religieux encore inamovible, comme aussi du tiers révocable. En d'autres mots: «clivage» mis en acte trois siècles avant d'être théorisé, et ironie de la connaissance nouvelle en train de se découvrir et qui s'appellera humour. Fait remarquable, la représentation dramaturgique, celle de *Hamlet,* coïncidait avec l'apparition historique du sujet; elle en décrivait la constitution, en inventait les formes. Le sujet, en tant qu'effet politique, ne pouvait être qu'un féal du fantôme royal, de son corps intouchable. Mais en tant que ce sujet découvrait une histoire nouvelle qui lui désignait, sous condition de richesse, les catégories de la singularité, la sienne, il ne pouvait qu'interroger la finalité des soumissions. Le sujet historique, le seul alors susceptible d'exister, le possédant, le titulaire d'un pouvoir quelconque, voire le personnage du fils de seigneur ou de marchand, devenait l'objet d'une césure radicale entre lui-même et l'autre, délégant ou délégué, mais aussi entre deux aspects de lui-même. La dramaturgie shakespearienne prévoit la scission du sujet, en inaugure l'espace moderne.

Le théâtre de Gauvreau n'offre ni la voix ni le geste de l'inquiétude. Il semblerait que l'«inquiétante étrangeté» freudienne, celle d'un sujet à la fois proche et distant de lui-même, lui soit demeurée inconnue ou insaisissable. Il parle d'un Moi «moniste». Ce moniste proclame sa solidarité. Celle-ci, plus insistante dans les épures du *Refus global* qui portent sa griffe, est également présente au théâtre. Mais elle n'est pas critique, elle n'accepte pas la distance. Elle déclare une fusion universelle, la confisque en même temps. Ou bien l'autre se confond avec la contemplation d'un Moi de vérité, avec son miroir verbal, avec ses monuments monologués, ou bien il devient l'ennemi. Et l'ennemi tue, il tue le Moi, victime propitiatoire qui se prête au sacrifice. Les assassins doivent être assassinés. Une voix centrale commande aux figures muettes des solidaires, surgis de nulle part au dernier moment, d'exécuter le massacre. Ainsi se dit le vert des oranges, mot de passe sacrificiel. La solidarité n'est en somme que l'effigie du nom attribué à une liturgie de l'expiation. Ce masque-là déguise une sorte de fidéisme de la totalité dont *Hamlet* avait mis en scène, près de quatre siècles plus tôt, une critique développée. C'est cela qui est archaïsant dans l'œuvre de Gauvreau qui, pourtant, intertextualise Shakespeare. Je force le trait, je suis partiellement injuste. Le texte du poète n'est pas seulement fidéiste. Il intègre aussi une rare maîtrise des arts du langage, inséparables d'une connaissance critique. Je concluerai là-dessus. Pour l'instant, je ne fais que souligner l'ampleur des contradictions. Elles insistent d'autant plus que l'œuvre les dénie.

Antonin Artaud: l'inquiétude-angoisse

Parlons encore de l'inquiétude. Son histoire a pu s'allier avec celle de l'angoisse qui ne lui est pas immédiatement associable. Elles se sont rejointes au XXᵉ siècle. L'angoisse ne saisit pas l'inquiétude qu'elle peut engendrer. L'inquiétude est une forme de la connaissance sensible qui peut se développer en une rationalité interrogative, mais qui ne connaît pas nécessairement l'angoisse, cet irrationnel, cet autre. L'angoisse ne sait rien, l'inquiétude apprend à savoir. Au XXᵉ siècle, les camps de concentration ont organisé sur une base de masse des convergences nouvelles. La faim, la squelettisation, la répression immédiate de tout geste librement motivé, les expériences médicales sur le bétail humain, le risque permanent de mise à mort ou de massacre, le savoir inexorable des victimes ont orienté un lien. Un écrivain, Antonin Artaud, ne l'a pas décrit; on ne le déportait pas dans les camps de la mort. Mais il l'a inventé depuis les chambres d'hôpital psychiatrique où on l'internait de temps à autre. Il a sondé le lien, il l'a noué avant même ses séjours de supplicié. Il a blessé le lien, car il n'est pas possible de ne pas inciser l'inquiétante étrangeté poussée aux limites d'une lucidité qui meurtrit davantage. L'écriture, la sienne, a été cette incision.

«*La vie est de brûler des questions*», écrivait Antonin Artaud dans *L'ombilic des limbes*. Des questions, non pas les questions. Non pas une totalité, mais un mouvement, un brûlement d'être, une passion qui apprend sa lucidité. Il ajoutait: «*Je ne conçois pas d'œuvre comme détachée de la vie. Je n'aime pas la création détachée. Je ne conçois pas non plus l'esprit comme détaché de lui-même*[1].» J'évoque Artaud pour revenir au langage de Gauvreau. Des contiguïtés apparaissent entre les deux écritures, mais aussi de considérables différences à l'orient de l'inquiétude.

Artaud, lui aussi, pratiquait une polémique de l'injure volontiers zoomorphisante, mais sans aucune lalie, du moins dans la première période de son œuvre. Il déclarait se servir toujours des mêmes mots. Il les empruntait aux conventions lexicales dont il faisait bouger syntaxiquement les significations reçues. Il écrivait dans *Le pèse-nerfs*:

> Ah ces états qu'on ne nomme jamais, ces situations éminentes d'âme, ah ces intervalles d'esprit, ah ces minuscules ratées qui sont le pain quotidien de mes heures, ah ce peuple fourmillant de données, — ce sont toujours les mêmes mots qui me servent et vraiment je n'ai pas l'air de beaucoup bouger dans ma pensée, mais j'y bouge plus que vous en réalité, barbes d'ânes, cochons pertinents, maîtres du faux verbe, trousseurs de portraits, feuilletonnistes, rez-de-chaussée, herbagistes, entomologistes, plaie de ma langue.
>
> Je vous l'ai dit, que je n'ai plus ma langue, ce n'est pas une raison pour que vous persistiez, pour que vous vous obstiniez dans la langue[2].

La langue est essentielle. Pourtant elle échappe et devient une fausseté, ainsi que l'esprit et l'écriture («*Toute l'écriture est de la cochonnerie*[3]»). Mais la «*plaie de ma langue*», sa blessure ou sa privation («*je n'ai plus ma langue*») refendent sa pratique.

Dans le «Préambule» du premier tome des *Œuvres complètes,* il écrivait:

> [...] Je sais que quand j'ai voulu écrire j'ai raté mes mots et c'est tout.
>
> Et je n'ai jamais rien su de plus.
> Que mes phrases sonnent le français ou le papou c'est exactement ce dont je me fous.
> Mais si j'enfonce un mot violent comme un clou je veux qu'il suppure dans la phrase comme une ecchymose à cent trous.
> On ne reproche pas à un écrivain un mot obscène parce qu'obscène, on le lui reproche s'il est gratuit, je veux dire plat et sans gris-gris[4].

L'écriture est peut-être une «cochonnerie», et le recours à l'injure n'est pas de ce point de vue une incohérence, une incompatibilité, une indécence. Bien au contraire. Mais au delà de ce recours occasionnel, importe la vie, la précise intensité d'existence dont celui qui parvient tout de même à écrire charge les mots, ses mots. Les «*mots ratés*» travaillent le déjeté de l'être, le rejoignent, découvrent et inventent sa fierté subsistante. Ils apprennent à refuser «*la breloque de l'amande amère sous la langue qui la détruit*[5]». Cette «*langue*» est bien évidemment un homonyme: l'image conjoint l'organe physique de l'avalement ou de la déglutition et le langage de l'anéantissement, un certain langage qui parle par la langue convenue et amenuise le sens. La métaphore littérale et unitaire de la langue ne se conçoit pas en dehors d'une opposition: l'organe lingual détruit l'amande amère, breloque de l'«esprit»; mais l'esprit, ce «*mot squelette*[6]», est aussi l'arme d'une normativité qui détruit avec les moyens de la langue la passion du sens. Artaud reprochait à Jacques Rivière, avec qui il était entré en correspondance en 1923, le parti pris du «*bien-écrit*», de rechercher «*non un style mais un esprit*»: «*que le poème soit vide d'émotion ou de sens, cela je crois lui importait assez peu*[7]».

Artaud avait envoyé en 1922 à Jacques Rivière, alors principal conseiller littéraire de la NRF, des poèmes. Il demandait leur publication. Rivière ne l'envisageait pas. Il le faisait savoir dans une courte lettre datée du 1er mai 1923. Il confirmait sa décision le 23 juin de la même année. Il s'en tenait au ton affable et prudent de l'éditeur de bonne maison, mais acceptait cette fois d'engager une conversation moins neutre:

> [...] vous n'arrivez pas en général à une unité suffisante d'impression. [...] même si ce n'est que par la simple élimination des images ou des traits divergents, vous arriverez à écrire des poèmes parfaitement cohérents et harmonieux[8].

Unité, cohérence. Quelle unité? Celle de la cohérence. Quelle cohérence? Celle de la perfection. Quelle perfection? Celle de l'«unité d'impression». Une apparence de raisonnement bouclait le cercle des trois termes, y ajoutant le supplément de l'impression. Le sens se réduisait aux sommations de l'esprit subjectif qui appliquait, au nom de clartés prétendues, une antique règle d'or devenue mythique. De Baudelaire à Mallarmé, le XIXe siècle poétique français avait à la fois exalté et troublé l'ordre de cette règle. Homme du XIXe siècle, Rivière se contentait quant à lui d'entretenir une esthétique néo-humaniste de la «pensée pure» et autonome dont la *Soirée avec M. Teste* de Paul Valéry

lui offrait, disait-il, le modèle[9]. Il ne pouvait en conséquence que rester sourd à une poésie, celle du jeune Artaud, qui opposait par inquiétude la réalité de l'abîme et bouleversait de «traits divergents» l'esthétique de la clarté. La clarté? Y en avait-il une? Ou n'y en avait-il
qu'une seule? «*Les paroles*», écrivait Artaud, «*sont un limon qu'on
n'éclaire pas du côté de l'être mais du côté de son agonie*[10].»

    Rivière refusait le poèmes d'Artaud mais désirait publier leur
échange de lettres, échange auquel le rejet des poèmes avait précisément contraint Artaud. Rivière, ce maniaque des correspondances littéraires, se rendait-il compte de l'ironique cruauté qu'il y avait à vouloir éditer, non l'objet censuré, mais le seul effet-témoin de la censure?
Il s'en justifiait ainsi, le 25 mars 1924:

> Même si je n'en avais pas d'autre témoignage, votre écriture
> tourmentée, chancelante, croulante, comme absorbée par de
> secrets tourbillons, suffirait à me garantir la réalité des phéno-
> mènes d'«érosion» mentale dont vous vous plaigniez.
>
> Mais comment y échappez-vous si bien quand vous tentez de défi-
> nir votre mal? Faut-il croire que l'angoisse vous donne cette force
> et cette lucidité qui vous manquent quand vous n'êtes pas vous-
> même en cause? Ou bien est-ce la proximité de l'objet que vous
> travaillez à saisir qui vous permet tout à coup une prise si bien as-
> surée? En tout cas, vous arrivez, dans l'analyse de votre propre es-
> prit, à des réussites complètes, remarquables, et qui doivent vous
> rendre confiance dans cet esprit même, puisqu'aussi bien l'instru-
> ment qui vous les procure c'est encore lui[11].

    Le conseiller littéraire de Gaston Gallimard ne lisait dans l'écriture
poétique d'Artaud que le reflet d'une érosion mentale. Ce préjugé de lecture lui épargnait d'avoir à relever la densité et la diversité de textes qui,
autant que les «réussites complètes, remarquables» de la correspondance,
alliaient le ressaut analytique à l'inscription des secousses d'érosion. Il ne
pouvait comprendre pour la même raison que cette alliance, ce débord,
ce «gris-gris» des mots qui investissent et modifient la blessure mentale,
fondait une poétique nouvelle. Dès ses premiers textes, Artaud dissolvait
l'unité des genres et leur compartimentation. Il n'était plus question d'un
ordre rationnel ou conventionnel préfixé, non plus des étages ou des
chambres séparées d'une pensée littéraire («*il ne faut pas trop laisser
passer la littérature*[12]»), mais d'un abîme en train de se penser, d'une

physique de l'écriture en train de se construire à même les décombres, dans «*l'agonie de l'être*». Il n'y avait pas à privilégier la correspondance, à exclure la poésie proprement dite. Il y avait à concevoir la commune appartenance des nombreuses lettres à destination réelle ou fictive (l'œuvre ultérieure d'Artaud en est criblée), des fragments de journal, des propositions, des dialogues, des poèmes et des actes dramaturgiques à une poétique de la dissémination, à une agonique. Rivière aurait dû s'en apercevoir. Mais il a tout de même su repérer la lucidité, une angoisse que l'inquiétude analytique précise, renforce et transforme à la fois. Tel est l'essentiel que vise mon propos.

Je parle d'une angoisse-inquiétude, d'un nœud, en l'occurrence d'un «pèse-nerfs». Elle présente, certes, des aspects solipsistes. En 1929, dans *À la grande nuit ou le bluff surréaliste*, Artaud oppose à la «Révolution» sociale et communiste, objet d'une adhésion provisoire du mouvement surréaliste, la «Révolution intégrale» qu'il bâtit sur les fondements d'un certain Moi. Il écrit:

> Mais que me fait à moi toute la Révolution du monde si je sais demeurer éternellement douloureux et misérable au sein de mon propre charnier. Que chaque homme ne veuille rien considérer au delà de sa sensibilité profonde, de son moi intime, voilà pour moi le point de vue de la Révolution intégrale. Il n'y a de bonne révolution que celle qui me profite, à moi, et à des gens comme moi. Les forces révolutionnaires d'un mouvement quelconque sont celles capables de désaxer le mouvement actuel des choses, de changer l'axe de la réalité[13].

Ce fragment vaut ce qu'il vaut. Il ne suscite pas la glose, mais des questions. Artaud touche un point sensible quand il expose les «contradictions[14]» des surréalistes et l'inefficacité de leur engagement politique: «*L'idée de la Révolution ne sera jamais pour eux qu'une idée sans que cette idée à force de vieillir acquière une ombre d'efficacité[15].*» En revanche, on est en droit d'interroger le rejet hautain du mouvement révolutionnaire et de sa «*logique ordinaire[16]*», leur disqualification au nom d'une énigmatique «Révolution intégrale» censée désigner exclusivement «*une métamorphose des conditions intérieures de l'âme[17]*». Artaud démarquait ses anciens amis surréalistes en revendiquant pour lui une forme de cohérence, un absolu spirituel qui ne compose pas avec le souci d'une efficacité sociale. N'y a-t-il pas une autre contradiction à se servir encore d'un mot, celui de «révolution» que l'adjectif «intégrale» n'éloigne pas, comme si ce mot n'indiquait pas une efficacité radicale du changement des conditions, de toutes les conditions sans exclusive, y compris des conditions idéologiques de «l'âme»? Mais au fond cela importe peu, en contexte.

Peu importe le spiritualisme d'Artaud. Peu importe même son inconséquence, sa mutité devant «*le domaine des faits et de la matière immédiate*[18]». Par une matérialité métaphysique de l'écriture, le poète rejoint ce que la polémique lui fait écarter: dans le délabrement de l'être, une préfiguration de l'angoisse-inquiétude qui saisira la chair exsangue des morts vivants de la deuxième guerre mondiale. Et cela, la description de cela, la pénétration de cela, ne participe pas seulement d'une mystique, mais d'une irrémédiable catastrophe existentielle et collective qui blesse à mort chacun des Moi. Il vaut la peine, sous cette écoute, de reproduire de larges fragments de «Correspondance de la momie», l'un des éléments de *Bilboquet:*

> Cette chair qui ne se touche plus dans la vie,
> cette langue qui n'arrive plus à dépasser son écorce,
> cette voix qui ne passe plus par les routes du son,
> cette main qui a oublié plus que le geste de prendre, qui n'arrive plus à déterminer l'espace où elle réalisera sa préhension,
> cette cervelle enfin où la conception ne se détermine plus dans ses lignes,
> tout cela qui fait ma momie de chair fraîche donne à dieu une idée du vide où la nécessité d'être né m'a placé.
> Ni ma vie n'est complète, ni ma mort n'est absolument avortée.
> Physiquement je ne suis pas, de par ma chair massacrée, incomplète, qui n'arrive plus à nourrir ma pensée.
> Spirituellement je me détruis moi-même, je ne m'accepte plus vivant. Ma sensibilité est au ras des pierres, et peu s'en faut qu'il n'en sorte des vers, la vermine des chantiers délaissés.
> Mais cette mort est beaucoup plus raffinée, cette mort multipliée de moi-même est dans une sorte de raréfaction de ma chair. L'intelligence n'a plus de sang.
> [...] Mais du haut en bas de cette chair ravinée, de cette chair non compacte circule toujours le feu virtuel. Une lucidité allume d'heure en heure ses braises, qui rejoignent la vie et ses fleurs.
> [...] Mais toute cette chair n'est que commencements et qu'absences, et qu'absences, et qu'absences...
> Absences[19].

Une mort, une inquiétude. Une inquiétude comme conscience de l'incomplétude. Et l'incomplétude comme apprentissage du «*vide qui s'épouvante des pulsations de sa mort*[20]» mais où «*une lucidité allume d'heure en heure ses braises*». L'inquiétude-angoisse associe l'épouvante et la lucidité. Ce paradoxe est ductile. Il se noue en un mouvement instantané de contrastes sur une «chair ravinée» qui se fait aussitôt «non compacte», sur une chair à la fois «dure et molle», sur l'impalpable qui tue, sur une «vivante momie[21]». Le spiritualisme d'Artaud n'est plus dès lors que le fantôme d'une étiquette. Le texte le dissout dans une métaphysique sensuelle du corps parlant. L'«esprit» tout entier s'ajuste au paradoxe de la chair vive et détruite où se décentre un sens qui «*se perd et se dévore lui-même dans la brulûre d'un néant erroné*[22]». Il vaut mieux suivre l'enseignement de ce grand texte, ne plus parler grossièrement d'un spiritualisme. La «cochonnerie» de la parole est rectifiée d'un apprentissage: elle devient la médiation entre le distant et l'immédiat d'un corps-esprit infiniment opprimé, d'un *interprétant final*[23] inachevable qui oriente la lucidité de la blessure. Artaud découvre les catégories philosophiques de la médiation jusque dans le corps détruit. Il les découvre autrement, par poésie.

Le sens de la médiation distingue historiquement l'art de Gauvreau de celui d'Artaud. Je m'attache à présent aux différences. Elles accentuent la maîtrise rhétorique singulière de Gauvreau, son efficacité propre.

❑

J'ai évoqué Artaud pour deux raisons. Gauvreau révérait cette œuvre. Il ne serait pas vain de confier à une autre étude le soin d'examiner le mode de lecture de Gauvreau et les motifs repérables de sa préférence. La deuxième raison étaie plus assurément l'objet actuel de l'enquête: le recours à Artaud inscrit des correspondances, voire des convergences, et des divergences symétriques. La symétrie de l'accord et de l'écart est assez rare dans l'intertextualité littéraire. Les nécessités de l'analyse imposent de la relever. Elles y obligent surtout lorsque cette symétrie se révèle parallèle à celle de pratiques historiques ou culturelles pareillement contrastives. L'écriture intertextuelle des différences produit alors une connivence.

Rappelons d'abord les parentés d'attitude. J'ai brièvement indiqué l'une d'elles: le penchant pour la polémique, la propension au manifeste, la singularisation de son style, son intégration à l'acte poétique chez Artaud comme chez Gauvreau, la poétisation délibérée du défi par l'injure zoomorphisante dans les deux cas, — bien que cet usage lexical soit moins systématique chez Artaud. Une deuxième similitude, la proclamation du Moi, est reliée à la première. La revendication des attributs d'une singularité expansive que la figure de l'autre est censée refuser, opprimer ou seulement méconnaître s'accompagne d'une tendance obligée au défi, à la provocation, voire à la destruction de la figure, de toute figure, dès lors qu'une passion solipsiste associe toute figure à celle de l'autre, à une apparence. Mais ce chemin conduit à une impasse, il bute sur l'impossibilité de détruire la figure. L'adresse injurieuse ou hautaine à l'autre est encore une façon de le reconnaître et de le nommer, fût-ce d'un sobriquet calembourien qui le désigne à la grossièreté de l'anonymat (*Laura Pa* [L'aura pas], *Lontil Déparey* [L'ont-ils déparé], etc., dans la pièce de Gauvreau). L'argument de la diatribe est volubile; il se résume pourtant à l'emblème d'un nom-phrase qui vaut figure. En d'autres termes, la destruction de la figure est elle aussi figurale. Elle procède d'une figuralité qui affiche et affirme avec tant d'insistance l'autre, le sujet nié ou absorbé dans le Moi, qu'elle envahit par pléthore tout l'espace du discours. Un troisième voisinage se dessine donc avec la même cohérence: l'adhésion de l'écriture à la rhétorique, particulièrement à celle du monologue. Les écritures d'Artaud et de Gauvreau inventent à profusion les modes de transcription du monologue intérieur. La rhétorique de la transcription est en l'occurrence hyperbolique et baroque, tout notamment dans les actes dramaturgiques de Gauvreau. Elle renverse par hyperbate* l'ordre conventionnel d'un discours qui devient, hors convention, celui du Moi. Mais elle compense par intériorisation la présence-absence agressive de l'autre, ce manque, cette convention affichée. Elle intègre en effet au monologue du Seul ou de l'Unique les nombreuses figures dialogiques de l'antithèse, de l'antiphrase, de l'oxymoron (ou oxymore)**, du conflit de sens.

---

* L'*hyperbate* est une «figure de discours» qui consiste à renverser ou à accommoder dans un ordre différent la séquence habituellement linéaire des mots d'une phrase.
** L'*oxymoron,* «figure de discours» qui allie deux mots en apparence contradictoires, est d'usage fréquent dans les arts littéraires baroques et néo-baroques.

C'est en ce point que les différences commencent à se déployer et à renverser les similitudes. La rhétorique d'Artaud n'est pas lalique, on l'a déjà noté. Elle ne cède rien aux néologismes, pas davantage aux constructions phonétiques paralexicales. Elle utilise systématiquement les mots courants de la langue, qu'elle travaille d'un sens généreusement tropologique. Une métaphore universalisante, celle de l'*esprit,* mais d'un esprit *blessé* dans son *corps* et coïncidant aux blessures de cette matière vive, tend en effet à soumettre à son régime la profusion des figures antithétiques de discours. On pourrait aussi bien dire que «*cette langue qui n'arrive plus à dépasser son écorce»*, l'un des fragments cités, réalise l'adéquation de la métaphore et de l'antithèse discursive. L'étrangeté de la langue-écorce, — à la fois peau de langue, restriction du langage et matérialisation végétale d'un organe de la phonation, — annonce dès le prédicat /*n'arrive plus à dépasser...*/ la venue subséquente de l'oxymoron «*ma momie de chair fraîche»*, qui s'accroît aussitôt après dans «*ma chair massacrée, incomplète»*. Enfin, la métaphore de l'esprit ne coïncide pas seulement avec celle du corps lésé. En tant que métaphore elle est littéralement la forme-sens de la lésion, du manque, de l'incomplétude. Et dans la mesure où cette lésion intègre l'entier du discours, la métaphore cesse d'être un trope, cesse d'être une métaphore, un écart, devient le discours. On devrait parler ici de la double réalisation simultanée d'un «espace-plus» et d'un «espace-moins». D'un espace-plus, car le manque s'étend paradoxalement au discours qui, par croissance et mutation, comble un vide. Mais d'un espace-moins, car il lui manque toujours quelque chose, quelque chose qui ne parvient pas à être dit dans le moment même où le dit découvre l'inattendu, l'étonnant, l'énorme (le hors-norme), le plus du discours. Ce plus ne finit pas d'approvisionner l'indice de ce qui manque encore. En calquant le plus sur le moins, Artaud produit la métaphore et l'abolit, invente un nouveau discours, une nouvelle rhétorique.

Mais la neuve rhétorique d'Artaud, centrée sur la métaphore et son abolition, ne cesse de conduire à une phrase dont le style est rigoureusement classique. Elle y ajoute une généreuse ellipsation qui laisse, de l'intérieur des phrases, une béance entre elles, un inattendu, un démenti de la norme respectée. J'extrais de *Bilboquet* un fragment. La troisième partie de «Rêve» désigne une scène onirique de fornication où l'entrée du poète Max Jacob précède celle de la sœur puis de la mère du narrateur. Chacun, chacune, est affublé de «*robes de moine»*, de manteaux, de costumes associés aux tables, aux chaises, aux escaliers, où les fornicants *«traquent»*, sous les auspices ornementaux de l'appareil ecclésial, les femmes à forniquer.

> Nous étions trois en robe de moine, et comme suite à la robe de moine, Max Jacob arriva en petit manteau. Il voulait me réconcilier avec la vie, avec la vie ou avec lui-même, et je sentais en avant de moi la masse morte de ses raisons.
>
> Auparavant, nous avions traqué quelques femmes. Nous les possédions sur des tables, au coin des chaises, dans les escaliers, et l'une d'elles était ma sœur.
>
> Les murs étaient noirs, les portes s'y découpaient nettement, et laissaient percer des éclairages de caveaux. Le décor tout entier était une *analogie** volontaire et *créée**. Ma sœur était couchée sur une table, elle était déjà grosse et avait beaucoup de manteaux. Mais elle était sur un autre plan que moi-même dans un autre milieu.
>
> Il y avait des tables et des ports lucides, des escaliers. Je sentis que tout cela était laid. Et nous avions mis des robes longues pour masquer notre péché.
>
> Or ma mère arriva en costume d'abbesse. Je redoutai qu'elle n'arrivât. Mais le manteau court de Max Jacob démontrait qu'il n'y avait plus rien à cacher.
>
> Il avait deux manteaux, l'un vert et l'autre jaune, et le vert était plus long que le jaune. Ils apparurent successivement. Nous compulsâmes nos papiers[24].

N'insistons pas outre mesure sur la datation de ce texte et sur son entour intellectuel. Il participe en surface d'un genre libertaire-libertin ancien, — l'écrit érotique, — qui, entre le milieu des années vingt et la fin des années trente, abonde à nouveau dans les lettres françaises, particulièrement chez les surréalistes et plus encore chez leurs dissidents. Apollinaire avait donné le ton dès les années dix avec *Les onze mille vierges*. Rappelons seulement, parmi maints autres ouvrages de cet accent, *Le con d'Irène* publié sous l'anonymat en 1928 (Aragon n'a jamais démenti l'attribution qui lui en était faite) et, la même année, *Histoire de l'œil* écrit sous le pseudonyme de Lord Auch par

---

* Artaud souligne.

Georges Bataille. Le peintre-tapissier Jean Lurçat avait conservé son prénom en laissant publier sous le patronyme supposé de Bruyère *Roger ou les à-côtés de l'ombrelle*. La longue tradition de censure dont l'appareil judiciaire de la République préservait, au vestiaire d'une morale bourgeoise dite d'ordre public, l'héritage légué par l'ancien régime des permissions royales et sanctions infligées concurremment par l'Église et les parlements de justice, continuait de vouer à la pseudonymie ou à l'anonymat les auteurs d'écrits «scandaleux», à la clandestinité les éditeurs de hasard et de courage. La pruderie intéressée des grands éditeurs, de la plupart des éditeurs, d'un appareil éditorial attentif à prévenir les décisions de cour et à leur sacrifier la qualité des textes, ne faisait qu'amplifier l'étendue de la menace judiciaire. Cette menace a décidément la vie longue et la dent dure. En 1968 encore, soit quarante ans plus tard et à la veille des grandes révoltes collectives que l'on sait, le Parquet de Paris fera saisir les exemplaires d'*Irène*, réédition sous ce titre du *Con d'Irène* resté jusque là confidentiel. Artaud, quant à lui, à la différence des autres dissidents, avait pleinement autorisé de son nom propre le «Rêve» n° 3 de *Bilboquet*. Mais passons, ce n'est pas l'essentiel. L'esprit-corps subissait déjà trop la censure, la lésion, pour qu'il pût donner en supplément de gage l'oubli de son identité blessée.

Les dissidents du surréalisme cultivaient l'érotisme par souci de l'éthique, pour l'exactitude d'une protestation contre les débords hypocrites et grossiers du «sentiment» bourgeois. Dans *Bagatelles pour un massacre,* le Dr Destouches, Louis-Ferdinand Céline lui-même, écrit en 1938: «*Écrire de cul, de bite, de merde, en soi n'est rien d'obscène, ni vulgaire. La vulgarité commence, Mesdames et Messieurs, au sentiment, toute la vulgarité, toute l'obscénité au sentiment*[25].» L'érotisme redevenait en somme, comme au XVIIIe siècle, une ascèse de la liberté, de la lucidité. Il y a de cela chez Artaud. L'atteste cette trouvaille des «*portes lucides*» qui, en conjuguant le moyen de la clôture sur son oxymoron, l'ouverture de la lumière, subvertit le sens des portes, des obstacles à la liberté de passage. Le recours à l'imagerie des «*manteaux*», des «*robes de moine*» portées par les fornicateurs, du «*costume d'abbesse*», indique également une proximité de vocabulaire avec les autres érotistes de l'époque. De cette époque-là et de la suivante. Car l'érotisme de la dissidence répond d'une même longueur de vie aux durées historiques de la censure, selon des invariants symétriques. La censure judiciaire dit «non» ou «oui mais»,

elle conserve son protocole habituel. L'écrit clandestin ou masqué, —
la figure de la longue robe de moine et de sa capuche est appropriée,
— répond «oui» sans restriction mais observe, dans son champ inver-
sif, les mêmes répétitions protocolaires. Songeons par exemple aux
longues robes ouvertes que revêtent encore, à la fin des années quarante, les maîtres du plaisir imposé et consenti dans *Histoire d'O*, roman d'une Pauline Réage qui aurait couvert licencieusement le nom
de Jean Paulhan, grand maître des jouissances langagières et des scrupules éditoriaux, ami distant mais constant des dissidents Artaud, Bataille, Desnos, Éluard, Leiris (et même d'Aragon jusqu'à la brouille
politique de 1947 au Comité national des écrivains[26]). Ici s'arrête la
connivence. «*Je sentis que tout cela était laid*» et il ne s'agissait que
de «*masquer notre péché*». Le jeune blasphémateur de *Bilboquet* avait
une conscience ultimement religieuse de la laideur et du péché que les
autres dissidents de sa génération, agnostiques ou matérialistes, ne
partageaient pas. Mais passons encore. L'essentiel est ailleurs.

L'érotisme, chez Artaud, coïncide avec le sens de l'abîme, de la
lésion, du trou noir, et celui-ci avec la forme elliptique d'un discours
qui déjoue sa propre rhétorique. Le fragment cité en offre au moins
deux exemples caractéristiques. Le premier:

> Or ma mère arriva en costume d'abbesse. Je redoutai qu'elle
> n'arrivât. Mais le manteau court de Max Jacob démontrait
> qu'il n'y avait plus rien à cacher.

Que signifie ce «*mais*»? Il signale une opposition à la phrase précédente. Il joue en ce sens un rôle de lien. Et pourtant l'argument qu'il
introduit, la démonstration «*qu'il n'y avait plus rien à cacher*», n'a
pas de rapport apparent avec la crainte exprimée que la mère du narrateur «*n'arrivât*». Un maillon manque dans la chaîne, l'abruption stylistique prend en défaut le développement des prémisses. Le lien argumental demeure, toutefois. Il se fait même insistant: «*mais*» à l'initiale
de la troisième phrase rappelle «*or*» à l'initiale de la première. «*Or*»,
«*mais*», «*démontra*»: tout le paragraphe est placé sous le signe de la
démonstration délibérative. Mais la position rhétorique des termes ne
retient que le caractère d'un rite, le lien argumental est vide, il ne noue
pas les propositions logiques successives. Le rhétorique devient en
somme une parure: il est d'autant plus marqué qu'il souligne une
béance, sa propre béance; ce masque voile un néant. La curieuse rela-

tion de la deuxième phrase à la première participe du même contre-système. Ici, l'ellipse se double d'un effacement des rapports de consécution. La phrase *«Je redoutai qu'elle n'arrivât»* suit la première qui déclarait l'arrivée. La mère était donc déjà là quand le narrateur redouta sa venue. La temporalité des verbes de l'une et de l'autre phrases est identique, alors qu'on s'attendrait à l'inscription dans la deuxième d'un temps verbal différent. Un enchaînement logique eût exigé un enregistrement, soit rétroversif, soit progressif et linéaire des rapports interphrastiques de consécution: rétroversivement /*ma mère arriva en costume d'abbesse. J'avais redouté qu'elle n'arrivât*/, ou linéairement /*ma mère était arrivée en costume d'abbesse. Je redoutais son arrivée*/. Mais le texte dément cette attente. Le moment de l'attente coïncide avec celui de l'arrivée, en dissout l'antériorité ou la postériorité également légitimes. Le texte dément la loi, construit un contre-sens dont il revendique l'autre légitimité. Le contre-sens est abyssal, troublement inquiet des abîmes qu'il ouvre, contre lesquels il proteste en même temps. En contexte, en effet, la mère qui vient *«en costume d'abbesse»* signale son adhésion aux complaisances des érotistes vêtus *«en robe de moine»*, un désir de prendre part à la fornication collective. Nous lisons un rêve, et dans un rêve la pensée se réalise immédiatement en une image-force. C'est cette *simultanéité* de la pensée et de l'image-force qui explique la participation des deux passés définis *«arriva»* et *«redoutai»* à une même temporalité, celle du rêve raconté qui ne s'assujettit pas à des temps réels distincts.

La simultanéité enveloppe la scène, s'accroît de plusieurs tableaux, s'étend au rêve entier. Le *«costume d'abbesse»* associé aux *«robes de moine»* sexuellement actives signale à la fois un désir et la réalisation de ce désir. La venue de la mère du narrateur dans ce costume prévient qu'elle est déjà en train de faire l'amour, que son entrée est simultanément un passage à l'acte. À un acte incestueux dont le narrateur, personnage du fils, fait le rêve et qu'il accomplit lui-même, qu'il répète dans le même rêve. Le fils était l'un des trois hommes qui avaient *«traqué quelques femmes»* et les avaient consommées dans un endroit clos qui s'ouvrait sur des tables, des portes, des escaliers. Le narrateur avait ajouté: *«L'une d'elles était ma sœur.»* Cette sœur était précisément *«couchée sur une table»*, sur l'une des tables que la liste des objets homologue aux *«portes lucides»*, et *«elle était déjà grosse»*. Le fils commettait l'inceste avec sa sœur qui baisait avec l'un des trois hommes ou avec chacun d'eux indistinctement. L'indistinction de l'acte ne signifie pas celle des personnes, de deux d'entre elles: la sœur était la seule à être désignée parmi les femmes «possédées», le frère aussi le seul parmi les acteurs masculins de la «possession» sexuelle. Leur désignation privilégiée indique bien l'inceste. En outre, par une autre extension des simultanéités oniriques, le corps couché, vraisemblablement passivé sous les *«manteaux»*, de la sœur *«déjà grosse»* fusionnait en un seul instant de rêve deux moments entièrement distincts: l'acte sexuel et la conséquence éventuelle d'une grossesse suffisamment avancée pour que l'observateur masculin pût la constater. La scène, d'ailleurs, porte l'accent du masculinisme, on dirait aujourd'hui un accent *macho*, bien que l'on ne sache pas si les manteaux de la sœur, — elle en avait *«beaucoup»*, — sont des manteaux d'homme ou de femme, ou indifféremment de l'une ou l'autre coupe. Cette orientation masculiniste concourt, avec la relative indistinction sexuelle de ses attributs, de ses défroques, à la construction de l'inceste. D'un inceste que le rêve répète et rejette simultanément. La mère est précédée de la sœur. La mère et la sœur ne forment qu'une seule figure. La sœur est déjà en puissance de maternité comme la mère l'a été, elle annonce sa venue. La sœur est affublée de beaucoup de manteaux, la mère arrive dans un costume d'abbesse dont il est loisible d'imaginer le multiple des plis, replis, soutaches et voiles que le passage à l'acte économise ou soustrait d'un *«manteau court»*, celui de Max Jacob: *«il n'y avait plus rien à cacher»*. Une esthétique baroque conjoint ici le masque et le nu. Elle les entoure d'une synonymie qu'elle étend à l'acte et à la négation de l'acte. Le narrateur rejette *«notre péché»* luxurieux et incestueux qu'il désire et pratique. La sœur *«était sur un autre plan que moi-même dans un autre milieu»*. Il la met à distance au moment même de la proximité la plus étroite, celui des étreintes que le récit suppose. Et il enveloppe l'arrivée de la mère d'une crainte qui signifie identiquement le désir, son assouvissement et son refus simultanés, embrassement du corps de la femme faite mère et distance de l'être à l'heure du danger. Voilà aussi qui rendrait compte du passé défini de *«redoutai»*, de sa coïncidence avec celui de *«arriva»*.

Cette interprétation a sa cohérence. Mais elle est peut-être restrictive. Elle finit par insister plus sur les simultanéités et les contrastes que sur les béances. Elle accorde un privilège à l'économie baroque, implicitement donc à une sorte de parenté avec l'esthétique de Gauvreau qui continue de guider l'étude. Par rapport à Artaud, cela est un peu chiche. Il faut sauter le pas. Sans doute le texte du premier exemple atteste-t-il la présence en surface d'un baroque, mais il opère aussi des clivages qui y sont irréductibles. Historiquement, les arts baroques du langage adhèrent à une rhétorique tropologique censée couvrir l'ensemble des phénomènes de discours. Celle-ci est rationnellement mesurable, selon les méthodes rhétoriques traditionnelles de supputation des écarts figuratifs. Or, l'écriture des abîmes ouvre dans le langage des distances non mesurables par les moyens de la rhétorique classique ou moderne. On pourrait convoquer les *métataxes* du Groupe μ[27]; elles ne parviendraient tout au plus qu'à enregistrer, sans les expliquer, les disjonctions réalisées entre «*or*» et «*mais*» dans le texte témoin, l'apparence d'une structure syntaxique et argumentative de liaison, mais une ellipsation si radicale de l'argument qu'elle ôte à cette structure toute pertinence. Maillon faible de l'appareil rhétorique, l'ellipse figure le manque, l'économie verbale, à la limite un autre sens, un contre-sens ou une perte du sens, l'effacement de la figure. La pratique qu'en propose Artaud troue le sens-limite d'une non-figuralité, d'une non-rhétoricité. Ce sens troué épelle un autre système de raisons, une $\mu\alpha\theta\epsilon\sigma\iota\varsigma$ (*mathésis*) des nombres infinis, une interprétance générative et non terminable, non réflexive, dépourvue d'effets de miroir. Artaud en donnait l'avertissement, dans un «Manifeste en langage clair» adressé à l'amitié de Roger Vitrac:

> Ce qui est du domaine de l'image est irréductible par la raison et doit demeurer dans l'image sous peine de s'annihiler.
>
> Mais toutefois il y a une raison dans les images, il y a des images plus claires dans le monde de la vitalité imagée.
>
> Il y a dans le grouillement immédiat de l'esprit une insertion multiforme et brillante de bêtes. [...]
>
> Dans le domaine surélevé des images l'illusion proprement dite, l'erreur matérielle n'existe pas, à plus forte raison l'illusion de la connaissance; mais à plus forte raison encore le sens d'une nouvelle connaissance peut et doit descendre dans la réalité de la vie[28].

Un second exemple désigne encore plus clairement, dans le fragment analysé, l'ellipsation du sens, une perte de sens qui s'accompagne pourtant de la constitution d'une réserve de sens: *«Il avait deux manteaux, l'un vert et l'autre jaune, et le vert était plus long que le jaune. Ils apparurent successivement. Nous compulsâmes nos papiers.»*

Ce texte suggère trois brèves remarques. Elles concernent les qualités optiques de l'image, les rapports de consécution, leur négation. Les deux premières contestent certaines de mes observations précédentes. La troisième excède les remarques et les observations.

Le rêve, du moins son narrateur en état de veille, *voit* des formes et des couleurs. Il ne va pas de soi que les images d'un rêve soient, comme ici, directement et plénièrement tributaires de la visualité. Mais cette considération est seconde, une autre prime en l'occurrence: nous avons à faire à un récit. L'art du récit a historiquement tendance à traduire des images visuelles, à les rapporter verbalement aux images mentales qui construisent les *liens* entre les perceptions effectives ou supposées, à concevoir sur cette base les arguments narratifs. Quelques éléments du fragment analysé entretiennent cette habitude. Le narrateur raconte avoir vu des formes, deux manteaux, ceux de Max Jacob. À ces formes il associe pour les préciser deux couleurs chromatiquement voisines, le vert et le jaune. Et il conjoint plus étroitement formes et couleurs en indiquant les longueurs visuelles respectives des deux manteaux, le vert étant le long, le court étant le jaune.

Note sur le rapport couleurs/formes: N'en déplaise à certains sémioticiens de naguère qui contestaient le caractère sémiotique de la couleur[29], il n'est pas possible de concevoir une forme picturale en dehors d'un rapport à sa couleur. Ce rapport a une double valence: la couleur donne sens à la forme, mais l'agrandissement ou l'étrécissement des dimensions de la forme change la couleur. Henri Matisse l'avait déjà observé. La réduction de format d'un tableau n'altère pas ses proportions, mais modifie la qualité des relations chromatiques de couleur, donc les couleurs elles-mêmes et les formes dont le geste encolorant peint le sens. La sémiotique pratique et raisonnée des peintres a plus de pertinence que les théories hors champ. De même, elle encadre et ponctue une vérité de peinture que, au nom du respect, lui dénie une industrie du livre d'art qui distribue l'erreur de la réduction.

À cette liaison entre la différence des longueurs et celle des couleurs, à ce lien associatif, correspond une relation de consécution, de successivité, non plus cette fois de simultanéité: les deux manteaux de Max Jacob «*apparurent successivement*». Si le vert était plus long que le jaune, ils ne pouvaient apparaître que l'un à la suite de l'autre, le second ne se montrant qu'après soulèvement ou enlèvement du premier. Il y a bien un *avant* et un *après* en cette instance qui, d'ailleurs, n'est pas la première du genre: «*successivement*» rappelle un «*Auparavant*» marqué à l'initiale du deuxième paragraphe. Ainsi se trouvent indexées et répétées ici des différences de temporalité. Elles ne relèvent plus de l'onirisme, mais d'un réel observable, empiriquement descriptible par des moyens logiques. La double relation mise en place est en effet strictement logique: le rapport de succession entre les temporalités narrées confirme, selon les méthodes canoniques de vérification, le rapport d'association établi dans le temps de discours entre les formes dimensionnelles et les formes-couleurs racontées. Un temps logique conjoint les deux rapports. Sa fonction est d'accompagner la successivité temporelle du narré d'une successivité linéaire de discours: on entend et lit à la suite, et les enchaînements de parole sont toujours, — du moins à première écoute, — consécutionnels. Cette observation semble contredire celle que j'avais portée sur le premier exemple (l'arrivée de «*ma mère*» en costume d'abbesse).

Mais le démenti n'en est pas un. La linéarité apparente du second exemple se défait brusquement. Il suffit d'une césure, d'une suspension du sens: «*Ils apparurent successivement. Nous compulsâmes nos papiers.*» Aucune conséquence attestable ne relie la deuxième phrase à la première, ni même aucun rapport d'implication de quelque sorte. La deuxième refuse, dans un déplacement abruptif du sens, la successivité annoncée par la première. Un lecteur rhétorisé est fondé à se demander de quels «*papiers*» il s'agit. De papiers d'identité, parce que l'instant du dévoilement, du déshabillement, du démasquage prendrait l'identité officielle de chacun en défaut, ou parce que celle-ci cesserait dès lors d'être assurée? Toutes les suppositions sont possibles. Celle-ci n'est au plus que probable. Elle demeure aussi incertaine que les autres, qu'elle ne gomme pas. Si la dénudation, l'enlèvement des manteaux, le «*il n'y avait plus rien à cacher*» est de nature à inquiéter les failles de l'identité, le moment est-il rhétoriquement opportun de «compulser» des «papiers» (d'identité) que les acteurs du déshabillage érotique sont censés cacher dans les plis et poches des vêtements enlevés? Le texte n'indique aucune interprétation particulière, ouvre chacune au doute de la pertinence. Laquelle est pertinente? Laquelle ne l'est pas? Ou au contraire toutes le sont-elles, même les plus improbables? L'effet d'ouverture qu'instaure l'abruption du sens, le refus d'un seul sens linéaire et consécutionnel, fait éclater l'ordre rhétorique du vraisemblable. Il le dissout d'autant plus que la phrase «*Nous compulsâmes nos papiers*» termine le récit, laisse à l'agonie du lecteur l'inquiète liberté de décider ou de ne pas choisir. Artaud attaque le vraisemblable rhétorique par les moyens de la rhétorique. Il l'ouvre sans l'abolir, mais en lui ôtant les rémissions d'une certitude avouable et tout accent persuasif.

L'inquiétude-angoisse est cet effet d'ouverture. Elle désavoue la rhétorique dans la mesure même où, paradoxalement, elle se fie au discours. Elle ne déroge pas aux règles apparentes de la *dispositio*, de la ταξις (*taxis*), de la mise en place syntaxique des phrases. Mais à travers le respect d'une légitimité traditionnelle, elle découvre d'autres voix et paroles, les voix et paroles que les règles cachent mal, la fragilité des clôtures instituées allant jusqu'à les solliciter. Car les évidences construites par les appareils du continu et du vraisemblable se révèlent insensées à l'expérience, inaptes à rendre compte des divers aspects du réel, incapables de traduire l'histoire démentielle des oppressions. Et il suffit de creuser dans leur non-sens des tranchées latérales pour leur faire avouer une béance qu'elles s'agitent vainement à combler. «*Seul le Fou est bien calme*», écrivait Artaud[30]. Ainsi l'inquiétude-angoisse parvient-elle à déjouer efficacement les pouvoirs de délégation que diffusent les règles du langage institué, les règles rhétoriques de la hiérarchie du sens.

La stratégie d'Artaud consiste à ne pas décider du sens, à le laisser libre. Celle de Gauvreau est au contraire de l'imposer. Artaud inquiète le sens convenu d'un autre sens qui l'ouvre infiniment, d'une analyse imageante, à l'étrangeté de son agonie, à l'«homme agonique» eût dit Gaston Miron, à la tendresse du «petit homme» de Paul-Marie Lapointe, tous deux plus proches en cela de l'écrivain français que de leur contemporain et concitoyen Gauvreau. Quand Artaud recourt au lexique de l'injure, il le traverse des signes de l'abîme où l'injure n'est plus que le signal des tourments de l'être en voie de dissolution. Gauvreau, en revanche, pratique le sens littéral de l'insulte: elle accable l'adversaire, le ridiculise, le réduit à l'émiettement du verbe, le tue symboliquement. Elle n'inquiète pas le sens commun mais l'expulse, lui substitue d'autorité une sorte de phrase qui pourrait signifier: «Crois en moi qui t'absorbe, ou bien meurs.» La magie de la formule injurieuse est censée décliner, et la déclinaison accomplir indifféremment, l'une ou l'autre désinence d'un vœu aussi totalitaire que tautologique: si j'absorbe l'autre il disparaît, s'il meurt il disparaît aussi. L'autre reste néanmoins, et l'insensé du sens commun persiste. L'agression ne l'entame point, l'immunise peut-être, en tout cas le laisse hors champ. L'autre des temps modernes n'est plus l'hôte irrémédiable que stipule l'injure, le *hostis* latin à accueillir pour un seul temps de fête, puis à proscrire, à tuer ou à absorber. Le nazisme a poussé au comble de l'histoire la tentative organisée d'une annihilation de l'autre. Mais celui-ci se décline à un pluriel singularisable: l'autre *sont* les autres, et les autres sont *des* autres. Ces autres identifiables ne se laissent pas réduire à la magie meurtrière des proscriptions, des absorptions. Ils se battent contre cela, et dans cette lutte réussissent à éduquer le sens commun, à débusquer ses formules initiatiques, à lui trouver un autre sens.

L'interprétation est partiale, j'en conviens. Un avocat du diable l'inspire depuis sa boîte de souffleur. Retenons-la un instant pour en éprouver les limites. Je notais que le texte de Gauvreau «rythme les traces de l'*Unheimliche*, de l'inquiétante étrangeté des connaissances nouvelles[31]». J'ajoutais que cette assonance demeure l'un des principaux apports de l'automatisme des années quarante au Québec et du poète-démiurge Claude Gauvreau. Mais j'insistais sur les «traces», sur le caractère fragmentaire et décalé de l'accord avec le monde nouveau des découvertes épistémologiques (scientifiques et théoriques) du XXe siècle. Ce point essentiel eût exigé à lui seul les développements d'un autre livre. Je me suis contenté d'observer deux indices du décalage, la dépendance à l'égard d'une information médiatique morcelée qui fait écran, et l'apparition d'une écriture proclamative qui, dédaignant l'analyse, ne module pas à l'inquiétude son angoisse. C'est pourquoi j'ai évoqué Artaud, en contre-exemple. Artaud n'a jamais fui l'analyse. Il l'a pratiquée, il l'a alliée à la poésie. Il a même accepté la psychanalyse, l'éloignant à une grande distance intellectuelle, — «*il y a* [...] *dans cette pénétration de ma conscience par une intelligence étrangère une sorte de «prostitution*[32]*»*, — mais l'admettant à titre expérimental. Je ne sache pas que Gauvreau ait jamais engagé ce genre d'expérience, ce risque. Artaud exerçait la lucidité jusqu'au péril de l'être, elle navrait son texte. J'ai proposé, par contraste, que le texte de Gauvreau n'exerce pas l'inquiétude.

Ce jugement est léger. On peut bien, pour tenter de l'étayer, envisager une hypothèse. Il y aurait, au delà des parentés possibles, de profondes différences historiques et culturelles entre les deux textes de Gauvreau et d'Artaud. Bien que ce dernier se soit tenu à l'écart de toute inclination politique, son œuvre inscrit vingt-cinq années d'une époque terriblement politique où, sur les lieux de l'inscription, en Europe, les anciennes assises du monde basculent, saisissant d'horreur et d'espoir l'inquiétude de l'entre-deux. Gauvreau, de son côté, a évoqué la «Révolution» en certains écrits manifestaires, notamment dans le *Refus global* qu'il a co-signé avec les autres automatistes. Mais outre que sa «Révolution» qui se veut «totale» refuse absolument le mouvement révolutionnaire de l'époque et ses détournements opiniâtres, elle répudie d'une même violence un marxisme intelligent qui eût permis de les analyser et, éventuellement, d'y remédier. En réalité, la pensée de Gauvreau ne connaît pas le politique, bien qu'elle soit sensible de primesaut aux préoccupations nationales, nommément à la question du Québec. Ses dernières interventions manifestaires y font une référence explicite. J'essaie seulement de soutenir une hypothèse d'avocat du diable: l'écriture de Gauvreau retentirait à un phénomène national naguère traditionnel de clôture dont elle stipulerait la lettre prohibante; elle n'accueillerait qu'avec une relative surdité les bouleversements politiques, sociaux et éthiques de longue durée, leur caractère agonique à l'échelle mondiale. Elle ne les inventerait pas ou ne les annoncerait pas, comme a pu le faire un Artaud, distant lui aussi du politique et de ses prétentions. L'écrivain français tenait à «*l'objectivité secrète*» des «*choses du monde*»; il adhérait en un tel sens aux «*synthèses mentales*» du peintre Paul Klee[33]. Cette objectivité du monde se passe d'un décalque narratif, et Artaud ne la reproduisait pas ainsi. Il ne la reproduisait d'ailleurs d'aucune façon: il produisait le monde en «*visions organisées*», en «*chose mentale*[34]» de l'abîme ambiant. Au contraire, l'art dramaturgique de Gauvreau est intensément narratif. Et ce qu'il narre par longs monologues interjetés et interrompus de l'extérieur tend à la parabole d'un Moi absolu fermé dans sa monade, englobant tous les autres sous les symboles allégoriques de ce Moi, ou les proscrivant de son violent panégyrique. L'hypothèse voudrait que soit lisible de biais une similitude avec l'enfermement nationaliste canadien-français de l'époque, une légende du Seul qui d'un même mouvement décalé assouvirait la clôture et protesterait contre elle par exorcismes expiatoires.

Cette hypothèse a du mérite, mais elle manque de rigueur. Elle a du mérite en ce qu'elle indique de possibles rapports de cousinage entre le poétique et l'idéologique, ou entre un certain poétique et un certain idéologique, que les analystes du texte de Gauvreau n'ont pas encore songé à poser, encore moins à scruter. Elle manque pourtant de rigueur. Car elle omet un élément essentiel: la question nationale elle-même et les différentes modalités de son inscription dans le texte, de son invention textuelle. Distincte du nationalisme qui la croise mais qu'elle recoupe aussi, la question nationale ouvre l'entier du monde contemporain dont elle interroge les plus fines aspérités, les moindres conflictualités discrètes. Il est préjudiciel de verser dans un seul compte une écriture qui ne se compte pas ainsi, de privilégier les effets de fermeture homologables à un nationalisme syncrétique, et d'occulter l'ouverture qu'elle pratique à sa manière dans les questions irrésolues. À supposer vérifiable que le texte de Gauvreau se ferme à l'inquiétude-angoisse existentielle du monde, il faudrait encore expliquer une non-vérifiabilité chez d'autres poètes québécois, formés aux mêmes limons nationaux de conscience que Gauvreau, leur contemporain. L'hypothèse implique en données brutes, trop brutes, une opposition symétrique entre le camp national des osmoses et le champ mondial des conflits, entre le fermé et l'ouvert, entre le fusionnel et l'inquiet. Mais l'agonique de Gaston Miron, le petit homme de Paul-Marie Lapointe désignent à l'inquiet et à l'ouvert des êtres nationaux de ce temps. Pourquoi pas, aussi bien, l'infiniment petit de Claude Gauvreau? J'aurais tort de répondre que Lapointe et Miron continuent, eux, d'exercer l'information souple des «choses» (Artaud) d'un monde existant que leurs textes ont inventé et diffusé; que l'apprentissage d'une connaissance mesurée à l'écriture poétique n'a négligé aucune orientation des autres savoirs; que Miron a transformé tous les auteurs du monde entier mis à sa main, et qu'en écrivain et animateur de poésie il n'a jamais relégué le politique de longue durée; qu'enfin, symboliquement, le dernier ouvrage poétique de Paul-Marie Lapointe s'intitule *Tombeau de René Crevel,* le titre de ce texte libre d'influence faisant hommage à un jeune poète parasurréaliste, communiste et contestataire dont l'œuvre, inachevé en 1935, année de son suicide, rejoint l'inquiétude d'Antonin Artaud. Ces affirmations sont fondées, mais elles ne doivent pas servir à diminuer le rôle de Gauvreau. Il faut chercher plus avant, ajuster l'analyse. J'annonçais au début un ultime argument: *eulalie* ou la maîtrise de langue.

Un maître du langage,
un maître du «gauvreau»

Claude Gauvreau a inventé un langage à nul autre pareil mais homologue à tous autres pour son économie et sa précision. Ce langage, on pourrait l'appeler le *gauvreau*, comme on dit le *français* auquel il doit sa formation génétique. Il a une syntaxe, un lexique et une grammaire en propre. L'écrivain les a informés d'une poétique. C'est donc un langage complet, traductible en un autre comme tout langage articulé. Traductible, il suspend la décision du sens qu'il inquiète à sa façon particulière.

Le *gauvreau* serait une langue. Une langue très particulière: elle prend appui sur une autre, en l'espèce le français; mais le discours qu'elle autorise dénonce la fermeture de tous les systèmes, notamment de langue. Pourquoi l'appeler le *gauvreau*? Cette langue, si elle en est une, devrait n'être coiffée d'aucun patronyme et n'exciper d'aucun privilège territorial, n'être ni seulement gauvrellienne, ni seulement québécoise. Henri Michaux, en 1935, dans *Voyage en Grande Garabagne*, racontait les *Hacs*, les *Émanglons*, les *Oliabaires*, les *Hivinizikis*[1]. Les dadaïstes avaient déjà mordu à plus dru au début des années vingt. Les surréalismes belge et tchèque des années vingt et trente sont peuplés de borborygmes intelligents qui découragent les abus de langue. Et cela persiste dans la littérature wallonne d'aujourd'hui[2]. Je ne parle pas des emprunts paralinguistiques d'Ezra Pound, naguère, au chinois, à l'américain sa langue, et aux désignations historiques. Au Québec, le jeune Paul-Marie Lapointe s'inquiétait des états voisins du *gauvreau* dans *Le vierge incendié* en 1948, mais avec distance et selon une autre stylistique. Il s'en souviendra plus tard dans *Écritures*[3], où cela procède, par intervalles, d'une combinatoire délibérée. Son ami, le cinéaste Gilles Groulx, épris de langage et poète lui aussi, exerce encore en 1957 une invention lexicale et phonétique proche du cri[4]. L'automatisme passait là, par seigneurie. Le mouvement automatiste québécois se dissout organiquement en 1954, lors du succès reconnu de l'exposition *La matière chante,* après sept à huit années d'une activité soutenue par la foi dans une marginalité triomphante. Tel est l'un des paradoxes de ce mouvement et d'autres semblables: la libertitude, appelons-la ainsi, supprime son organisation parallèle ou clandestine, se supprime elle-même, à l'heure d'un succès longtemps désiré dont elle ne souhaite pas une reconnaissance extérieure qui serait son désaveu. Une éthique libertaire n'en continue pas moins par la suite, à la fin des années cinquante et jusqu'aux années quatre-vingt, de susciter de nombreux textes où respire le cri. Mais l'esthétique du cri la plus cohérente, la plus développée, la plus constante et la mieux articulée, demeure celle de Claude Gauvreau, ordonnateur de libertitude.

Cette nouvelle proposition nuance et corrige les précédentes. J'en soumets les développements à un texte de contrôle. Revenons au passage de *L'asile de la pureté* lu en début d'analyse[5]. Je l'ai retenu pour une homogénéité de surface que le texte fend. Il mime longuement par un jeu inusité des organes phonatoires, du moins en culture francophone, la mort d'un homme déjà mort, d'un homme quelconque et pourtant d'un homme singulier, non pas de tous les hommes. La tirade s'achève sur une revendication: Marcassilar proclame sa solidarité avec cet homme-là, ce mort, en déclarant: «*c'est pour cela que je meurs... C'est pour défendre cela.*» Le «cela» unit la mort de l'anonyme singulier à l'acte de mourir de Marcassilar, et à l'acte de mort celui d'une parole aux mouvements jusqu'alors inouïs. Marcassilar déclare «*cela*» pour lui-même, mais il le dit, et c'est à quelqu'un d'autre qu'il le dit, à un Fabrice, à un autre singulier auquel il lègue une solidarité. L'union rhétorique des trois moments argumentaux de l'acte de mort, de la parole du mourant et de sa diction à quelqu'un d'autre qui demeure en vie et qu'il s'agit de persuader dépend d'un interprétant dynamique[6], le «*cela*» qui active les qualités matérielles de la langue. La conclusion obéit à un ordre rhétorique conventionnel, mais elle est subordonnée à des actes de langage de prime abord non convenus.

L'exemple laisse penser que, chez Gauvreau lui aussi, chez lui comme chez Artaud, la considération du poétique et de sa liberté l'emporte sur toute sujétion rhétorique. Il faudrait réévaluer à cette lumière la pertinence de certaines de mes observations. Leur défaut est de ne pas avoir accordé une attention suffisante au matériau linguistique.

C'est ici, dans le langage, dans le *ça*, dans le «*cela*» du langage, que l'invention d'une singularité se fait texte. Gauvreau ne déroute pas le sens logique conventionnel à la façon d'Artaud, bien qu'il désigne à l'image une même importance ontologique. Les caractères phonologiques du discours ont chez lui une fonction primordiale. L'impression de nouveaux traits phonématiques discrets trouble le sens habituel, lui substitue l'activité de l'image, oriente un autre sens. L'ευρεσις (*eurésis*), l'*invention* rhétorique de l'argument, ne commande plus à la λεξις (*lexis*), à l'*élocution,* au choix des mots, consonances et rythmes. Au contraire, une nouvelle composition des phonèmes et la découverte d'un autre lexique prescrivent une ταξις (*taxis*), une *disposition* particulière du dit et, par ce biais, subordonnent l'argument à une autre *diction,* à un ordre différent de l'énonciation. Tous ces termes, *inventio, elocutio, dispositio, dictio,* mis au latin de l'ancêtre Quintilien qui les traduisait du grec à l'exemple de Cicéron, sont évidemment rhétoriques. Mais leur agencement nouveau signale l'intervention d'une autre rhétorique ou la subversion de l'ancienne. La nouvelle, celle de Gauvreau, la respecte et l'indispose.

Elle respecte un ordre séquentiel et récurrentiel. Ainsi, à la quatrième ligne de notre exemple, «*Vertèbre — tibaza-baza-za*», «*tibaza*» est décomposé séquentiellement en «*baza*», puis en «*za*», sa dernière réduction. La désinence demeure et fait prime. Elle moule le langage sur les qualités matérielles de la voix au moment de l'exhalaison finale, de l'expiration phonétique du souffle. Elle dicte de la sorte l'argument narratif immédiatement subséquent, «*Un soupir.................... de mort*» qui en est la figure à la cinquième ligne.

L'ordre des enchaînements est donc pleinement accepté. Il correspond à celui des récurrences. Celles-ci peuvent procéder, comme dans le cas présent, d'une figuralité qui répète sur le mode argumental le mouvement des phonétismes de base. Elles peuvent aussi s'instaurer par répétition des mêmes phonétismes et par déploiement de leurs variantes. Plusieurs séries de phonétismes s'entrelacent. La série /om/ [ɔ-m] thématise le mot «*homme*» qui, prédiqué du mot «*mort*», institue l'argument initial «*Un homme — mort. Il est.*» Les variantes «*tarabom*», «*patablom*», «*bomm*», «*applomm*», «*pomm*» le ponctuent et le développent jusqu'à coïncider avec le sujet et avec l'argument luimême :

C'est final.
Un homme. Plom.
Mort. Il
Applomm. Un homme.
Il est.
Applomm. Pomm.
Il est.
Un homme.

où les mêmes variantes, par exemple «*applomm*», occupent diverses fonctions syntaxiques, distinctement celle du verbe («*Il/Applomm*» sans ponctuation après «*Il*» en terminaison de vers), indistinctement celles du nom, de l'adverbe ou de l'adjectif («*Il est./Applomm.*» avec un point de phrase entre «*est*» et «*applomm*»). La phrase dont ce dernier terme est le seul constituant nominal, adjectival ou adverbial, — «*Applomm*» ne serait en ce cas un verbe que si une forme verbale était indiquée, — travaille l'ellipse de ses autres constituants. La série /om/ s'achève ici. Ou plutôt elle se transforme, après l'amorce d'un ictus sériel phonétiquement contrastif sur le mode /ic/ («*Zic.*»/ «*Ic.*»/ «*Bic.*»), en une série /oum/, signal du déploiement de multiples autres séries qui unifient transversalement le texte, le donnent à lire en son entier. La série /oum/ apparaît, dans les instances «*Arrazzoum*», «*Zoum-arra*», «*Zoum*», «*Zoumpi*», en connivence avec des séries où les phonétismes *z* et *a* sont déjà apparus ou vont apparaître: «*tibaza-baza-za*» déjà signalé et «*zoum*», «*tibaza*» et «*tippata*» qui accentue d'une labiale sourde redoublée *p* la bilabiale sonore *b,* les deux mots se prolongeant en un «*trabbazza*» où le redoublement symétrique de la bilabiale et celui de la fricative sifflante sonore *z* sont associés par leur union avec *a*. Une couplaison correspondante de la voyelle s'opère avec la liquide vibrante *r* par rappel de /ra/ déjà présent dans «*zoum-arra*» (où le redoublement de la vibrante déterminait la contiguïté des deux inverses /ar/ et /ra/). Au delà, la série /oum/ relie toutes les instances où apparaissent les phonèmes [a], [i] et [u] (équivalent de /ou/ en alphabet phonétique international) qui sont aussi toutes celles où entrent en composition les gutturales sourdes [k] et sonores [g], les liquides vibrantes [r] et latérales [l], les labiales et dentales sourdes [p] et [t], la bilabiale sonore [b], la labio-dentale sonore [v], la sifflante sonore [z]. Le fragment suivant livre le tableau scriptural de ces diverses associations de phonèmes: «*Ikkakkla. Vic. Trouppouc. Homme.*

Lik. Il est. Zoumpi.» En principe, cette distribution de phonèmes n'est pas censée avoir d'autre signification que celle de leur commutation et de leur diffusion à l'ensemble du texte. C'est déjà beaucoup, dans la mesure où la signification principale du jeu de langue est ici de rendre l'acte physique de profération seul comptable de l'effectuation du sens, seul maître du sens et seul capable de l'altérer. Une écoute des articulations littérales de la voix doit dès lors répercuter avec minutie les redoublements de phonèmes. Dans le système du français parlé conventionnel, ils ne s'entendent pas: on ne prononce pas le double *m* du mot */évidemment/*; celui du mot */homme/* n'est que l'indice écrit d'une ouverture de la voyelle *o* (fonction d'aperture) et n'entraîne pas un allongement de la prononciation de *m*. Le système du «gauvreau», proche en cela d'autres langues, je pense à l'italien, exerce une contrainte opposée. Si «*bomm*» se prononçait comme la particule */bom/* de «*tarabom*» avec un seul *m*, le double *m* de «*bomm*» n'aurait aucune fonction orale et son écriture serait incongrue. L'analyse ne gagnerait rien à la supposer telle. Gardons en mémoire qu'une écriture dramaturgique vouée à la profération oriente la poétique de Gauvreau, y compris celle de sa poésie. Tous les fragments textuels cités au cours de l'étude, notamment celui-ci, coalisent une pratique que l'on peut traduire en quatre propositions solidaires: *1. la parole est un acte singulier, irrémédiable et irrémissible; 2. la singularité de cet acte tient à la qualité des articulations vocales et des sons proférés; 3. l'identité singulière des sons articulés exige leur relief, et celui-ci une invention; 4. l'écriture n'est que le mode de transcription de l'invention d'oralité.* Revenons donc aux redoublements de phonèmes, indices parmi d'autres d'une écriture à voix haute. Ces redoublements et autres combinaisons modifient la signification littérale des mots normés avec lesquels ils entrent en composition. Si «*bomm*» implique une durée prosodique distincte de celle de */bom/*, la lecture intégrale du segment comprenant ces deux durées affecte chacun des termes du segment. Dans «*Un homme-tarabom — patablom — un homme / bomm*», les distinctions prosodiques marquées ont pour conséquence d'altérer la prononciation du mot français «*homme*», de lui découvrir une homophonie avec «*bomm*», de décaler le mot de son emploi usuel distrait, ultimement de lui conférer un sens pratique distinct du sens institué qui ne l'admet pas. Un mot tel que «homme» décomposé phonétiquement en [ɔ-m-m-ə] n'est pas identique au mot «homme» décomposé en [ɔ-m]; il ne peut relever du même concept, si le système inventé postule que l'articulation orale dicte le sens. La distinction est poussée très loin. Elle s'étend à une radicale rupture avec la morphologie ordinaire de la langue. On peut certes supposer que le morphème «*bomm*» et les composés «*tarabom — patablom*» retiennent les traces des onomatopées /*boum*/ et /*patatras*/ courantes en français. Mais la référence à l'usage reçu est impossible dans le cas du morphème «*lougk*» dont la désinence présente une combinaison phonématique entièrement irrégulière en français. L'enchaînement de deux gutturales dont l'une est sonore, l'autre sourde, établit l'irrégularité. En français, la gutturale sonore [g] accepte à sa suite tous les phonèmes vocaliques, le *a* («gaffe», [g-a-f]), le *an* [$\tilde{\alpha}$] («ganse», [g-$\tilde{\alpha}$-s]), le *e* ouvert [ɛ] («guêpe», [g-ɛ-p]), le *e* fermé [e] («gué», [g-e]), le *e* [ə] («guenon», [g-ə-n-$\tilde{\mathrm{o}}$]), le *eu* ouvert [œ] («gueule», [g-œ-l]), le *eu* fermé [ø] («gueux», [g-ø]), le *i* («gui», [g-i]), le *o* ouvert ou fermé, le *on,* le *ou* et le *u* (respectivement «goder», «gauffre», «gondole», «gouffre», «auguste»). Mais elle ne s'enchaîne qu'à un seul phonème consonantique, le *r* dans «ogre», «lougre», «grille», etc. Elle ne tolère pas d'être enchaînée à [k], gutturale sourde, avec laquelle elle n'entretient qu'un rapport de commutation, — ou bien [g], ou bien [k], — jamais de concaténation. Le mot «*lougk*» est l'indice formel du privilège que le texte de Gauvreau accorde à l'épellation d'une oralité dérogatoire. Pour le prononcer, il faut en effet détacher et accentuer les deux gutturales, de façon à observer un léger laps respiratoire entre les deux, et lire [l-u-g-//k].

La rupture opérée par «*lougk*» avec la phonétique du français, d'autres mots à la gutturalité au moins aussi insistante, «*ough*» et «*ronggggg*» plus loin, montrent clairement qu'elle n'est pas le fait du hasard. Le texte travaille systématiquement la répétition et la variation, donc le contraste. En cela, sans doute, il s'ingénie à pratiquer les règles compositionnelles d'une très ancienne rhétorique. D'une histoire longue de la culture instruite. Celle-ci trouve provende dans le *thrène* crétois devenu syracusain, sorte d'éloge funèbre dont la poétique verse au compte d'un redoublement des sons articulés et des lettres ou figures de poésie une narrativité fondée sur la répétition. Elle passe par le *psaume* qui l'amodie à l'orient d'une autre culture méditerranéenne, l'hébraïque bientôt hellénisée. Elle s'ouvre, pérenne, bien plus tard et encore aujourd'hui, sur les arts baroques du langage qui, parodiquement et tout aussi sérieusement, font le défi d'enregistrer, réitérer, renouveler et contrarier l'unité perdue, notamment celle du poétique et du narratif.

Il est bien vrai que le symbole *«lougk»* et ses variations participent d'une rhétorique narrative qui les associe à la dissémination d'autres parallélismes phonétiques transformés en figures de récit. Les postures phrastiques de *«Arrazzoum»*, *«Zoum-arra»*, *«Ikkakkla. Vic. Trouppouc. Homme. Lik. Il est.»* désignent le geste du conteur vocalisant l'histoire qu'il raconte. Mais ces symboles brisent en même temps les scrupules d'une fidélité à la rhétorique. Gorgias, le Léontin, avait policé le thrène. Il l'avait déployé en un argument littéral de discours, en une épidictique soucieuse de soumettre la progression de l'argument à celle des voix et sons qui scandaient l'itération narrative. L'épidictique est une poétique ou une épidéictique, une théorie de l'επι–δειγμα (*épideigma*), une théorie de la monstration du geste vocal. Bien que la pratique de Gauvreau doive beaucoup, dans l'histoire longue, à cette rhétorique-là, elle s'en dissocie sur un point essentiel, la confrontation des systèmes de signes, leur antagonisation et pourtant leur solidarité dans le même acte de langage. Cela, ni Gorgias, ni Platon qui le taxait de sophisme, ni même Aristote qui imaginait une hypocritique, une place pour l'acte et le geste, ne pouvaient le savoir. La modernité, celle du XXe siècle, découvre l'analyse des systèmes linguistiques, la compatibilité et pourtant l'intraductibilité des diverses sémiotiques entre elles, enfin la pragmatique des actes de langage. Aucun des avatars de la pensée rhétorique depuis Gorgias n'en avait offert jusqu'à maintenant le moyen de connaissance.

Antagonisation et rupture, mais solidarité. Le texte de Gauvreau cultive librement sur le terrain le symptôme des découvertes nouvelles. Selon toute apparence, le poète les ignore. Il n'a d'ailleurs pas nécessairement à les connaître, certainement pas à les copier. Mais la sensibilité articulatoire du poème dramatique entre en résonance avec leur apport intellectuel autonome, et l'écriture symptomale parvient à devancer la recherche.

Un mot sur la solidarité des pratiques sémiotiques. Elle informe en l'occurrence la narrativité du texte. Les mots *«ik»*, *«trouppouc»*, *«bomm»*, *«zoum»*, *«trabbazza»*, leurs variations, répétitions et enchaînements, n'ont pas de prime abord une fonction narrative. Ils l'acquièrent comme indices d'une respiration du conteur et de ses pauses de récit, comme marques d'une intonation différente selon les moments successifs de l'acte de raconter, et comme repères phonétiques des actes narrés. Ils l'acquièrent aussi par coalition avec certaines formes syntaxiques, grammaticales et lexicales du français qui insistent à composer une proposition de base: «*Un homme — mort. Il est.*» Don-née à l'initiale de l'exemple choisi, elle unit trois termes, /*homme*/, /*mort*/, /*est*/, — ou quatre si l'on considère que l'existant logique /*un*/ spécifie /*homme*/. Il n'est pas sûr qu'elle les unifie entièrement, en rai-son de /*est*/ qui n'est pas une simple copule, ou qu'il s'agisse d'une seule proposition, car «*Il est*» est distinct et opère une fracture. On va y revenir. Mais bien que l'unité chancèle déjà, elle est suffisamment réalisée pour accepter un argument narratif et son développement.

Le «gauvreau» se déploie en cet instant. Le «gauvreau» pronon-ce un accord de récit avec une langue-appui qu'il intègre, et qu'il dé-nonce à la fois. Il la dénonce pour contrat léonin, pour abus ou confis-cation de pouvoir, pour non-respect des sémiotiques indispensables à l'exercice de la parole, celles du geste dramaturgique, de la narration et de la profération. Le «gauvreau» est paradoxalement ruptif dans la mesure même où il est intégratif. La situation dramatique est énoncée en français. Elle est répétée à intervalles dans cette langue tout au long du fragment. Elle s'achève dans la même langue sur un autre argument qui, concluant les développements du premier, donne à comprendre que l'homme mort du début coïncide avec l'acte de mourir, que Mar-cassilar qui parle à Fabrice et aux spectateurs-auditeurs potentiels de la pièce est cet homme-là. Curieusement, un homme déjà mort va mourir; le passé s'identifie à son contraire, le futur. Cette fusion des contraires n'est pas vraiment étrange. Outre qu'elle a une épaisseur historique, qu'elle rappelle la procédure baroque de l'oxymoron, son extension contrastive à l'espace du texte (tout le texte devient un oxy-moron) et plus généralement la symétrie du début et de la fin, ses as-pects manifestes feraient oublier que l'opposition du passé et du futur se dissout dans le présent narratif, dans l'acte de mourir que raconte et joue le fragment. C'est l'acte qui importe. L'acte unit pour le présent le moment physique de la parole narrante au narré, le phonétique au mort, le phonatoire au mourant. L'acte de parole devient l'acte de mourir, mais l'acte de mourir est encore une invention de vie. Le texte la propose comme une articulation particulière du langage, chaque fois dérogatoire à la langue, mais chaque fois autonome sur un plan lin-guistique qui est de vie même. L'argument narratif est délégué au fran-çais de base, à un français qui tient dans les quelques mots répétés d'une phrase simple, *un homme est mort*, prolongée par variation des temps dans une autre, *un homme est mourant*, dont l'argument s'em-pare pour édicter en mineure une troisième phrase simple, *je suis cet homme,* et conclure: *donc je meurs.* Platon eût pris cela pour un sophisme, pour du Gorgias: il n'y a pas de confusion possible entre les temporalités de deux propositions qui s'excluent mutuellement et ne peuvent servir de base commune à la majeure d'un argument qui est donc faux. Je paraphrase évidemment Platon. Une certaine fermeture de pensée le conduisait, par une décision politique confondue avec la philosophie, à écarter l'épidictique et ses prolongements logiques, à refuser le poétique estimé dangereux pour l'ordre logique censé régir la cité. L'ordre logique est celui qu'il calquait, comme Aristote, sur la syntaxe du grec athénien[7], — ce dont les conditions historiques interdisent de lui faire reproche.

Mais le poétique découvre une autre logique. Il lui subordonne la langue naturelle, à l'instar, sur ce seul point, de la logique formelle d'aujourd'hui. Cette autre logique n'est pas «paralogique» ou «antélogique», comme les spécialistes le disaient autrefois à propos des mythes archaïques, mais au contraire extensive. Elle présente les traits d'une pragmatique forte réalisée par le texte. En tant qu'elle est une pragmatique, elle excède les limites, non pas simplement de la langue-appui, mais aussi d'une logique formelle qui n'est pas actionnelle. La poétique pragmatique de Gauvreau instruit une invention phonétique et narrative qui, renvoyant dos à dos la langue et la logique convenues, ordonne la stratégie de leur soumission à la langue du texte.

Ce texte contradictoire, qu'affirme-t-il, en effet, sinon une contradiction revendiquée pour ses effets dissolutoires? L'argument narratif superficiel ([/*Un homme est mort/* = /*Un homme est mourant/*] -> /*je suis cet homme/* -> /*donc je meurs/*) est proposé en français. Il paraît encadrer dans cette langue l'ensemble des phonétismes intervallaires et leur conférer une fonction narrative. Mais ne négligeons pas que le texte, toujours en français, annote d'un «*cela*» la conclusion /*donc je meurs/*, qu'il le répète, y insiste par trois fois, constate son indissociabilité de l'acte de mourir: «*C'est pour cela, Fabrice, c'est pour cela que je meurs... C'est pour défendre cela.*» Or, ce déictique, on l'a déjà noté, désigne précisément ce qui vient d'être raconté, l'acte de mourir, et en lui l'invention de vie et de langage qui racontait, mimait et surtout formait l'acte. Celui-ci, ce cri, est originaire, primordial et inaugural. Le moment conclusif ne fait que le répéter. Il est donc ancillaire, subordonné à l'invention de parole et de mort, ainsi que tout l'argument qu'il achève, et la langue, le français de base, dans laquelle il est énoncé. La fonction rectrice assignée en surface à l'argument explicite et à sa langue d'accompagnement signale tout au plus un leurre baroque. Le langage de l'invention morphologique et lexicale l'intègre et le déplace.

Il le déplace et le rompt. Le *gauvreau* intègre et fend ce qu'il intègre, dissociant le français de ses emplois discursifs convenus. La proposition initiale paraît signifier /*un homme est mort*/. Erreur: le sens éclate en fragments opposables, chamboule d'un seul coup la construction préétablie par un lecteur-auditeur-spectateur aristotélicien. Le texte ne dit pas qu'un homme est mort, bien que plus loin, dans le corps du cri, il retienne aussi cette formulation. Il dit: «*Un homme — mort. Il est.*» Il n'y a plus une proposition, mais au moins trois qui se prêtent à diverses orientations, combinaisons et ruptures: il y a «*un homme*», il y a «*mort*», et enfin «*Il est.*» Je souligne à l'encre blanche un tout petit détail qui a l'importance d'un symptôme: le tiret, et ce n'est pas rien. Ni trait d'union entre «*un homme*» et «*mort*», ni virgule, ce tiret met à distance d'un double blanc typographique, non pas d'un seul comme de coutume, chacune des expressions à revers et à devers de lui. L'écriture de Gauvreau se soucie de renforcer les privilèges sémantiques de la ponctuation[8]. Le tiret peut recevoir le statut d'une copule substitutive, et en ce cas lier au premier terme le second qui en devient l'attribut. Il peut à l'inverse avertir les deux termes d'une dissociation et laisser un doute quant à la fonction grammaticale, syntaxique et propositionnelle du mot «*mort*»: adjectif ou nom? prédicat du sujet? ou terme formant à lui seul une proposition? Le texte ouvre ces orients du sens, bien qu'il en arrête l'indécision sur un point terminal de phrase. «*Il est*», en revanche, n'est pas un simple symptôme. C'est une affirmation, une assertion de vérité. Mais de quelle vérité? La phrase est nette. Séparée de la précédente, elle affirme une essence, il est, cet homme-là est. Est-il mort? C'est probable ou certain, «*il*» étant l'anaphore de «*un homme*» à la phrase précédente, et cet homme, apparemment, est mort. Mais la certitude réduit l'être à la copule /*est*/: il est mort. Il est, néanmoins. Il est sans attribut. Il est, et cet être-là n'est pas une copule. Va-t-on supposer que l'affirmation d'essence le jette à la vie, qu'est lisible un prédicat implicite opposé, /*est vivant*/? Ici, point d'oppositions. L'essence est à la fois «*mort*» et vie. Plus exactement, elle est un acte, une immanence qui ne requiert pas l'intervention d'une pentecôte quelconque, elle unit vie et mort dans l'acte de mourir. Un homme est (mort), un homme est (vivant): «*Il est*» annonce l'acte de mourir que narre le fragment.

Il en annonce aussi le langage. Celui-ci l'invente déjà, en ordonne l'essence. La petite phrase *«Il est»* se comporte comme *«Applomm»* et *«Lougk»*, également phrastiques. Elle obéit aux mêmes spasmes de scansion. Tout le texte, encore une fois, s'entend à la respiration de l'oralité. La ponctuation en est un repère. Les points de phrase de « — *mort. Il est.»* transposent dans l'écrit la même force vocale que ceux de *«Un homme. Il est. Arrazzoum.»* Cette force vocale est ruptive: elle hache le débit, introduit la discontinuité tonale indispensable à la profération du cri. La ponctuation dicte par conséquent deux fonctions complémentaires: une relative indétermination sémantique et syntaxique, une forte détermination pragmatique. La seconde compense la première. Elles précisent ensemble les fonctions assignées au geste de la voix.

Si l'orientation syntaxique et grammaticale de *«Il est»* est assez claire, celle de *«mort»* et de *«Arrazzoum»*, par exemple, ne l'est pas du tout: adjectifs? verbes ou formes verbales? ou ces diverses positions fondues en une seule phrase agglomérative? Les deux expressions *«mort»* et *«Arrazzoum»* partagent en outre une même illimitation de sens. Il vaudrait mieux dire que leur sens n'est pas immédiatement décidable, en raison d'une imprécision sémantique des conditions référentielles de temps, de lieu et d'identité qui s'étend aux conditions linguistiques d'emploi. Un bon argument d'école viendrait me titiller sur ce point peu ou prou capital: c'est l'imprécision des conditions linguistiques qui détermine, au contraire, celle des conditions référentielles. Mais peu importe, en effet. Ici, les conditions du sens appris se relâchent, et leur abandon profile les portes de l'enfer. *Lasciate ogni speranza.* Mon vieil et moderne ami Dante imageait la perte du sens, celle de tous les sens allégorisés à la périphérie d'un sens commun revendiqué, mais dissous lui aussi. Cette perte, cette porte figurale et dissolutoire qui informe les cultures dites médiévales, ponctue encore à quelque sept siècles de distance l'écriture infernale de Gauvreau. Entrons dans l'enfer du sens. *«Un homme — mort»* est le premier rencontré. Il peut s'interpréter dans trois directions différentes, exception faite d'une direction pragmatique:

(1) *Un homme mort*

(2) *Un homme est mort*

(3) *Un homme et la mort.*

Aucun de ces trois partis ne présente la même définition syntaxique, la même signification sémantique, enfin le même sens logique. À ce dernier titre, ils accepteraient d'ailleurs une multitude de constructions mettant à jour des implications chaque fois différentes. L'imprécision de la définition, de la signification et du sens se répand dans la forme «*Il est*» dont je ne peux plus me contenter d'affirmer, à ce stade de l'analyse, qu'elle asserte une essence. La phrase n'est pas une phrase simple, n'est peut-être pas une phrase. En amont du sens convenu, le point de phrase termine une assertion. En aval, dans la gorge d'enfer où résonne le tumulte, la ponctuation reçoit une autre fonction. Elle transfère à l'écrit l'oralité du râle qui trouble la pure essence. Le point de phrase de «*Il est.*» devient alors un point de rupture. Entendons-le doublement comme ictus du spasme versifié et rupture avec l'assertivité du jugement. L'intervention de l'ictus désoriente le sens convenu de cette pseudo-phrase qui, située dans le contexte du premier énoncé versifié «*Un homme — mort. Il est.*», tolère au moins six interprétations littérales distinctes:

(4) Un homme est

(5) Un homme est mort

(6) Un homme est (mort en tant qu'être, même s'il est vivant)

(7) Un homme est (vivant en tant qu'être, même s'il est mort)

(8) Un homme est la mort (même s'il est vivant)

(9) Un homme est la vie (même s'il est mort)

Aucun de ces six partis interprétatifs ne présente encore une fois le même développement syntaxique, ni la même orientation sémantique, ni une compatibilité logique. Sur un plan strictement logique, les deux derniers ne sont pas pertinents. Un existant singulier (*un homme*) ne peut pas être identifié à une catégorie de la généralité (*la mort, la vie*), sauf si l'énoncé pose les conditions de sa vérifiabilité; or, il ne les pose manifestement pas. Pourtant, le premier vers (mais est-ce un vers? est-ce une séquence? est-ce le segment fragmentable d'une séquence plus large? et quels sont le statut de la versification dans le texte, son extension, ses limites?) convie ces divers partis interprétatifs. Le sens qui nous arrête sur le seuil fait alors défaut. Ou bien le texte se trompe-t-il?

Non, il ne se trompe pas. À côté de l'interprétation et contre elle, s'organise une interprétance, une pragmatique déterminant en *réseau* à son interprétant l'événement-signe de l'oralité scripturale, à inscrire en l'occurrence celle-ci en relation avec son *interprétant dynamique*[9]. L'interprétance accepte l'interprétation, mais elle en contrarie la fermeture.

L'interprétation bute sur les lois de construction du sens qui en contrôlent la congruité conventionnelle. En présence d'un texte comme celui-ci, elle est contrainte à l'écart maximum. Ou bien elle respecte les lois et conclut à une agrammaticalité, à une a-syntaxe, à une a-logique; elle rejette le texte comme incongru ou non pertinent, le censure, lui dénie d'aventure la qualité de texte. Ou bien elle en prend son parti, abandonne la loi, croit se livrer à l'enfer du sens. Elle court alors deux risques complémentaires: perdre toute cohérence au regard de ce qu'elle abandonne; réduire le texte à sa propre surdité, à sa fausse liberté herméneutique. Les adolescents jeunes ou attardés ont coutume, fréquemment aussi des érudits d'âge mûr, de pratiquer une herméneutique de collégien, je l'appelle ainsi: ils affabulent hors texte toutes sortes d'imaginations, privilégient l'une d'elles en fonction d'«états d'âme» personnels qui battent la campagne, rabattent le texte sur cette sincère «interprétation» intéressée[10]. En réalité, le grand écart de l'interprétation forme un «*double bind*» au sens de Gregory Bateson[11], une double contrainte qui l'interdit de séjour, la forclôt: ce n'est pas tellement le texte que l'interprétation rabat, mais elle-même dans la mesure où elle est coincée entre une soumission qui l'annule et une distance qui l'interdit.

Sous l'angle de l'interprétance, au contraire, le signe-texte assure son espace, et il faut le lire en réseau, c'est-à-dire selon le réseau qu'il ordonne. Sa dimension pragmatique apparaît alors. Elle déploie sur l'ensemble textuel, en macroscopie en quelque sorte et non plus dans une microscopie interprétative du ligne-à-ligne, un interprétant dynamique dont la double fonction est de *réagir* au sens convenu et d'organiser un *contre-sens* en produisant l'événement. L'interprétant dynamique est de l'ordre d'une «*secondness*[12]»: il réagit aux pures potentialités «premières[13]» d'un sens général ou *légisigne,* les altère d'un interprétant affectif, celui du cri, qu'il temporalise et spatialise en un événement discursif coïncidant avec l'acte textuel.

Remarque: Le légisigne («*legisign*») fait loi. Il infère une généralité grammaticale ou syntaxique dont l'exercice singulier n'est encore que virtuel. Il relève, à ce titre non actif, d'un «premier» («*first*»). Mais à ce premier niveau, il est déjà développé. Car il intègre la possibilité («*first*») qu'un événement-signe («*second*») réagisse à une pure qualité de signe («*first*») et la transforme en acte. Ainsi, le légisigne apparaît comme un «troisième» («*third*») de la «*firstness*», dans le développement potentiel d'une qualité qui n'est pas encore mise en acte. Peirce avait une formation de mathématicien. Il s'intéressait à la génération des nombres. Il considérait que le nombre 3, obtenu par la relation rétroactive de 2 à 1, était suffisant pour déterminer tous les autres développements du calcul des échelles. Il ne s'intéressait pas à l'histoire. Un philosophe de l'histoire qui serait peircien et bien informé de l'historiographie, de l'histoire de l'histoire, devrait se demander si le «troisième» sens inchoatif des «premières» qualités ne concerne pas en réalité des résidus collectifs d'actes que leur développement, dans le lointain antérieur, a permis d'enregistrer au titre d'une loi du sens ou du rite. Cette loi a dicté, pour une culture donnée, le transfert des actes trépassés avec les corps à une norme de langage. La loi demeurerait inerte, comme les cendres elles aussi, si elle n'avait pas inscrit sa durée dans les conditions de sa réception, de son usage, de sa transformation par l'expérience active, celle du présent événementiel, d'un «*second*» qui réagit aux traces subsistantes du fantôme de loi reçu comme seulement virtuel. Le présent de l'action transformante détermine, dans le domaine des signes, les catégories de l'icone, de l'indice et du symbole[14].

Le contre-sens est celui-là. Les traces du sens légisignique subsistent. Mais à côté d'elles et en aval, à contre-courant pourrait-on dire, l'art de Gauvreau les *intègre* à un sens pratique étendu, celui des *icones* et *indices* de la voix proférante et des *symboles* inventifs de son autre rhétorique. Il intègre les traces de la langue normée. Les trois groupes «*Un homme*», «*mort*» et «*Il est*», on l'a noté, sont répétés à intervalles dans le texte. Les modifications de leurs combinaisons sont moindres que celles des autres groupes qui se les associent. Les premières relèvent d'un ordre sémantique plus ou moins conventionnel qui se prête à un petit nombre de variations. Elles le perturbent, certes, mais en raison d'une inflexion iconique de l'oralité que les secondes déploient dans l'espace indiciaire et intégratif du texte. Celles-ci prolifèrent. Matérielles et immédiatement actives, elles miment les phonétismes du cri, — en cela elles sont iconiques. Elles les transforment en une profération singulière qui, réagissant aux marques iconiques de l'objet supposé, le cri ou l'image du cri, déclare l'acte d'une agonie, opère un drame, — en cela elles sont indiciaires. L'amplitude et l'intensité des variations ne peuvent être identiques entre les deux séries, en raison de l'intervention d'un symbole, celui de l'action engagée. Sa fonction est de régler le dispositif particulier du texte, de régir la détermination néo-logique de la première série par la seconde, d'ordonner la progression du drame, du récit agonique, selon cette loi de l'invention pratique.

Acceptons une dernière fois les rigueurs incommodes de l'analyse. La minutie obsessionnelle du texte les requiert. Elles n'épargnent pas les méthodologies, en éliminent quelques-unes. Un repérage quantitatif, par exemple, ne présente aucun autre intérêt que statistique. Il ne sert à rien de constater que le nombre des occurrences de «*Un homme*», «*mort*» et «*Il est*» est respectivement de 12, 6 et 13. Cela ne livre aucune information sur la progression des emplois de telles expressions et sur les fractures sémantiques ou déplacements de sens que la localisation contextuelle de ces emplois induit. Comment analyser, sur la base des décomptes, la transformation aléatoire de la séquence initiale «*Un homme — mort. Il est.*», dont j'ai souligné la multivalence, en une autre apparemment univalente, «*Un homme est mort. / Il est mort.*» en fin de fragment? Et en ce cas, s'agit-il d'une réduction de sens, ou au contraire d'une amplification dramaturgique? Le calcul des occurrences n'est pas descriptif, donc pas explicatif. C'est un accessoire parmi d'autres. Il peut préparer l'analyse, mais aussi l'empêcher. Il gênerait également l'étude des registres de voix que le texte reçoit et inaugure. Une description phonologique de l'immense étendue de leurs variations et un examen des prosodies, hauteurs et durées intonatives, accents, se révèlent plus utiles, sont même indispensables à la sériation des percussions rythmiques. Ces dernières sont essentielles.

> *Remarque:* Jean Fisette a livré à une analyse serrée de ces instances un autre texte de Gauvreau, «Gastrigib». Elle offre un modèle de discernement. J'y renvoie le lecteur[15]. Mon propos est toutefois différent pour deux raisons. D'une part, «Gastrigib» ne comporte aucune intervention du français normé, sauf par dérivation lexicale. Tel n'est pas le cas du fragment où j'exerce notre patience. D'autre part, tout en enregistrant la démarche méthodologique de Fisette qui me dispense de scruter davantage des structures intonatives homologiques d'un texte à l'autre, j'essaie de sonder les effets d'interprétance (néo-logiques et néo-sémantiques) de la percussion rythmique.

Le rythme est une action et fait le sens[16]. Il bat la mesure, défait la mesure, construit une autre mesure. Le texte ne devient une action dramaturgique que de coïncider avec une action rythmique. Celle-ci développe des énoncés longs ou brefs, tantôt d'un «vers», séquence de pulsation orale comportant plusieurs expressions, tantôt d'un autre «vers» qui n'en reçoit qu'une seule. Ainsi, pour l'exemple, les séquences du passage suivant identifient la découpe du «vers» à une seule expression:

(v. 15) Il est.
(v. 16) Un homme.
(v. 17) Zic.
(v. 18) Ic.
(v. 19) Bic.

Par «expression», j'entends ici la modification d'un moment de l'émission orale dont le texte ponctue la pause, l'émission orale étant en la circonstance celle du cri. Le texte invente une voix qui accompagne et modifie le souffle jusqu'à son expiration. «*Il est.*» forme donc une seule expression de l'oralité, tout comme «*Zic.*» en est une autre. En tant que telles, elles échappent à l'analyse logique. Celle-ci traduirait la première en plusieurs expressions propositionnelles inadaptées à l'acte oral, et aurait bien de la difficulté à assigner une position logique à la seconde. Mais l'expression orale textuée n'implique nullement l'absence d'une autre cohérence. Bien au contraire.

Les durées sont mesurées, réitérées, alternatives et aléatoires. Elles entrent dans un dispositif d'ensemble qui allie le mouvement rythmique au développement dramaturgique de l'acte d'une agonie. Le dispositif du fragment serait le suivant:

• Un résumé mimétique du discours antérieur de Marcassilar (v. 1 à v. 5) se déploie dans une longue séquence rythmique de sept expressions (v. 6), «*Il y a — hic-aboudzou. Un homme-tarabom — patablom — un homme*» qui annonce l'action narrative ultérieure, en préfigure les avatars prosodiques;

• Un deuxième moment dramatique s'insinue dans le prolongement phonique «*bomm.*» (v. 7) de la finale du v. 6, «*homme.*», et s'accentue jusqu'à une seconde séquence de sept expressions (v. 28). Pourquoi un «deuxième» moment? Toute division ou compartimentation d'un texte qui n'en tolère *a priori* aucune est évidemment surimposée. Mais deux motifs guident le découpage analytique. C'est à ce moment qu'est narrée l'action de mourir, l'action d'être, l'action de vivre, l'action de vivre une mort, la sienne, et d'être mort à la fois, par une annulation néo-lexicale des distances et postures narratives. D'être contigüe à «*lougk*», l'expressïon «*Il est*» ne constate pas l'existence d'un *il* extérieur au discours, elle identifie cet être à l'acte de mourir du narrateur. En outre, l'action narrative de mort, de vie, de mourir dans et par le langage est entièrement subordonnée à son rythme. Elle procède par répons amplificateurs de bruit. Je dis bien répons, non pas réponses, en référence aux litanies rituelles dites ou chantées à une voix et reprises en masse. Ici, il n'y a qu'une seule voix physique et psycho-motrice, celle de Marcassilar. L'effet de reprise en masse existe pourtant. Il tient d'abord, en ce deuxième moment dramatique, à une alternance des séquences ou «vers» d'une seule expression orale et de celles qui en comportent deux, une seule en comportant trois (v. 9). Elles se répondent, tandis que l'invention phonétique et lexicale introduit un système de percussion sonore qui modifie la portée et le sens des expressions normées. Cela va de «*boum.*» (v. 7) à «*Bic.*» (v. 19). Dans cet échange parfois égal de répons rythmiques, le nombre 1 domine. Ensuite, la masse sonore s'amplifie en trois séquences de trois puis quatre expressions (v. 20 à v. 22) qui soumettent plus étroitement les expressions normées au régime de percussion du «gauvreau», un seul vers ou une seule unité de pulsation soudant chaque fois en un seul cri d'existence les contrastes sémantiques. Cela s'achève, cela expire, par retour à l'alternance des répons de 1 et de 2 et à la dominance des séquences de nombre 1 (v. 23 à v. 27). La séquence d'une seule expression «*Trabbazza*» (v. 27) prépare, de ses trois syllabes à voyelle triplée (un *a* présumément antérieur, [a]*) et à bilabiales et fricatives sonores à la jointure orale des syllabes (/*b*/ et /*z*/), le second déploiement d'une séquence de sept expressions: (v. 28) «*Ikkakkla. Vic. Trouppouc. Homme. Lik. Il est. Zoumpi.*». Celle-ci réitère certaines allitérations, assonances et combinaisons phonétiques du v. 7, en modifie la composition, la fréquence, le ton, je dirais aussi le sens. Je médite plus loin sur le sens, car cette séquence-vers est essentielle. Elle accueille les variations phoniques et tonales que le deuxième moment a commencé d'instruire à partir des possibilités rythmiques et thématiques du premier. Elle accentue et redit à plaisir les gutturales sourdes [k] (I*k*ka*kk*la, Vi*c,* Trouppou*c*...... Li*k*), les [a] (Ikk*a*kkl*a*), les [i] (V*i*c.... L*i*k.... Zoump*i*) et les [u] (Tr*ou*ppouc..... Z*ou*mpi), collatéralise [ɔ-m] dans [u-m] (h*omme* et Z*ou*mpi, en raison de la dominance fréquentielle de [u] sur [ɔ]), transforme les bilabiales sonores [b] en labiales sourdes [p] (Trou*pp*ouc..... Zoum*p*i). Assourdissant, heurté,

---

* Serait-ce un *a* postérieur, [ɑ] comme dans /*âme*/, légèrement nasalisé et diphtongué, tirant vers le [ɑ̃] de /champ/? Cela dépend, bien sûr, des formes culturelles de prononciation des interprètes qui oralisent le texte. Mais les acteurs et lecteurs n'ont pas toute latitude. Gauvreau accentuait avec précision, tout comme il ponctuait. S'il avait voulu un *a* postérieur, il l'aurait marqué d'un ^, comme il l'a fait pour «*Dupslâh!*» (v. 30).

mais ouvrant largement l'éventail des qualités articulatoires nuancées de la voix parlante, le v. 28 met en gloire l'acte de mort-et-vie qui préécoute le râle de l'agonie.

• La narration du râle agonique forme le troisième moment (v. 29 à v. 41). Les séquences de trois expressions dominent le temps d'énonciation, reviennent à intervalles (v. 29, 31, 37, 38, 41), entreprennent l'acte d'agonir (v. 29: «*Zic. Broutttt — thah!*») et l'achèvent sur un dernier râle (v. 41: «*Toulllllll — lâ — hhhhhhhhh!*»). Le nombre de leurs expressions rappelle celui d'une séquence antérieure, «*X. C'est final.*» (v. 9), qui commentait la séquence précédente d'une seule expression, «*Trois.*» (v. 8). Trois, serait-ce X? ou l'inconnu final? Est-il final ou génératif? Deux hypothèses au moins sont envisageables. *1.* Si 3 est final, il conclut une mort absolue et rétroactive: tous les morts sont morts, ils n'ont pas eu de descendance ou d'amis, leurs cendres désignent la fin hégélienne d'une histoire idéelle. Mais pour qui les cendres désigneraient-elles une «fin» quelconque de l'histoire? Tout acte sémiotique de désignation implique la présence actuelle ou éventuelle de quelqu'un d'autre, de plusieurs autres, d'une foule d'autres à qui l'on indique un objet particulier ou un mouvement d'objets, un acte-signe, soi-même ou l'autre ou encore un autre comme signe. Il faut bien, par conséquent, que le mort ait laissé une descendance, des amis, des adversaires, le suspens d'un mouvement, des traces, celles-là mêmes que l'on indique en tout objet ou signe différent. Le signe est un acte, parce qu'il noue une histoire. D'ailleurs, Donatien Marcassilar parle. Il n'est pas mort. Il va feindre de mourir, après sa longue récitation du poème «*qui n'a pas été composé encore*[17]». Il parle à tous, et nommément à un certain Fabrice Sigmund, curieuse figure onomastique composant le prénom d'un héros de Stendhal sur celui de Freud. Il lui parle intertextuellement. Il récite « *"Les trois suicides d'Ocgdavor Pithuliaz", dernier effort poétique de Donatien Marcassilar*[18]». La référence narrative est explicite: le nombre 3 désigne le troisième suicide, celui que narre notre fragment. Il y en a eu deux autres, d'un récit intense mais assez bref. Ils ne font qu'annoncer le troisième, le plus long, qui occupe tout l'espace-temps où «un homme» n'en finit pas de vivre et d'agonir au rythme d'un trois «final». Mais si un être de fiction peut traverser trois suicides, trois morts consécutives, est-ce que la mort est encore absolue, et le nombre terminal? Cet être fictif, cette somme d'êtres, peut-il mort vivre une autre mort, puis une troisième, comme si chaque fois elle n'était que la sienne? Le mot «*final*» a l'exactitude d'un leurre essentiel. La mort est un acte relatif, comme tous les actes. Elle implique une succession d'êtres et une modification des actes de vivre, notamment celle pour chacun de vivre la mort, le travail de mort différent selon les époques. La mort est une histoire[19]. «*Final*» en ce sens n'est donc pas final. Il désigne, à Fabrice et aux spectateurs, le dernier moment d'une mort singulière, objet du discours et de la représentation. Au théâtre, on parle de l'«acte final» ou d'un «dernier acte» qui, achevant la pièce jouée, ne ferme pas nécessairement la boucle des conclusions. Cette acception littérale est économique, elle adhère à la progression du texte. Le récit du troisième suicide ne finit pas d'achever le long monologue de Marcassilar, ou l'achève d'un suspens non terminal. **2.** X, lettre ou nombre? ou les deux? Sa présence ponctuée («*X*.») après un trois lui aussi ponctué («*Trois*.») ne laisse pas d'intriguer. Je l'avais par mégarde effacé lors d'une première transcription du texte[20], au risque de fourvoyer l'analyse. X: à la fois une lettre et un nombre. Il peut avoir une valeur de lettre comme Z, neuf fois (3×3) inscrit en v. 40, dans le râle final: Z dernière lettre de l'alphabet; X antépénultième, troisième lettre avant la fin, au début de la troisième agonie. Il peut donc ne pas recevoir la même fonction narrative, si l'on accepte l'hypothèse d'une numérotation des étapes du récit par transcription de l'abécédaire français (il vaudrait mieux parler en l'occurrence d'un ixigreczédaire, tout commençant par la fin). Est-ce que je cherche les poux de l'interprétation? Non, c'est le texte de Gauvreau qui trouve un interprétant ouvert, mais pareillement maniaque. Car la proximité de «*Trois*» et de «*X*» désigne un jeu de mots qui se ferait algébrique. «*Trois. / X.*» peut s'entendre en quatre sens au moins, comme $3X$ ($3 \times X$), $3+X$, donc $3 \neq X$, ou $3 = X$, addition des X, multiplication, non-égalité des termes, égalité. Si X n'est que la lettre qu'il est aussi, comment ne pas lire les prémisses du calcul que le collégien commence à inscrire sur le tableau noir, $3x$? X est alors un nombre inconnu dont toutes les possibilités de développement sont latentes. En quelque possibilité, même lorsqu'il est égal à x, 3 est génératif. Il forme une catégorie au delà de laquelle toutes les autres et tous les nombres peuvent se réduire à celle-là et à ce nombre, tandis que 3 ne peut se réduire à 2, tout en construisant un lien rétroversif entre 1 et 2. C. S. Peirce notait: «*Troisième, est la conception de la médiation par quoi un premier et un second sont mis en relation*[21].» Contrevenant aux préceptes de la logique classique, le tiers ne peut être exclu. Je souligne le terme *médiation*: 3 est le nombre relationnel par excellence; s'il n'est pas réductible à 2, il n'en établit pas moins une relation intelligible et ordonnée entre 1 et 2, ne serait-ce qu'en y introduisant la possibilité d'une abstraction, d'un calcul. Une poire et une pomme ne font pas 2, les bancs de collège le savent, non plus que l'affect et l'expérience. Pour construire un 2, il a fallu, dans les conditions historiques de formation de l'échange marchand, produire le concept d'objet, une abstraction de réalité, quelle que fût la chose ou la non-chose, c'est-à-dire un 3. À partir de ce nombre, il devenait possible de transformer les êtres qualitatifs distincts de la pomme et de la poire en objets productibles, additionnables, homogénéisables et échangeables. Les grammaticiens-rhétoriciens-mathématiciens-philosophes grecs, romains et arabes ont attendu l'occasion d'instruire les marchands qui les prévariquaient. Traduisible historiquement dans les pratiques de l'affectivité, de l'expérience et du raisonnement, la relation intellectuelle de 3=2+1 est mathématiquement dynamique. Si tous les nombres au delà de 3 sont réductibles en raison de la médiation que ce nombre établit entre 1 et 2, il s'ensuit que le calcul peut tous les générer sur cette base. Le nombre 3 est expansif, il s'étend à l'infini mathématique ordonné d'une loi des nombres, d'un symbole 3. L'automatiste Gauvreau, l'exploréen, n'appréciait pas le recours à l'abstraction. Il y percevait un déni des flux «créatifs» et de l'instantanéité, un intellectualisme, une erreur insoutenable, une petitesse. Mais je n'y peux rien si l'intensité abstraite de la pensée peircienne adhère à l'écriture de Gauvreau, si le nombre 3 continue d'opposer aux cultures dualistes des élites les affres de la dialectique, si l'intellectualité des artisans, artistes et théoriciens n'est pas à confondre avec l'intellectualisme, si Gauvreau était un intellectuel qui se défendait d'en être un malgré la prolifique intellectualité pratique de son œuvre. La générativité du nombre 3 rejoint celle de l'invention de langage: l'action poétique et dramaturgique suppose un développement potentiellement infini, en même temps qu'un développement ponctuel qui détrompe la tentation du retour à l'Un, à l'Unique, au Seul. Cette tentation, Gauvreau l'imposait avec trop d'ostentation pour que ce «non-intellectuel» prétendu ne l'affectât point d'un certain intellectualisme de doctrine. Il vouait à l'enfer du sens les nombreux «intellectuels» auxquels il reprochait un intellectualisme que ses propres démonstrations reproduisaient. Le monisme affiché de Gauvreau n'était ni celui de Hegel, ni celui de Haeckel, ni même celui de Peirce[22]; il n'y entrait aucune variété explicite ou réfléchie de matérialisme (marxien), de rationalisme matérialiste (haeckelien), de spiritualisme du mouvement (peircien). Sa pensée consciente le portait au contraire au solipsisme. On l'a déjà souligné et il n'y a pas lieu d'y revenir, sinon pour corriger, voire contrarier cette interprétation sur un point essentiel: la pratique de l'invention. L'invention est dialogique. Elle parle à un autre ou à d'autres, elle inscrit l'empan de leurs réponses possibles dans le rythme de son écriture, elle n'est pas solipsiste, même si l'intention ou l'idée le demeure, elle produit la générosité d'un moi qui entreprend de n'être plus Moi. L'invention est dialectique. Elle pratique le tiers, l'inconnu, ailleurs exclu. Elle ne ferme pas la boucle, ne conclut que pour le provisoire, sauf chez Hegel. L'interprétance n'est pas une synthèse. Le mouvement triadique suscite la suite et ses discontinuités, accepte dans le langage l'inattendu lexical, morphologique et rythmique, constate les récurrences déjà apparues, y prend appui pour de nouvelles récurrences inouïes, pour l'autre à travers et malgré le même.

Tout comme «*Zoumpi*» (v. 28) reprend et coalise en les modifiant les «*bomm*» et «*arrazzoum*», eux-mêmes tributaires de variations préalables, «*Zic — Brouttt — thah!*» (v. 29) s'appuie sur le rappel d'une fricative sifflante sonore [z], d'une occlusive palatale sourde [k], d'une bilabiale sonore [b], de la voyelle antérieure *ou* [u], d'une dentale sourde [t] insistante et quatre fois marquée dans le voisinage de [b-r-u] pour annoncer dans «*thah!*» un *h* aspiré [h*] que la phonétique du français normatif ne connaît pas, à la fois proche du χ grec et de la chuintante sourde *ch* [ʃ]. Ce [h*] est celui du râle final «*hhhhhhhhh!*» (v. 40) imprononçable autrement. Le râle ne conclut narrativement que le troisième suicide d'un Ocgdavor Pithuliaz inventé par un Donatien Marcassilar qui continue de tenir son rôle dans une pièce qui ne s'achève pas sur ce récit. Le râle est suspensif, comme le point d'exclamation qui le ponctue pour l'accent d'insistance et la hauteur tonale. De même, le [h*], neuf fois marqué, 3 x 3, est un multiple et ne termine rien. Il accomplit la progression narrative du râle, condense la dissémination phonique qui l'a préparé, mais ne l'achève pas, la détermine à d'autres rebonds, d'autres multiples, aux déploiements ultérieurs.

• En attendant ces rebonds, le quatrième «moment» confirme le nombre 3 déjà narrativisé et phonétisé. «*C'est pour cela, Fabrice, c'est pour cela que je meurs... C'est pour défendre cela.*» tient, par un retour apparemment plénier à la langue normative, en trois phrases où trois expressions, «*C'est*», «*pour*» et «*cela*» sont trois fois itératives. Ce serait «C'est pour cela» si la troisième expression, le «*cela*», ne se voyait pas attribuer dans la troisième phrase, «*C'est pour défendre cela*», une position différente et une autre fonction complétive. Ce serait le moment final d'un texte rhétorique divisé en trois parties dont celle-ci formerait la conclusion définitive, après exorde et développement obligatoires, s'il n'y avait pas eu deux suicides suspensifs de la même personne, si le troisième n'était donc pas conclusif, et si la mort annoncée, démentie par la suite, ne résistait pas à l'acte de mourir. Le modèle rhétorique est déjoué.

❏

Encore un mot sur les rapports du langage et du sens. Tout au long de la récitation de Marcassilar, et même au v. 42, l'usage scandé d'une langue normative est demeuré dépendant du «gauvreau» qui y a installé ses brisures. Je reviens au v. 28, rythmiquement et sémantiquement nodal: «*Ikkakkla. Vic. Trouppouc. Homme. Lik. Il est. Zoumpi.*» C'est ici que la soumission des règles convenues de grammaire, de syntaxe et de sens commun, leur déplacement et leur réarticulation sur une oralité expressive sont le plus manifestes. La forme «*Homme.*» retient l'attention. Le texte de la récitation prédiquait jusqu'alors «*un homme*», prédiquera de nouveau par la suite cette désignation. Il s'agissait déjà, il s'agira encore d'une expression, au sens décrit plus haut: «*un homme / bomm*» (v. 6-7) et «*Un homme. Ippléla.*» (v. 36). L'oralité du cri conglomère les instances de l'article et du nom, les subordonne à une régie rythmique graphiquement ponctuée qui accompagne l'invention lexicale. Mais l'expression «*un homme*» conserve la distinction des catégories grammaticales. Le v. 28 les abolit en supprimant l'article et en assignant à l'expression «*Homme.*» la fonction d'un simple vocable dont il fait l'intégrant d'une autre syntaxe. Ce vocable reçoit un contour tellement général qu'il échappe, non seulement à la désignation d'un existant individuel, mais même à la définition habituelle du nom commun en position syntaxique. Il n'est ni un vocatif, ni un sujet, ni un complément. Sa portée est néanmoins considérable. Elle lui vient d'un environnement contextuel lalique immédiat, celui de la chaîne séquentielle de v. 28, qui lui confère au moins trois dimensions, trois affluences: il devient un mot dont le statut grammatical est identique à celui de «*Trouppouc*» et de «*Lik*» en avers et à devers; pragmatiquement, il devient un moment ascendant de l'acte de parole; cette combinaison le détermine à devenir sémantiquement tout homme. Sans doute cet «*homme*» est-il *un* homme. On le présume, dès lors que, sitôt après «*Lik*», il rappelle un «*il*». Mais «*il est*», seule forme phrastique normée dans la séquence, continue, même en cette position, d'affirmer la généralité d'une essence. La généralité n'est toutefois qu'un élément de l'essentiel. «*Homme.*» dûment ponctué est à la fois tout homme, tout l'homme et une singularité de cet homme Pithuliaz. Le mot-phrase cumule les trois genres, parce que cette expression est un acte qui entre dans une chaîne de parole dont le rythme les lui assigne. Sur le plan du langage en acte, «*Homme*» est un existant indéfini au même titre que «*trouppouc*» et «*Lik*» qui n'ont aucune fonction désignative. C'est aussi une essence ou un symbole, en raison de la position médiane de l'expression et de son rôle médiateur: «*Homme*» (qu'il faudrait marquer phonétiquement en redoublant le *m* [ɔ-m-m]) allie en milieu de séquence une aperture maximale, celle du *o ouvert*, à la fermeture buccale insistante de la nasale labiale *m*, accentuant ainsi les contrastes phonétiques de la séquence. C'est enfin, sur le plan des positions en quelque sorte parasyntaxiques, un existant singulier défini et local dans la mesure où, pas plus que «*Ikkakkla*», «*Vic*», «*Trouppouc*», «*Lik*» et «*Zoumpi*», il ne revient deux fois sous cette forme dans l'ensemble du texte témoin.

Un seul être de langage unit cette tripartition. Elle fait sens pour la triade du signe. Mais elle déstabilise les hiérarchies du sens logique. Dans une construction logique, un *x* prédicable ou implicable ne peut pas exprimer en même temps une classe et sa sous-classe ou deux classes distinctes, telles que seraient une essence et un existant. L'essence n'est d'ailleurs pas un terme; elle est propositionnelle, et la proposition est véridictible. L'être de la logique est propositionnel, et il est de véridicité ou de non-véridicité dans les limites permises par le protocole du sens construit. L'existant, lui, n'est qu'un terme *x* ou *y*, l'un ou l'autre et non pas l'un et l'autre, à propos duquel on déclare ou asserte quelque autre chose qui l'englobe ou l'exclut. La logique est domaniale, et son domaine est impérial. Ici, au contraire, la proposition s'identifie à une seule expression orale non réductible, à la fois légisigne d'une essence, qualisigne d'une existence possible et sinsigne d'un existant spécifique[23]. L'expression orale, en cette mesure, est sans doute syncrétique. Mais l'environnement de cris lexicalement différenciés relativise ce syncrétisme, le singularise, le dissout par conséquent. Sur ce point aussi, il convient d'amender l'analyse.

«*Homme*», est-ce d'ailleurs seulement un cri? Non, c'est aussi l'interprétant d'une pragmatique narrative qui, tout en coalisant les cris dans une chaîne verbale, fait de chacun d'eux le moment rythmique particulier d'une progression de l'acte de raconter. L'expression est ainsi modalisée et précisée pour le déploiement d'un paradoxe: elle signe un autre homme que l'homme, un autre que tout homme et un autre qu'un homme, bien que le mouvement qui la distingue et l'unit intègre aussi ces trois acceptions. L'impérialisme du sens logique défaille devant un sens poétique qui parvient à l'interroger et à l'inquiéter. De nombreux logiciens l'ont compris, tel Nelson Goodman[24]. Fort heureusement. Car on ne saurait se passer d'une logique ouverte.

❑

Alors, des lalies? Non point seulement. Une invention de langage, cohérente. On objectera qu'elle l'est peut-être trop. Aucune œuvre d'art ne l'est trop, quand elle produit le monde. Celle de Gauvreau y parvient.

Elle requiert et modifie le chant d'Orphée. À la sortie des enfers, Orphée a reçu consigne du maître des lieux de ne pas se retourner, de ne pas regarder Eurydice, l'aimée, qui a reçu licence de renaître à la vie à la condition que le chant continue et ne soit pas interrompu d'un regard. Le vieux mythe continue de promulguer la primauté de l'ἀκουστόν (*akouston*) sur l'ὁρατόν (*oraton*), de l'écoute sur le visible, du texte écoutant sur les images visuelles du texte[25]. L'Orphée de la lyre ou du flûteau ne résiste pas au désir prohibé, Eurydice meurt une seconde fois. Les Mixeudeim et Marcassilar du texte de Gauvreau enfreignent pareillement la consigne. Ils ne cessent de se retourner vers l'aimée, motif et ornement fugitif du poème dit de voix, non plus de corde triple ou d'anche double. À la différence du chantre mythique qui ne meurt jamais, ils ne cessent de mourir jusqu'à une troisième et interminable mort, celle d'une Eurydice autre qui se confond dans la leur. Ici, le vivant ne quitte pas l'enfer. Il le réinvente d'une autre voix qui l'étend jusqu'à l'intime du langage. Je devien*t* alors un autre.

Montréal, novembre 1988 — Les Roches Saint-Paul, juillet 1990

Petit répertoire des termes utilisés et de leurs avatars littéraires*

La sémiotique de l'Américain Charles Sanders Peirce (1839-1913) à laquelle je me réfère pour son haut degré d'efficacité, est une dialectique du signe dont elle distingue trois aspects solidaires: son representamen qui devient un «ground», son objet, son interprétant. Trois aspects, non pas deux. La sémiotique de Peirce ne ressemble pas à celle de son contemporain genevois, le linguiste-sémioticien Ferdinand de Saussure (1851-1913), elle n'est pas dualiste. Non pas seulement un «signifiant» qui ne serait qu'une image acoustique, et un «signifié» qui ne serait qu'un concept. Mais une dynamique qui établit le signe, dont le representamen n'est qu'un moment potentiel, comme une *action* dans laquelle n'entre a priori aucun arbitraire. Contrairement à la sémiotique de Saussure, celle de Peirce intègre l'objet du signe et sa situation. Philosophe, logicien, mathématicien, météorologue, Peirce considérait que tous les objets réels ou fictifs font signe dans tous les domaines de la connaissance acquise. Il n'accordait donc aucun privilège particulier à la langue, bien qu'il eût un souci pointilleux de la grammaire; sa pragmatique des énoncés était celle d'un logicien réformateur, non d'un linguiste. Il définissait neuf catégories de signes généraux,

* Ce répertoire ne recense pas tous les termes analytiques utilisés dans le volume. Le texte du livre justifie en pleine page la description de nombre d'entre eux. Mais la technicité très spécialisée de plusieurs autres que l'analyse requérait demande un complément d'explication. Le chapitre 2 et surtout le chapitre 3 l'ont exigé en troisième lecture. Le glossaire ne fait que répertorier les concepts peirciens indispensables. Il ne suit pas l'ordre alphabétique, mais la progression des concepts.

dont il formulait 10 classes. À la fin de sa vie il allait jusqu'à repérer 66 classes possibles.

Je me contente de souligner, en les résumant, les catégories et sous-catégories utilisées pour l'analyse, ainsi que leur rapport aux trois aspects du signe peircien. En premier lieu, ces trois aspects ou moments déterminants.

Ground: Gérard Deledalle l'a traduit par «fondement[1]». Le terme français est honnête, mais pas très heureux. Il n'y a pas de «fondement» dans la sémiotique peircienne. Pas non plus de degré zéro. Pas de finitude à revers ou à devers, d'absolu d'un commencement ou d'une fin dans le possible du signe. Je préfère garder le terme anglais, plus exact. Le mot *ground* s'apparente à une «prise de terre» électromagnétique non encore mise en contact. Il désigne une qualité potentielle, une simple possibilité d'«énergie». En cet aspect, le signe est déterminant, mais seulement probable ou aléatoire. Il est un *«first»*, un «premier» provisoire. Pour qu'il commence à faire sens, il lui faut se réaliser dans un contact, dans une action, dans un objet singulier du signe. Il devient alors une énergie. Il est mis en relation, il n'est plus monadique, il n'a plus cet aspect. La qualité de «bleu» est virtuelle; elle advient lorsque j'accomplis l'acte singulier de poser un certain bleu sur la toile. C'est seulement alors que l'acteur peut constater ce déterminant du signe.

Objet: L'objet dans le signe n'est pas monadique, il est dyadique. Ce «*second*», ce «deuxième», est doublement l'objet représenté dans le signe et l'objet-signe, le signe singulier qu'il présente. Il est à la fois extérieur *et* intérieur, si l'on peut le dire ainsi. Car le signe ne peut se passer, ni de sa référence à l'objet qu'il image, indexe ou symbolise, ni de sa propre réalité dont il est l'acte. Dans ce moment du signe, l'objet est en effet une action. Il agit sur le «*ground*». Il le met en situation. Les deux aspects de la dyade déterminent la position relative de l'objet-signe. «*Immédiat*», il est «l'objet comme le signe le représente, et dont l'être par suite dépend de sa représentation dans le signe», tel en somme que le signe le subordonne aux formes actives de sa propre présentation. «*Dynamique*», il est au contraire «*la réalité qui par un moyen ou un autre parvient à déterminer le signe à sa représentation[2]*». Les deux mouvements de la détermination sont indissociablement inscrits dans le signe. En cet instant, le signe est une action singulière qui fait exister une réalité jusque là seulement potentielle. Le bleu que je pose sur la toile n'est pas n'importe quel bleu; il a de même un certain contour gestuel qui modifie sa qualité[3]. Yvernig, dans *Les oranges sont vertes*, est la figure d'une théâtralité néo-baroque qui scelle jusque dans la forme du nom les contours actifs d'une singularité jusqu'alors non proférée. En revanche, dans le même instant, la réalité intégrée au signe oriente sa représentation. Traduite dans un «*mind*» qui n'est pas un Esprit substantialiste, mais le mouvement même de la vie et sa transformation en signes, cette réalité déterminante se fait législative. Elle peut procéder d'un *habitus* existentiel nécessairement historisé, voire d'une simple convention contractuelle synchronique et sans histoire (l'arbitraire saussurien, si Peirce en avait eu connaissance, eût été en principe admissible, mais il ne l'eût été qu'au titre d'une variable non déterminante). À hauteur néo-logicienne, Peirce ne s'intéressait pas plus à l'histoire qu'à la langue, bien que sa théorie générale leur fît une place éventuelle. Après tout, la variante du bleu que je pose sur la toile est ordonnée selon un certain chromatisme des couleurs. Celui-ci est habituel ou conventionnel. Yvernig ou Mixeudeim reproduisent la règle de Hamlet, inversivement mais fidèlement. Ce bleu, cet Yvernig, ce Mixeudeim sont les figures d'un objet dynamique du signe qui dépend de sa relation à l'interprétant.

Interprétant: Ce troisième aspect n'est pas l'interprète, qui n'est qu'un «quasi-esprit», mais un intégrant du signe. Ce dépôt actif du «*mind*», de la vie en mouvement, est triadique. Il détermine sa relation à l'objet, dynamique ou immédiat, qui agit sur le «*ground*». Il est donc une relation de relation. Dans le mouvement du signe, ce «*third*», ce troisième, est même la condition de possibilité pour que l'objet-signe active le «*ground*». Il est solidaire des deux autres aspects. Mais il noue leur transformation interne, par conséquent celle du signe, sur celle de la chaîne entière. Car ce troisième intégrant du signe n'est pas une image conceptuelle, un «signifié» saussurien supposé stable en synchronie. Il est au principe d'une capacité hypothétiquement infinie de modification. (Saussure constatait ce qu'il appelait des «altérations». Il les profilait en diachronie. Mais le stabilisme de son système ne lui permettait pas de les expliquer.) Élément d'un signe x quelconque, l'interprétant devient en effet, en raison des transformations induites dans ce signe, le «*ground*» d'un autre signe. Non pas le «*ground*» de n'importe quel autre signe indifférencié, mais celui d'une *action* singulière possible transmise à l'action législative de cet autre signe particulier. Celui-ci a son propre interprétant qui engendre à son tour une autre possibilité d'action signique. Ce processus de transformation n'a pas de fin, et il serait concevable que la chaîne n'ait pas non plus de commencement. Car le signe *x* quelconque est lui-même l'action réalisée d'un autre interprétant. Il n'y a pas de limite théoriquement assignable au déploiement des signes. La temporalité des situations d'emploi est certes une limite ponctuelle, mais elle n'intervient pas au même rang; elle est un temps d'arrêt, comme une suspension provisoire de la chaîne. Ainsi se forme le mouvement d'*interprétance*. On pourrait représenter ce mouvement sous la forme d'une spirale, non pas d'une simple verticale. Chaque moment ellipsoïdal de la spirale, chaque interprétant générateur de la chaîne, est en intersection avec un moment ellipsoïdal quelconque d'une autre spirale et, par ce contact, avec encore d'autres mouvements spiralés de l'interprétance. Car un signe n'existe que de sa relation primitivement métaphorique avec un autre signe qui lui est concomitant. Le bleu est un signe réalisé quand il entre en contact avec un jaune et un orange qui le modifient, lui-même les modifiant. C'est cette modification, cette intersection qui rend possible le mouvement de l'interprétance en chacune des spirales. Il n'y a donc pas une seule spirale, mais plusieurs entrelacées, une tresse de spirales. La *sémiose* est cette tresse, ou l'ensemble de ces tresses. Sémiose ou *semiosis*: Peirce formait le concept à partir d'un mot grec de l'époque romaine, σημείωσις, qui «*signifiait l'action de presque n'importe quel signe; et ma définition confère à tout ce qui agit de cette manière le titre de "signe[4]"*». Le théoricien pionnier entendait par *semiosis*, «*une action ou influence qui est ou implique la coopération de trois sujets, tels qu'un signe, son objet et son interprétant, cette influence tri-relative n'étant en aucune façon réductible à des actions entre paires[5]*». Les notions de spirale et de tresse ne sont pas de Peirce. Je les évoque pour figurer le mouvement triadique du signe qui, dès lors qu'il est une action, déploie ses relations avec tout autre signe.

Peirce distingue trois types d'interprétants. Selon les époques de sa réflexion, il les appelle «immédiat», «dynamique» et «final», ou respectivement «affectif», «énergétique» et «logique». Les deux terminologies n'adoptent pas en tout point les mêmes définitions.

• L'interprétant *affectif* (*emotional*) est un «sentiment que le signe produit». «*Il y a presque toujours un sentiment que nous finissons par interpréter comme étant la preuve que nous comprenons l'effet propre du signe[6]*», qui n'est pas nécessairement sa «vérité». L'exécution orchestrale d'une pièce musicale est un signe dont l'interprétant est affectif, quels qu'en soient les autres interprétants idéels. Le Corbeau du poème «ICBM» de Paul-Marie Lapointe est un interprétant affectif en tant que tel. De même, la litanie des injures à la fin de *La charge de l'orignal épormyable* de Claude Gauvreau est un signe étendu qui reçoit un interprétant principalement affectif. Si l'on se borne à ces trois exemples, les interprétants affectifs ont des dimensions et des durées de réalisation très variables. L'interprétant affectif est plus englobant que l'interprétant *immédiat* (*immediate*). Celui-ci, de conception antérieure, désignait «*l'interprétant tel qu'il est révélé dans la compréhension correcte du signe lui-même, et est ordinairement appelé la signification du signe[7]*». L'interprétant affectif assume la signification du signe, notamment la signification linguistique, mais ne lui assigne pas une forme «correcte».

• L'interprétant *énergétique* (*energetical*) a dans le signe l'aspect d'un «effort». «*Si un signe produit un autre effet signifié propre, il le produira par le moyen de l'interprétant affectif, et ce nouvel effet impliquera toujours un effort[8].*» Celui-ci peut être musculaire. Il est le plus souvent «mental». Le «mental» chez Peirce n'a qu'un rapport lointain avec la psychologie de son temps et n'en a aucun avec une théorie substantialiste quelconque. Tributaire du «*mind*» qui, forme de vie et d'action, est un «esprit» immanent, un corps-esprit[9], le mental est lié au double phénomène de dépense et d'acquisition d'énergie. On l'appellera plus tard procès de cognition. Pour une part, il préfigure l'étude de la neurophysiologie d'aujourd'hui. Mais pour une autre, il est une forme existentielle inscrite en circonstance. À ce dernier titre, il fait implicitement appel à une histoire de la formation pratique des concepts et habitudes de pensée; il sollicite un troisième type d'interprétant, le «logique». Dans l'instant de son intervention, l'interprétant énergétique ne fait que se développer en chacun des actes singuliers de la vie courante et n'accède pas à la généralité du troisième type d'interprétant qui, néanmoins, mobilise les notions de développement et d'énergie. Celles-ci demeurent donc essentielles. L'interprétant *dynamique* ne les indexe qu'indirectement. «*Effet réel que le signe, en tant que signe, détermine réellement[10]*», l'interprétant dynamique constate la réalité du signe. Mais la notion n'appréhende pas le mouvement de cette réalité, de cette efficacité du signe, comme le fait l'interprétant énergétique. Deux orientations définitionnelles distinguent les deux termes. La seconde saisit, hors circonstance, la stabilité conceptuelle d'un immédiat opposé à un médiat. La première désigne l'énergie et le mouvement qui informent, en circonstance, les éléments du concept.

• L'interprétant *logique* (*logical*) procède d'un «*changement d'habitude*» qui exclut «*les dispositions naturelles*», et ce changement résulte «*d'expériences antérieures*» ou «*d'efforts antérieurs*[11]» du sujet. Qu'est-ce, d'abord, qu'une habitude? Elle serait l'aptitude à «*agir d'une certaine façon dans des circonstances données et quand on y est poussé par un mobile donné*[12]». Peirce ne se prononce pas directement sur le statut du mobile. Celui-ci peut relever «*de* [la] *volonté* [d'une personne] *ou de ses actions, ou de ces deux genres de causes*[13]». La volition ou l'intention psychologique d'un sujet singulier et la pratique qu'il exerce ont donc des «causes» distinctes, même si l'une et l'autre causes peuvent se combiner dans l'acte. L'acte et ses circonstances demeurent apparemment le moment théorique déterminant. En cela, le *habit* peircien, «*qui n'est pas du tout exclusivement un fait mental*» et est «*entièrement inconscient*[14]», a des dimensions pragmatiques qui rejoignent la conception que Hume, au XVIIIe siècle, se faisait de l'*habitus*. Le changement d'habitude participe d'une pensée active. Celle-ci a recours à la généralité du concept. Mais le concept n'est pas détaché du «sentiment» pratique. Car il s'appuie sur «*une expérience involontaire de nature suggestive, de cette suggestivité qui a une certaine relation occulte avec la formation de l'esprit*». Les idées liées à la puissance de l'expérience et de la suggestion involontaires «*prennent la forme de conjectures*». Elles sont les «*premiers interprétants logiques*[15]». Tous les concepts, y compris les concepts scientifiques, apparaissent d'abord sous cette forme. Conjectures, idées du «rêveur»: elles amènent Peirce à penser le moment de l'hypothèse, l'*abductif*, à lui découvrir une place indispensable dans la construction de l'argument (*cf. infra* —> *argument*). Les conjectures ont la qualité du concept en ce qu'elles présentent toutes, si diverses soient-elles, un caractère de généralité. C'est à ce titre qu'elles sont des interprétants logiques. En même temps, le mouvement des concepts «*et autres choses du même genre*[16]» garde l'empreinte du moment conjectural et des idées du rêveur, de ce moment «psychique» et non pas «*psycholo-*

gique[17]». Le mode conditionnel, le «*futur conditionnel*[18]» demeure celui de toutes les sortes de concepts, de tous les interprétants logiques. Aux étapes ultérieures du développement de la pensée, le «*serait*» continue de guider la construction de l'argument, quel qu'en soit le genre et même si la présentation qui en est faite asserte le conditionnel comme un «est». — L'*interprétant final*, quant à lui, «*renvoie à la manière dont le signe tend à se représenter lui-même comme étant en relation avec son objet*[19]». Cette définition met l'accent sur la tendance. Elle préserve, par conséquent, la possibilité du conditionnel, du «*serait*» de l'interprétant logique. Elle occupe le même champ. Mais elle n'y manifeste pas la même amplitude critique, l'interprétant logique contestant, outre la «psychologie», une logique traditionnelle fermée non pas à la rationalité mais à son mouvement. Enfin, l'interprétant final n'est pas final dans le sens hégélien d'une fin de l'histoire. Peirce ignorait l'histoire, que sa *semiosis* aurait pu reconnaître, et se méfiait tout autant de Hegel. L'interprétant «final» signifie seulement une adéquation relative, terminale en circonstance, du signe développé à son objet, cette relation n'étant pas autrement terminable. L'interprétant final de «ICBM» de Paul-Marie Lapointe est le poème lui-même.

Icone: Une icone (*icon*, du grec εικων, eikôn) est un *representamen* qui est censé avoir quelque *similarité* avec son objet. Tout comme l'*indice* et le *symbole* (*cf. infra*), l'icone entre dans une classe de signe qui caractérise une relation à l'objet. Elle relève donc d'une *secondness*, c'est-à-dire d'une action de l'objet sur le signe et, par suite, du signe sur l'objet. À ce titre, les combinaisons ou catégories de signes dont l'icone est un intégrant sont déjà informées de plusieurs autres possibilités de signification, celles-ci relevant d'une *firstness* ou d'une qualité potentielle du signe.

Remarque: «Le Petit répertoire» ne retient que latéralement les termes que l'analyse n'a pas requis. Le *qualisigne, le sinsigne* et le *légisigne* désignent les trois degrés de la relation du signe à lui-même. Le signe iconique les mobilise, soit comme pure qualité potentielle de signe (qualisigne), soit comme possibilité d'une action sur cette qualité (sinsigne), soit encore à un plus haut degré de développement comme interprétance législative de cette possibilité (légisigne). Seule l'icone a la capacité immédiate de les intégrer tous les trois: le qualisigne par sa réalisation dans l'image, le sinsigne dans le diagramme, le légisigne dans la métaphore. Pour l'indice, l'intégration du qualisigne est médiate; et de même, pour le symbole, celle du qualisigne et du sinsigne (*cf. infra*).

Mais à chaque forme de relation, du signe à lui-même (*first*), de l'objet au signe (*second*) et de l'interprétant du signe à son objet (*third*), à cette triade schématiquement verticale correspond une autre triade, celle-ci horizontale. Dans l'ordre de la *secondness*, sous le rapport du signe à son objet, l'icone est un premier, l'indice un deuxième, le symbole un troisième. «Une icone est un representamen *dont la qualité est la priméité du* representamen *en tant que premier. C'est-à-dire qu'une qualité qu'elle a* en tant que chose la *rend apte à être un* representamen[20].»

La question posée par l'icone ne doit pas être confondue avec celle de la ressemblance à l'objet. Elle ne doit pas être réduite non plus à la seule image visuelle.

D'abord, il se peut que l'objet représenté ne soit pas physique mais consiste en une pure abstraction. Ainsi, «*une icone est un signe qui le rend signifiant, même si son objet n'existait pas. Exemple: un trait de crayon représentant une ligne géométrique[21]*».

Ensuite, une distinction apparaît entre ressemblance et similarité. Peirce écrit, c'est vrai, que «*n'importe quelle chose peut être un substitut de n'importe quelle chose à laquelle elle ressemble[22]*». Mais plus loin, dans le même paragraphe, il note qu'«*un signe peut être iconique, c'est-à-dire peut représenter son objet principalement par sa similarité, quel que soit son mode d'être[23]*». La notion de ressemblance induit le plus souvent celle de reproduction ou de copie d'un existant matériel. Mais de quelle reproduction ou copie peut-il encore s'agir lorsque le référé, dont l'icone est le substitut, n'a pas d'existence matérielle physiquement observable? Pour leur part, A. J. Greimas et J. Courtés considèrent que «*la définition du signe par ce qu'il n'est pas est sémiotiquement peu pertinente[24]*». Leur sémiotique est différente, voire opposée: elle ne considère pas «l'objet» comme un intégrant du signe. Plus subtil, Peirce note que la ressemblance n'est pas de l'icone à l'objet, mais de l'objet immédiat du signe à l'icone[25]. La notion de similarité introduit le dynamisme d'une autonomie relative: que l'objet soit physiquement observable ou fictif, et même s'il est dit extérieur ou dynamique, le signe iconique a pour fonction essentielle d'en *présenter* la représentation. L'icone est un acte dont la forme de travail ne reproduit pas celle de l'objet représenté. Quand Paul-Marie Lapointe écrit «Corbeau», tous les représentés du corbeau demeurent possibles.

Enfin, ce dernier exemple permet de comprendre que le signe iconique n'est pas réductible à la seule image visuelle. Il informe toute idée et même toute assertion. Bien qu'il ne soit ni l'une ni l'autre, il en est un élément indispensable: «*La seule façon de communiquer directement une idée est par le moyen d'une icone; et toute méthode indirecte pour communiquer une idée doit dépendre pour son établissement de l'utilisation d'une icone. Par suite, toute assertion doit contenir une icone ou un ensemble d'icones, ou bien encore doit contenir des signes dont la signification n'est explicable que par des icones. L'idée que signifie l'ensemble des icones (ou l'équivalent d'un ensemble d'icones) contenues dans une assertion peut être appelée le* prédicat *de l'assertion*[26].» Le Chapitre 2 présente le «Corbeau» comme l'intégrant d'un paradigme (brontosaure, César, inca, Corbeau) qui a la valeur d'un prédicat. Il s'agit ici d'un acte de discours ou de langage réalisé selon la langue et comportant un élément actif de l'assertion. L'image visuelle n'a donc pas le monopole de ce mouvement. Elle n'en est pas pour autant exclue. L'idée et son moment assertif reçoivent une généralité théorique telle que, par exemple, l'image picturale participe également d'une assertion, d'un mode de la construction propositionnelle. Si je pose un certain bleu-nuit sur la toile selon un certain contour iconique défini par le voisinage d'un gris-vert et d'un rouge orangé, je forme un prédicat de cette proposition picturale. Le «Corbeau» n'en garde pas moins, scripturalement et pour l'écoute, la qualité d'une icone.

Peirce distingue trois genres de signes iconiques, qu'il appelle des *hypoicones*, selon le degré de complexité de leur signification réalisée:

• L'*image* présente les «*simples qualités*[27]» de l'objet représenté. La qualité du signe réalisé ne reçoit encore qu'une signification presque indécidable. L'image *présente* cette signification-là. Elle paraît être adéquate à l'objet dont elle fait la présentation. On peut supposer que le type d'interprétant qu'elle appelle est l'interprétant affectif ou immédiat. En ce sens, le «Corbeau» de «ICBM» est une «image». On peut également supposer que plus l'image saisit la qualité potentielle de l'objet, plus elle est informée de son *qualisigne* (*cf. Remarque, supra*).

• Le *diagramme* représente «*les relations, principalement dya-diques ou considérées comme telles, des parties d'une chose par des relations analogues dans* [ses] *propres parties*[28]». Le diagramme présente des singuliers, des «parties» de l'ensemble représenté. C'est en ce sens qu'il est dyadique, qu'il intervient à un deuxième degré, à un *second*, dans la formation iconique. Mais les singuliers qu'il présente sont les siens, et il les présente par analogie avec les singuliers représentés. Selon une autre terminologie, le diagramme pourrait être interprété comme une synecdoque étendue. Il accepte dès lors beaucoup de possibilités d'application. La reprise de la partie Hamlet par la partie Mixeudeim (l'anglais possède le beau mot *part* qui désigne à la fois le rôle actif et la partie) est diagrammatique. Elle procède par «analo-gie». Peirce n'utilise pas le terme «homologie» qui serait plus proche de sa pragmatique génétique. Mikhaïl Bakhtine aurait parlé, en conni-vence, d'un dialogisme de l'intertexte qui est très éloigné d'une pen-sée de l'analogie. À un certain degré d'abstraction, le diagramme peut s'interpréter comme un *graphe existentiel*. La notion de graphe, Peirce l'emprunte à deux mathématiciens anglais du XIXᵉ siècle, W. K Clif-ford et J. J. Sylvester. Comme eux, il entend par là «un diagramme composé principalement de points et de lignes reliant certains de ces points[29]». Tels seraient les points et lignes reliant les sujets ou objets d'une même proposition, quelle que soit leur fonction relative. Cette méthode permet de construire des homologies intertextuelles. J'ai trouvé efficace d'y recourir pour l'analyse de *La charge de l'orignal épormyable* de Claude Gauvreau. Peirce a considérablement dévelop-pé la théorie des graphes, qu'il a notamment investie dans l'étude des relations quasi-propositionnelles (*cf. Dicent, infra*). Sauf erreur, le dia-gramme proposerait un interprétant dynamique.

• La *métaphore* est d'un troisième degré, d'un *third* iconique. Elle «[représente] *le caractère représentatif d'un* representamen *en re-présentant un parallélisme dans quelque chose d'autre*[30]». Peirce confère un sens très général à la métaphore. Il y englobe non seule-ment les figures de mots, les tropes, mais aussi toutes les figures, de style ou de discours, de la rhétorique classique qui s'empressait de les distinguer. Le parallélisme est le propre de toutes les «figures». Sa dé-finition relève d'une rhétorique aristotélicienne dont elle exerce en même temps la dérive. Elle en relève dans la mesure où, pour Aristote, la métaphore était une figure générique, calculable sous le signe d'une analogie valable pour toutes les autres figures. Elle dément toutefois la lettre de cette rhétorique ancienne dans la mesure où la métaphore peircienne déploie une triple représentation (*représentation* du caractère *représentatif* d'un signe par *représentation* d'un parallélisme) là où Aristote n'envisageait qu'une double représentation d'objet. Que peut-on entendre par «représentation d'un parallélisme»? S'il y a en ce cas représentation, il y a donc un parallélisme préalable ou un parallélisme représenté. Serait-ce celui du diagramme? À sa manière, le diagramme offre un parallélisme entre les parties d'objet représentées et les éléments synecdochiques que le graphe constitue en éléments quasi-propositionnels. Est-ce que la métaphore le *re*présente? Mais ce serait oublier que la métaphore peircienne est une figure englobante qui se passe de la synecdoque ou qui la subsume. En outre, ne faudrait-il pas insister sur le caractère présentatif de la métaphore dans la mesure où celle-ci ne reproduit pas seulement un sens caché dans un signe présent, mais produit ce signe qui agglomère bien d'autres significations? Bien que Peirce n'en dise pas grand'chose, je supposerais que le signe métaphorique iconique mobilise au moins trois significations: la sienne propre, c'est-à-dire la signification conventionnelle du mot ou de la forme utilisée, celle d'au moins un autre objet ou signe représenté, enfin celle distincte du parallélisme. Il est difficile de penser qu'un parallélisme métaphorique puisse présenter autre chose que lui-même et que, par conséquent, il puisse représenter un autre parallélisme. Dans un ensemble de parallèles, l'important n'est pas que l'une des lignes ou signes représente un ou plusieurs objets et parmi eux, hypothétiquement, un autre parallélisme. L'important est cet ensemble lui-même et la nouvelle signification qu'il *présente* à ses intégrants, signes, objets ou parallèles. Une métaphore est nécessairement multivalente. Les signes de ce genre sont non récurrents, et la polysémie qu'ils essaiment est chaque fois distinctive. Lorsqu'ils se prêtent au réemploi, à la simple reproduction, ils perdent — contrairement aux affirmations de la tropologie classique qui admettait la métaphore figée — leur caractère métaphorique.

Bien que lacunaire ou défaillante, la définition triadique de la métaphore chez Peirce permet de commencer à comprendre le fonctionnement ternaire des transferts intertextuels. L'invention par Gauvreau d'un parallélisme entre *Hamlet* et *La charge de l'orignal épormyable* ne relève pas seulement du diagramme, de l'établissement d'une synecdoque par reprise de la figure partielle de Hamlet dans celle de Mixeudeim; c'est l'*action* originale de la pièce nouvelle qui crée

une métaphore d'ensemble étendue aux dimensions du texte dramaturgique. Elle s'instaure dès une *image* des connaissances textuelles
transformées *diagrammatiquement,* et produit un parallélisme dérisif
qui est le sien, inexistant jusqu'alors sous cette orientation de l'interprétant.

La définition peircienne a également l'avantage de ne pas privilégier le discours ou le texte. Elle reçoit une telle généralité conceptuelle qu'elle s'applique, de droit, à bien d'autres formes signiques:
par exemple au déploiement du signe pictural, à son extension dans
l'espace du tableau.

La métaphore serait donc la forme triadique la plus développée de
l'icone. Pour ce qui est de son interprétant, voici quelques étapes de
construction d'une hypothèse: 1. En tant que tout signe iconique relève
d'un *first* dans l'établissement du rapport *second* de l'objet au signe, il
semblerait que l'interprétant dominant de ce signe, métaphore comprise,
soit l'*affectif* ou l'*immédiat* (*cf. supra*). 2. Néanmoins, le développement triadique de ce signe jusqu'au troisième degré de la métaphore
paraît impliquer l'intervention relative correspondante des autres interprétants de la triade sémiotique. Ainsi, dans le cas du diagramme,
l'interprétant *énergétique* ou *dynamique* (*cf. supra*) tendrait à informer
l'interprétant immédiat du signe iconique. 3. Il n'est pas impossible
qu'un «interprétant logique» joue le même rôle relatif pour la métaphore,
compte tenu des positions conjecturales impliquées dans la construction des métaphores scientifiques comme dans celle des métaphores
poétiques. La dernière terminologie peircienne, qui date de 1908,
évoque des interprétants *explicites* ou *éventuels* ou *ultimes.* Ces termes
paraissent s'adapter à la fonction assertive de la métaphore poétique
qui, affirmant une conjecture, affirme en même temps une décision de
réalité. Peirce, il est vrai, avait écrit en 1893 que les icones «*n'affirment
rien*». Les icones, donc toute icone, métaphore incluse, sont censées ne
rien affirmer, contrairement à ce qu'on vient de supputer. «*Si une icone
pouvait être interprétée par une phrase, cette phrase devrait être au
"mode subjonctif", c'est-à-dire qu'elle dirait simplement: "Supposons
qu'une figure ait trois côtés, etc."*[31]» Les deux interprétations ne sont
pas mutuellement exclusives. L'énoncé d'une conjecture peut bien recevoir les modes subjonctif ou conditionnel, mais l'*acte* de la métaphore affirme la conjecture, immédiatement dans le cas de la métaphore
poétique qui l'asserte comme vérité, médiatement et de façon suspensive
dans celui de la métaphore scientifique.

Indice (index): «*Je définis un Indice* comme étant un objet Dyna-mique* en vertu de la relation réelle qu'il entretient avec lui. Tel est un Nom Propre* (un légisigne). Telle est l'apparition d'un symptôme d'une maladie* [...]32». L'indice est plus englobant et plus actif que la figure de la contiguïté, la métonymie de la tropologie classique. La métonymie ne fait que représenter un objet réel, ou supposé réel par fiction, qui serait dans la proximité d'un autre objet réel. Une double métonymie populaire française en offre un exemple: «S'envoyer un *verre* derrière la *cravate*»: /verre/ représente le contenant du contenu «vin», et /cravate/ désigne un ornement vestimentaire masculin posé dans le voisinage de la «gorge» par où passe le vin. L'extension de l'indice peircien permettrait d'inclure dans cet exemple une troisième métonymie que ne relèvent ni la rhétorique classique, ni la rhétorique structuraliste, ni la psychanalyse lacanienne qui fait un abondant usage de ce trope. À savoir la circonstance datée: /cravate/ renvoie à un «homme» ou à des hommes tous masculins désirant boire ou en train de boire du vin, et à une époque où seuls les hommes étaient censés parler du vin que, dans certains milieux, ils buvaient en compagnie des dames, les femmes n'en acceptant qu'«un tout petit verre» ou «un doigt». On contestera d'un détail la pertinence de l'argument construit sur l'exemple cité: l'expression indique, non pas la conversation mon-daine ou le repas d'une famille aisée de début de siècle à Paris, mais des propos de cabaret à la même époque, quand les hommes d'un au-tre milieu buvaient entre eux chez le bistroquet parisien. Sans doute, mais l'objection confirme l'accent mis sur la circonstance et sa data-tion. Une autre définition de Peirce implique cette solidarité multiva-lente de l'indice, de son objet et de sa circonstance: «*Un indice est un signe qui renvoie à l'objet qu'il dénote parce qu'il est* réellement af-fecté par cet objet**. *[...] Dans la mesure où l'indice est affecté par l'objet, il a nécessairement quelque qualité en commun avec l'objet, et c'est eu égard aux qualités qu'il peut avoir en commun avec l'objet, qu'il renvoie à cet objet*33.» La postulation suivante et son exemple amplifié insistent sur le rôle nécessaire de la circonstance dans la for-mation de l'indice: «*On ne peut énoncer aucun fait sans utiliser quelque signe servant d'indice. Si A dit à B: Il y a un incendie*», B de-

---

* G. Deledalle respecte les majuscules de Peirce, en même position. Je les transcris telles quelles.
** Je souligne.

*mandera: "«Où?" Sur ce, A sera forcé d'avoir recours à un indice,
même s'il veut dire quelque part dans l'univers réel, passé ou futur.
Sans quoi il n'aurait fait que dire qu'il existe une idée d'incendie, ce
qui ne fournirait aucune information, puisque le mot "incendie", sauf
s'il était déjà connu, serait inintelligible. Si A indique du doigt l'incendie, son doigt est* dynamiquement* *lié à l'incendie, autant que si un aver-
tisseur automatique d'incendie l'avait réellement tourné dans cette direction, tout en forçant les yeux de B à se tourner dans cette direction, son
attention à se fixer sur lui et son entendement à reconnaître que sa question a trouvé une réponse. Si la réponse de A est: "À mille mètres d'ici",
le mot "ici" est un indice; car il a précisément la même force que s'il
avait indiqué énergiquement du doigt l'espace entre lui et B. De plus, le
mot "mètre", bien qu'il soit mis pour un objet d'une classe générale, est
indirectement indiciaire, puisque les mètres en bois ou en métal eux-
mêmes sont des signes du mètre-étalon, et ce, non parce qu'ils ont des
qualités semblables, car toutes les propriétés d'une petite barre sont, autant qu'on puisse en juger, les mêmes que celles d'une grande, mais parce
que chacune de ces barres a été, réellement ou virtuellement, comparée
au prototype et soumise à certaines opérations dynamiques [...]*[34].»

Réalité solidaire de l'indice et de son objet, dynamisme correspondant des opérations effectuées en circonstance. L'indice peircien
est assimilable au δειγμα grec (*deigma*) qui signifie précisément «indice» ou «marque», mais aussi «exemple» ou «preuve». Le «déictique» linguistique dérive pareillement de ce *deigma* qui conduit à
l'étude des expressions telles que /ici/ et /maintenant/, et de beaucoup
de formes pronominales déjà prises en compte par Peirce. Mais les
différences sont nombreuses. Voici l'une d'elles. L'indice peircien retient l'ensemble du *deigma* dont il ne soustrait pas la notion d'exemple. Il implique une icone, par conséquent un paradigme ou l'un de ses
éléments, un exemplaire, — notamment le paradigme ou l'icone de la
barre métrique reproduisant le mètre-étalon. Peirce appelait d'ailleurs
l'indice un *sème* (grec σημα), un élément singulier du signe ou un signe singulier, «*individual second*[35]». Au contraire, le déictique de la
linguistique synchronique post-saussurienne s'analyse dans l'axe des
enchaînements phrastiques qui est opposé à l'axe paradigmatique de la
sélection de mots et à ses composants sémiques. Il est vrai que le post-
saussurien Émile Benveniste a partiellement estompé cette différence

---

* Je souligne.

en cherchant dans l'étude des déictiques de la langue l'un des fondements d'une linguistique pragmatique du discours. Une autre différence tient au caractère non exclusivement linguistique de l'indice (Mikhaïl Bakhtine y aurait lu une marque «plurilinguistique»). Ainsi, je peux bien nommer le mot «mètre», — que la linguistique ne considère pas comme un déictique, — mais je me sers d'une barre ou d'un ruban métrique qui est un indice iconique matériel du mètre-étalon. En outre, cette barre me permet de mesurer la distance d'un «ici» à un «là» qui, une fois désignés dans le langage, deviennent tous deux des déictiques. La question de l'*objet*, troisième différence, est donc déterminante. Il ne s'agit pas de n'importe quel objet, mais d'un objet singulier qui désigne *hic et nunc* un objet général ou sa possibilité, un *légisigne* (*supra*): soit une catégorie grammaticale telle que l'instance de l'article ou du pronom /le/ s'il y a une occurrence de cette sorte dans l'acte de discours, soit la généralité lexicale du mot «incendie» qu'indexe le *fait,* nommé ou non, d'un incendie quelconque, soit la généralité physico-mathématique qu'est le mètre-étalon.

Quatrième différence: cet objet est *dynamique*. Il l'est doublement. Il l'est d'abord dans la mesure où l'objet indiqué par le signe «affecte», impressionne ou conditionne celui-ci. Il l'est aussi dans la mesure où le signe ainsi affecté compose son propre signe-objet et retentit sur la connaissance de l'objet. Peirce ne réveille pas l'ancienne querelle médiévale des nominalistes et des substantialistes, et il serait tout à fait erroné de le ranger parmi ces derniers. Les caractères de l'objet dynamique du signe, le double aspect de l'objet comme action sur le signe et du signe comme action sur l'objet, de leur solidarité mais de leur autonomie, font justice d'un tel soupçon.

Mixeudeim est une icone de Hamlet, mais il en est aussi l'indice qui en élargit la connaissance.

Symbole (symbol): En grec, συμβολον. «*Un symbole est un representamen dont le caractère représentatif consiste précisément en ce qu'il est une règle qui déterminera son interprétant. Tous les mots, phrases, livres et autres signes conventionnels sont des symboles. Nous parlons d'écrire ou de prononcer le mot "homme" ; mais c'est seulement une réplique ou matérialisation du mot qui est prononcée ou écrite. Le mot lui-même n'a pas d'existence bien qu'il ait un être réel, dont la réalité consiste en ce que les existants se conformeront à lui*[36].» Qu'est-ce que «le mot» dont parle ici Peirce? Ce n'est pas *cette* occurrence non réitérable d'un mot que nous pouvons employer dans l'acte de parole. Le mot n'est pas «une chose singulière». «*Vous pouvez écrire le mot "étoile", mais vous ne créez pas le mot pour autant; pas plus que si vous l'effacez, vous ne le détruisez. Le mot vit dans l'esprit de ceux qui l'utilisent*[37].» La question du symbole est triple: celle de la convention ou de la règle, celle de son utilisation, celle de son rapport à l'indice et à l'icone.

Le caractère conventionnel général du symbole ne doit pas être confondu avec l'arbitraire du signe saussurien. Pour une part, chez Saussure, le rapport de l'«image acoustique» au «concept», du «signifiant» au «signifié» était donné pour arbitraire, c'est-à-dire purement conventionnel, non nécessité ou non motivé autrement que par une sorte de contrat, et n'impliquant qu'une référence accidentelle à un objet linguistiquement non pertinent. Or, le symbole peircien, en tant qu'il est un signe, acquiert comme tout autre signe trois aspects, le *ground*, l'objet et l'interprétant (*supra*), dont la relation active d'engendrement est donnée pour nécessaire, eu égard à l'objet. Peirce note, il est vrai, l'appartenance du symbole à la pensée conceptuelle. Les symboles sont des «signes mentaux» dont «*les parties-symboles sont appelées concepts. Si un homme propose un nouveau symbole, c'est par des pensées comprenant des concepts. Ce n'est donc qu'à partir de symboles qu'un nouveau symbole peut se développer*[38]». Mais pas plus que l'objet saussurien extérieur et exclu du signe n'est identique à l'objet peircien immédiat ou dynamique intériorisé dans le signe, les traits conceptuels du symbole chez Peirce ne sont comparables au caractère statique du concept chez Saussure. Pour une autre part, en effet, Peirce conjoint à la conventionalité du concept la force active de l'habitude. Il écrit dans une note que «*le symbole a la vertu d'une habitude croissante*[39]». La croissance en question s'applique à la génération d'un *nouveau* symbole à partir d'un autre symbole. L'«habitude», c'est-à-dire le *habit* anglais proche de l'*habitus* latin de la philosophie, n'est donc pas une force inerte. Elle peut accroître et modifier la tradition reçue.

Le symbole, signe de loi générale, infère une utilisation qui informe son «être réel». Son emploi relève de l'iconique et de l'indiciaire. Si un «symbole» n'implique ou n'a impliqué aucun recours à un indice d'objet et à une icone d'objet, il n'est tout simplement pas un symbole, n'a jamais pu être un être de cette sorte. La relation du symbole à l'indice et à l'icone oriente leur solidarité dans l'acte du signe. La longue description suivante est précieuse à cet égard: «[...] *Prenons comme exemple de symbole le mot "aime". Associée à ce mot, il y a une idée qui est une icone mentale d'une personne en aimant une autre. Maintenant il nous faut comprendre que "aime" se trouve dans une phrase; car ce qu'il peut signifier en lui-même, s'il signifie quelque chose, n'est pas ce qui est en question. Soit la phrase: "Ézéchiel aime Houlda". Ézéchiel et Houlda doivent donc être ou contenir des indices; car sans indices il est impossible de désigner ce dont on parle. Une description superficielle ne préciserait pas si ce sont simplement des personnages d'une ballade; mais qu'ils le soient ou non, les indices peuvent les désigner. Or, l'effet du mot "aime" est que la paire d'objets dénotée par la paire d'indices Ézéchiel et Houlda est représentée par l'icone, ou l'image que nous avons dans l'esprit, d'un amoureux et de sa bien-aimée*[40].»

Si le symbole participe d'une «habitude croissante» qui modifie la tradition reçue, son interprétant de la même façon tend à se rapprocher de l'*interprétant logique* (*supra*) dans la construction du raisonnement: «*toute opération intellectuelle implique une triade de symboles*[41]» (*cf. infra rhème, dicent* et *argument*). Je ne crois pas outrepasser l'amplitude de ce constat en affirmant que la triade des symboles vaut pour n'importe quelle opération intellectuelle, qu'elle soit celle de l'artisan, de l'ouvrier, du peintre, du poète, du philosophe ou du scientifique.

Dans *La charge de l'orignal épormyable*, les nombreuses indications de mise en scène et de mise en gestes sont les symboles des actes indiciaires de parole qu'elles encadrent d'un règlement minutieux.

Rhème (*rheme*): Vient du grec 'ρημα (*rhèma*) qui signifie «mot», peut aussi signifier «verbe» par opposition à ονομα (*onoma*, «nom»). Dans l'orientation vers le rhème, Peirce s'affranchit de l'opposition entre le verbe et le nom, ne retient pas davantage le «mot» comme tel auquel il substitue, en première approximation, l'expression générique «terme» au sens logique. Le rhème, toutefois, n'est pas exactement l'équivalent du «terme» logique. L'analyse logique construit des propositions où elle inclut des termes auxquels elle assigne une fonction propositionnelle. Le rhème est au contraire un point de départ, il vaudrait mieux dire un mouvement de départ. Aucune fonction ne peut lui être encore assignée. «*Un rhème est un signe de possibilité qualitative, c'est-à-dire est compris comme représentant telle ou telle sorte d'objet possible[42].*» Voilà pourquoi le rhème ne décide pas entre le verbe et le nom, entre le prédicat et le sujet, entre un groupement prédicatif possible et un existant potentiel.

Nous entrons dans la troisième «trichotomie». La première envisageait une triade de catégories de signes sous le rapport du signe à lui-même (*qualisigne, sinsigne, légisigne, cf. supra*) et la deuxième une autre triade sous le rapport du signe à son objet (*icone, indice, symbole, cf. supra*). La troisième triade concerne le rapport du signe à son interprétant; elle se développe du rhème à l'argument en passant par le dicent.

Le rhème est le signe d'une possibilité développée, c'est-à-dire d'une qualité où sont investies plusieurs possibilités de signification, diversement informées des qualités de l'icone, de l'indice et du symbole. Il se différencie, en effet, selon six classes de signes: un qualisigne iconique rhématique (tel un sentiment de «rouge»), un sinsigne iconique rhématique (tel un diagramme dans un livre de géométrie), un sinsigne indiciaire rhématique (un cri spontané, qui ne peut être qu'un acte singulier), un légisigne iconique rhématique (un diagramme indépendamment de sa matérialisation sur un tableau noir ou dans un livre, donc la loi générale ordonnant un diagramme quelconque), un légisigne indiciaire rhématique (un pronom démonstratif, donc une loi régissant un être de langage qui a la fonction générale d'indiquer son objet dynamique ou médiat, cette personne ou cette chose), un légisigne symbolique rhématique (un nom commun, donc une loi régissant un être de langage dont la fonction générale ne coïncide pas avec l'acte d'indiquer un existant quelconque, même si elle implique cet acte[43]).

Ces nombreuses différenciations sont la marque d'une appartenance catégorielle du rhème à la troisième série, à la troisième trichotomie hiérarchique des signes. Malgré cela, il y occupe la place d'un «premier». Il «*peut fournir quelque information; mais il n'est pas interprété comme fournissant quelque information[44]*». Un pronom démonstratif qui est un indice, un nom propre, un pronom personnel, une lettre dans un diagramme algébrique, *sous-indices* ou *hyposèmes* qui ne sont pas des singuliers, un nom commun qui est un symbole non contraint à la désignation d'objets singuliers, informent tous le rhème de leurs différences dans l'ordre de la grammaire, du lexique ou de la mathématique. Néanmoins, ils ne ne sont pas «*pas interprétés comme fournissant quelque information*» dans la mesure où ils sont tous des rhèmes qui, considérés en tant que tels, n'ont que la qualité d'éléments potentiels d'une proposition.

«Corbeau», si on isole cette instance dans le poème «ICBM» de Paul-Marie Lapointe, est à la fois une icone rhématique, une métaphore du mot instanciable dans une proposition, et un symbole rhématique. Ce serait un nom propre (alors un sous-indice ou hyposème rhématique) s'il n'y avait pas l'article «le» devant la majuscule de Corbeau qui devient de ce fait un nom commun de caractère général, donc un symbole.

Dicisigne (*dicisign*): Peirce l'appelle également *dicent*, à partir du radical du participe présent latin *dicens*-dicent*is*: «disant» qui met un accent d'insistance sur l'acte de dire. Selon un autre choix terminologique, il l'appelle aussi *phème*, qui vient du grec φημη (phémè: «parole»). Le phème, comme acte de parole, se situe dans le prolongement du *sème* ou *indice* (*cf. supra*), tandis que le *symbole* (*cf. supra*) informe davantage le dicent (Peirce le désigne d'ailleurs comme un «symbole dicent»). La combinaison de ce signe est donc, elle aussi, plurielle.

Le dicisigne entre comme «deuxième» dans la troisième trichotomie catégorielle des signes, celle du rapport à l'interprétant. Il est, dit Peirce, une «*quasi-proposition*» plus large que la «proposition» logique. Il indique le rapport existentiel de deux rhèmes ou de deux termes. «*Le moyen le plus commode pour savoir si un signe est ou n'est pas un dicisigne est qu'un dicisigne est vrai ou faux, mais* ne fournit pas de raison *de sa vérité ou de sa fausseté*[45].» Le dicisigne, certes, est censé «communiquer des informations», contrairement au rhème qui n'en communique pas nécessairement. Mais ces informations n'ont pas à s'appuyer sur «*une preuve rationnelle quelconque*[46]». S'il peut être assertif, il peut aussi ne pas l'être. Il est plus extensif, il est déclaratif. L'assertion implique un jugement, une évaluation de vérité ou de fausseté, un assentiment ou au contraire un dissentiment de l'évaluateur, éventuellement une sanction. «*Un acte d'assertion suppose que, une proposition étant formulée, une personne accomplit un acte qui la rend passible des peines du droit social (ou, en tout cas, du droit moral) au cas où elle ne serait pas vraie, à moins qu'elle ait une excuse définie et suffisante*[47].» Peirce s'en prend aux logiciens de son temps qui ne considéraient la proposition que sous l'angle de l'assertion, donc sous l'angle de sa preuve de vérité ou de fausseté. «*[...] Les logiciens au lieu de porter leur attention sur les propositions en général, la concentrent sur les «jugements» ou actes d'acceptation mentale des propositions, qui non seulement impliquent des caractères autres que ceux des propositions en général — caractères requis pour les différencier comme propositions d'un genre particulier — mais qui, de plus, impliquent, outre la proposition mentale elle-même, l'acte particulier de l'assentiment*[48].» Une proposition déclarative ne requiert pas l'assentiment, bien que celui-ci puisse être donné, et n'implique pas nécessairement un jugement sur sa vérité. Elle est d'un type général, dans la mesure où elle est un «*symbole* dicent». Elle peut enregistrer l'inclusion, ou la disjonction non exclusive, ou la disjonction exclusive, ou toutes ensemble. Elle peut décliner la conjonction ou les divers modes de l'implication. Elle peut se satisfaire du tiers exclu réputé contradictoire: une proposition telle que /*Un homme n'est pas un homme*/ pourrait ne pas être assertée et vérifiée sous certaines conditions particulières, mais constitue *a priori* une proposition déclarative. Le dicisigne est essentiellement la relation «quasi-propositionnelle» d'un indice et d'une icone, ou encore d'un symbole et d'un indice. Dans le premier cas, il indique et réalise l'image, la métaphore ou le diagramme, les contextualise, les coréférentialise. S'il s'agit par exemple d'une métaphore, il la développe, la narrativise dans le récit ou la déploie dans le discours scientifique, assure les conditions de ce que la rhétorique appelait une «métaphore filée». Celle-ci est poétiquement condensable. Dans le deuxième cas, le dicent symbolise l'instance du mot ou de la forme non verbale, déclare une ou plusieurs conditions de son emploi particulier, promulgue un environnement singulier, tient toute autre «vérité» en suspens, laisse un doute sur l'assertion qu'il provoque et ne soutient pas.

Le fragment retenu* de *L'asile de la pureté* de Claude Gauvreau agglomère ces deux sortes de dicent. La série «*Zic. / Ic. / Bic.*» condense l'un des moments narratifs de la métaphore du râle dont elle développe l'icone. La séquence «*Un homme — mort. Il est.*» relève d'un symbole dicent. Elle promulgue ce qu'elle déclare, et ce qu'elle déclare n'asserte pas qu'un homme est un homme ou qu'à l'inverse un homme n'est pas un homme, ni même qu'il est vrai qu'un homme est

---

* *Cf.* plus haut l'analyse proposée, p. 211-218.

mort. La séquence tient en une déclaration multilatérale d'ouverture sur l'être et le non-être, sur la vie et la mort, sur la mort et le mort, sur le vivre et le mourir, sur un homme et l'homme, le symbole de ce dicent stipulant l'indécidabilité de toute assertion quant au choix de vérité entre plusieurs propositions uniformément déclarées: est-ce l'être ou le non-être? ou bien l'être et le non-être? ou encore ces deux partis ensemble? L'acte déclaratif de la séquence unit la conjonction et la disjonction, et c'est la fonction du symbole de cet acte de le garantir contre leur dissociation. Sa part législative revient en l'occurrence à catégoriser un acte susceptible de conjoindre les opposables, et à le démarquer d'une assertion qui qui les disjoint. Dans le texte de Gauvreau, les deux dicents, l'iconique-indiciaire-dicent et le symbole-dicent se rejoignent du côté de la métaphore: la métaphore développée de l'être, de la mort et d'un homme s'entrelace narrativement dans celle du râle iconisé.

Argument: Nous abordons le troisième du troisième, la troisième catégorie de la troisième nomenclature du signe, celle de son rapport à l'interprétant. Le dialecticien Peirce développe la triade jusqu'à l'au-delà des ultimes confins du sens normé. Il caractérise trois sortes d'argument ou trois types d'inférence, l'abduction, l'induction, la déduction. Dans un texte écrit vers 1903, quelque dix ans avant sa mort, il les distingue par inversion d'ordre, nommant d'abord l'induction, ensuite la déduction, en dernier l'abduction[49], en tant que sous-catégories de l'«argument légisigne symbolique» dont il propose d'abord la définition: «*Un argument est un signe dont l'interprétant représente son objet comme étant un signe ultérieur par le moyen d'une loi, à savoir la loi que le passage de toutes ces prémisses à ces conclusions tend vers la vérité. Il est donc manifeste que son objet doit être général; autrement dit, l'argument doit être un symbole. En tant que symbole, il doit en outre être un légisigne[50].*»
　　L'argument peircien est apparemment classique. Il se construit sur la base du vieux syllogisme en *barbara*, progresse d'une prémisse majeure [*Tous les corbeaux sont noirs*] à une mineure [*Tous les oiseaux du jardin d'Untel sont des corbeaux*] et infère la conclusion [*Tous ces oiseaux sont noirs*]. Cet exemple d'école se traduit dans les artifices usuels suivants: si M = /Corbeaux/, P = /noir/, S = /les oiseaux du jardin d'Untel/, alors tout M est P, tout S est M, donc tout S est P. Peirce accepte de la sorte la formule traditionnelle de la déduc-

tion. Il intègre aussi celle de l'induction: *S* est *P, S* est *M*, donc *M* est *P* [*Les oiseaux du jardin d'Untel sont noirs; les oiseaux de ce jardin sont des corbeaux; donc plusieurs corbeaux sont noirs*]. Mais les corbeaux ont des ailes, et disons par métaphore qu'ils emportent le raisonnement construit sur l'image (l'hypoicone) des oiseaux du jardin. Une troisième série d'argument est en effet possible: *M* est *P, S* est *P,* donc *S* est *M* [*Les corbeaux sont noirs; les oiseaux du jardin d'Untel sont noirs; ces oiseaux sont des corbeaux*[51]]. Telle est l'abduction, le raisonnement par hypothèse. Les anciens stoïciens grecs l'avaient signalée, le berbère Augustin dit le Saint la légitime au IVe siècle, Peirce la redécouvre près de quinze siècles plus tard sous les décombres. Les manuels et dictionnaires de philosophie tiennent à distance l'abduction; le Lalande[52] n'en dit pas un mot sous la rubrique «*barbara*», bien qu'il décrive au moins un autre modèle canonique, celui des sophistes. La raison probable en est que la conclusion *S = M* n'est pas certaine mais seulement éventuelle: il n'est pas sûr que si les corbeaux sont noirs, les oiseaux noirs du jardin d'Untel sont des corbeaux. Seule une hypothèse ou une métaphore (le Corbeau ≈ les oiseaux noirs) peut inférer le «conséquent» [*ces oiseaux noirs sont des corbeaux*] de l'«antécédent» [*les corbeaux sont noirs*]. Le terme classique d'hypothèse ne désigne aucune assertion de vérité. L'abduction de Peirce symbolise, en revanche, un argument vérifiable dont la portée critique dynamise les deux autres catégories argumentales, l'induction et la déduction. On peut d'ailleurs se demander si elle n'est pas le terme ultime de l'analyse, tant est prononcée son extension, sa capacité d'engendrer et développer la *semiosis*. Cela ressemble au point de vue d'un théoricien actuel de l'abduction, Massimo Bonfantini[53], qui la généralise à l'ensemble des phénomènes sémiotiques. En d'autres mots, bien que Bonfantini n'aie pas le souci de le dire explicitement, l'abduction constituerait le *third* ou troisième de l'argument de la troisième relation du signe[54]. Pourtant, le système des schémas peirciens paraît indiquer en cette place une *firstness* exponentielle, non pas une simple qualité, mais une qualité développée jusqu'au probable, au possible ou à l'éventuel des objets argumentaux et de leur assertion. Ces questions relatives au statut catégoriel des arguments sont légitimes à l'égard d'une théorie qui associe la *semiosis* au développement des nombres. Les préliminaires de méthode étant posés, que désignent plus précisément les trois sous-catégories de l'argument? L'abduction, première selon l'ordre des nombres et les cohérences de schéma, intéresse directement le rapport aux œuvres de Paul-Marie Lapointe et de Claude Gauvreau. Seuls sont rappelés les principes de l'induction et de la déduction.

Abduction: Elle se prête à toutes les suppositions possibles, mais en instrumente le moyen. Son trait constant est de relativiser et de questionner, de mettre au conditionnel ce qu'elle paraît affirmer, d'introduire un doute, de lier inextricablement l'affirmation et l'interrogation, de coaliser le raisonnement et l'imaginaire, de transformer ainsi l'énoncé et de produire sur cette base, sur ce *ground,* sur ce signe d'inquiétude, sur cette rencontre aléatoire des interprétants affectifs, énergétiques et logiques, la possibilité d'une suite en principe infinie d'autres énoncés dont la prolifération ne peut être interrompue qu'en situation d'énonciation, lorsque l'énonciateur arrête ou conclut une hypothèse conversationnelle qui ne reçoit pas de réponse, lorsqu'un autre ou le même découvre l'énoncé scientifique cherché ou la forme poétique ponctuelle inexorablement juste. Mais l'interruption de l'acte de parole, de l'acte de recherche et de l'acte textuel n'est que suspensive. Les écoutants actuels reprendront l'hypothèse, la blague, l'ironie, l'élucubration ou l'interrogation métaphysique que quelqu'un leur a abandonnée au cours d'une conversation antérieure. Ils modifieront le jeu de mots, l'hypothèse, telle sera leur réponse différée, et ils contribueront à répandre avec les questions transformées les réponses elles aussi suspensives. De même, la découverte du chercheur peut demeurer longtemps close, incompréhensible axiomatiquement, ou moralement interdite et sanctionnée. Les humiliations de Copernic, de Kepler, de Galilei, d'Irène et Frédéric Jolliot-Curie jeunes, d'Einstein, de Germi, d'Oppenheimer, traversent d'une lésion et d'un courage l'histoire des sciences. Plus tard, d'autres chercheurs entendent les conclusions scientifiques, les légitiment. D'autres encore, par la suite, les honorent de nouvelles découvertes qui contestent les précédentes jusqu'à la coupure. Telle est la réponse, celle d'Einstein à Newton en physique, celle de Saussure à Bréal dans les sciences du langage. La réponse est différée, mais ponctuelle et provisoire. Construite sur des conditions théoriquement cohérentes, elle accepte par avance l'éventualité d'autres *si* conditionnels. Enfin, la forme poétique incoercible de l'image trouvée est elle-même intertextuelle. Aragon a plusieurs fois réinventé l'heptamètre des troubadours. Gauvreau a imité et inversé la situation shakespearienne de *Hamlet.* Chaque texte, s'il est un texte, forme incontournable, stable, apparemment fixe, redécouvre et transforme en chaque occurrence un autre ou d'autres textes, par ajustement sur les nouvelles conditions de la découverte. Telle est la réponse. Tel devient le dialogue. Telle est la diversité de l'abduction.

Quelles en sont ou en seraient les conditions d'acceptabilité, et sur quel plan? David Savan condense une réponse philosophique très fine:

> [L'abduction] semble présenter une forme faible d'inférence. Qu'est-ce qui la justifie? Peirce répondait que: 1. l'hypothèse doit avoir pour conséquent le phénomène inattendu (ou être supposée l'avoir en cette position); 2. l'hypothèse doit impliquer d'autres conséquents, susceptibles d'une mise à l'essai et d'un contrôle par induction; 3. l'hypothèse doit pouvoir être rejetée comme fausse à partir de conséquents infirmés expérimentalement, si l'hypothèse elle-même se révèle fausse. L'inférence abductive a pour principe de base, ces trois conditions étant posées, d'être une méthode du passage de similarités restreintes à la découverte de similarités nouvelles et extensives. De la sorte, il deviendra possible d'éliminer les erreurs en dernière analyse, et de découvrir la vérité dans toute la mesure où la vérité se prête à la découverte[55].

Tout syllogisme, y compris l'abductif, procède par implication. Le *conséquent,* conclusion du raisonnement, est la proposition *impliquée* par l'*antécédent,* union des deux prémisses qui forment l'*impliquant.* Le principe de base ou d'orientation («*Leading Principle*») désigne une règle d'inférence: si l'antécédent est vrai ou vérifié, le conséquent l'est aussi, nécessairement en déduction, occasionnellement et par variations en induction et en abduction. Voilà pour les précisions terminologiques. L'exposé de Savan s'applique de prime abord au raisonnement logique et au raisonnement scientifique. Il modifie légèrement l'exemple canonique des corbeaux en permutant les positions respectives de la majeure et de la mineure et en explicitant la condition abductive. Le syllogisme se lit alors ainsi: *les oiseaux du jardin d'Untel sont noirs; si ces oiseaux étaient des corbeaux, alors les corbeaux seraient noirs.* Le cas fait sourire, puisque nous savons bien que les corbeaux sont noirs. Mais nous ne le savons que jusqu'à plus ample informé. Se pourrait-il que les oiseaux en question ne soient pas des corbeaux? Se pourrait-il aussi que tous les corbeaux ne soient pas noirs? L'abduction prend au pied de la lettre le sens commun qui généralise les réalités particulières observées. Mais elle interroge cette *doxa,* cette évidence d'opinion, transforme une généralité conventionnelle en une construction différente d'objet qui *peut* devenir une nouvelle généralité législative, si celle-ci parvient à s'appuyer sur des résultats vérifiés par induction et si, à distance de la *doxa,* elle intègre la possibilité de sa contestation.

Telle est la démarche scientifique. L'histoire des quelques oiseaux noirs et de l'ensemble des corbeaux ressemble sur quelques points à celle des pommes de Newton et de la gravitation universelle. La seconde est plus complexe: si les pommes légendaires tombent de l'arbre et s'il est vrai que tous autres objets ou parties d'objets matériels se détachant de leur masse tombent eux aussi, alors il doit y avoir une loi générale de l'attraction terrestre vérifiable par mesure des poids et vitesses. Et l'on est en droit de supposer qu'elle s'ordonne sur une loi encore plus générale, celle de l'attraction ou gravitation universelle dérivée du principe du «gravifique». Vérifiées dans leurs conditions et barèmes de mesure, ces deux lois hiérarchiques ont acquis la force d'une évidence, d'une *doxa.* Mais la découverte se fondait sur une mécanique rationnelle, «naturelle» et unitaire, et sur le double postulat d'un temps universel et sur le repère absolu d'espaces à relativité restreinte. Elle a intrigué les chercheurs post-newtoniens. Ils n'ont pas de prime abord interrogé la *cinématique* d'un temps universel qui recevait, peu avant Arago, une application chronométrique trop exemplaire, la détermination des temps horaires selon les calculs nouveaux du mètre, pour pouvoir être contestée — à l'abri de l'histoire d'un temps humain qui ne comptait pas encore. Ils se sont demandé comment la *dynamique* de la relativité restreinte des espaces (de la terre et de ses lieux d'observation par rapport à l'ensemble du système) parvenait à requérir un repère absolu. Question implicite: ne fallait-il pas privilégier le point de vue de l'observateur qui effectue le repérage? Au début du XIXᵉ siècle, plusieurs nouveaux physiciens tentaient de concilier la cinématique classique de Galilée et de Newton avec une optique du vide dérivée d'une théorie de l'éther comme siège des vibrations lumineuses de l'espace. Cette supposition argumentée a engendré, au long du XIXᵉ siècle, toute sorte de contre-épreuves, de calculs, d'abductions. La série scientifique a déterminé la possibilité d'une autre abduction, la théorie des ondes d'Albert Einstein en 1905.

Celle-ci annonçait une nouvelle coupure: la relativité généralisée allait déplacer d'une contestation les résultats critiques de la relativité restreinte.

L'abduction concerne aussi le poétique. Est-ce que la description de Savan, sa présentation des trois conditions de validité des hypothèses, s'y applique? Certes, le *si* de l'hypothèse scientifique engage une participation active de l'imaginaire où se déploie la poéticité du rêve en état de veille. Certes encore, le poétique est argumental, ne serait-ce qu'en tant que pratique de pensée et forme rythmique de développement discursif. Certes enfin, l'acte de *trouver* mobilise, dans la découverte poétique comme dans la découverte scientifique, dans ces deux poïétiques (ποιειν [*poïein*], acte de faire), les trois *hypoicones** peirciennes de l'image, du diagramme et de la métaphore. Le chercheur scientifique présente par observations successives une image de l'objet convenu, la diagrammatise ou la schématise en calculs et mesures, la déplace ou la «métaphorise» en un autre objet, celui de l'hypothèse, qui coalise les trois moments de l'icone et les développe en argument. Le poète trouve une image déjà figurée par le langage, la déplace en la prenant littéralement au mot, la diagrammatise en notes et brouillons, voire en schémas anticipatifs comme chez Mallarmé, la déploie par «métaphore» dans un texte qui la fomente et la contredit. Les deux démarches sont voisines, parfois en intersection: Lucrèce, Leonardo da Vinci, Denis Diderot, Raymond Queneau, Michel Leiris, Jacques Roubaud les ont soumises à une interrogation mutuelle. Mais le mode constitutif des abductions et leur mouvement argumental demeurent distincts. La plupart des hypothèses que l'acte poétique sollicite et affirme sont improbables scientifiquement. Il se peut qu'elles soient vérifiables. L'énoncé proposé dès le titre d'une pièce du jeune Brecht, *Mann ist Mann* («L'Homme est l'homme» ou «Un homme est un homme»), se prête certainement à une véridicité scientifique. Mais la probabilité de la preuve, indifféremment succulente et médiocre pour la science, fait tomber comme une pomme blette le sens de l'énoncé, sa fonction de titre poétiquement et politiquement provocante à l'entête d'une pièce de théâtre écrite et jouée dans les années vingt de la grande misère allemande. Le vers célèbre de Paul Éluard, *«La terre est bleue comme une orange»* peut bien se désigner de la référence à une orange pourrissante et bleuissante, que le poète voyait dans l'assiette posée

---

* *Cf.* rubrique «Icone».

devant lui au moment d'écrire. Mais l'acceptabilité d'un cas expérimental particulier ne rend aucun compte de la logique poétique de ce vers construit par une abduction dialectique: 1. sur la double métaphore de la rotondité (terre ≈ orange) et de la couleur supposée des sphères astrales (sphère orange ≈ couleur solaire), 2. sur le contraste de deux couleurs chromatiquement opposées, le bleu et l'orange. 3. sur l'acceptation de la formule comparative «comme», moyen ici manifeste de la métaphore, et son déni puisque le bleu n'est pas orange et que la terre n'est pas ciel, ni même une orange. Un énoncé propositionnel tel que «*L'homme est une pierre*» était une vérité propositionnelle pour Anselme. On peut bâtir là-dessus des cathédrales ou des monuments de sorcellerie, ou encore, sur le modèle de Solférino-Rhinocéros, de graves et plaisants jeux de syllabes ou mots monosyllabiques mis en escalier et formant valise, par fortuité: /*L'homme est une pierre, Pierre est pauvre, pauvre est le sol, le sol est fleuri, fleuris-moi*/. Ce serait le cas de dire dans l'entrain du jeu que les mots font leur valise et échappent par l'escalier à toute contradiction, autre façon d'étendre à la fiction l'argument abductif. La vérité propositionnelle d'Anselme enregistre et légitime au Xe siècle, en dépit d'un Platon révéré dont le néoplatonisme naissant connaissait mal et indirectement les textes, l'acte poétique et ses extensions narratives. Cette abduction-là, la pratique des matériaux du langage la configure sous la détermination médiate de l'environnement social, de ses traditions et de ses conflits actuels qui continuent de porter au langage une loi de transmission des actes, une sorte d'héritage qui ne ressemble jamais à celui que l'on a reçu, l'abduit autrement. «*L'homme est une pierre*» autorise une sémiose infinie de la fiction, et celle-ci ne requiert aucune autre preuve que son existence, celle que le texte suffit à démontrer. Mais l'énoncé pris en exemple a une portée très différente pour un scientifique. Le chercheur, s'il est sensible aux aphorismes poétiques, peut s'inquiéter d'apprendre que, après tout et malgré les évidences contraires, l'homme est une pierre ou quelque chose comme une pierre. L'inquiétude scientifique n'a pas de limite assignable. Mais elle s'astreint à sa méthode, à l'ordre des questions qu'elle pose, aux objets qu'elle constitue. Un ethnologue étudiant un conte amérindien qui narre la transformation d'un homme en pierre ou en lune, sera porté à prendre au mot l'énoncé d'Anselme. Mais c'est le mythe, ses avatars et son environnement culturel qu'il observe, ce n'est pas la composition chimique des corps, même s'il s'avère que le corps humain contient une multitude de minéraux identiques à ceux de certaines pierres. L'ethnologue ne s'intéresse à ces objets biologiques que dans la mesure où l'objet culturel étudié en configure une forme quelconque, déterminante dans le champ. Sa préoccupation n'est pas celle du biologiste, et ni l'une ni l'autre ne participent au mouvement propre de l'abduction poétique.

La différence essentielle tient, en effet, au mode de l'affirmation et de la nomination. Dans le poème, celle-là procède souvent de celle-ci. Un seul mot, parfois, comme chez Gauvreau, contient la phrase et l'énoncé et vaut assertion. Selon une autre orientation stylistique, Robert Desnos écrit: «*Une fourmi de dix-mètres [...] ça n'existe pas, ça n'existe pas*[56].» La nomination étendue de la fourmi et de ses attributs étranges soutient de part en part le sens; «*ça n'existe pas*» postposé et répété n'a que la fonction d'un refrain; ce refrain est ironique puisqu'il nie ce dont il est le simple adjuvant, souligne par négation l'affirmation nominative d'un être de langage posé comme primordial. Par une nomination condensée ou développée, par des propositions où le verbe annonce bien plus qu'un prédicat qu'il lui arrive de supprimer, produit une métaphore ou une antithèse, une rupture avec l'ordre des enchaînements syntaxiques, la tendance du poème moderne, dès avant Rimbaud en France, depuis au moins Gauvreau et Lapointe au Québec, est ontologisante: il asserte l'être, efface les marques formelles de l'hypothèse, la convertit volontiers en un énoncé apodictique qui se passe de preuve. Ceci n'est qu'une apparence, l'effet d'une déconvenue des procédures de raisonnement. Le poème asserte l'être, mais dans ses circonstances. Il affirme l'existant, mais dans ses contradictions. Il trouve le langage de ces contradictions, invente la matérialité de ce langage, la soumet à l'accentuation graduée des ruptures rythmiques. Tel est le régime de l'abduction poétique, du moins l'un de ses régimes. Son actualité toujours présente intègre l'histoire des autres, leur inquiétude interprétante non terminale.

Peirce n'avait pas étudié ce type particulier d'abduction. Sa théorie des interprétants affectif et immédiat et sa description dialectique de l'abduction lui confèrent une place. Massimo Bonfantini s'est efforcé de préciser la description, sans retenir spécifiquement l'abduction poétique[57].

Induction: Elle est, selon Peirce, «*une méthode pour former des symboles dicents concernant une question définie, méthode dont l'interprétant ne représente pas que de prémisses vraies elle tirera des résul-*

tats approximativement vrais dans la majorité des cas, à la longue au cours de l'expérience, mais représente que si cette méthode est maintenue, elle produira à la longue la vérité ou une approximation indéfinie de la vérité sur toutes les questions[58]». L'induction joue un rôle important dans la conduite de l'abduction, car elle en vérifie expérimentalement les prémisses (*cf. supra*). Mais elle concerne essentiellement l'investigation scientifique. Des trois types d'induction que distingue Peirce, l'argument négatif, la vérification expérimentale d'une prédiction générale, l'argument fondé sur un échantillon pris au hasard, seul le premier parviendrait peut-être à rencontrer les exigences de l'acte poétique. L'*argument négatif* est «*une méthode qui consiste à nier qu'un genre général d'événements puisse jamais se produire parce qu'il ne s'est jamais produit*[59]». Telle serait une sorte de négation de la négation, proche de l'abduction et voisine de l'assertion poétique. La fourmi de dix-huit mètres de Desnos en relèverait. L'événement est censé ne s'être pas produit, mais sa possibilité est assertée. Certes, selon la *vérification expérimentale,* autre volet de l'induction, «*ça n'existe pas*». Mais ce constat est poétiquement dérisif et n'infirme pas l'assertion. La preuve d'existence est celle de cet être textuel, de cet être-là en tant qu'il désigne l'argument inductif du texte qui nie l'impossibilité d'existence, affirme une probabilité, la transmue en une essence législative. Toutefois, Peirce demande une justification: si l'argument négatif «*était appliqué d'une manière constante en toute occasion, il devrait enfin de compte se corriger au cas où il serait erroné et parviendrait donc enfin de compte à une vraie conclusion*[60]». Cela vise, de prime abord, les protocoles du raisonnement scientifique. Posée dans ces termes, la question de la vérité et de l'erreur n'est pas pertinente pour l'œuvre d'art. Tout au plus peut-on penser à un certain parallélisme. L'œuvre poursuit avec «constance» et cohérence le développement de son argument narratif ou poétique. Le poème de Donatien Marcassilar, dans *L'asile de la pureté* de Claude Gauvreau, en fournit des indices exemplaires. Telle se construirait une *induction poétique*. Mais le texte ne livre aucune autre «vérité» que celle de son existence, et n'ordonne aucune «conclusion» expérimentale autre que celle de son propre parcours.

Déduction: Elle forme «*un argument dont l'interprétant représente qu'il appartient à une classe générale d'arguments possibles exactement ana-*

logues, qui sont tels qu'à la longue au cours de l'expérience la plupart
de ceux dont les prémisses sont vraies auront des conclusions vraies[61]*».*
Cette définition de Peirce s'apparente à plusieurs autres et en diffère tout
autant. Elle s'apparente à celle de son jeune contemporain André Lalande: relativiste et progressive, elle rapproche l'induction de la déduction.
Pour Lalande, *«on passe de l'une à l'autre par le simple développement*
des connaissances: des enchaînements d'idées déductifs s'incorporent
de plus en plus à la conduite de l'expérimentation et au "raisonnement
expérimental[62]*"».* La conception peircienne de la déduction intègre pareillement l'expérimentation inductive. Mais elle diffère: elle insiste sur
le *parcours* du raisonnement expérimental et introduit l'*interprétant*
comme élément du signe argumental. Cet interprétant de la déduction est
stochastique, aléatoire. «Logique», il n'est «final» (*cf. supra*) qu'en situation de raisonnement et seulement dans le temps où ce raisonnement
critique parvient à faire loi. Il ne désigne qu'une vérité possible, peut-
être probable, mais sûrement pas définitive et qui ne vaut pas pour toutes
les déductions, quand bien même leurs prémisses seraient «vraies». La
définition de Peirce diffère donc également de la «déduction transcendentale» proposée par Kant dans *La critique de la raison pure.* Kant,
dont la pensée eut une influence considérable sur celle de Peirce, avait
assigné sous ce vocable l'application de concepts *a priori* aux objets de
l'expérience. Ici, point de concept *a priori,* sauf à appeler ainsi une définition générale, celle de la déduction, sauf encore à signaler une parenté
des attitudes philosophiques, Kant n'ayant pas pensé l'*a priori* concep-
tuel comme imposition d'une «substance» théologale ou «naturelle»
mais comme moyen d'une critique radicale des évidences. On pourrait
éventuellement en deviner l'effet dans l'une des sous-catégories de l'argument déductif, les *«déductions nécessaires»* qui, selon Peirce, *«n'ont*
rien à faire avec une proportionnalité de fréquence, mais professent (ou
leurs interprétants professent pour elles) que de prémisses vraies elles
doivent invariablement tirer des conclusions vraies[63]*».* Peirce précise,
toutefois, qu'une déduction nécessaire *«est une méthode pour* produire
des symboles dicents par l'étude d'un diagramme[64]*».* Kant n'entendait
pas que les concepts *a priori* de de la déduction transcendentale fussent
l'objet d'une *production.* Ils pouvaient l'être, mais ce n'était pas une
condition nécessaire de la définition. Elle l'est chez Peirce. Aucun
concept n'existe s'il n'est pas un *acte.* La notion d'acte n'était que dérivée chez Kant. L'étude d'un diagramme implique minimalement deux
actes: sa réalisation et son observation. Un diagramme, est-ce le résultat

d'un concept *a priori*? Peut-être, mais il est d'abord la forme d'un schéma graphique, logique, mathématique, voire pictural (une esquisse), quels que soient la qualité ou le genre des concepts qui y sont investis ou stimulés, ceux-ci pouvant être expérimentaux. La notion de diagramme, essentielle à l'exercice de la «déduction nécessaire», n'a donc pas de lien avec le «concept transcendental» qui est censé s'opposer, selon Kant, au «concept expérimental».

Peirce distinguait deux sortes de déduction nécessaire, la corollarielle et la théorématique. La *corollarielle* «*représente les conditions de la conclusion dans un diagramme et trouve en observant ce diagramme tel qu'il est, la vérité de la conclusion*[65]». Elle vise directement le raisonnement scientifique, logique, mathématique, laisse hors compte la progression de l'argument artistique. La seconde, la *théorématique*, pourrait hypothétiquement intéresser l'œuvre d'art. Elle «*est une déduction qui, ayant représenté les conditions de la conclusion dans un diagramme, réalise une expérimentation ingénieuse sur le diagramme et, en observant le diagramme ainsi modifié, constate la vérité de la conclusion*[66]». Pour rendre cette définition compatible avec l'objet artistique et poétique, il faudrait évidemment modifier à proportion égale deux termes-clés, «diagramme» et «conclusion». Le diagramme devient une esquisse ou un schéma textuel, un apprentissage de l'œuvre en cours. La conclusion n'est autre que l'œuvre réalisée, l'acte accompli. L'épreuve de commutation qui permettrait de comprendre le mouvement prête à une certaine extensivité. Un argument de ce type ne représente pas, ou son interprétant (final) ne représente pas, «*que sa conclusion est certaine, mais que des raisonnements exactement analogues tireraient de prémisses vraies des conclusions vraies dans la majorité des cas, à la longue, au cours de l'expérience*[67]». Cela revient à la définition générale de la déduction. La «nécessaire» et la «statistique» en désignent des contraintes particulières, tandis que la sous-catégorie de la «probabilité proprement dite» devient la catégorie englobante.

La «vérité» de déduction de Peirce est essentiellement probabiliste, et c'est en quoi elle intéresse les formes artistiques de l'inquiétude. Mais elle continue de s'articuler sur des préoccupations mathématiques et logiques. L'on doit constater que Peirce n'a pas effectué les transpositions d'ordre ou de champ et que sa description d'une pragmatique générative et universalisante n'intègre pas explicitement le domaine de l'art auquel elle a vocation de s'étendre.

De toutes les catégories d'argument, l'abduction demeure en dernier ressort la plus reliée à l'activité artistique ou poétique, si l'on accepte les conditions et formes de son pouvoir de transfert. Ce «si» est capital.

Notes

La fée du logis

1. J. Paulhan, *Clef de la poésie,* Paris, Gallimard, 1944, p. 46. La loi dont parle Paulhan est censée être de poésie. J'omets cette référence et généralise intentionnellement le propos.
2. Ce jugement est consigné dans plusieurs lettres de Jean Paulhan. *Cf.* J. Paulhan et F. Ponge, *Correspondance (1923-1968),* deux volumes, Paris, Gallimard, 1986, *passim.*
3. Mise à part une revue de longue durée, *Lettres québécoises.* Adrien Thério, son fondateur tenace, l'avait orientée par priorité vers le compte rendu des livres reçus, de tous, et ils étaient nombreux. C'était une priorité heureuse: rien d'autre, alors, ne procurait une information critique sur le détail et sur l'ensemble de la production littéraire québécoise. À la fois cahier et aide-mémoire, *Lettres québécoises* échappait au schéma classique des revues littéraires (articles de fond, textes d'imaginaire, chroniques, comptes rendus sélectifs) dont *Liberté* avait accueilli la tradition.
4. Ce néologisme fait le titre et le texte d'un bref «Œuvrage: Michel Butor», à la fin du troisième volume.
5. H. Lefebvre, *Diderot ou les affirmations fondamentales du matérialisme,* Paris, L'arche, 1983; texte revu, corrigé et augmenté de l'ancien *Diderot,* Paris, Éditeurs français réunis, 1949.
6. J. Paulhan, *Les incertitudes du langage,* Paris, Gallimard, 1970, p. 7-8.

CHER ANDRÉ
(Portrait intellectuel d'un chercheur)

Humanisme criticable. Humanisme quand même

1. Mais il a mis une phrase de Brecht en exergue dans l'un de ses plus beaux textes, «La feuille de tremble» qui date de 1977. Texte reproduit dans *Y a-t-il un in-*

tellectuel dans la salle?, Montréal, Éditions Primeur, p. 95-96. Voici la phrase de Brecht: «*Que sont donc ces temps, où parler des arbres est presque un crime puisque c'est faire silence sur tant de forfaits!*»

La Rabelaisie

1. Il l'avait d'abord lu dans la traduction anglaise préalablement éditée aux États-Unis.

Curtius

1. Tel est le condensé d'une définition que j'ai déjà proposée en de nombreux textes et conférences depuis 1976. Leur liste serait ici superflue. Ces textes, pour la plupart publiés, seront ultérieurement colligés en recueil. Leur édition devrait accompagner celle d'un autre livre, *Le trébuchet de Dante — Formes et institution*.
2. L. Hay, «Nouvelles notes de critique génétique: la troisième dimension de la littérature», *Texte*, nos 5-6, Toronto, Trintexte, 1987, p. 313-328.

Febvre

1. H.-J. Martin, R. Chartier et J.-P. Vivet ont assuré la maîtrise de cet ouvrage publié aux Éditions Promodis (Paris). Quatre tomes parus de 1982 à 1986: *Le livre conquérant, Le livre triomphant, Le temps des éditeurs, Le livre concurrencé*, environ 2700 pages, format *in-octavo*.

Transtextualité, *civiltà*, Campanella, Bodin, encore Rabelais

1. C'est vrai pour son enseignement et ses articles de recherche proprement dite. Ce n'est pas exactement le cas dans ses chroniques ou communications introductives. On y relève au moins deux textes sur la poésie: l'un, «Quelques remarques sur la poésie de Jacques Brault»; l'autre, «La problématique présente de la littérature québécoise (1972)», où il est beaucoup question de plusieurs poètes québécois, Jacques Brault, Paul-Marie Lapointe, Gaston Miron, Saint-Denys Garneau, Fernand Ouellette, *ouvrage cité*, respectivement p. 125-129 et 130-137.
2. R. Birmingham, américain, chanteur, musicologue et sémioticien, l'un de mes anciens étudiants de doctorat, a publié ce texte intitulé «L'Abbaye de Thélème, l'architecture harmonique de François Rabelais» dans J. Ayoub, *L'efficacité du symbolique, approche politique et sémiologique — Recherches et théorie, S-8*, UQAM, 1987, p. 113-144.
3. A. Belleau, *Le romancier fictif*, Montréal, PUQ, 1980, p. 146.
4. Ici je me trompe. L'erreur est légère. Belleau a effectivement évoqué Foucault, mais en passant. À la fin d'un article intitulé «Wiener et McLuhan», daté de 1967, il opposait la responsabilité de la conscience individuelle aux déterminis-

mes structuralistes français. Puis il écrivait: «Il est probable cependant que McLuhan reprendrait à son compte certaines des affirmations de Michel Foucault dans *Les mots et les choses*.» On ne saura pas quelles étaient les affirmations en question. Le genre de l'article, d'abord publié dans *Liberté*, n° 53, autorisait ce silence. *Cf.* A. Belleau, *Y a-t-il un intellectuel dans la salle?*, Montréal, Éditions Primeur, 1984, p. 27.

Un détour par Foucault. Déjà Bakhtine. Une porosité

1. Je fais allusion à trois ouvrages publiés dans les années vingt en URSS, deux sous le nom de P. N. Medvedev, le troisième sous celui de V. N. Volochinov. La mention de ces ouvrages est ici superflue, en tout cas pour l'instant. Medvedev et Volochinov étaient des amis et disciples de Bakhtine. On a prétendu plus tard qu'ils avaient servi de prête-nom à leur ami. L'insistante suggestion n'était pas déraisonnable, malgré l'exégèse insuffisante des textes. Bakhtine a laissé courir la rumeur, sans la cautionner explicitement. Cette histoire est bien connue des bakhtinistes. Je l'ai évoquée longuement dans un article où le détail était pertinent, «L'Idéologème est un quasi-argument», *Texte*, nᵒˢ 5-6, Toronto, Éditions Trintexte, 1987. Bakhtine publie sous son nom *Problèmes de l'œuvre de Dostoïevski,* en 1929. Tous ses ouvrages importants le seront de même par la suite.

2. Ce texte (*cf.* ma note 4, ci-dessus) est en réalité antérieur à l'entrée dans la «carrière» professorale, comme on dit. Il date de 1967. Mais Belleau en a fait un abondant usage pendant les premières années de son enseignement. Il m'en remettait un tiré-à-part à l'automne 1969, à la naissance de notre université.

Le professeur et la lecture parlée

1. La citation exacte est la suivante: «En face d'un enfant qui meurt, *La nausée* ne fait pas le poids.» Extraite d'une interview donnée par Sartre au journal *Le Monde,* cette phrase a fait l'objet, aussitôt après, d'un commentaire très critique de Jean Ricardou au cours du débat *Que peut la littérature?* (édité sous ce titre, Paris, UGE, 10/18, p. 59-61).

2. M. Bakhtine, *L'œuvre de François Rabelais et la culture populaire au Moyen Âge et sous la Renaissance,* Paris, Gallimard, Coll. Bibliothèque des idées, 1970. Écrit en 1940, l'ouvrage n'avait été publié en URSS, à Moscou, qu'en 1965 (sous le titre *Tvorchestvo Fransua Rable i narodnaja kul'tura Srednevekovija i Renessansa*). Pour une fois, l'édition française du texte étranger n'avait pas trop de retard. Mais elle s'était laissé devancer par l'édition américaine, qui avait publié sa version du titre deux ans plus tôt.

3. Belleau lui donnera en 1981 le qualificatif d'«instigateur» dans «La sociocritique et la littérature québécoise», *ouvrage cité,* p. 160. L'expression est plus exacte que celle dont je me sers. On peut être l'original de n'importe qui, on n'est pas l'instigateur de n'importe quoi. Mais ce texte date de l'automne 1981; je parle de l'hiver 1970. La différence des deux dates signale un parcours consi-

dérable. Dans le même paragraphe, Belleau reproche pourtant à *Pour une sociologie du roman* un «sociologisme vulgaire». Je ne suis que très partiellement d'accord. Cela règle les comptes de l'analyste littéraire que Goldmann prétendait devenir facilement. Cela laisse de côté l'entreprise philosophique bien plus sérieuse. Le seul reproche grave que l'on puisse faire à Goldmann, et c'est une critique autrement décisive, est l'inadéquation des moyens analytiques et de l'ingéniosité philosophique.

4. On m'assure que ce texte important sera publié avant longtemps. Peut-être l'aura-t-il été avant même la publication de mes *Rebonds*. Je le souhaite: cela permettrait une meilleure évaluation critique des propos que je tiens.

5. *Cf.* l'avant-dernière *Note,* ci-dessus.

6. Du moins le Barthes de «Littérature et histoire» dans *Sur Racine,* Paris, Seuil, 1963; et de sa réponse à Raymond Picard, *Critique et vérité,* Paris, Seuil, 1966.

7. *Cf. Note supra.*

8. Traduction française, Paris, Seuil, 1970, de *Problemy poétiki Dostoevskigo,* Moscou, 1963, publié sous le titre exact de *Problèmes de la poétique de Dostoïeveski,* Lausanne, L'Âge d'homme, 1970. Il s'agissait d'une nouvelle version, terminée en 1961, de *Problemy tworchestva Dostoevskigo* publiée en 1929 à Leningrad (*Problèmes de l'œuvre de Dostoïevski, cf. Note supra*). Je renvoie sur ce point à la liste chronologique des textes de Bakhtine dressée par T. Todorov, *Mikhaïl Bakhtine, le principe dialogique,* Paris, Seuil, coll. Poétique, 1981, p. 175.

Auerbach. Un certain Lukács. Bakhtine encore et Hjelmslev?

1. E. Auerbach, *Mimésis — La représentation de la réalité dans la littérature occidentale,* Paris, Gallimard, Coll. Bibliothèque des idées, 1968, p. 549-553. Ce texte est une traduction de *Dargestellte Wirklichkeit in der abendländlichen Literatur,* Bern, C. A. Francke AG Verlag, 1946.

2. G. Lukács, *La théorie du roman,* Paris, Gonthier, Coll. Médiations, 1963. Je ne connais pas le texte allemand de cet ouvrage publié à Berlin sous forme de livre en 1920 (il l'avait été une première fois, en 1916, sous forme d'article).

3. Cette appréciation est analytiquement pertinente, malgré sa brièveté. Mais elle est politiquement injuste. Le texte est une première fois publié en 1916, en Allemagne, pendant la Première Guerre mondiale. Lukács a alors 31 ans. Or, c'est dans cette période bouleversante qu'il se rapproche du mouvement ouvrier révolutionnaire et de son histoire. Et l'écriture de *La théorie du roman* est pour lui, précisément mais paradoxalement, un maillon consistant de cette évolution. Il s'en est expliqué en 1962, dans un après-regard publié en avant-propos dans l'édition française.

4. G. Lukács, *Histoire et conscience de classe — Essais de dialectique marxiste,* Paris, Éditions de Minuit, 1960. Traduction de *Geschichte und Klassen Bewußtsein — Studien über marxistische Dialektik,* Berlin, Malik-Verlag, 1923.

5. G. Lukács, *Signification présente du réalisme critique,* Paris, Gallimard, Coll. Les Essais, 1960. Traduction de *Wider den mißverstandenen Realismus,* Hambourg, Claassen, 1958.

6. Je ne dispose que de l'édition américaine, G. Lukács, *Essays on Thomas Mann,* New York, The Universal Library, 1964.

7. G. Lukács, *Balzac et le réalisme français,* Paris, Maspéro, 1967. La référence à l'édition originale n'est pas mentionnée dans la version française qui donne, néanmoins, en «Préface» un texte daté de 1951 où l'auteur destine à une publication imminente le recueil de ces articles écrits une quinzaine d'années plus tôt, soit avant la guerre, vraisemblablement à l'époque où il était directeur de l'Institut Marx-Engels de Moscou.

8. G. Lukács, *Le roman historique,* Paris, Payot, 1965. Première édition: Berlin, Aufbau Verlag, 1956.

9. G. Lukács, *Problèmes du réalisme,* Paris, L'Arche, 1975. Il s'agit d'un recueil d'articles écrits et publiés en URSS, dans l'exil, entre 1932 et 1940. L'éditeur français a pris soin de noter, — une fois n'est pas coutume, mais les Éditions de l'Arche sont pour leur part scrupuleuses, — que le texte original allemand avait été colligé sous le titre de *Essays über Realismus,* dans *Probleme des Realismus I, IV, Gesammelte Werke,* Meuwied, Luchterhand, 1971.

10. G. Lukács, *Existentialisme ou marxisme?,* Paris, Nagel, 1948. Une deuxième édition, elle aussi introuvable, date de 1961.

11. J. García Méndez, *Le roman latino-américain ou la socialisation de l'écriture,* thèse de doctorat, UQAM, 1987. *La dimension hylique du roman,* Longueuil, Le Préambule, 1990, apporte de nouvelles précisions.

12. Je fais référence à plusieurs ouvrages de L. Hjelmslev traduits en français; et expressément, pour le résumé de la théorie, à *Prolégomènes à une théorie du langage,* Paris, Éditions de Minuit, 1968 (traduit du danois *Omkring sprogteoriens Grundlæggelse,* Copenhague, Akademisk Forlag, 1943). Le titre français contient «La structure fondamentale du langage», alors inédite.

13. A. Belleau, *ouvrage cité,* en particulier p. 102, 2e paragraphe.

14. L. Goldmann, *Le Dieu caché,* Paris, Gallimard, Coll. Bibliothèque des idées, 1955. La date de publication a ici son importance. Goldmann n'étudiera Lukács que plus tard. Il en donnera une présentation systématique dans un beau texte, dense et précis, «Introduction aux premiers écrits de Georges Lukács», publié en postface à *La théorie du roman,* édition citée, p. 156-190, extrait d'un article publié dans la revue *Les temps modernes,* n° 95, Gallimard, août 1962. En outre, l'œuvre de Louis Hjelmslev était alors totalement inconnue en France, sauf de quelques rares linguistes spécialisés. Goldmann n'en était pas un.

15. Dans *La signification présente du réalisme critique,* édition citée, Lukács renvoie laconiquement Joyce au «roman bourgeois moderne».

16. A. Belleau, *ouvrage cité,* p. 98.

17. *Ibid.*

18. A. Belleau, «Pour un unilinguisme antinationaliste», *ouvrage cité,* p. 89.

Le discours. Les fantômes. L'expression en situation

1. A. Belleau, «Relire le jeune Lukács, *ouvrage cité,* p. 112-118.

2. *Ibid.,* p. 116.

3. Du nom de Rosa Luxemburg, dirigeante du jeune Parti communiste allemand, abattue avec Karl Liebknecht par la police allemande en 1919. Amie de Lénine, elle différait de lui sur les questions de l'impérialisme et de l'organisation révolutionnaire. Lukács lui a consacré un texte dans *Histoire et conscience de classe.*
4. G. Lukács, *ouvrage cité,* p. 142-188.
5. Le «Cercle de Bakhtine», *cf. Note supra.*
6. A. Belleau, texte cité, *ouvrage cité,* p. 116-117.
7. M. van Schendel, *article cité, Texte,* nos 5/6.

Remarques sur la conjoncture

1. J. Ferron, *Les lettres aux journaux,* Montréal, VLB éditeur, 1985.
2. Ce concept est ici résumé. Il est décrit et détaillé dans *Le trébuchet de Dante — Formes et institution,* à paraître.
3. Une immense bibliographie existe sur la question. Ce n'est pas le moment de la rappeler. J'en extrais seulement un titre: J. Bruhat, *Histoire du mouvement ouvrier français,* Paris, Éditions sociales, 1950.

Marx, la marchandise (et la parole)

1. Texte mieux connu sous le titre de *Critique du programme de Gotha,* réuni dans K. Marx et F. Engels, *Critique des programmes de Gotha et d'Erfurt,* Paris, Éditions sociales, 1950. La *Critique du projet de programme social-démocrate de 1891* à Erfurt est d'Engels qui l'écrit huit ans après la mort de Marx, seize ans après le Congrès de Gotha. Cette édition reproduit le texte complet de Marx, traduit par l'éminent Émile Bottigelli. Engels l'avait expurgé, pour des raisons politiques. Il s'en était ainsi justifié, le 6 janvier 1891, dans la lettre d'envoi pour la première édition: «Marx le ferait lui-même, s'il publiait aujourd'hui son manuscrit.» Le calcul politique est souvent prude, il peut faire dire n'importe quoi aux morts. Je souhaite m'être abstenu d'une telle pratique à l'égard du collègue André Belleau. Il est vrai que la scène et le propos sont différents.
2. *Cf.* la «lettre d'envoi», *Note* précédente.
3. K. Marx et F. Engels, *L'Idéologie allemande,* Paris, Éditions sociales, 1968, p. 59. Le soulignement est de Marx. Il s'agit vraisemblablement, comme le remarque l'annotateur Gilbert Badia pour un autre passage du même texte, d'une déconstruction insistante du mot allemand *bewußtsein,* «conscience», où la désinence *sein* signifie «être»: l'être est une pratique qui détermine la conscience, et dans la pratique cette conscience *est* le langage.
4. Le premier est de P. N. Medvedev. Je n'en ai que la traduction américaine, sous le titre de *Formal Method and Literary Scholarship.* À ma connaissance, aucune édition française n'en existe. Le second est de V. N. Volochinov, publié en français sous un titre littéral, *Le marxisme et la philosophie du langage,* Paris, Éditions de Minuit, 1973.

5. La construction d'un rapport théorique, et problématique, entre les esquisses de Bakhtine et celles de Gramsci a fait l'objet d'un long développement dans M. van Schendel, «L'idéologème est un quasi-argument», *article cité.*

Conjoncture et discours. Une politique du discours?

1. A. Belleau, «L'effet Derome», *ouvrage cité,* Montréal, Éd. Primeur, 1984, p. 82-85.
2. *Idem,* p. 83.
3. *Ibid.*
4. *Ibid.*
5. Telle est l'une des treize propositions que je développe dans un ouvrage non encore publié, *Le trébuchet de Dante* déjà mentionné.
6. J. Staline, *La question nationale,* Paris, Éditions sociales, 1949. À ma connaissance, les Éditions sociales n'ont pas réédité récemment, — le courant n'est plus au «stalinisme», — la traduction française de cet ouvrage instructif qui n'est que secondairement stalinien. Sur la portée et la critique de ce texte, je recommande G. Bourque, *La question nationale,* Montréal, Presses de l'Université de Montréal, 1975.
7. Quelques indications sur ce point dans M. van Schendel, «L'intellectuel fragmentaire», dans R. Comeau, *Jean Lesage,* Montréal, PUQ, 1989.
8. Texte cité plus haut.
9. Pierre Vadeboncœur, si ma mémoire est bonne, avait inspiré le changement de nom. Il en a fait beaucoup plus tard, dans les années soixante-dix aux Éditions de l'Hexagone, le titre de l'un de ses livres.

Connivences et divergences. Un intellectuel ouvert

1. A. Belleau, *Y a-t-il un intellectuel dans la salle?,* p. 88 à 92.
2. *Ibid.,* p. 89.
3. *Ibid.,* p. 90-91.
4. *Cf.* le texte de la citation précédente.
5. *Cf.* la même citation.
6. M. M. Bakhtine (V. N. Volochinov), *Écrits sur le freudisme,* Lausanne, L'Âge d'homme, 1980.
7. R. Jakobson, «Linguistique et poétique», *Essais de linguistique générale I,* Paris, Éditions de Minuit, 1963, p. 209-248. Traduit de «Linguistics and Poetics», dans T. A. Seboek, *Style in Language,* Cambridge, Mass., MIT Press, 1960, p. 350-377.
8. R. Jakobson, *ouvrage cité,* p. 216. L'auteur, dans ce passage, ne faisait que rappeler le «modèle traditionnel du langage» légué par Karl Bühler et en expliciter les trois fonctions, l'émotive ou l'expressive, la conative, la référentielle (ainsi redésignée par Jakobson). Tout en les jugeant incomplètes, les modalisant et leur adjoignant trois autres fonctions, il assumait sa part d'héritage. Il affirmait, en effet, que «les trois sommets de ce modèle triangulaire [de Bühler correspon-

dent] à la première personne, le destinateur, à la seconde personne, le destinatai-re, et à la «troisième personne» proprement dite — le «quelqu'un» ou le «quelque chose» dont on parle.» Il est à remarquer que la troisième personne est guillemetée, alors que les deux premières qui s'arrêtent à la /seconde/, donc à la dernière, ne le sont pas. Cet arrêt à la seconde personne est accepté en linguis-tique structurale, le /il/ n'y étant que la forme d'une non-personne. En revanche, /on/ dans «dont on parle» n'est pas mis entre guillemets. Jakobson avait approu-vé la minutieuse traduction réalisée par un autre linguiste, Nicolas Ruwet.

9. Le terme «audace», dans le cas de Jakobson, est en un sens exagéré. Louis Hjelmslev avait déjà requis l'étude du *procès* et de l'*usage* dans celle du *système* et du *schéma* de la langue; il avait aussi exposé dès 1939 la fonction «métalin-guistique». Émile Benveniste, de même, avait énoncé les premiers principes structuraux d'une linguistique du *discours*. Mais Jakobson bénéficiait d'une im-mense réputation internationale que les autres n'avaient pas encore tout à fait ac-quise. Cette reconnaissance lui conférait une position d'arbitre, jusque dans les débats entre linguistes. L'arbitre tranchait implicitement en faveur de Hjelmslev et de Benveniste. En cet autre sens, l'audace est admissible.

10. F. de Saussure, *Cours de linguistique générale* (couramment appelée *CLG*), Pa-ris, Payot, 3e éd. 1968.

11. Quelques-uns d'entre eux ont été traduits en français et recueillis dans *Essais de linguistique générale II,* Paris, Seuil, 1973.

12. Voir «Deux aspects du langage et deux types d'aphasie», *Essais de linguistique générale I,* déjà mentionné, p. 43-67, et *Langage enfantin et aphasie,* Paris, Seuil, 1969, incluant les premiers travaux datés de 1941.

13. R. Jakobson, «Préface» de Mikhaïl Bakhtine, (V. N. Volochninov), *Le marxisme et la philosophie du langage,* Paris, Éd. de Minuit, 1977, p. 7-8. Cette préface est surprenante à plus d'un égard. Jakobson s'étonne de la désignation, dès le ti-tre de l'ouvrage, du marxisme que le préfacier confond avec un certain «obscu-rantisme», celui vraisemblablement de Staline. Et il annexe la pensée de Bakhti-ne à son propre systémisme, celui de la dualité. Ainsi, «*selon Bakhtine, dans la structure du langage, toutes les notions substantielles forment un système iné-branlable, constitué de paires indissolubles et solidaires: la reconnaissance et la compréhension, la cognition et l'échange [...], l'interlocution entre le desti-nateur et le destinataire [...]*». Cette bipolarité est jakobsonienne. Bakhtine n'at-tribuait qu'une importance seconde au destinateur et au destinataire, rarement désignés comme tels, dans la dynamique du discours.

14. U. Eco, *La struttura assente,* Milan, Bompiani, 1968. La refonte française de ce texte dans *La structure absente,* Paris, Mercure de France, date de 1972.

15. U. Eco, *Lector in fabula,* Milan, Bompiani, 1979, réinterprété et partiellement modifié en français sous le même titre, Paris, Grasset, 1985. *The Role of the Reader,* Bloomington, Indiana University Press, 1979, recueil de textes partiel-lement plus anciens, annonce les deux ouvrages italiens et français.

16. U. Eco, *ouvrage cité,* trad. française, p. 39.

17. U. Eco, *idem,* p. 29.

18. *Idem,* p. 119.

19. *Idem,* p. 118.

20. *Idem.*
21. U. Eco, *Lector in fabula,* Paris, Grasset, 1985, *passim.* L'édition italienne, Milan, Bompiani, date de 1979.
22. Je ne parle pas de ceux de Iouri Lotman, *La structure du texte artistique,* Paris, Gallimard, 1973 [traduit du russe, *Struktura Khudozestvenogo Teksta,* Moscou, Iskusstvo, 1970] qui ont posé avec une grande finesse les problèmes de la communication esthétique.
23. A. Belleau, *ouvrage cité,* p. 71.
24. *Idem,* p. 107-108, dans «Portrait du prof en jeune littératurologue», publié une première fois dans *Liberté,* n° 127, Montréal, 1980.
25. *Idem,* p. 69, dans «Quelle langue parle la sagouine?», publié une première fois en avant-propos à A. Maillet, *La Sagouine,* Montréal, Leméac, 1973.
26. *Ibid.*
27. *Ibid.*
28. A. Belleau, «Petite grammaire de la solidarité avec le peuple», *ouvrage cité,* p. 37.
29. *Ibid.*
30. J. García Méndez, «Ramos et Ringuet: le roman entre le silence et l'histoire», *Voix et images,* vol. XII, n° 1, automne 1986, et «Le silence de *Trente arpents*», *Idem,* vol. XII, n° 3, automne 1987.
31. *Ibid.*
32. *Ibid.* Passage déjà cité.
33. Je proposais déjà cette dernière partie de l'argument dans «Conditions d'une poésie critique», *Socialisme québécois,* n° 20, Montréal, 1970.
34. *Idem, passim.*
35. *Idem,* p. 73.
36. *Idem,* p. 70-74.
37. Hölderlin, *Œuvres,* sous la direction de Ph. Jaccottet, Paris, Gallimard, Bibliothèque de la Pléiade, 1967, p. 776.
38. *Idem,* «Alternance des tons», p. 639. Le sens grec de cette «catastrophe» signale une inversion de l'ordre de succession des tons.
39. *Idem,* p. 795.
40. A. Belleau, «La dimension carnavalesque du roman québécois», *ouvrage cité,* p. 170.
41. *Idem,* p. 167.
42. *Ibid.*
43. *Idem, passim.* Belleau fait référence à une expression bakhtinienne.
44. *Idem,* p. 173.
45. *Ibid.*
46. *Ibid.*
47. *Idem,* p. 167.
48. *Idem,* p. 167-168.
49. *Ibid.*
50. *Ibid.*
51. H. Morrier, *Dictionnaire de poétique et de rhétorique,* Paris, PUF, 1975, p. 802.
52. A. Belleau, *ouvrage cité,* p. 168.

53. *Idem*, p. 169.
54. *Idem*, p. 171.
55. *Idem*, p. 170.
56. *Idem*, p. 174.
57. A. Belleau, *Le romancier fictif*, Montréal, PUQ, 1980, p. 22.
58. *Ibid.*
59. *Idem*, p. 23.
60. *Idem*, p. 38.
61. A. Belleau, *idem*, p. 60.
62. *Ibid.*
63. M. van Schendel, «*Agaguk* d'Yves Thériault: roman, conte, idéologème», *Littérature*, n° 66, Paris, Larousse, 1987. Le Grand Narrateur guide la stratégie de la narration.
64. *Idem*, p. 39.
65. *Idem*, p. 60
66. *Idem*, p. 79.
67. G. Genette, *Figures III*, Paris, Seuil, 1972, *passim*.
68. A. Belleau, *ouvrage cité*, p. 61.
69. *Idem*, p. 87.
70. A. Belleau, *ouvrage cité*, p. 167.

PAUL-MARIE LAPOINTE ET LA MATÉRIALITÉ DU POÈME

1. Paul-Marie Lapointe, *Le réel absolu*, Montréal, Hexagone, 1971, p. 237.
2. Référence à P.-M. Lapointe, *Il reale assoluto*; trad.: Paola Mossetto-Campra, Rome, Bulzoni, 1983.
3. *Cf. supra*, note 1 de la première page du chapitre.
4. *Cf. supra*, note 2 de la première page du chapitre.
5. Je n'en ai malheureusement pas la référence. Seule la mémoire l'atteste. À l'occasion du 25e anniversaire des Éditions de l'Hexagone, en 1978, la Bibliothèque nationale du Québec avait organisé une exposition. Parmi les très nombreux exhibits, figuraient plusieurs feuillets de cette anthologie.
6. *Atti del 5e Convegno internazionale della Associazione italiana di Studi canadesi*, Florence, 1985.
7. Je recours assez librement, ici, à la notion de «*Vorstellungsrepräsentanz*» de Freud que J. Laplanche et J. B. Pontalis, *Vocabulaire de la psychanalyse*, Paris, PUF, 1973, traduisent par «représentant-représentation». J. Lacan, *Écrits*, Paris, Seuil, 1966, la traduisait par «représentant de la représentation», syntaxiquement mieux formé. Laplanche et Pontalis contestent pour des raisons théoriques cette interprétation lacanienne. Quoi qu'il en soit, tous les théoriciens de la psychanalyse s'accordent à reconnaître que le *Repräsentanz* est une délégation de la pulsion vers l'inconscient. La *Vorstellung* (représentation) et l'*Affekt* (affect, expression qualitative des quantités d'énergie psychique) sont deux formes du *Repräsentanz* pulsionnel. Selon Laplanche et Pontalis, seul le *Vorstellungsrepräsentanz* «passe tel quel dans le système inconscient», pas l'*Affekt*. Une autre

théorie de la représentation, celle de Peirce, Américain contemporain de l'Autrichien Freud, distingue dans le signe ou *representamen* un acte de *présentation*, un présentant de la représentation. Ce présentant est assimilable à un «interprétant affectif» (*cf.* le «Petit répertoire» à la fin de l'ouvrage). Je me réfère aux deux écoutes, la freudienne et la peircienne, plus décisivement à la seconde.

8. P.-M. Lapointe, «Pour les âmes», *ouvrage cité*, p. 244.

9. Les trois ouvrages cités sont rassemblés dans *Le réel absolu, cf. supra.*

10. Vers terminal de «Nous sommes installés sous le tonnerre», *ouvrage cité*, p. 196.

11. Vers initial de «Chaque jour», *ouvrage cité*, p. 213.

12. Strophes initiales de «ICBM», *ouvrage cité*, p. 259.

13. Ici intervient l'*interprétant* auquel je faisais allusion plus haut. Dans la théorie sémiotique de C. S. Peirce, l'interprétant est cet aspect triadique du signe ou *representamen* qui met en relation le *ground* de ce signe avec son objet et fonde la possibilité d'un autre signe dont il devient le nouveau *ground*. Le «Petit répertoire» propose, à la fin de ce premier volume, une définition des termes peirciens utilisés. En 1906, sept ans avant sa mort, Peirce distinguait plusieurs types d'interprétants: l'*interprétant immédiat,* à savoir «l'interprétant tel qu'il est révélé dans la compréhension correcte du signe lui-même, et [qui] est ordinairement appelé la *signification* du signe»; l'*interprétant dynamique,* «qui est l'effet que le signe, en tant que signe, détermine réellement»; enfin l'*interprétant final,* «qui renvoie à la manière dont le signe tend à se représenter lui-même comme étant en relation avec son objet». Ma première lecture du signe /Corbeau/ associé au dieu-tonnerre, qui n'est pas nommé dans le poème, est vraisemblablement celle d'un interprétant dynamique; il participe d'un «effet réel». Mais si le signe /Corbeau/ est considéré en tant que tel, si le Corbeau est simplement le Corbeau, il est alors un interprétant immédiat, une «signification» élémentaire ou primordiale qui ne peut se désigner que par tautologie, à la façon d'un *idéologème* (*cf.* M. van Schendel, «L'idéologème est un quasi-argument», *Texte,* n° 5-6, Toronto, 1987). Le «Corbeau» du texte analysé est d'abord cet interprétant immédiat. À première écoute, il n'y aurait pas ici d'interprétant final, car le signe /Corbeau/ retenu isolément tend à effacer toute relation avec son *objet immédiat* (relation qui est l'un des lieux d'intervention de l'interprétant dynamique) et par conséquent la pensée de sa représentation effective. À deuxième et, plus encore, à troisième écoute, il y a bel et bien un interprétant final: le texte lui-même, qui dispose autrement, en identité et en contraste, sa propre présentation du Corbeau.

14. Tel paraît être l'«interprétant final» (*cf.* Note précédente). Dans la terminologie de Peirce, il serait dit «affectif», c'est-à-dire de l'ordre d'une *firstness* tonale ou qualitative. Mais ce premier type de l'interprétant intègre déjà, à la différence d'autres aspects du signe, un grand nombre de constructions argumentales de type abductif ou hypothétique. L'établissement des contrastes, leur progressivité, mais aussi leur abolition au fil d'un développement simultané, sont l'une des traces de ces constructions argumentales fictionnelles qui donnent à comprendre l'«effet réel» de la logique poétique.

15. P.-M. Lapointe, Montréal, Hexagone, 1974.

16. L'expression «thème» est à prendre au sens que V. N. Volochinov lui donnait en 1929 dans *Marksizm i filosofija jazyka* (trad. franç.: M. Yaguello. *Le marxisme et la philosophie du langage,* attribué à M. Bakhtine; *cf.* mon premier chapitre pour les références exactes). Le thème serait le sens de l'énonciation complète, ou l'expression d'une situation historique concrète (microscopique) ayant donné naissance à une énonciation. À la différence de la signification proprement linguistique, il est individuel et non réitérable. Il forme le «degré supérieur réel de la capacité de signifier» dont la signification linguistique n'est que le «degré inférieur». «Système de signes dynamique et complexe», le thème est en somme «une réaction de la conscience en devenir à l'être en devenir». En ce qu'elle saisit un effet réel dans l'acte de parole, dans sa circonstance et dans le devenir de l'être, cette définition est très voisine de celle de l'*interprétant dynamique* peircien.

17. *Ouvrage cité,* p. 172.

18. *Idem,* p. 175.

19. *Idem,* p. 177.

20. *Ouvrage cité,* p. 207-213.

21. Je me réfère évidemment à la définition du thème chez Volochinov ou Bakhtine (*cf. Note supra*). Mais une confusion risque d'apparaître entre ce thème-là et le «thème» musical qui, lui, est réitératif. Je me contente de souligner la distinction. Si «Psaume pour une révolte de terre» était une pièce musicale, la forme normée et réitérative «ô psalmodies ô psaumes» serait le thème. Il s'agit au contraire d'un poème, d'une énonciation (indirecte) construite en fonction du système de la langue. Je reconnais tout de même l'ambiguïté de la notion de thème, établie sur l'emploi divergent d'un mot identique. Dans la pratique, le jazz érode cette divergence, en fait autre chose. De même, le poème.

22. Paru en 1962 dans la revue *Liberté,* Montréal, ce texte a été repris plus tard dans G. Robert, *Littérature du Québec — Poésie actuelle,* Montréal, Librairie Déom, 1970.

23. Donc les gammes de possibilité des *interprétants affectifs,* selon les notes précédentes et le «Petit répertoire».

24. Le «Petit répertoire» propose, à la fin du volume, une définition de ce terme.

25. R. Melançon, *Paul-Marie Lapointe,* Paris, Seghers, Coll. Poètes d'aujourd'hui, 1987. La communication datant de 1988, l'expression «l'an dernier» désigne évidemment 1987. Je la conserve comme marque allocutive.

26. P.-M. Lapointe, *Écritures,* Montréal, L'Obsidienne, 1980. Les textes n'excèdent pas une page. Mis en suite, ils n'ont pas de titre, mais portent un numéro de page. «113» est donc un mixte du titre et de la page.

27. P.-M. Lapointe, *Tombeau de René Crevel,* Montréal, L'Obsidienne, 1980.

EULALIE OU LA MALÉDICTION DU TANT-À-DIRE
(à propos de Claude Gauvreau)
Le théâtre de la voix

1. Dans P. de Grandpré (dir.), *Histoire de la littérature française du Québec, III,* Montréal, Beauchemin, 1969. La version originale intégrale de ce texte sera republiée dans *Rebonds critiques II.*

2. Peu avant de se tuer, Gauvreau avait publié dans la revue *Liberté* une copieuse invective, — faut-il dire à mon sujet, ou sur mon sujet? Je n'étais pas nommé, si je me souviens bien. Mais le sujet innommé, voué à quelque chose de pire que l'insulte, était bel et bien visé. Pas de citations, mais des allusions convergentes au texte incriminé (voir la première note) selon le procédé habituel du polémiste Gauvreau. Bref, je me faisais traiter de stalinien; et j'élide le tombereau d'adjectifs qui accompagnait, avec jouissance, la précipitation aux gémonies. Après la mort, en juillet 1970, le journal *Le Devoir*, qui n'avait jamais parlé que distraitement de Gauvreau de son vivant, publiait une pleine page d'hommage où les plorines, suivant la même procédure de l'allusion d'insistance au nom, mais avec moins de style, déposaient contre l'assassin, les assassins, l'assassinat. J'envoyai une lettre au *Devoir*, — on ne pouvait tout de même pas ne pas relever cette hypocrite et infamante incongruité. Claude Ryan, alors directeur de la publication, et son conseiller spécial Robert Guy Scully refusaient l'*imprimatur*. Je m'adressais ensuite à *Liberté* où Gauvreau, qui n'appréciait guère la revue, avait laissé imprimer les signes prémonitoires. Malgré les interventions d'André Belleau, le comité de rédaction écarta la réponse.

La rhétorique, Hamlet et la délégation

1. «*La taupe ahurle!*» est un indécidable. Le texte imprimé des *Œuvres créatrices complètes*, Montréal, Parti pris, 1977, p. 752-753, l'énonce ainsi. La distribution régulière des adjectifs terminaux dans la séquence laisse supposer une coquille. Il faudrait donc lire «*ahurie!*». Mais les agrammatismes de Gauvreau justifient le soupçon. Par la suite, j'opterai pour «*ahurie!*»

2. Référence à la rubrique *icone* du «Petit répertoire». Peirce distingue trois types d'icone: l'image, le diagramme, la métaphore.

3. Référence à la même rubrique du «Petit répertoire». Le diagramme est une forme géométrique pluridimensionnelle de l'icone.

4. Référence à la même rubrique du «Petit répertoire». Le graphe est un aspect graphiquement simplifié des dimensions logiques du diagramme.

5. Référence à la rubrique *rhème* du «Petit répertoire». Le rhème est un terme hors-contexte qui sollicite sa contextualisation.

6. Référence à la rubrique *dicent* du «Petit répertoire». Le dicent est apparenté à une proposition. Le rhème annonce la possibilité de cette proposition.

7. Dans l'économie peircienne du mouvement des signes, la similarité du signe *iconique rhématique* n'est pas à confondre avec une ressemblance, encore moins avec une identité du signe à l'objet reproduit. C'est l'erreur commise par A. J. Greimas et J. Courtés dans leur *Sémiotique, dictionnaire raisonné de la théorie du langage*, Paris, Hachette, 1979, p. 177, et par bien d'autres auteurs, notamment M. Angenot, *Critique de la raison sémiotique*, Montréal, Presses de l'Université de Montréal, 1985, *passim*. Il ne s'agit pas d'une copie conforme. L'accent est mis moins sur le reproduit que sur le *reproduisant*. Outre le fait que tout signe est un acte, — quels que soient les interprètes-agents de cet acte, et quels que soient leurs caractères psychologiques particuliers, — ce signe-ci est déjà

travaillé de plusieurs formes catégorielles d'*interprétance* (*cf.* la rubrique *interprétant* du «Petit répertoire») qui composent dans l'icone une interférence dynamique entre la loi générale du signe, l'objet particulier représenté et les caractères présentatifs formels du signe représentant. Cela signifie, notamment, que l'iconique n'est d'aucune manière limité au visuel, qui n'en est qu'une instance; que l'iconique a le statut général d'un *representamen* (*cf.* l'introduction du «Petit répertoire») d'objet ou de signe ou d'idée-signe, d'une image, d'un diagramme ou d'une métaphore; que cette image emblématise autant le texte pictural que le texte lectoral; autant le texte vu ou lu que le texte entendu; et tout autant que ces divers modes cognitivement coprésents dans la communication du texte, le texte *en train de se faire*. Le signe de la similarité iconique est toujours le parcours de sa propre modification.

8. Référence à la rubrique *interprétant* du «Petit répertoire». L'interprétant affectif ou immédiat est, dans la terminologie de Peirce, le premier des trois aspects possibles de l'interprétant qui, intégrant du signe, n'est surtout pas à confondre avec l'interprète.

9. Référence à la rubrique *indice* du «Petit répertoire». En tant qu'il est apparenté par contiguïté à l'objet qu'il désigne et représente, le signe indiciel agit sur cet objet. La pièce *Hamlet* est en l'occurrence l'objet transformé.

10. Référence à la rubrique *icone* du «Petit répertoire». Par «la même position diagrammatique», j'entends plus précisément la même position relative des rhèmes ou termes entre chacun des deux graphes. Mais le graphe est l'une des formes du diagramme, et il serait pour le moins ambigu de parler d'une position graphique. Lorsque c'est possible, j'emploie le mot «graphe». Dans le cas contraire, je me rabats sur l'adjectif «diagrammatique».

11. Définition sous la rubrique *dicent* du «Petit répertoire».

12. Consulter le «Petit répertoire» sur les trois aspects du signe, le «*ground*», l'*objet*, l'*interprétant*. Le premier est monadique, le deuxième dyadique, le troisième triadique. Forme particulière de l'icone, le diagramme est dyadique.

13. Référence à la rubrique *dicent* du «Petit répertoire». Le dicisigne est l'équivalent du dicent.

14. Le terme «*nexus*» est emprunté à un linguiste danois, jeune contemporain de Peirce et de Saussure, Otto Jespersen, *La philosophie de la grammaire [The Philosophy of Grammar*, Londres, Allen & Unwin, 1924], Paris, Minuit, Coll. «Arguments», 1971, p. 139-196. Le «*nexus*» est toujours une forme de jonction interne au mot ou à la proposition. Intersectif, il oriente aussi la forme des relations entre propositions.

15. Référence à la rubrique *icone* du «Petit répertoire».

16. Référence à la rubrique *dicent* du «Petit répertoire». Dicisigne et dicent sont deux vocables pratiquement interchangeables de la même catégorie de signe. Le glossaire souligne le caractère actif et pragmatique de ce signe qui, par conséquent, ne désigne pas tout-à-fait le même concept que celui de proposition logique.

17. Je souligne. Les autres soulignements dans le texte cité (*The Complete Works of William Shakespeare,* Londres, Spring Books, 1978, p.980) sont également de mon fait.

18. Yves Bonnefoy avait ainsi interprété le terme «*stage*» dans sa traduction, publiée en 1957 (Paris, *Formes et reflets*, p. 144).

19. Je ne suis pas entièrement d'accord avec la traduction de Bonnefoy: «*Car sûrement il se fût à l'épreuve / Avéré un grand roi*», *Ibid.* Cette mise à l'«épreuve» efface le «*stage*» explicite de la forme anglaise «*had he been put on.*»

20. J'emploie à dessein le mot fraternité. Relire à ce sujet l'étude, déjà ancienne mais décisive, de Jean Paris, *Hamlet ou les personnages du fils*, Paris, Seuil, 1953.

21. *Ouvrage cité*, p. 749.

22. *Ibid.*, p. 749.

23. L'*antéisagoge* est une «sorte d'antithèse dans laquelle on oppose une réalité niée à la situation affirmée», H. Morier, *Dictionnaire de poétique et de rhétorique*, Paris, PUF, 1975, p. 111.

24. Je me réfère au même monologue de Mixeudeim mourant, *ouvrage cité*, p. 745-749. Je réserve l'analyse de cette régularité.

25. R. Thom, *Modèles mathématiques de la morphogenèse*, Paris, Christian Bourgeois, 1980. Thom propose une série de variantes mathématiques de la transformation par conflits aléatoires. Ce n'est pas le lieu d'en discuter.

26. S. Freud, «*Das Unheimliche*» (1919), recueilli sous le chapitre «L'inquiétante étrangeté» de *Essais de psychanalyse appliquée*, Paris, Gallimard, 1971.

27. La «monade», la «dyade», la «triade» ponctuent ce moment de l'analyse. La monade est de l'ordre d'un «premier» qui peut se traduire en un signe de possibilité; la dyade, de l'ordre d'un «deuxième» ou d'un signe d'action; la triade de l'ordre d'un «troisième», ou d'un signe génératif. Je renvoie la description de ces termes aux rubriques *ground, objet, interprétant* du «Petit répertoire».

28. La question du *dialogique* intervient. L'économie peircienne du signe ne l'inclut pas directement. Elle l'oriente. Elle stimule donc des convergences. Celles-ci sont d'ordre pragmatique et ne sont que médiatement compatibles, elles doivent être travaillées. L'œuvre de Mikhaïl Bakhtine, qui ignorait tout de Peirce, est l'une des convergences possibles. L'œuvre philosophique de Francis Jacques commence à les travailler, malgré l'absence d'une référence explicite à Bakhtine. J'indique également l'un de mes textes, «Nous: qu'est-ce que nous?» dans P. Léon et P. Perron, *Le dialogue*, Montréal, Didier, 1985, p. 63-76 (ce texte sera repris dans *Rebonds critiques III*). Le «nous» lui-même pourrait être invalidé, ou autrement interrogé. Dans la perspective, philosophiquement distincte, d'une analyse du texte de fiction confronté au savoir scientifique, je suggère de lire M. Pierssens, «Les trois savoirs de la fiction», *Sédiments 89*, Montréal, HMH-Didier, 1989.

29. L'analyse proposée fait partiellement écho, sur le texte étudié, à la critique de la notion de «parallélisme» structural dans la poétique de R. Jakobson, *Questions de poétique*, Paris, Seuil, 1973, *passim*. Il semblerait que cette poétique généralisante vaille surtout pour l'âge circonscrit du baroque, ne soit donc pas généralisable. Dont acte. Je contesterais néanmoins la tendance chez les critiques de Jakobson à négliger les dyphonies, les arythmies, les dérégulations prosodiques que le baroque, même en cet âge historique respectueux du canon de la loi, opérait déjà. Le parallélisme nous a beaucoup appris sur le texte de surface et nous a enseigné l'inquiétude du reste.

30. Je renvoie à la rubrique *objet* du «Petit répertoire». La distinction entre l'«objet immédiat» et l'«objet dynamique» est empruntée à Peirce. L'objet *immédiat*, «objet comme le signe lui-même le représente», est voisin des aspects internes ou contextuels du «référent» de Roman Jakobson, *Essais de linguistique générale, I*, Paris, Minuit, 1966. Par contre, l'objet *dynamique*, «réalité qui parvient à déterminer le signe à sa représentation», n'est pas le référent. Il n'est pas non plus le *référé* oublié par la linguistique structurale. Il est un référ*ant*, une action de référence. En contexte, dans la finale du texte de Gauvreau, la parole proférée sur scène est cet objet dynamique.

31. La notion de «totalité» est un τοπος qui traverse tout le discours de Gauvreau, quelles qu'en soient les époques. Elle ne reçoit aucune empreinte, ni en 1946 ni en 1970, de la «totalité» médiatisée du jeune Georg Lukács de 1916 (*La théorie du roman*) ou même de 1919 (*Histoire et conscience de classe*). Elle n'est pas davantage la «totalité» ontologique discontinue de l'être-en-soi du Jean-Paul Sartre de 1943 (*L'être et le néant*). Il est plus longuement question de ces ouvrages au chapitre I ci-dessus. La «totalité» de Gauvreau n'est pas un concept. Elle est une charge affective. Elle continue d'appeler en 1970 à la *«solidarité totale»* promise en 1948 par les automatistes du *Refus global*. «Solidarité»: *«fusion»* dans la *«création»*. Il s'agit d'une logique de l'identité. Je l'ai désignée ainsi dans *«Refus global*, or the Formula and History», *Yale French Studies*, n° 65, Yale University Press, New Haven, 1983, p. 53-73 (la version française intégrale paraîtra dans *Rebonds critiques III*).

32. J. Starobinski a présenté des fragments de *Cahiers* de F. de Saussure dans un ouvrage déjà ancien, *Les mots sous les mots*, Paris, Gallimard, 1970. Le linguiste génevois s'y révèle un poéticien inquiet.

33. *Ouvrage cité*, indication de mise en scène, p. 753.

34. *Ibid.*

35. La curiosité éveille le souvenir du très auguste et presque ancestral Éliphas Lévy, *Histoire de la magie* et du classique M. Carrouges, *André Breton et les données fondamentales du surréalisme*, Paris, Gallimard, 1950.

36. Référence à la rubrique *symbole* du «Petit répertoire».

37. Référence à la rubrique *icone* du «Petit répertoire».

38. Je fais allusion à Sigmund Freud, *Die Verneinung*. La dénégation est une forme de déni. Elle confirme d'une négation manifeste ce que l'inconscient affirme par déplacement. J. Laplanche et J. B. Pontalis, *Le vocabulaire de la psychanalyse*, Paris, PUF, 1973, propose une définition plus détaillée.

Antonin Artaud: l'inquiétude-angoisse

1. A. Artaud, *Œuvres complètes, I*, Paris, Gallimard, 1956 (dixième édition), p. 49.
2. *Ibid*, p. 96.
3. *Ibid*, p. 95.
4. *Ibid*, p. 10.
5. *Ibid*, p. 8.
6. *Ibid.*
7. *Ibid.*

8. «Correspondance avec Jacques Rivière», p. 22-23.

9. *Idem,* p. 32.

10. «Préambule», p. 11.

11. «Correspondance avec Jacques Rivière», p. 31.

12. «Le pèse-nerfs», p. 87.

13. «À la grande nuit ou le bluff surréaliste», extrait d'une redoutable note infrapaginale, p. 284-285.

14. *Ibid.*

15. *Ibid.*

16. *Ibid.*

17. *Ibid.*

18. *Ibid.*

19. «Bilboquet», p. 241-242.

20. *Ibid.*

21. *Ibid.*

22. *Ibid.*

23. Référence à la rubrique *interprétant* du «Petit répertoire».

24. «Bilboquet», p. 256.

25. Cité par J. J. Pauvert, «Préface», *L'érotisme des années folles,* Paris, Garnier, 1983, p. 12-13. Cet ouvrage reproduit *Le con d'Irène* et *Roger ou les à-côtés de l'ombrelle.*

26. Le CNÉ s'était formé sous l'occupation allemande. Il rassemblait les écrivains qui avaient participé à la résistance antinazie. Il avait vocation d'accueillir d'autres auteurs non suspects de collaboration avec l'ennemi, ainsi que les nouveaux écrivains de l'après-guerre. Jean Paulhan en avait été élu président. Il préconisait, non pas l'oubli des fautes, mais la distinction entre l'écrivain et le collabo, entre la présence du texte et le délit ou le crime de collaboration qu'un écrivain eût pu commettre. L'hebdomadaire *Les lettres françaises,* fondé par Jacques Decour, victime du nazisme, s'offrait comme l'organe du CNÉ. Louis Aragon en était le directeur. Membre du Comité central du Parti communiste français, il refusait catégoriquement la distinction que Jean Paulhan proposait par voie de presse, — par la voie d'une autre presse et sans l'accord préalable des membres du CNÉ. Paulhan sera démis de ses fonctions. Aragon deviendra président d'un Comité national des écrivains qui mourra par la suite de sa belle mort. Aragon, me semble-t-il encore, avait raison sur le fond de l'argument: les textes n'effacent pas les crimes contre l'humanité, ils en sont tributaires ou doivent au contraire contribuer à les abolir. Paulhan n'avait pas entièrement tort de défendre l'autonomie du texte, bien que, résistant lui-même, il eût dû, sur les conseils de son patron et ami Gaston Gallimard dont l'entreprise devait continuer de fonctionner malgré tout, publier la suite des œuvres de Louis-Ferdinand Céline et Drieu de La Rochelle, écrivains collaborateurs entre tous. Mais les calculs de pouvoir ont aussi leur part.

27. Groupe μ, *La nouvelle rhétorique,* Paris, Larousse, 1970.

28. A. Artaud, *ouvrage cité,* p. 240.

29. H. Damisch, *Théorie du nuage,* Paris, Minuit, 1973. Voir aussi le texte de sa communication dans les *Actes du premier congrès de l'Association internationale de sémiotique* [Milan, 1974], La Haye, Mouton, 1977.

30. A. Artaud, «Bilboquet», *ouvrage cité*, p. 240.

31. *Cf. supra*, p. 267.

32. A. Artaud, «Lettre au Docteur Allendy», 30 novembre 1927, *ouvrage cité*, p. 297.

33. *Idem*, p. 196.

34. *Ibid.*

Un maître du langage, un maître du Gauvreau

1. H. Michaux, *L'espace du dedans (textes choisis)*, Paris, Gallimard, 1966, p. 155-196.

2. Je me réfère à une astucieuse anthologie préparée par M. Quaghebeur, J. P. Verheggen et V. Jago-Antoine, *Un pays d'irréguliers*, Bruxelles, 1990. Ce bel objet entrelace des reproductions de tableaux, dessins, affichettes qui picturalisent l'écriture, avec des textes de Michel de Ghelderode, flamand francophone, Henri Michaux (on se souvient qu'il était wallon, bien qu'il ait surtout vécu et publié en France), Marc Quaghebeur, Jacques Sojcher, Jean-Pierre Verheggen notamment. Ces textes et les nombreux autres colligés tissent une invention lexicale dont l'expressionnisme, dans plusieurs cas, transpose ou imagine un langage populaire. L'écriture d'aucun grand écrivain, tel Henri Michaux dont l'anthologie convoque trois textes splendides, ne se soutient d'un expressionnisme ou de quelque «isme» qu'on voudra selon l'air du temps. Mais le formidable déferlement expressionniste des années vingt et trente a marqué les œuvres pour longtemps. Il s'est déployé avec souplesse au fil des ans, a pu se transformer en des écritures plus immédiatement contemporaines, par exemple celle de Jean-Pierre Verheggen, où respirent des aspects nationalitaires méconnus de la critique. L'anthologie a pris le parti de choisir les éléments textuels en fonction d'une alliance entre l'expressionnisme des textes, la qualité de leur écriture et une accentuation nationale. C'est un parti légitime et ouvert. Il en tolère d'autres. Il affirme une position. Il se ferme un peu lorsque François Caradec déclare laconiquement dans le même volume, p. 80: «*Il est impossible de lire Henri Michaux si on n'y met pas l'accent belge*». Je lis assidûment Henri Michaux, bien que je n'aie pas l'accent «belge». Est-ce une infirmité? Ou l'accent ferme-t-il l'accès? Je craindrais d'oublier que la force interculturelle de l'écrit peut ouvrir les accents, mais ne permet pas à l'«accent» d'empêcher la lecture des écrits.

3. *Cf. supra*, p. 170 et 179 respectivement pour les deux ouvrages.

4. G. Groulx, *Poèmes*, Montréal, Orphée, 1957.

5. *Cf. supra*, p. 213.

6. Référence à la rubrique *interprétant* du «Petit répertoire».

7. On se rappelle la fine analyse de É. Benveniste, «Catégories de pensée et catégories de langue», *Problèmes de linguistique générale*, Paris, Gallimard, Coll. «Bibliothèque des sciences humaines», 1966, p. 63-74. Ce beau texte incontournable montrait que les catégories d'Aristote formaient la «projection d'un état linguistique donné» (p. 70), celui des structures morphologiques du grec ancien classique.

8. J'évoque divers aspects de la ponctuation, latéralement celle de Claude Gauvreau, dans «Et la virgule?» qui concluera le troisième volume de ces *Rebonds critiques*. La conclusion sera donc d'une virgule, non pas d'un point final.

9. *Cf.* le «Petit répertoire» à la fin de cet ouvrage.

10. L'actualité littéraire fournit un exemple de ce tic encore actif de lecture. Je rédige la note pour l'accompagnement du livre après son achèvement. P. Veyne, *René Char en ses poèmes*, Paris, Gallimard, 1990, 536 pages, détaille longuement le sens des poèmes lus. Professeur au Collège de France, historien d'une antiquité ouverte à d'autres champs, ami de René Char, épris d'une poésie qui l'a marqué, l'a persuadé mais l'a intrigué, Paul Veyne a une méthode anthropologique intéressante, néanmoins captieuse. Il confronte le texte lu à l'amitié du terrain, reçoit l'interprétation référentielle que Char propose de ses propres textes (telle femme, telle circonstance, tel lieu), met au compte du texte ces marques biographiques qui instruisent à juste titre une poétique, celle de René Char. Mais il ne cesse de réduire le texte lu au commentaire du poète qui n'en peut mais, et de lui opposer, avec une subtilité triomphante, l'interprétation univoque et personnelle d'un lecteur qui se croit autorisé à dire le texte. René Char avait raison de se fâcher, ou de garder méfiance. L'interprétation n'a pas le droit de neutraliser la pluralité de sens que le texte construit.

11. G. Bateson, *Steps to an Ecology of Mind*, San Francisco, Chandler, 1972. (Tr. française: *Vers une écologie de l'esprit, II*, Paris, Seuil, 1980, p. 9-34.)

12. G. Deledalle, *ouvrage cité, passim,* traduit ce terme peircien par «secondéité».

13. Celles-ci sont de l'ordre d'une *«firstness»* que G. Deledalle, *idem,* traduit par «priméité».

14. *Cf.* le «Petit répertoire» aux rubriques du *«légisigne»*, de l'*«icone»*, de l'*«indice»*, et du *«symbole»*, ainsi que pour la définition des rapports entre le *«first»*, le *«second»* et le *«third»*.

15. J. Fisette, «Le rythme, le sens, la sémiose — Introduction à une lecture peircéenne de Gauvreau», *Protée,* vol. XVIII, n° 1, Chicoutimi, UQAC, 1990, p. 47-58, en particulier p. 50-52. Les orientations sont convergentes. Je ne chicotterais Fisette que sur un tout petit détail sans portée, pour la plaisanterie. Je ne crois pas que la sémiotique de Peirce soit «peircéenne», mais peircienne, pour des raisons qui tiennent aux différences phonétiques du e final en anglais et en allemand (Nietzsche — > nietzschéen) et à leur mode de transcription en français.

16. J'emprunte cette phrase au titre de l'un de mes articles: M. van Schendel, «Le rythme fait le sens et n'oublie pas la référence (notes sur un dialogue de traduction)», *Idem,* p. 87-97.

17. C. Gauvreau, *Œuvres créatrices complètes,* Montréal, Parti pris, Coll. du Chien d'or, 1977, p. 566.

18. *Ibid.*

19. Nous n'avons pas tous une même expérience de la mort, de ses moments et de ses rites. Ph. Ariès, *L'homme devant la mort,* Paris, Seuil, 1977, a commencé de construire une monumentale histoire des cultures de la mort. Il est mort avant de l'achever. Il avait fait précéder ses *Essais sur l'histoire de la mort en Occident du Moyen Âge à nos jours,* Paris, Seuil, 1975, d'une introduction intitulée «Histoire d'un livre qui n'en finit pas».

20. La partie de l'étude publiée dans M. Nevert, *ouvrage cité*, faisait l'impasse sur le X et sur deux vers-séquences du fragment.
21. C. S. Peirce, *ouvrage cité*, 6.32. Trad. fr.: G. Deledalle, *ouvrage cité*, p. 204.
22. C. S. Peirce a publié de nombreux textes dans *The Monist*. Cette revue fondée en 1900 accueillait toutes les tendances philosophiques du monisme, bien qu'elle eût privilégié au départ l'une d'elles, la plus spiritualiste, celle de Paul Carus qui affirmait le primat d'une vérité unique, prédéterminée et intemporelle.
23. *Cf. supra* et le «Petit répertoire».
24. N. Goodman, *Faits, fiction et prédiction*, Paris, Minuit, 1984.
25. Telle est l'une des propositions fortes que soutient mon ami Javier García Méndez. Il n'a pas requis le mythe d'Orphée qui lui donne raison sur l'essentiel. J. García Méndez, *La dimension hylique du roman*, Longueuil, Le Préambule, Coll. «L'Univers des discours», 1990, en particulier p. 70-72.

PETIT RÉPERTOIRE DES TERMES UTILISÉS

1. G. Deledalle, *Écrits sur le signe*, Paris, Seuil, 1978, *passim*.
2. Traduction de G. Deledalle, *ouvrage cité*, p. 188.
3. Henri Matisse le comprenait avec acuité. Il notait que l'agrandissement ou la diminution d'un tableau modifiait le rapport des couleurs, par conséquent la qualité de chacune d'elles.
4. Trad. G. Deledalle, *ouvrage cité*, p. 134.
5. *Idem*, p. 133.
6. *Idem*, p. 130.
7. *Idem*, p. 189.
8. *Idem*, p. 130.
9. Référence au chapitre 2, «Paul-Marie Lapointe et la matérialité du poème».
10. *Idem*, p. 189.
11. *Idem*, p. 130-131.
12. *Idem*, p. 132.
13. *Idem*, p. 131.
14. *Idem*, p. 137.
15. *Idem*, p. 131. Toutes les citations relevées depuis la dernière note de renvoi proviennent de la même page.
16. *Idem*, p. 132.
17. *Idem*, p. 134.
18. *Idem*, p. 133.
19. *Idem*, p. 189.
20. *Idem*, p. 148. G. Deledalle traduit *firstness* par «priméité». On comprend ce néologisme: il fallait éviter une quelconque «primarité» ambiguë. En l'occurrence, je préfère m'en tenir à l'anglais.
21. *Idem*, p. 139.
22. *Idem*, p. 148.
23. *Idem*, p. 149.

24. A. J. Greimas et J. Courtés, *Sémiotique, dictionnaire raisonné des sciences du langage,* Paris, Hachette, p. 177.
25. G. Deledalle, *ouvrage cité,* p. 170.
26. *Idem,* p. 149-150.
27. *Idem,* p. 149.
28. *Ibid.*
29. *Idem,* p. 189.
30. *Idem,* p. 149.
31. *Idem,* p. 161.
32. *Idem,* p. 32.
33. *Idem,* p. 140.
34. *Idem,* pp. 158-159.
35. G. Deledalle le traduit par «second individuel», *Idem,* p. 153.
36. *Idem,* p. 161.
37. *Idem,* p. 165.
38. *Idem,* p. 166.
39. *Idem,* note infrapaginale de Peirce traduite par G. Deledalle, p. 162.
40. *Idem,* p. 163.
41. *Idem,* p. 165.
42. *Idem,* p. 141.
43. Les exemples ou cas figurant entre parenthèses sont recensés par G. Deledalle, Idem, p. 242. Les descriptions qui les accompagnent sont de mon fait.
44. *Idem,* p. 141.
45. *Idem,* p. 167. Je souligne.
46. *Idem,* p. 170.
47. *Idem,* p. 171.
48. *Idem,* p. 167.
49. C. S. Peirce, *ouvrage cité,* 2.266.
50. Traduit par G. Deledalle, *ouvrage cité,* p. 183.
51. D. Savan, *An Introduction to C. S. Peirce's Full System of Semeiotic,* Toronto, Monograph Series, The Toronto Semiotic Circle, p. 4-5, retient le même exemple d'école comme point pédagogique d'entrée dans une rigoureuse démonstration de la logique peircienne.
52. A. Lalande, *Vocabulaire technique et critique de la philosophie,* 16ᵉ édition, Paris, PUF, 1988.
53. M. A. Bonfantini, *La semiosi e l'abduzione,* Milan, Bompiani, 1987.
54. M. A. Bonfantini met en parallèle un mouvement rationnel libérateur ascendant de la déduction à l'induction et à l'abduction («*tre gradini ascendenti di autonomia e libertà della ragione umana*») et une histoire «de la déduction avec Aristote, de l'induction avec Bacon, de l'abduction avec Peirce», *ouvrage cité,* p. 79.
55. D. Savan, *ouvrage cité,* p. 5: «*this seems a weak form on inference. What justifies it? Peirce answered that (1) the hypothesis must indeed have (or be believed to have) the surprising phenomenon as its consequent. (2) The hypothesis must have other consequents which can be inductively sampled and tested. (3) The hypothesis must be rejectable as false on the basis of consequents which are experimentally disconfirmed, if the hypothesis were in fact false. The Leading*

Principle of abductive inference is that, given the above three conditions, it is a method of passing from limited likenesses to the discovery of new and broader likenesses, in such a manner that the errors will ultimately be eliminated and the truth will eventually be discovered, so far as the truth is capable of being discovered.» Je traduis.

56. R. Desnos, *Trente chantefables pour les enfants sages*, Paris, Librairie Gründ, 1944.

57. M. Bonfantini, *ouvrage cité*, p. 73-78.

58. C. S. Peirce, *ouvrage cité*, 2.269. Trad.: G. Deledalle, *Ouvrage cité*, p. 187.

59. *Idem.*

60. *Idem.*

61. *Idem*, p. 186.

62. A. Lalande, *Vocabulaire technique et critique de la philosophie*, Paris, PUF, 16ᵉ édition, 1988, p. 204-205, note infrapaginale.

63. C. S. Peirce, *ouvrage cité*, 2.267 (trad.: G. Deledalle, *ouvrage cité*, p. 186).

64. *Idem.* (Je souligne les mots «produire» et «diagramme».)

65. *Idem.*

66. *Idem.*

67. *Idem*, p. 186-187.

Index des noms

---

* Le numéro de page est signalé en italique lorsque le nom de l'auteur répertorié n'apparaît que dans une note infrapaginale.

---

* Le nom de l'auteur est marqué en italique lorsqu'un autre auteur l'intègre à sa fiction. Ainsi un bref récit d'Antonin Artaud imagine les «courts manteaux» d'un Max Jacob désigné non comme poète, mais comme personnage d'un rêve érotique.

Table des matières

Collection Essais littéraires
dirigée par Marie-Andrée Beaudet

Collection CRELIQ
Centre de recherche en littérature québécoise

Rajotte, Pierre	*Les mots du pouvoir et le pouvoir des mots*
Roy, Max	*Parti pris et l'enjeu du récit*
Turcotte, Jeanne	*Entre l'ondine et la vestale. Analyse des* **Hauts cris** *de Suzanne Paradis*
Vekeman, Lise	*Soi mythique et soi historique: deux récits de vie d'écrivains*
Viel, Claude	*L'arbre à deux têtes ou La quête de l'androgyne dans* **Forges froides** *de Paul Chanel Malenfant*

Collection Essais

Audet, Elaine	*La passion des mots*
Azzaria, L.M.; Barbeau, A.; Elliott, J.	*Dossier mercure*
Balthazar, Louis	*Bilan du nationalisme au Québec*
Bellemare, Yvon	*Jacques Godbout romancier*
Bertrand, Pierre	*L'artiste*
Boucher, Denise	*Lettres d'Italie*
Bourassa, A.-G; Lapointe, G.	*Le refus global et ses environs*
Bourque, Gilles	*Classes sociales et question nationale au Québec 1760-1840*
Bouthillette, Jean	*Le Canadien français et son double*
Brault, Jacques	*Alain Granbois*
Brisson, Marcelle	*Un bouquet de Narcisse(s)*
Burger, Baudoin	*L'activité théâtrale au Québec 1765-1825*
Cartier, Jacques	*Voyages de découverte au Canada*
Chamberland, Paul	*Terre souveraine*
Chamberland, Paul	*Un parti pris anthropologique*
Chamberland, Paul	*Un livre de morale*
Collectif	*Écrire l'amour*
Collectif	*Écrire l'amour 2*
Collectif	*L'écrivain et la liberté*
Collectif	*L'écrivain et l'espace*
Collectif	*Paysages*
Collectif	*Les risques du métier*
Collectif	*La solitude*
Collectif	*La tentation autobiographique*
des Marchais, Gilles	*Poésisoïdes*
Dufour, Christian	*Le défi québécois*

Cet ouvrage composé en Times corps 12
a été achevé d'imprimer
le dix-sept décembre mil neuf cent quatre-vingt-douze
pour le compte des
Éditions de l'Hexagone.

Imprimé au Québec (Canada)